Prof. Dr. Sigrid Betzelt/Prof. Dr. Ursula Rust/
Mohamad El-Ghazi/Eliane Hütter/
Kathrin Schlote/Manuela Schwarzkopf

Individualisierung von Leistungen des SGB II

Unter Berücksichtigung der familialen Unterhaltsverpflichtungen

 Nomos

Die Deutsche Nationalbibliothek verzeichnet diese Publikation in
der Deutschen Nationalbibliografie; detaillierte bibliografische
Daten sind im Internet über http://dnb.d-nb.de abrufbar.

ISBN 978-3-8329-6154-1

1. Auflage 2010
© Nomos Verlagsgesellschaft, Baden-Baden 2010. Printed in Germany. Alle Rechte,
auch die des Nachdrucks von Auszügen, der fotomechanischen Wiedergabe und der
Übersetzung, vorbehalten. Gedruckt auf alterungsbeständigem Papier.

Vorwort

Mit dem 2005 eingeführten Sozialgesetzbuch II (SGB II) sind eine ganze Reihe rechtlicher und zugleich gleichstellungspolitischer Probleme verbunden, die sich an den Sozialgerichten auswirken und auch vielfältig (fach-) öffentlich auf Kritik gestoßen ist. Der vorliegende Forschungsbericht widmet sich einem wesentlichen Ausschnitt dieser Problematiken, die sich primär mit dem gesetzlich neu eingeführten Konstrukt der Bedarfsgemeinschaft ergeben haben.

Das SGB II ist mit dem vierten Gesetz über moderne Dienstleistungen am Arbeitsmarkt eingeführt worden. Das Gesetz bestimmt zusammen mit anderen Sozial(versicherungs)gesetzen, wie erwerbsfähige Hilfebedürftige „gefördert und gefordert" werden sollen. Für die Umsetzung sind die Träger der Grundsicherung verantwortlich. Sie sind zuständig für bedürftige Arbeitsuchende ab Vollendung des 15. Lebensjahrs bis zum 67. Lebensjahr und für deren Angehörige im Rahmen der Bedarfsgemeinschaft im Sinne des SGB II. Der Katalog der Grundsicherungsleistungen des SGB II umfasst die Sicherung des Lebensunterhalts, aktivierende Leistungen des SGB II und des SGB III sowie in Zeiten des Bezugs von Arbeitslosengeld II oder von Sozialgeld Vorsorgeelemente für den Fall von Krankheit, Pflegebedürftigkeit und Alter.

Das Konstrukt der Bedarfsgemeinschaft ist zentral für alle leistungsbezogenen Regelungen im SGB II. Rechtssystematisch und gleichstellungspolitisch problematische Wirkungen ergeben sich vor allem für Personen, die nicht allein leben, sondern in Lebensgemeinschaften. Dies betrifft unter den ALG-II-Beziehenden ca. 25 % der Bedarfsgemeinschaften, in denen Paare mit oder ohne Kinder leben sowie Alleinerziehende mit einem Anteil von 25% der Leistungsempfänger. Mit dem Konstrukt der Bedarfsgemeinschaft wurde zudem die Anrechnung von Partnereinkommen so verändert, dass sich gleichstellungspolitisch problematische Verteilungswirkungen sowie erhebliche rechtssystematische Probleme ergeben. Die speziell an die SGB II-Bedarfsgemeinschaft gekoppelte Art der Bedarfsberechnung (Bedarfsanteilsberechung bzw. Horizontalmethode) führt zu Inkongruenzen von Sozial- und Familienrecht insbesondere für Lebensgemeinschaften, in denen die Partner mit einem oder mehreren Kindern aus anderen Beziehungen zusammen wohnen.

§ 1 Abs. 1 S. 3 SGB II bestimmt als Ziel, die Gleichstellung von Männern und Frauen als durchgängiges Ziel zu verfolgen. Wie wird diese gesetzliche Zielstellung umgesetzt und inwieweit ist dies in der Struktur des Leistungsrechts des SGB II überhaupt möglich? Diese beiden Fragen waren Gegenstände des vom Bundesministeriums für Familie, Senioren, Frauen und Jugend zum Thema „Individualisierung von Leistungen nach dem SGB II unter Berücksichtigung der familialen Unterhaltsverpflichtungen" geförderten SGB-II-Projekt. Um aus rechtlicher und sozialwissenschaftlicher Perspektive Antworten zu finden, untersuchten 2008 an der Universität

Vorwort

Bremen für den Deutschen Juristinnenbund *Prof. Dr. Ursula Rust* vom Fachbereich Rechtswissenschaft mit *Mohamad El-Ghazi, Eliane Hütter* und *Kathrin Schlote*[1] und *Dr. Sigrid Betzelt* vom Zentrum für Sozialpolitik mit *Manuela Schwarzkopf*[2] die rechtlichen Grundlagen der Grundsicherung und ihre sozialwissenschaftlich beobachtbaren geschlechtsspezifischen Wirkungen für Arbeitsuchende und für die mit ihnen zusammenlebenden Angehörigen. Dies erfolgte im Hinblick auf den Zugang zu Geldleistungen, aktiven arbeitsmarktpolitischen Leistungen, die soziale Vorsorge sowie die institutionelle Umsetzung des Gleichstellungsziels bei den Grundsicherungsträgern nach SGB II. Die empirische Basis bildeten einerseits die verfügbaren Daten aus der Evaluationsforschung zum SGB II, die bezogen auf spezifische Aspekte ausgewertet wurden (s.u.). Andererseits erwies sich eine eigene empirische Primäranalyse als notwendig zu der überwiegend weiblichen Gruppe Arbeitsloser, die wegen Einkommen des Partners aus dem Hilfebezug des SGB II herausfallen (Nichtleistungsbeziehende). Diese Datenanalyse auf Basis des Sozioökonomischen Panels (SOEP) wurde von *Tanja Schmtdt*[3] für das Projekt durchgeführt.

Im Mittelpunkt der rechtswissenschaftlichen und der sozialwissenschaftlichen Analyse standen drei Schlüsselkategorien von Frauen, die von der Einführung der Grundsicherung für Arbeitsuchende in jeweils spezifischer Weise betroffen sind und auf die die Untersuchung daher fokussiert wurde. Zur Ausgangsfrage „Individualisierung von Leistungen nach dem SGB II unter Berücksichtigung der familialen Unterhaltsverpflichtungen" wurden die rechtlichen Grundlagen im Sozialrecht sowie die Schnittstellen im Familienrecht und empirisch beobachtete Auswirkungen für drei Typen untersucht:

Typ 1 ist die im Sinne des SGB II ***hilfebedürftige alleinerziehende Frau***.

Typ 2 richtet – kinderunabhängig – den Blick auf die in einer SGB II-Bedarfsgemeinschaft lebende Frau, die in einer Partnerschaft im Sinne des SGB II lebt, also auf die ***Frau mit Partner/-in***.

Typ 3 ist die arbeitslos gemeldete Frau, die dem Grunde nach anspruchsberechtigt ist, mangels Bedürftigkeit (aufgrund einer Anrechnung von Partnereinkommen) keine SGB-II-Leistungen bezieht, im Bericht als ***Nichtleistungsbeziehende*** (NLB) bezeichnet.

Der Forschungsbericht ist für die Veröffentlichung März 2010 aktualisiert worden. Dabei sind die rechts- und sozialwissenschaftlichen Erkenntnisse für die Darstellung systematisch zusammengefasst worden. Daran haben die ehemaligen Studierenden des arbeits- und sozialrechtlichen Schwerpunktes an der Universität Bremen, Daniel Kiesow und Inga Westerhoff unter Leitung von Prof. Dr. Ursula Rust mitgearbeitet. Prof. Dr. Sigrid Betzelt, mittlerweile Hochschullehrerin an der Hochschule für Wirtschaft und Recht Berlin, konnte mit der Assistenz von Dr. Tanja Klenk vom Zentrum für Sozialpolitik den sozialwissenschaftlichen Teil für die Ver-

---

1 Absolvierende des ersten Durchgangs des arbeits- und sozialrechtlichen Schwerpunktes an der Universität Bremen
2 Absolventin des Masterstudiengangs Sozialpolitik an der Universität Bremen
3 Empirische Sozialforschung Berlin.

öffentlichung auf den aktuellen Stand bringen. Petra Wilkins vom Fachbereich Rechtswissenschaft hat ihre Erfahrung mit der Nomos-Formatierung in dankenswerter Weise zur Verfügung gestellt.

Der Forschungsbericht erscheint zu einem Zeitpunkt, der zutreffend als „nach der Reform ist vor der Reform" umschrieben werden kann. Die Träger der Grundsicherung für Arbeitsuchende waren bisher im Regelfall Arbeitsgemeinschaften. Art. 91e GG stellt diese Mischverwaltung auf eine verfassungsrechtlich verlässliche Grundlage. Mit der Annahme des Gesetzentwurfs zur Organisationsreform ist auch die Bestellung von „Beauftragten für Chancengleichheit am Arbeitsmarkt" für die Grundsicherung rechtlich verbindlich geregelt worden. Damit ist eine institutionelle Lücke für die Umsetzung von Geschlechtergerechtigkeit in der Grundsicherung geschlossen worden. Desweiteren sollen die Hinzuverdienstregeln nach dem Koalitionsvertrag neu geregelt werden. Hierbei ist nicht nur der Unterschied zwischen Single- und anderen Bedarfsgemeinschaften zu beachten. Die Neuregelung gibt auch die Möglichkeit, die Bedarfsgemeinschaft durch die Einsatzgemeinschaft ohne Bedarfsanteilsberechnung zu ersetzen. Dies ist ein erster wichtiger Schritt in Richtung Individualisierung von Leistungen, auch wenn damit noch nicht die besonders für Frauen mittelbar benachteiligende verschärfte Anrechnung der Partnereinkommen durch die SGB II-Bedarfsgemeinschaft zurückgenommen wird.

Die besonders relevanten Projektergebnisse sind im September 2009 in Handlungsempfehlungen zusammengefasst worden.[4] Ausgehend von diesen Handlungsempfehlungen ist Frühjahr 2010 der Arbeitsentwurf für eine geschlechtergerechtete Ausgestaltung der Grundsicherung für Arbeitsuchende
1. zur Ablösung der Bedarfs- durch die Einsatzgemeinschaft
2. zur Ablösung der Horizontal- durch die Vertikalberechung und
3. zur Lösung der Stiefkinderproblematik

entstanden. An diesem Entwurf haben alle oben genannten Juristinnen und Juristen mitgewirkt. Für den endgültigen Vorschlag vom Juni 2010 waren die hilfreichen Hinweise der SGB-II-Arbeitsgruppe der Kommission Familienlastenausgleich und soziale Sicherheit des Deutschen Juristinnenbundes unerlässlich. Erfahrungen aus der Gerichtsbarkeit und anderer juristischer Berufen sind so unmittelbar in diesen Arbeitsentwurf eingeflossen. Er ist im Anhang abgedruckt.

Der Arbeitsentwurf behandelt mit der Ablösung der Bedarfsgemeinschaft „nur" einen Teilaspekt. Es gibt für eine geschlechtergerechte Grundsicherung noch weitere wichtige „Stellschrauben". Einige sind am Ende des Berichts skizziert. Die Bedarfsgemeinschaft im Sinne des SGB II aufzulösen ist aber Voraussetzung dafür, dass Grundsicherungsträger das Gleichstellungsziel des SGB II auch tatsächlich als durchgängiges Ziel verfolgen können.

Prof. Dr. Ursula Rust   Prof. Dr. Sigrid Betzelt

---

[4] http://www.bigas.uni-bremen.de/SGB_II_Handlungsempfehlungen.pdf.

Inhaltsübersicht

Inhaltsverzeichnis		11
Abkürzungsverzeichnis		17
Schaubilder		20
Verzeichnis der Tabellen im Bericht		21
1.	Grundlagen, Forschungsfragen und Forschungsstand	23
2.	Anlage des Projekts und methodische Durchführung	67
3.	Analyse der Bedarfsgemeinschaft	71
4.	Leistungen im Rahmen des SGB II	111
5.	Die Bedarfsgemeinschaft im Sozialverwaltungsverfahren	185
6.	Institutionalisierung von Gleichstellungspolitik	203
7.	Weiterer Forschungsbedarf	215
8.	Rechts- und sozialwissenschaftliches Fazit	217
9.	Literaturverzeichnis	235
10.	Anhang	249

Inhaltsverzeichnis

Abkürzungsverzeichnis — 17

Schaubilder — 20

Verzeichnis der Tabellen im Bericht — 21

1. Grundlagen, Forschungsfragen und Forschungsstand — 23
1.1 Drei Schlüsselgruppen arbeitsloser Frauen — 24
1.2 Vorgeschichte des Projekts — 25
1.3 Aufbau des Berichts — 26
1.4 Drei Fragestellungen zu den drei Schlüsselgruppen — 27
1.5 Rechtswissenschaftliche Grundlagen, Forschungsstand und Forschungsfragen — 29
    1.5.1 Grundlagen — 32
        1.5.1.1 Gender Mainstreaming — 33
        1.5.1.2 Übereinkommen der Vereinten Nationen zur Beseitigung jeder Form von Diskriminierung der Frau — 34
            1.5.1.2.1 Berichtsverfahren — 34
            1.5.1.2.2 Abschließende Bemerkungen zu den Hartz-Gesetzen — 35
        1.5.1.3 Gemeinschaftsrechtliche Grundlagen der Gleichstellungspolitik — 37
            1.5.1.3.1 Beihilfen — 37
            1.5.1.3.2 Beschäftigungspolitik — 38
            1.5.1.3.3 Eingliederung — 39
            1.5.1.3.4 Gleichbehandlungsrichtlinien — 40
        1.5.1.4 Verfassungsrechtliche Grundlagen der Gleichstellungspolitik — 40
            1.5.1.4.1 Verbot der mittelbaren Benachteiligung nach Art. 3 Abs. 3 GG — 40

Inhaltsverzeichnis

		1.5.1.4.2	Verpflichtung des Staates gem. Art. 1 Abs. 1 i.V.m. 20 Abs.1 GG	43
		1.5.1.4.3	Schutz von Ehe und Familie nach Art. 6 Abs.1 GG	43
	1.5.2	Rechtswissenschaftlicher Forschungsstand		44
	1.5.3	Rechtswissenschaftliche Forschungsfragen		45
1.6	Rechtliche Grundlagen der Statistik im SGB II			48
	1.6.1	Daten in Bezug auf aktive und passive Leistungen		48
	1.6.2	Konkretisierung der Merkmale der Statistik		49
	1.6.3	Auswirkung des § 1 SGB II auf die Statistiken		50
	1.6.4	Fazit zu den rechtlichen Grundlagen der Statistik		51
1.7	Sozialwissenschaftliche Fragen und Forschungsstand			51
	1.7.1	Sozialwissenschaftliche Fragen zu den drei Schlüsselgruppen		52
	1.7.2	Sozialwissenschaftlicher Forschungsstand		53
		1.7.2.1	Breiter Forschungsstand zu Geschlechterungleichheiten	54
		1.7.2.2	Forschungsstand zu institutionellen Rahmenbedingungen	56
	1.7.3	Enger Forschungskontext bezüglich der Projektfragestellungen		63
2.	Anlage des Projekts und methodische Durchführung			67
2.1	Eigene Forschung			67
2.2	Die empirische Analyse zu Nichtleistungsbeziehenden			68
3.	Analyse der Bedarfsgemeinschaft			71
3.1	Begriff der Bedarfsgemeinschaft vor Einführung des SGB II			71
3.2	Hilfebedürftigkeit im Rahmen der Bedarfsgemeinschaft			72
	3.2.1	Konstrukt der Bedarfsgemeinschaft		73
		3.2.1.1	Horizontal- statt Vertikalmethode	77
		3.2.1.2	Fiktive (Nicht-) Hilfebedürftigkeit	81
		3.2.1.3	Folgen für die Soziale Sicherung	84
	3.2.2	Folgen für die Finanzierung		87
3.3	Mitglieder der Bedarfsgemeinschaft im sozialrechtlichen Sinne			88
	3.3.1	Ehepartner erwerbsfähiger Hilfebedürftiger		88
	3.3.2	Lebenspartner erwerbsfähiger Hilfebedürftiger		89
	3.3.3	Eheähnliche und lebenspartnerschaftsähnliche Partnerschaft		90
	3.3.4	Kinder in Patchwork-Familien		92
3.4	Mitglieder einer zivilrechtlichen Unterhaltsgemeinschaft			94
	3.4.1	Bedeutung des Unterhaltsrechts für die Bedarfsgemeinschaft		94
	3.4.2	Ehepartner beim Zusammenleben		95
	3.4.3	Lebenspartner beim Zusammenleben		97
	3.4.4	Eheähnliche bzw. lebenspartnerschaftsähnliche Partner		97
	3.4.5	Kinder in Patchwork-Familien		99

	3.4.6	Inkongruenz sozialrechtlicher Einstandspflicht und Unterhaltsrecht	103
		3.4.6.1 Alleinerziehende	107
		3.4.6.2 Partnerinnen	107
3.5	Fazit der Analyse der Bedarfsgemeinschaft		108
4.	Leistungen im Rahmen des SGB II		111
4.1	Geldleistungen nach dem SGB II: Rechliche Grundlagen		111
	4.1.1	Aufnahme einer zumutbaren Arbeit	112
	4.1.2	Zu berücksichtigendes Einkommen und Vermögen	112
	4.1.3	Einkommensanrechnung bei Erwerbstätigen Hilfebedürftigen	112
	4.1.4	Rückgriff auf Angehörige außerhalb der Bedarfsgemeinschaft	113
4.2.	Sozialwissenschaftliche Betrachtung der Geldleistungen		114
	4.2.1	Datengrundlage	115
	4.2.2	Verteilungswirkungen des Systemwechsels bezüglich ‚passiver' Leistungen: Alleinerziehende und Frauen in Paar-Haushalten	116
		4.2.2.1 Alleinerziehende	116
		4.2.2.2 Arbeitslose (Frauen) in Paar-Haushalten	117
	4.2.3	Arbeitslose ohne Leistungsbezug: Quantitative Entwicklung 2004-2009 auf Basis der Daten der Bundesagentur für Arbeit	118
		4.2.3.1 Entwicklung der registrierten Nichtleistungsbeziehenden 2004 bis 2008	119
		4.2.3.1.1 Systemwechsel 2004 zu 2005	119
		4.2.3.1.2 Entwicklung 2005 bis 2008	121
		4.2.3.2 Soziale Zusammensetzung der Nichtleistungsbeziehenden nach BA-Daten	124
	4.2.4	Eigene SOEP- Analyse der Nichtleistungsbeziehenden	127
		4.2.4.1 Soziodemografische Merkmale und Arbeitsmarktnähe von NLB (SOEP-Daten)	128
		4.2.4.2 Arbeitsmarktübergänge Nichtleistungsbeziehender: Längsschnittanalyse	133
		4.2.4.3 Haushaltskontext Arbeitsloser ohne Leistungsbezug	134
4.3	Aktive Leistungen nach dem SGB II		140
	4.3.1	Verhältnis der Leistungen der aktiven Arbeitsförderung zu anderen Leistungen	141
	4.3.2	Leistungen nach SGB III	141
	4.3.3	Ermessensleistungen der aktiven Arbeitsförderung	143
		4.3.3.1 Leistungen nach §§ 16a - 16g SGB II	144
		4.3.3.2 Leistungen über die „Durchstiegsnorm" des § 16 Abs. 1 S. 1 SGB II	145
	4.3.4	Ermessenslenkende Normen	147
		4.3.4.1 Ermessensentscheidungen	148

Inhaltsverzeichnis

	4.3.4.2	Ermessenslenkende Normen des SGB II	148
	4.3.4.3	Ermessenslenkende Normen des SGB III	150
	4.3.4.4	Ermessenslenkende Normen des SGB IV	153
	4.3.4.5	Andere ermessenslenkende Vorschriften	154
	4.3.4.6	Gerichtliche Überprüfbarkeit	155
4.3.5		Rechtswissenschaftliches Fazit zu den Eingliederungsleistungen	156
4.4 Sozialwissenschaftliche Betrachtung der aktiven Leistungen			157
4.4.1		Quantitative Befunde zur Arbeitsförderung	158
	4.4.1.1	Arbeitsförderung von Frauen und Männern im Vergleich	160
	4.4.1.1.1	Beratung und Vermittlung / Aktivierung	160
	4.4.1.1.2	Förderung mit Eingliederungsleistungen	162
	4.4.1.2	Alleinerziehende mit betreuungspflichtigen Kindern	167
	4.4.1.2.1	Förderung mit Eingliederungsleistungen	167
	4.4.1.2.2	Leistungen zur Kinderbetreuung	172
	4.4.1.3	Partnerinnen von Arbeitslosengeld-II-Beziehern	174
	4.4.1.4	Arbeitslos gemeldete Frauen ohne Leistungsbezug	176
4.4.2		Qualitative Befunde zum Interaktionsprozess und dem subjektiven Erleben	178
	4.4.2.1	Interaktionsprozess zwischen Fachkräften und AdressatInnen	178
	4.4.2.2	Subjektives Erleben und Strategien der Adressatinnen	182

5.	Die Bedarfsgemeinschaft im Sozialverwaltungsverfahren	185
5.1	Anwendbare Verwaltungsvorschriften	185
5.2	Beteiligte am Verwaltungsverfahren	186
5.3	Stellvertretung innerhalb der Bedarfsgemeinschaft	187
	5.3.1 Bevollmächtigung und gesetzliche Vertretung	187
	5.3.2 Vermutung der Vertretungsmacht	188
	5.3.3 Bekanntgabe im Bewilligungsverfahren	190
5.4	Bestimmtheit des Bewilligungsbescheid	191
5.5	Anhörung im Bewilligungsverfahren	192
5.6	Aufhebung der Bewilligungsbescheide	193
	5.6.1 Rückabwicklungsverhältnis	193
	5.6.2 Bekanntgabe des Aufhebungs- und Erstattungsbescheides	194
	5.6.3 Anhörung im Aufhebungs- und Erstattungsverfahren	195
	5.6.4 Bestimmtheit des Aufhebungs- und Erstattungsbescheides	195
5.7	Inanspruchnahme des bösgläubig handelnden Vertreters	200
5.8	Fazit zu den Folgen des Bedarfsgemeinschaft im Verfahrensrecht	201

Inhaltsverzeichnis

6.	Institutionalisierung von Gleichstellungspolitik	203
6.1	Rechtswissenschaftliche Analyse	203
	6.1.1 Grundlagen der institutionellen Gleichstellungs- und Frauenpolitik	203
	6.1.2 Grundlagen in der Arbeitsmarktpolitik	204
	6.1.3 Gleichstellungsbeauftragte auch im SGB II	206
6.2	Sozialwissenschaftliche Befunde	206
	6.2.1 Datengrundlage	207
	6.2.2 Ergebnisse aus den SGB II- Evaluationsstudien	208
	6.2.2.1 Ergebnisse der Befragung der Grundsicherungsstellen durch das IAW	208
	6.2.2.2 Ergebnisse der Befragung im Rahmen der Gender-Evaluation	210
	6.2.2.3 Erfahrungen aus der Praxis	212
6.3	Fazit	214
7.	Weiterer Forschungsbedarf	215
8.	Rechts- und sozialwissenschaftliches Fazit	217
8.1	Fazit zur Bedarfsgemeinschaft im Sinne des SGB II	217
8.2	Fazit zur Umsetzung des Gleichstellungsziels	219
	8.2.1 Anteiliger Verlust von Ansprüchen auf passive Leistungen	220
	8.2.2 Negative Folge der Anrechnung von Arbeitspotenzial Dritter	221
	8.2.3 Fehlende Vereinbarkeit von Familie und Beruf	222
	8.2.3.1 Zumutbarkeit: Festgelegte Kindesaltersgrenze von 3 Jahren	222
	8.2.3.2 Teilzeitansprüche	223
	8.2.4 Gleichstellung hinsichtlich aktivierender Leistungen	224
	8.2.4.1 Eingliederungsvereinbarungen	224
	8.2.4.2 Folgen für Alleinerziehende	225
	8.2.4.3 Stiefkinderregelung als Fehlsteuerung insbesondere für Alleinerziehende	226
	8.2.4.4 Verlust des Zugangs zu kommunalen Eingliederungsleistungen	227
	8.2.4.5 Fehlanreize für kommunale Eingliederungsleistungen	227
	8.2.5 Handlungsempfehlungen zur Bedarfsgemeinschaft	228
8.3	Fazit zur aktiven Arbeitsförderung nach SGB III	228
	8.3.1 Verlust an Leistungsansprüchen betrifft überwiegend Frauen	229
	8.3.2 Zugang zu Leistungen der Arbeitsförderung nach SGB III	230

Inhaltsverzeichnis

    8.3.3   Hilfebedürftigkeit nach § 7 Abs. 1 Nr. 3 SGB II als Voraussetzung von Eingliederungsleistungen mittelbar diskriminierend   231
    8.3.4   Handlungsempfehlungen zu den Nichtleistungsbeziehenden   231
8.4   Fazit und Handlungsempfehlung zur Verankerung einer Chancengleichheitsbeauftragten   232
8.5   Zusammenfassung der Handlungsempfehlungen   233

9.   Literaturverzeichnis   235

10.   Anhang   249

10.1   Tabellenteil   249

10.2   Manual for Gender Mainstreaming of Employment Policies   261

10.3   Arbeitsentwurf für ein Gesetz zur Individualisierung der Leistungen der Grundsicherung für Arbeitsuchende   267

Abkürzungsverzeichnis

a.F.	alte Fassung
aA	anderer Ansicht
AA	Arbeitsagentur
AEUV	Vertrag über die Arbeitsweise der Europäischen Union
AFG	Arbeitsförderungsgesetz
AG	Amtsgericht
AGG	Allgemeines Gleichbehandlungsgesetz
AGOS	ArbeitGemeinschaft für Osnabrück
ALG II	Arbeitslosengeld II
AO	Anordnung
ARGE	Arbeitsgemeinschaft (der SGB II -Träger)
Az.	Aktenzeichen
B.	Beschluss
BA	Bundesagentur für Arbeit
BayVGH	Bayrischer Verwaltungsgerichtshof
BCA	Beauftragte/r für Chancengleichheit
BeckRs	Beck-Rechtsprechung
Beschl.	Beschluss
BG	Bedarfsgemeinschaft iSd SGB II
BGB	Bürgerliches Gesetzbuch
BGBl.	Bundesgesetzblatt
BGH	Bundesgerichtshof
BGHZ	Entscheidungen des Bundesgerichtshofs in Zivilsachen
bigas	Bremer Institut für deutsches, europäisches und internationales Gender-, Arbeits- und Sozialrecht, Universität Bremen
BMAS	Bundesministerium für Arbeit und Soziales
BMFSFJ	Bundesministerium für Familie, Senioren, Frauen und Jugend
BSG	Bundessozialgericht
BSGE	Entscheidungen des Bundessozialgerichts
BSHG	Bundessozialhilfegesetz
BT-Drs.	Bundestagsdrucksache
BVerfG	Bundesverfassungsgericht
BVerfGE	Entscheidungen des Bundesverfassungsgerichts
BVerwG	Bundesverwaltungsgericht
BVerwGE	Entscheidungen des Bundesverwaltungsgerichts
CEDAW	Convention on the Elimination of All Forms of Discrimination Against Women
DA	Durchführungsanweisungen

Abkürzungsverzeichnis

DIMR	Deutsches Institut für Menschenrechte
djb	Deutscher Juristinnenbund e.V.
e.V.	eingetragener Verein
EGV	Vertrag zur Gründung der Europäische Gemeinschaft
EU	Europäische Union
EuGH	Europäischer Gerichtshof
EVS	Einkommens- und Verbrauchsstichprobe
EWGV	Vertrag zur Gründung der Europäische Wirtschaftsgemeinschaft
FamRZ	Zeitschrift für das gesamte Familienrecht
FIA	Forschungsinstitut Internationaler Arbeitsmarkt GmbH
FPR	Familie - Partnerschaft - Recht vereinigt mit NJWE - FER
gem.	Gemäß
GendA	GendA Arbeitsstelle der Universität Marburg
GG	Grundgesetz
h.M.	herrschende Meinung
HEGA	Handlungsempfehlung und Geschäftsanweisung
IAB	Institut für Arbeitsmarkt und Berufsforschung
IAQ	Insitut für Arbeit und Qualifikation der Universität Duisburg/Essen
IAW	Institut für angewandte Wirtschaftsforschung
IFK	Integrationsfachkraft
inkl.	Inklusive
JR	Juristische Rundschau
juris PR-Soz	juris Praxiskommentar Sozialrecht
JZ	Juristenzeitung
KdU	Kosten der Unterkunft
KG	Kindergeld
KOM	Dokument der Europäischen Kommission
LPK	Lehr- und Praxiskommentar
LSG	Landessozialgericht
mwN	mit weiteren Nachweisen
n.F.	neue Fassung
NDV	Nachrichtendienst des Deutschen Vereins für öffentliche und private Fürsorge e.V.
NGO	Non-Governmental Organization
NJW	Neue Juristische Wochenschrift
NJW-RR	Neue Juristische Wochenschrift - Rechtsprechungsreport
NLB	Nichtleistungsbeziehende
NVwZ	Neue Zeitschrift für Verwaltungsrecht
NZS	Neue Zeitschrift für Sozialrecht
OLG	Oberlandesgericht
OVG	Oberwaltungsgericht
RiLi	Richtlinie

Abkürzungsverzeichnis

Rspr.	Rechtsprechung
s.	Siehe
s.o.	siehe oben
SG	Sozialgericht
SGB	Sozialgesetzbuch
SGb	Die Sozialgerichtsbarkeit
SGG	Sozialgerichtsgesetz
SOEP	Sozio-oekonomisches Panel
SOFI	Soziologisches Forschungsinstitut, Universität Göttingen
U.	Urteil
u.ä.	und ähnliches
u.U.	unter Umständen
VGH	Verwaltungsgerichtshof
vgl.	Vergleiche
ZeS	Zentrum für Sozialpolitik, Universität Bremen
ZEW	Zentrum für Europäische Wirtschaftsforschung
ZfF	Zeitschrift für das Fürsorgewesen
ZFSH/SGB	Sozialrecht in Deutschland und Europa
ZIAS	Zeitschrift für ausländisches und internationales Arbeits- und Sozialrecht

Schaubilder

Kreidekreis 1:	Aufteilung nach der Horizontalmethode	78
Kreidekreis 2:	Aufteilung nach der Vertikalmethode	79
Abb. 1:	Sozial- und unterhaltsrechtliche Beziehungen in einer Bedarfsgemeinschaft Verheirateter mit vier Kindern	104
Abb. 2:	Sozial- und unterhaltsrechtliche Beziehungen in einer Bedarfsgemeinschaft mit vier Kindern	105

Verzeichnis der Tabellen im Bericht

Tab. 1:	Entwicklung der Zahl der Nichtleistungsbeziehenden 2004 bis 2008, nach Geschlecht	120
Tab. 2:	Nichtleistungsbeziehende nach verschiedenen Merkmalen, 2004 und 2006	129
Tab. 3:	Nichtleistungsbeziehende nach Region, 2004 und 2006	129
Tab. 4:	Nichtleistungsbeziehende nach Altersgruppen, 2004 und 2006	130
Tab. 5:	Nichtleistungsbeziehende nach schulischem Abschluss, 2004 und 2006	131
Tab. 6:	Nichtleistungsbeziehende nach beruflichem Abschluss, 2004 und 2006	132
Tab. 7:	Nichtleistungsbeziehende nach Erwerbserfahrung und Region, 2006	135
Tab. 8:	Nichtleistungsbeziehende nach Haushaltstyp, 2004 und 2006	136
Tab. 9:	Haushalte von Nichtleistungsbeziehenden mit Kindern nach Alter des jüngsten Kindes, 2004 und 2006	137
Tab. 10:	Zusammensetzung des Haushaltseinkommens von Nichtleistungsbeziehenden	139
Tab. 11:	Differenzen in der Aktivierung erwerbsfähiger Hilfebedürftiger nach Geschlecht und Zielgruppen	161
Tab. 12:	Beteiligung von Frauen im Rechtskreis SGB II an den häufigsten Maßnahmen, nach Region; Anteile an der Gesamtförderung und Differenz zwischen Ziel- und Bilanzförderanteil, Bestandsdaten Jahresdurchschnitt 2007	164
Tab. 13:	Aktivierungsquoten im Rechtskreis SGB II nach Geschlecht und Kategorien arbeitsmarktpolitischer Maßnahmen, September 2007	165
Tab. 14:	Beteiligung an aktiven arbeitsmarktpolitischen Instrumenten der Bundesagentur für Arbeit im Rechtskreis SGB II (ohne zugelassene kommunale Träger), nach Geschlecht und Zielgruppe, Juli 2008	168
Tab. 15:	Teilnahme an Maßnahmegruppen, nach Geschlecht, Zielgruppe und Region	170

1. Grundlagen, Forschungsfragen und Forschungsstand

Im Sinne des Sozialgesetzbuchs (SGB) II sollen erwerbsfähige Hilfebedürftige gefördert und gefordert werden. Die Träger der Grundsicherung sind zuständig für Arbeitsuchende ab Vollendung des 15. Lebensjahrs bis zum 67[5] Lebensjahr. Sie sind auch für deren Angehörige im Rahmen der Bedarfsgemeinschaft im Sinne des SGB II zuständig.

Die Leistungsträger der Grundsicherung haben mehrere Ziele zu verfolgen, die in organisatorische Vorgaben umzusetzen sind. So sind die Leistungsträger gesetzlich verpflichtet, die Gleichstellung von Männern und Frauen als durchgängiges Prinzip zu verfolgen. Geschlechtsspezifischen Nachteilen ist entgegenzuwirken. Familienspezifische Lebensverhältnisse von erwerbsfähigen Hilfebedürftigen, die Kinder erziehen oder pflegebedürftige Angehörige betreuen, sind zu berücksichtigen. Kann dies im Rahmen der mit dem SGB II neu geschaffenen Bedarfsgemeinschaft gelingen? Kollidieren hier individuelle Eingliederungsziele mit einem anders strukturierten Leistungssystem? Oder wäre eine Individualisierung der Grundsicherung Arbeitsuchender die bessere Lösung, um Leistungen der Grundsicherung auf diese Ziele auszurichten? Ausgangspunkt des Forschungsvorhabens, dessen Ergebnisse dieser Forschungsbericht enthält, ist die Bedarfsgemeinschaft des SGB II.

Ziel der interdisziplinären Untersuchung ist, *strukturelle Probleme* zu erkennen, die mit dem Konstrukt der Bedarfsgemeinschaft im SGB II verbunden sind und die sowohl eine gleichstellungs- als auch familienpolitische Dimension haben. Die rechtswissenschaftliche Bearbeitung identifiziert dazu rechtliche Probleme. Zu analysieren ist die rechtssystematische und die verfahrenspraktische Seite. Der sozialwissenschaftliche Teil untersucht hierzu jeweils, inwieweit die mit den SGB II- Regelungen verbundenen Problemstellungen praktische Relevanz in Gestalt konkreter geschlechterspezifischer Auswirkungen der Gesetzeslage entfalten. Beide Ergebnisse werden unter der Fragestellung zusammengeführt, wie die Erkenntnisse juristisch oder rechtspolitisch zu bewerten sind.

Die interdisziplinäre Untersuchung endet mit Handlungsempfehlungen. Sie werden zu drei besonders relevanten Ergebnissen in einem Arbeitsentwurf für gesetzliche Änderungen aufgegriffen.

---

5   Die Altersgrenze wird derzeit abhängig vom Geburtsjahrgang auf 67 angehoben wie in § 7a SGB II bestimmt.

1. Grundlagen, Forschungsfragen und Forschungsstand

1.1 Drei Schlüsselgruppen arbeitsloser Frauen

In den Mittelpunkt der rechtswissenschaftlichen und der sozialwissenschaftlichen Analyse werden drei Schlüsselkategorien von Frauen gestellt, da sie von der Einführung der Grundsicherung für Arbeitssuchende in jeweils spezifischer Weise betroffen sind und die Untersuchung fokussiert werden musste.

Typ 1 ist die im Sinne des SGB II *hilfebedürftige alleinerziehende Frau*.[6]

Typ 2 richtet - kinderunabhängig - den Blick auf die in einer SGB II-Bedarfsgemeinschaft lebende Frau, die in einer Partnerschaft im Sinne des SGB II lebt;[7] sie wird im Bericht auch (Ehe-) Partnerin eines Arbeitslosengeld II-Beziehenden genannt oder *Frau mit Partner*.

Typ 3 ist die arbeitslos gemeldete Frau, die dem Grunde nach anspruchsberechtigt ist, mangels Bedürftigkeit (aufgrund einer Anrechnung von Partnereinkommen) SGB II Leistungen aber nicht bezieht; sie wird im Bericht auch als *Nichtleistungsbeziehende* (NLB) bezeichnet.

Ziel der Untersuchung ist es, die Auswirkungen des SGB II für diese Fallkonstellationen rechtlich und sozialwissenschaftlich zu analysieren, um die entsprechenden Problemstellungen aus beiden Blickwinkeln zugänglich zu machen.

Für *Alleinerziehende* werden Mehrbedarfe zum Lebensunterhalt pauschaliert berücksichtigt. Für die ersten drei Lebensjahre des Kindes besteht, wie für alle Arbeitssuchenden mit Betreuungspflichten für Kinder unter drei Jahren, keine Erwerbspflicht. Für die Zeit danach wird grundsätzlich Vollzeitarbeit verlangt. Ein besonderer, auf die spezifische Lebenslage Alleinerziehender bezogener Anspruch auf Kinderbetreuung und auf aktive Förderung ist für den *Typ 1* nicht bestimmt.

Für den *Typ 2* sind die neuen sozialrechtlichen Pflichten und Rechte für Mitglieder der Bedarfsgemeinschaft anzuwenden, auch wenn der Partner nach seinem individuellen Einkommen nicht bedürftig wäre. Hier greift die sogenannte „fiktive Hilfebedürftigkeit".

Für *Typ 3* entfallen alle SGB II Leistungen, nicht nur die passiven Geldleistungen. Auch die aktivierenden Leistungen des SGB II sind für Typ 3 nicht zugänglich. Allerdings hat Typ 3 als Arbeitslose grundsätzlich Anspruch auf ermessensfehlerfreie Entscheidung über Förderung durch aktive Leistungen nach dem SGB III. Wenn dies faktisch nicht verwirklicht wird, stellt sich die höchst schwierige Frage nach einer Ungleichbehandlung im Verwaltungsvollzug.

Der Hauptteil des Projekts ist die *rechtswissenschaftliche Analyse* zu den drei Typen, ausgehend vom derzeit geltenden Recht. Es steht nicht der Vergleich mit der bis 2005 geltenden Sozial- und Arbeitslosenhilfe im Vordergrund. Vielmehr ist das SGB II im System des geltenden Sozial- und Unterhaltsrechts zu untersuchen. Der

---

6 Zur Unterscheidung der amtlichen Definitionen von Arbeitslosigkeit im Sinne des SGB III und Hilfebedürftigkeit Arbeitssuchender des SGB II in dem Sinne , die sich auch in den Daten der Bundesagentur für Arbeit spiegelt, siehe Teil 4.4 S. 157 f..

7 Auswirkungen für männliche Partner von ALG-II-beziehenden Frauen dürften aufgrund bestehender geschlechtsspezifischer Erwerbsungleichheiten eher selten sein.

1. Grundlagen, Forschungsfragen und Forschungsstand

verfassungs- und supranationale Rahmen ist zu bestimmen und mögliche Widersprüche sind zu benennen. Dies gibt die Grundlagen, um zum geltenden Recht Stellung zu nehmen und Fragen zur möglichen Wirkung des neuen Systems zu stellen.

Anders als für die rechtswissenschaftliche Analyse sind für die *sozialwissenschaftliche Analyse* aus dem Vergleich von Daten für die Zeit vor und nach Einführung des SGB II Erkenntnisse dazu möglich, „Gewinnende" und „Verlierende" des Systemwechsels 2004 zu 2005 zu identifizieren. Soweit dies nach aktuellem Erkenntnisstand[8] zu beantworten war, ist es Aufgabe der sozialwissenschaftlichen Bearbeitung gewesen, zu überprüfen, inwieweit das rechtliche Konstrukt der Bedarfsgemeinschaft im SGB II und dessen praktische Umsetzung geschlechterspezifisch unterschiedliche Wirkungen für Frauen und Männer entfaltet. Dabei stand für alle drei Typen arbeitsloser Frauen die Untersuchung der Verteilungswirkungen aktiver bzw. „aktivierender" Leistungen zur Förderung der Erwerbsintegration im Mittelpunkt. Die Untersuchung ist innerhalb des begrenzten zeitlichen Projektrahmens (Januar 2008 bis März 2009) auf die drei wesentlichen Schlüsselkategorien arbeitsloser Frauen konzentriert worden.

1.2 Vorgeschichte des Projekts

Ausgangspunkt des Forschungsprojekts ist die 2003 mit dem Vierten Gesetz für moderne Dienstleistungen im Arbeitsmarkt erfolgte Zusammenführung von Sozial- und Arbeitslosenhilfe.[9] Mit der neu eingeführten Bedarfsgemeinschaft ist die Anrechnung von Partnereinkommen grundlegend verändert worden. Für alle Mitglieder der Bedarfsgemeinschaft gilt der neue Grundsatz „Fördern und Fordern". In § 1 Abs. 1 S. 3 SGB II ist als Ziel der Neuordnung bestimmt, die Gleichstellung von Männern und Frauen als durchgängiges Ziel zu verfolgen. Wie dies im Rahmen einer Bedarfsgemeinschaft tatsächlich erfolgt oder möglich ist und ob das Gleichstellungsziel ohne eine Individualisierung der Leistungen überhaupt erreicht werden kann, ist ein Problem, auf das vom Deutschen Juristinnenbund in Stellungnahmen zur Hartz-Gesetzgebung hingewiesen wurde.[10] Es ist eine schon aus der Anrechnung von Part-

---

8   Eigene Untersuchung zu Nichtleistungsbeziehenden siehe Teil 2.2 S. 68, 4.2.4 S. 127 ff..
9   Sozialgesetzbuch (SGB) Zweites Buch (II) – Grundsicherung für Arbeitsuchende. Artikel 1 des Vierten Gesetzes für moderne Dienstleistungen am Arbeitsmarkt vom 24. Dezember 2003 (BGBl. I 2003 S. 2954) - (Hartz IV), in der Fassung des Gesetzes zur Neuausrichtung der arbeitsmarktpolitischen Instrumente vom 21. Dezember 2008 (BGBl. I 2008 S. 2917/2928). Für die Veröffentlichung sind nachfolgende Änderungen ergänzt.
10 Pressemitteilung PM 2003-11„Juristinnenbund fordert Nachbesserungen für Frauen und Familien beim Haushaltsbegleitgesetz und den neuen Hartz-Gesetzen" vom 10.10.2003; Deutscher Juristinnenbund (2002): „Offener Brief djb, dfr, BAG: Arbeitslose Frauen werden erste Verliererinnen der Wahl" vom 06.11.2002; Deutscher Juristinnenbund (2001): Stellungnahme zum Entwurf eines Gesetzes zur Reform der arbeitsmarktpolitischen Instrumente (Job-AQTIV-Gesetz) für die öffentliche Anhörung des Ausschusses für Arbeit und Sozialordnung am 10.10.2001.

1. Grundlagen, Forschungsfragen und Forschungsstand

nereinkommen zur Arbeitslosenhilfe[11] bekannte europa- und verfassungsrechtliche Fragestellung.[12]

Zwischen dem Deutschen Juristinnenbund und insbesondere der djb- Kommission „Recht der sozialen Sicherung, Familienlastenausgleich" ist 2006 im Bundesministerium für Familie, Senioren, Frauen und Jugend diskutiert worden, ob es der bessere und zur Verwirklichung der Gleichstellung auch vielleicht einzig mögliche Weg wäre, Leistungen der Grundsicherung zu individualisieren. Um diese Fragestellung aus der rechtlichen Perspektive und von den Sozialwissenschaften zu klären, haben von der Universität Bremen für den Deutschen Juristinnenbund *Prof. Dr. Ursula Rust* vom Fachbereich Rechtswissenschaft in Zusammenarbeit mit *Prof. Dr. Sigrid Betzelt* vom Zentrum für Sozialpolitik das an der Universität Bremen durchgeführte Projekt „Individualisierung von Leistungen des SGB II" konzipiert.

1.3 Aufbau des Berichts

Der Forschungsbericht gliedert sich in neun Teile. Einleitend werden die spezifischen Forschungsfragen sowie des Forschungsstandes dargestellt, wobei dies zunächst für den rechtswissenschaftlichen Teil und anschließend jeweils für den sozialwissenschaftlichen Teil erfolgt (Teil 1). Die eigene Untersuchung wird zum vorhandenen Kenntnisstand in Beziehung gesetzt. Zu konkretisieren sind hierbei die identifizierten Forschungslücken, die unsere Untersuchung abzudecken bestrebt war. In Teil 2 wird die Methodik und konkrete Durchführung des Projekts dargestellt, das heißt die einzelnen Untersuchungsschritte sowie die Durchführung der beiden Fachtagungen werden im Einzelnen beschrieben.

Die Teile 3, 4, 5, und 6 enthalten die Darstellung der Forschungsergebnisse beider Teilprojekte und sind deshalb am umfangreichsten.

Im Teil 3 wird die Bedarfsgemeinschaft im Sinne des SGB II analysiert. Teil 4 untersucht den Zugang zu den Leistungen zur Eingliederung. Teil 5 behandelt die speziell aus juristischer Perspektive wichtige Frage nach der Stellung der Bedarfsgemeinschaft im Verfahrensrecht. Mängel im Verfahrensrecht können die Eignung des Konstrukts der Bedarfsgemeinschaft grundlegend in Frage stellen. Gegenstand von Teil 6 ist die Institutionalisierung von Gleichstellungspolitik in der Grundsicherung für Arbeitsuchende

In Ergänzung zu der jeweiligen rechtswissenschaftlichen Bearbeitung erfolgt jeweils darauffolgend die sozialwissenschaftliche Betrachtung. So werden beispielsweise sozialwissenschaftliche Ergebnisse zu den Auswirkungen des Konstrukts der Bedarfsgemeinschaft für die soziale Sicherung erörtert und wird zu den Verteilungswirkungen hinsichtlich Geldleistungen Stellung genommen. Den Ergebnissen

---

11   Einkommensanrechung bei der Arbeitslosenhilfe nach § 138 Abs. 1 Nr. 2, Abs. 3 Nr. 9 AFG nur bei nicht dauernd getrennt lebenden Ehegatten unvereinbar mit Art. 3 Abs. 1 GG gemäß Urteil des BVerfG vom 17.11.1992 – 1 BvL 8/87, BVerfGE 87, 234.
12   Winkler info also 2000; Klammer et al 2000: 283 f.; Bertelsmann/ Rust 1986: 110 f.

1. Grundlagen, Forschungsfragen und Forschungsstand

der sozialwissenschaftlichen Analyse der Auswirkungen werden die Ergebnisse der eigenen durchgeführten empirischen Analyse auf Basis der Daten des Sozio- oekonomischen Panels (SOEP) vorangestellt, die im Kontext anderer Datenquellen diskutiert werden (4.2).

Zum Teil 6 werden zur Institutionalisierung von Gleichstellungspolitik die rechtswissenschaftlichen Grundlagen als Einstieg wiedergegeben (6.1). Die sozialwissenschaftliche Analyse (6.2) erfolgt im Wesentlichen anhand von Sekundäranalysen der gesetzlichen Evaluationsforschung, ergänzt durch die auf der zweiten Fachtagung berichteten Praxiserfahrungen einer Beauftragten für Chancengleichheit (BCA) und einer kommunalen Gleichstellungsbeauftragten.

Der Teil 7 bündelt Forschungsfragen, die bei den Arbeiten zu den Teilen 3, 4, 5 und 6 erkannt wurden.

Der Teil 8 fasst die Ergebnisse des Projektes zusammen und benennt die aus Sicht des AutorInnenteams notwendigen Handlungsempfehlungen. Drei besonders relevante Ergebnisse werden in einem Arbeitsentwurf für eine Änderung des SGB II aufgegriffen. Der Arbeitsentwurf ist nach dem Literaturverzeichnis (Teil 9) neben dem ergänzenden Tabellenteil für die sozialwissenschaftliche Analyse sowie die Handreichung für Gender Mainstreaming in der Beschäftigungspolitik, die von der EU-Komission 2007 veröffentlicht wurde, in den Teil 10 aufgenommen.

1.4 Drei Fragestellungen zu den drei Schlüsselgruppen

Mit dem Projekt werden zu den drei Schlüsselkategorien von Frauen (Alleinerziehende, Frau mit Partner, Nichtleistungsbeziehnde)[13] drei Hauptfragestellungen verfolgt:

Die *erste Fragestellung des Projekts* ist zu untersuchen, welche Konsequenzen der Bezugspunkt der Bedarfsgemeinschaft für die Möglichkeiten der Leistungserbringer hat, die Gleichstellung von Männern und Frauen auch tatsächlich als durchgängiges Prinzip verfolgen zu können, wie der geschlechtsspezifische Nachteilsausgleich erfolgt und wie die familienspezifischen Lebensverhältnisse berücksichtigt werden. Die Bedarfsgemeinschaft verbindet die Einzelansprüche der Angehörigen mit Leistungen an die Bedarfsgemeinschaft insgesamt. Folge ist, dass isoliert betrachtet nicht Bedürftige hilfebedürftig werden. Tatsächlich Hilfebedürftige erhalten gleichzeitig im Rahmen der Bedarfsgemeinschaft weniger, als ihnen sonst als Einzelne zustehen würde. Innerhalb der Bedarfsgemeinschaft sind die Mittel umzuverteilen, so die Konzeption des SGB II. Hierbei ist die besonders wichtige Frage, inwieweit sich die sozialrechtlichen Beziehungen innerhalb der Bedarfsgemeinschaft mit den zivilrechtlichen Unterhaltsansprüchen decken.

Chancengleichheit am Arbeitsmarkt setzt voraus, dass alle erwerbslosen Menschen ungeachtet ihrer familiären Lebensverhältnisse gleichen Zugang zu den Maß-

---

13 Siehe zuvor S. 24; die Untersuchung vertieft nicht die Unterkunftskosten im Rahmen des Arbeitslosengeldes II, dazu u.a. Goch 2006.

1. Grundlagen, Forschungsfragen und Forschungsstand

nahmen der aktiven Arbeitsförderung erhalten, um wieder in das Erwerbsleben integriert werden zu können. Wenn erwerbslose Menschen verheiratet sind oder in einer Partnerschaft leben, wird das Erwerbseinkommen des Partners auf den eigenen Leistungsanspruch nach dem SGB II angerechnet. Selbst bei mittlerem Einkommen des Partners führt dies dazu, dass diese Erwerbslosen mangels Bedürftigkeit keine Leistungen nach dem SGB II beanspruchen können.

Es könne einem Paar „in derartigen Fällen nur empfohlen werden, nunmehr dauernd getrennt zu leben"[14]. Hier bezog sich das Bundesverfassungsgericht auf die Stellungnahme des Deutsche Juristinnenbund 1992 für das Bundesverfassungsgericht im Verfahren 1 BvL 8/87, das die damalige Art der Einkommensanrechnung bei der Arbeitslosenhilfe betraf. DieseFolge wurde vom Bundesverfassungsgericht in seinem Urteil vom 17.11.1992 unter Hinweis auf die Stellungnahme des Deutschen Juristinnenbundes als dem Gebot des Art. 6 Abs. 1 GG nicht gerecht werdend bewertet worden.[15]

Die Bedarfsgemeinschaft Arbeitssuchender hat auch Auswirkungen für die Situation Alleinerziehender. Sozialrechtlich wird mit der Bedarfsgemeinschaft der Anreiz gegen eine Partnerschaft gesetzt und damit gegen die Chance, eine neue Partnerschaft in einem gemeinsamen Haushalt einzugehen und im Rahmen einer neuen Partnerschaft bei der Kinderbetreuung unterstützt zu werden.

Die zu den drei Typen verschiedene sozialrechtliche Inanspruchnahme betrifft nicht nur das Arbeitslosengeld II und die Kosten für die Unterkunft, sondern auch die Maßnahmen der aktiven Arbeitsförderung (Trainingsmaßnahmen, Eingliederungszuschüsse, Weiterbildungsmaßnahmen, Arbeitsgelegenheit etc.). Auch Männer sind von diesem Problem betroffen – jedoch weniger stark, weil das Erwerbseinkommen von Frauen nach wie vor – auch wegen der bei ihnen besonders verbreiteten Teilzeitbeschäftigung – deutlich niedriger ist als das der Männer und daher seltener zum vollständigen Leistungsausschluss beim Partner führt. Umgekehrt werden Erwerbstätige (Männer) durch die Regelung über die Hilfebedürftigkeit in Bedarfsgemeinschaften zu Hilfebedürftigen, wenn sie zwar persönlich wegen ihres Einkommens nicht bedürftig sind, aber mit diesem Einkommen nicht der Familienbedarf gedeckt werden kann. Ebenso werden erwerbstätige (Frauen) Leistungsempfängerinnen, wenn sie isoliert betrachtet nicht bedürftig sind, aber das mit ihnen zusammenlebende erwerbsfähige Kind. Meist Männer, aber auch Frauen werden mit der Bedürftigkeitsfiktion Mitglieder einer Bedarfsgemeinschaft. Sie werden fiktiv hilfebedürftig.

Die *zweite Fragestellung des Projekts* bestand darin zu untersuchen, ob Arbeitslose, die dem Grunde nach Anspruch auf Leistungen zur Sicherung des Lebensunterhalts haben, diese aber mangels Bedürftigkeit nach dem SGB II nicht von den Jobcentern erhalten, durch aktive Arbeitsförderungsmaßnahmen nach dem SGB III gefördert werden. Von der Gesetzeskonstruktion her können die sog. Nichtleistungsbeziehenden Leistungen der aktiven Arbeitsförderung nach dem SGB III als

14 BVerfGE 87, 234 (251).
15 BVerfGE 87, 234 (260).

1. Grundlagen, Forschungsfragen und Forschungsstand

Ermessensleistung erhalten. Von Eingliederungsleistungen des SGB II sind sie ausgeschlossen.

Es ist zu klären, ob die Integration von Nichtleistungsbeziehenden an der aktiven Arbeitsförderung in der Regel daran scheitert, dass es große Informationsdefizite seitens der Betroffenen gibt, Unkenntnisse bei den Mitarbeiterinnen und Mitarbeitern der Jobcenter vorhanden sind, die Kompetenzen von Jobcenter und Arbeitsagentur noch unklar sind und ob seitens der Arbeitsagentur wenig Interesse daran besteht, Ermessensleistungen zur Eingliederung nach dem SGB III auch an nichtbedürftige Langzeitarbeitslose zu erbringen und nicht primär an „teure" Empfänger von Arbeitslosengeld. Kenntnis darüber, ob hierzu das Ermessen konkretisierende Anweisungen vorliegen, wäre für die rechtswissenschaftliche Analyse grundlegend. Als wünschenswert zeigte sich dazu für die sozialwissenschaftliche Analyse, mehr über die rechtlichen Grundlagen der zu erhebenden Daten zu erfahren. Zu klären war, ob die rechtlichen Grundlagen nicht ausreichen, um die für die Evaluation erforderlichen Daten geschlechtsspezifisch zu erheben oder ob diese eine hinreichende Grundlage bilden.

Mit dem Vorliegen der ersten rechts- und sozialwissenschaftlichen Ergebnisse hat sich als notwendig ergeben, als *dritte Fragestellung des Projekts* auch auf den Aspekt der institutionellen Seite der Gleichstellungspolitik im SGB II einzugehen. Zu klären war, ob und wie sich die institutionelle Verankerung einer Chancengleichheitsbeauftragen dafür auswirken könnte, die Gleichstellung von Männern und Frauen als durchgängiges Prinzip mit dem geschlechtsspezifischen Nachteilsausgleich und der Berücksichtigung familienspezifischer Lebensverhältnisse verfolgen zu können.

Aus diesen drei Hauptuntersuchungsfragen ergeben sich spezifische Einzelfragen. Sie werden im Folgenden im Kontext des bestehenden Forschungsstandes in den Rechtswissenschaften und den Sozialwissenschaften untersucht.

1.5 Rechtswissenschaftliche Grundlagen, Forschungsstand und Forschungsfragen

Im Frühjahr 2002, als die Anwendung der Neuregelungen des Gesetzes zur Reform der arbeitsmarktpolitischen Instrumente (JOB- AQTIV- Gesetz) gerade erst begann[16], kritisierte der Bundesrechnungshof grundlegend die statistische Erfassung der Aktivitäten der Vermittlung. Die rot- grüne Bundesregierung berief die Kommission „Moderne Dienstleistungen am Arbeitsmarkt", um den strukturellen Umbau der Bundesanstalt in Angriff zu nehmen und ein schlüssiges Durchführungskonzept für die Modernisierung der Dienstleistungen am Arbeitsmarkt vorzulegen. Die nach dem Vorsitzenden auch „Hartz- Kommission" benannte Arbeitsgruppe bestand aus 14 Männern und einer Frau. Im August 2002 wurden mit einem Vorwort des Vorsitzenden die Vorschläge der „Hartz-Kommission" veröffentlicht. In allerletzter Minu-

---

16 Gesetz vom 10.12.2001, BGBl. I S. 3443; In-Kraft-Treten zwischen 5.12.2002 und 1.1.2004.

1. Grundlagen, Forschungsfragen und Forschungsstand

te[17] wurde der im Rahmen der Öffentlichkeitsarbeit des Bundesministeriums für Arbeit und Sozialordnung verteilten Langfassung unter der Überschrift „Die Chancengleichheit von Frauen und Männern auf dem Arbeitsmarkt beachten und fördern" folgender Prolog vorangestellt:

„Angesichts des raschen wirtschaftlichen, technologischen und strukturellen Wandels kann es sich kein Staat leisten, Fähigkeiten und Fertigkeiten seiner Bevölkerung ungenutzt zu lassen. Eine Voraussetzung für das Erreichen eines hohen Beschäftigungsstandes und einer sich ständig verbessernden Beschäftigungsstruktur ist die Chancengleichheit von Frauen und Männern auf dem Arbeitsmarkt.

Die deutsche Arbeitsmarktpolitik ist in diesem Zusammenhang den Beschäftigungspolitischen Leitlinien der Europäischen Union und den Empfehlungen des Rates der EU verpflichtet, die ausdrücklich die Förderung der Gleichstellung von Frauen und Männern als Querschnittsaufgabe und den Ausgleich von Benachteiligungen als spezielle Aufgabe der Mitgliedstaaten definiert hat.

Aktivierende Arbeitsmarktpolitik hat hier eine besondere Aufgabe, indem sie nicht nur unterschiedlich hohen Risiken, arbeitslos zu werden oder zu bleiben, begegnet. Sie befähigt zu Anpassungen an den Strukturwandel, fördert variable Arbeitsverhältnisse und die Vereinbarkeit von Familie und Beruf, sichert die Übergänge zwischen Familien- und Erwerbsphasen ab und ermöglicht Frauen wie Männern eine eigenständige Existenzsicherung.

Dies ist bei der anschließenden Umsetzung der vorliegenden Vorschläge zu beachten. Alle weiteren Schritte zur Konkretisierung müssen vor diesem Hintergrund detailliert darauf überprüft werden, inwieweit sie dem Postulat der Gleichstellung Rechnung tragen bzw. direkt oder indirekt Benachteiligungen fortschreiben oder neue entstehen lassen."

Der Prolog hatte eine Vorgeschichte. Ein Vorschlag der Kommission betraf die familienfreundliche sog. „Quickvermittlung". Dazu war zunächst der Vorschlag, bei der Vermittlung explizit Familienväter zu bevorzugen. Dies stieß sofort auf verfassungsrechtliche Bedenken und wurde im Laufe der Verhandlungen richtiggestellt. Deutlich war aber in der Kommission das Ernährermodell fest verankert. Sprachliche Versuche, die Vermittlungsarbeit zugunsten von Arbeitslosen zu strukturieren, die für den Unterhalt anderer aufkommen, gingen vom Familienvorstand zum Haushaltsvorstand über[18] und endeten im Abschlussbericht der Kommission bei der familienfreundlichen Vermittlung mit dem Vorrang für Familienmütter, Familienväter und Alleinerziehende. Besondere Priorität sollten nach dem Vorschlag der Kommission Arbeitslose bei der Vermittlung erhalten, „die besondere Verantwortung tragen für abhängige betreuungsbedürftige Personen oder Familienangehörige".[19]

Das Ziel, die Chancengleichheit von Frauen und Männern auf dem Arbeitsmarkt zu beachten und zu fördern, ist mit dem Prolog dem Bericht für die Veröffentlichung vorangestellt. Das Anliegen des Prologs ist im Bericht aber nicht konzeptionell be-

---

17 Deutscher Juristinnenbund 2003: 160.
18 Lorenz 2003: I. S.1.
19 Kommission 2002: 86.

rücksichtigt worden. Für das Jahr 2002 ist es bemerkenswert und zum Anliegen des Prologs unpassend, wie strikt geschlechtsneutral der Bericht der Kommission „Moderne Dienstleistungen am Arbeitsmarkt" formuliert ist. Einen Blick auf mögliche geschlechtsspezifische Folgen rechtlicher Regeln zu nehmen, wird nicht einmal versucht.

So wird als Innovationsmodul 6 im Bericht die Zusammenführung von Arbeitslosenhilfe und Sozialhilfe erörtert. Dazu werden Möglichkeiten der Verwaltungsvereinfachung beschrieben einschließlich einer einheitlichen Versicherungsnummer für alle Sozialversicherungsträger. Das Arbeitslosengeld II sollte steuerfinanziert und bedürftigkeitsabhängig sein. Zur Aufgabenteilung der Lasten zwischen Bund, Ländern und Kommunen verweist der Bericht „Moderne Dienstleistungen am Arbeitsmarkt" auf die Kommission zur Gemeindefinanzreform. Zur Bedürftigkeitsabhängigkeit geht der Bericht davon aus, dass dazu der „Finanzstatus erhoben und der familiäre Kontext des Arbeitslosen berücksichtigt" wird. Nicht behandelt wird, welche Folgen dies angesichts des Einkommensgefälles der Geschlechter haben dürfte und wie verhindert werden könnte, diese mit dem Arbeitslosengeld II noch zu verstärken und nicht zum Ausgangspunkt für die Aktivierung zu nehmen.

Ein weiteres Beispiel dafür, wie im Rahmen einer geschlechtsneutralen Sprache geschlechtsblinde Ergebnisse entstehen können, ist das Innovationsmodul 8 im Bericht. Unter der Überschrift „Den Weiterbildungsmarkt neu ausrichten" wird zu Recht Transparenz und Evaluationsfähigkeit der Weiterbildungsangebote eingefordert. Die vorhandenen Evaluationserkenntnisse der Weiterbildungsangebote für Berufsrückkehrerinnen werden dazu überhaupt nicht zur Kenntnis genommen. Eine Weiterbildung in Teilzeit wird nicht thematisiert.[20] Der Vorschlag der Kommission ist – anders als in der Überschrift angekündigt – nicht zielgruppenspezifisch bzw. nur für bestimmte Zielgruppen geeignet und lässt Arbeitsuchende mit Kinderbetreuungspflichten unberücksichtigt.

Das im Prolog zum Hartz Bericht genannte Ziel, die Chancengleichheit von Frauen und Männern auf dem Arbeitsmarkt zu beachten und zu fördern, wurde erstmals im Gesetzgebungsverfahren des Vierten Gesetzes für moderne Dienstleistungen am Arbeitsmarkt[21] ausdrücklich genannt und noch nicht zu den Hartz Gesetzen I, II und III.[22] Alle vier Gesetze beziehen sich auf das Zukunftsprogramm „Agenda 2010"[23] und die Vorschläge der Kommission „Moderne Dienstleistungen am Arbeitsmarkt". Im Gesetzentwurf zu Hartz IV wird unter F. erstmals auf die gleichstellungspolitische Bedeutung des Gesetzes eingegangen.[24] Eine gleichstellungspolitische Geset-

---

20 Kommission 2002: 158 f.
21 Gesetz vom 24. Dezember 2003, Nachweis Fn. 9.
22 BT Drs. 15/25 und erstes Gesetz für moderne Dienstleistungen am Arbeitsmarkt vom 23.12.2002, BGBl. 2002 I S. 4607 (Hartz I); BT Drs. 15/26 und zweites Gesetz für moderne Dienstleistungen am Arbeitsmarkt vom 30.12.2003, BGBl. 2002 I S. 4621 (Hartz II); BT Drs. 15/1637 und drittes Gesetz für moderne Dienstleistungen am Arbeitsmarkt vom 23.12.2003, BGBl. 2002 I S. 2848 (Hartz III).
23 Regierungserklärung *Schröder* vom 14.3.2003.
24 BT Drs. 15/1516, S. 6.

1. Grundlagen, Forschungsfragen und Forschungsstand

zesfolgenabschätzung ist unter F. auch dem Gesetzentwurf zur Neuausrichtung der arbeitsmarktpolitischen Instrumente vorangestellt, das zum 01.01.2009 in Kraft getreten ist und das Leistungsrecht des SGB II geändert hat.[25]

Die rechtswissenschaftliche Analyse hat die zum 1.1.2009 in Kraft getretene Neuausrichtung der arbeitsmarktpolitischen Instrumente berücksichtigt. Für die Veröffentlichung sind einige Hinweise auf nachfolgende Änderungen ergänzt worden.

1.5.1 Grundlagen

Die Eingliederung in Arbeit nach dem SGB II hat dem gesetzlichen Ziel, die Gleichstellung von Männern und Frauen als durchgängiges Prinzip zu verfolgen[26] und damit dem Prinzip des *Gender Mainstreaming*[27] Rechnung zu tragen. Dessen völker- und gemeinschaftsrechtliche Basis wird, ohne im Detail auf weitere Differenzierungen einzugehen, nachfolgend skizziert.

Dem Leistungsrecht des SGB II werden vorangehend außerdem die Grundlagen der Gleichstellung im Völker-, Europa- und Verfassungsrecht behandelt. Mit dem SGB II wollte der Gesetzgeber auch die beschäftigungspolitischen Leitlinien der Europäischen Gemeinschaft umsetzen. Außerdem erfolgen nationale Beschäftigungs- und Weiterbildungsprogramme im relevanten Umfang im Rahmen der europäischen Strukturpolitik und können im gemeinschaftsrechtlichen Sinne Beihilfen sein. Die *rechtlichen Grundlagen der europäischen Beschäftigungs-, Struktur- sowie Beihilfepolitik* sind deshalb den Leistungen des SGB II vorangestellt.

Das im Völker-, Europa-, Verfassungsrecht verankerte und seit 2006 im AGG gesetzlich definierte *Verbot der mittelbaren Benachteiligung* ist ein weiteres zum Thema relevantes rechtswissenschaftliches Grundprinzip. Mögliche Anwendungen werden im Kontext des Überblicks zu den Leistungen des SGB II zur Eingliederung in Arbeit im Teil 4.3, S. 140 ff benannt.

---

25 BT Drs. 16/10810.
26 § 1 Abs. 1 Satz 3 SGB II greift den von der rot-grünen Bundesregierung dem Hartz-Berichts 2002 als Prolog vorangestellten Gedanken auf.
27 Wie zu den sozialstrukturellen Geschlechterungleichheiten (siehe Teil 1.7.2, S.51) gehen wir beim Gender Mainstreaming davon aus, dass dieses Konzept nicht zuletzt seit der Einrichtung des GenderKompetenzZentrums dem BMFSFJ gut bekannt ist, wie auch die bei www.gender-mainstreaming.net/bmfsfj eingestellten Arbeitshilfe zeigen. Das Konzept des Gender Mainstreaming soll hier aber kurz benannt werden, da es für den weiteren Gang der Untersuchung besonders relevant ist.

1. Grundlagen, Forschungsfragen und Forschungsstand

1.5.1.1 Gender Mainstreaming

Die Wurzeln des Prinzips des Gender Mainstreaming liegen im Völkerrecht. 1975, dem Internationalen Jahr der Frau, wurde in Mexico- Stadt eine Weltkonferenz veranstaltet, die den Weltaktionsplan für die Frauendekade der Vereinten Nationen 1976- 1985 annahm. 1979 verabschiedete die Generalversammlung der Vereinten Nationen das Übereinkommen der Vereinten Nationen zur Beseitigung jeder Form der Diskriminierung der Frau vom 18. Dezember 1979. Ausgehend von der englischen Fassung „Convention on the Elimination of All Forms of Discrimination Against Women" wird für das UN-Frauenrechtsübereinkommen auch der Begriff CEDAW verwendet. Die Bundesrepublik Deutschland hat das CEDAW im April 1985 ratifiziert. Seit der dritten Weltfrauenkonferenz 1985 in Nairobi wird der Begriff des Gender Mainstreaming verwendet. Er ist in der vierten Weltfrauenkonferenz 1995 in Peking als das Konzept des Gender Mainstreaming ausgearbeitet und entwickelt worden.[28] Viel Einsatz seitens der zivilgesellschaftlichen Organisationen liegt dem Konzept zugrunde. Welchen Inhalt hat und um was geht es bei Gender Mainstreaming? „Die Regierungen und andere Akteure sollen eine aktive und sichtbare Rolle der konsequenten Einbeziehung einer geschlechtsbezogenen Perspektive in alle Politiken und Programme fördern, damit die Auswirkungen von Entscheidungen auf Frauen bzw. Männer analysiert werden, bevor entsprechende Entscheidungen getroffen werden."[29]

Seitdem die Europäische Kommission mit ihrer Mitteilung „Einbindung der Chancengleichheit in sämtliche politische Konzepte und Maßnahmen der Gemeinschaft" Gender Mainstreaming als eine Politik definiert hat, bei der es darum gehe, „die Bemühungen um das Vorantreiben der Chancengleichheit nicht auf die Durchführung von Sondermaßnahmen für Frauen zu beschränken, sondern zur Verwirklichung der Gleichstellung ausdrücklich sämtliche allgemeinen politischen Konzepte und Maßnahmen einzuspannen"[30], sind in der Europäischen Gemeinschaft systematische Anstrengungen zur Umsetzung des Konzepts des Gender Mainstreaming eingeleitet worden. Gender Mainstreaming hat seit dem Vertrag von Amsterdam mit den Artikeln 2 und 3 Abs. 2 des EG-Vertrages seine förmliche Verankerung im Primärrecht als ein allgemeiner Grundsatz der Gemeinschaft gefunden, seit dem Inkrafttreten des Lissaboner Vertrags in Art. 8 AEUV geregelt. Dieser Regelung kommt nach der Auffassung der Kommission eine große Bedeutung zu, um als Rechtsgrundlage und als Anreiz dazu zu wirken, die Politik des Gender Mainstreaming weiter auszubauen. Eine Öffnung zum Konzept des Gender Mainstreaming hat auch im Europarat stattgefunden.[31]

---

28 Rust 2003: 113. mit weiteren Nachweisen.
29 Bericht der Vierten Weltfrauenkonferenz (Beijing, 4. - 15.September 1995) Anlage II: Aktionsplattform Rn. 189. abgedruckt bei Bertelsmann et al (1993): F II 1.15 S. 30.
30 KOM (96) 67 endg. v. 21.02.1996: 2.
31 Rust 2003: 114 mit weiteren Nachweisen.

1. Grundlagen, Forschungsfragen und Forschungsstand

Gender Mainstreaming hat eine Doppelstruktur. Zunächst geht es um die Beseitigung von Ungleichheiten. Es geht gleichzeitig auch um die Förderung der Gleichstellung von Männern und Frauen. Ob und wenn ja für wen hieraus eine rechtliche Verpflichtung folgen könnte, wäre noch zu klären. Für die Ebene der Gemeinschaft ist die Literatur zum EG- Vertrag auf jeden Fall darin einig, dass die Querschnittsaufgabe des Art. 8 AEUV (ex Art. 3 Abs. 2 EGV) für alle Tätigkeitsbereiche der Gemeinschaft verbindlich ist und keine unmittelbare Wirkung entfaltet.[32] Der Europäische Gerichtshof hatte bisher keine Gelegenheit, Stellung zu nehmen.

Ist so einerseits beschrieben, inwieweit das Prinzip des Gender Mainstreaming des Art. 8 AEUV eine rechtliche Verbindlichkeit hat, ist auf der anderen Seite in der Literatur ebenso einhellig die Auffassung zu finden, dass sich ein EG-Organ vertragswidrig verhält, wenn eine bestehende EG-Maßnahme zur Gleichstellung von Männern und Frauen verschlechtert werden würde. Art. 8 AEUV ist ein Verschlechterungsverbot.

1.5.1.2 Übereinkommen der Vereinten Nationen zur Beseitigung jeder Form von Diskriminierung der Frau

Das Übereinkommen der Vereinten Nationen zur Beseitigung jeder Form von Diskriminierung der Frau vom 18.12.1979[33] ist als „Magna Charta" der Menschenrechte zu bezeichnen.[34] Der Wortlaut und weiteres ist in deutscher Sprache auf der Homepage des Deutschen Instituts für Menschenrechte zu finden.[35]

1.5.1.2.1 Berichtsverfahren

Wie für Menschenrechtsübereinkommen üblich, hat Deutschland regelmäßig gemäß Art. 18 Abs. 1 b) CEDAW dem Fachausschuss zu berichten. Der Fachausschuss für das Übereinkommen zur Beseitigung jeder Form von Diskriminierung der Frau ist der CEDAW-Ausschuss.

Der letzte deutsche Staatenbericht ist 2007 erfolgt. Es war für die Bundesrepublik Deutschland der sechste Bericht.[36]

Frauen- und Menschenrechtsverbände nehmen seit der Weltfrauenkonferenz in Peking 1995 die Möglichkeit wahr,[37] dem CEDAW- Ausschuss zusätzliche Informa-

---

32 Rust 2004: Art. 141 Rn. 171 mit weiteren Nachweisen.
33 BGBl. 1985 II S. 648.
34 König 2003: 21, Giegerich 2007: Rn. 92 - 98.
35 http://www.institut-fuer-menschenrechte.de/fileadmin/user_upload/PDF-Dateien/Pakte_Konventionen/CEDAW/cedaw_de.pdf
36 BT Drs. 16/5807 mit Angaben in der Einführung zu den vorangehenden Berichten: 5.
37 2000, als der Ausschuss den kombinierten zweiten und dritten und den vierten Bericht prüfte, lagen NGO-Stellungnahmen vor, darunter eine kurze vom Deutschen Juristinnenbund. Seit

1. Grundlagen, Forschungsfragen und Forschungsstand

tionen für das Berichtsverfahren zu geben.[38] Mit abschließenden Bemerkungen des CEDAW-Ausschusses endet bei den Vereinten Nationen das Verfahren.

Es ist der juristischen Fachöffentlichkeit wenig bekannt, dass und wie CEDAW bei der Interpretation von Gesetzen zu berücksichtigen ist.[39] Staatenberichte sind inhaltlich wie das Übereinkommen aufzubauen. Der CEDAW-Ausschuss konkretisiert in dieser Struktur mit seinen abschließenden Bemerkungen sein Verständnis über die Inhalte des Übereinkommens. Die an Deutschland als Vertragsstaat gerichteten Empfehlungen des CEDAW-Ausschusses sind ohne individualrechtliche Verbindlichkeit. Aus den abschließenden Bemerkungen können sich aber Handlungsbedarfe für Gerichte, Verwaltung und den Gesetzgeber ergeben.

Das Berichtsverfahren mit Beratung im CEDAW-Ausschuss soll in einem sog. Follow-Up-Prozess fortgesetzt werden, um dem Menschenrechtsübereinkommen zur Umsetzung zu verhelfen. Zu den abschließenden Bemerkungen zum 5. *Staatenbericht* der Bundesregierung fand 2004 zu CEDAW beim Deutschen Institut für Menschenrechte der Follow- Up- Prozess statt. Ein Thema waren die Hartz-Reformen. Bislang wurden daraus seitens der deutschen Bundesregierung jedoch noch keine Konsequenzen gezogen.

1.5.1.2.2 Abschließende Bemerkungen zu den Hartz-Gesetzen

Der CEDAW-Ausschuss hatte zum 5. *Staatenbericht* die Besorgnis mitgeteilt, die „Agenda 2010" könne negative Auswirkungen insbesondere für Frauen haben.[40]

Zum 6. *Staatenbericht* hat der CEDAW-Ausschuss in seiner 43. Sitzung am 10.02.2009 seine abschließenden Bemerkungen veröffentlicht.[41] Drei Themenkreise der Bemerkungen betreffen die Hartz-Gesetze.

Als für einen UN-Ausschuss sehr kritische Anmerkung sind die „previous concluding observations" in den *Ziffern 13 und 14*[42] zu werten. Der Ausschuss ist nicht

---

dem fünften Bericht von 2002 haben Umfang, Zahl und thematische Breite der Berichte von Nichtregierungsorganisationen.zugenommen

38 Zum Thema „Was sind Schattenberichte für die Bundesregierung" Wittling-Vogel 2003: 92.
39 König 2007: Rn. 313 - 339
40 CEDAW-Ausschuss Ziffern 28, 29; Fuchsloch in Deutsches Institut für Menschenrecht (Hg) 2005: 29 - 31.
41 Committee on the Elimination of Discrimination against Women, Forty-third session 19 January – 6 February 2009, Concluding observations of the Committee on the Elimination of Discrimination against Women, Germany.
42 **Previous concluding observations:**
13. The Committee regrets that some of the concerns it expressed and the recommendations it made after its consideration of the State party's fifth report (CEDAW/C/DEU/5) have been insufficiently addressed, for instance those regarding the situation of women in the labour market and the wage discrimination women face, the visibility of the Convention, the underrepresentation of women in the higher echelons of several sectors of public life, and the lack of a clear understanding of "temporary special measures".
14. The Committee urges the State party to make every effort to address the previous recom-

1. Grundlagen, Forschungsfragen und Forschungsstand

nur „concerned", wie sonst Bemerkungen und anschließende Handlungsempfehlungen beginnen. Der Ausschuss „regrets" und erreicht damit das Stadium deutlicher Kritik. Aus Sicht des Ausschusses sind die bisher unzureichenden Antworten zu vorherigen abschließenden Bemerkungen zu kritisieren. Dazu werden beispielhaft die Bemerkungen genannt, die der Ausschuss zum 5. Staatenbericht für die Arbeitsmarktsituation von Frauen getroffen hatte.

Defizite werden in *Ziffer 23* zum Gender Mainstreaming und zum gender budgeting angemerkt[43], verbunden mit der in *Ziffer 24* ausgeführten Handlungsempfehlung.[44]

Zum Thema "Participation of women in the Labour Market", die der Ausschuss in den *Ziffern 35- 38* behandelt, wird hinsichtlich der Arbeitsmarktbeteiligung von Frauen die Bedarfsgemeinschaft in Ziffer 37 kritisch angemerkt: „The Committee is concerned about negative impact on women of the Fourth Law for Modern Services in the Labour Market dated 1 January 2005, namely the increase of financial dependence of unemployed women on husbands or partners by the introduction of the "need units" and the proportional increase of women whose access to benefits has been denied". Deutschland wird aufgefordert, "to assess the impact on women on the Fourth Law for Modern Services in the Labour Market and to undertake corrective measures, including the review of the "needs units" construct."

Deutschland ist in Ziffer 68 von der CEDAW-Kommission aufgefordert, *September 2014* als nächsten regulären Bericht den kombinierten 7. und 8, Bericht vorlegen und auf die mitgeteilten Bedenken einzugehen.[45] Bereits innerhalb von zwei Jahren,

---

    mendations that have not yet been implemented, as well as the concerns contained in the present concluding observations."

43   "Gender mainstreaming and gender budgeting
    23. The Committee takes note of the difficulties faced by the State party in implementing its gender mainstreaming policy but regrets that those difficulties resulted in a shift from its gender mainstreaming policy during the reporting period. In particular, the Committee is concerned that the working structure coordinating the implementation of the gender mainstreaming policy across ministries has been dismantled. The Committee is further concerned that, despite the declaration of intent on gender budgeting in 2004 and 2007, including the published feasibility study, no steps have been taken for its implementation in the federal budget."

44   "24. The Committee recommends that the State party revert to the integrated approach to gender mainstreaming that was welcomed in the Committee's previous concluding observations (A/59/38, para. 378). The Committee calls upon the State party to introduce effective monitoring and accountability mechanisms in the context of its system for gender mainstreaming and to include sanctions for non-compliance in such mechanisms. The Committee also recommends that the State party introduce a gender budgeting approach, in conformity with its declaration of intent, encompassing all ministries and requiring each of them to carry out a gender equality assessment of its specialized budget area and report thereon in its budget proposals. In that regard, the Committee calls upon the State party to draw on the experience of some Länder in successfully implementing such a gender budgeting policy."

45   Zuvor ist innerhalb von zwei Jahren, d.h. *bis 2011*, Deutschland aufgefordert, sich zu zwei Bemerkungen schriftlich zu äußern, darunter zur Entgeltgleichheit (Ziffer 67 i.V.m. Ziffer 40).

1. Grundlagen, Forschungsfragen und Forschungsstand

d.h. *bis 2011*, ist Deutschland aufgefordert, sich zu zwei Bemerkungen schriftlich zu äußern, darunter zur Entgeltgleichheit (Ziffer 67 i.V.m. Ziffer 40).

1.5.1.3 Gemeinschaftsrechtliche Grundlagen der Gleichstellungspolitik

Seit 1957 ist der Grundsatz der Entgeltgleichheit von Männern und Frauen bei gleicher oder gleichwertiger Arbeit mit Art. 119 EWGV im Primärrecht aufgenommen. Aktuell werden in Art. 19, 153 Abs. 1 lit i, 157 AEUV (ex-Art. 13, 137 Abs. 1 lit i, 141 EGV) Zuständigkeiten der Gemeinschaftsstaaten für Maßnahmen zur Gewährleistung der Anwendung des Grundsatzes der Chancengleichheit und Gleichbehandlung von Männern und Frauen in Arbeits- und Beschäftigungsfragen, begründet. Eine Konkretisierung dieses Grundsatzes im Bezug auf das Arbeitsleben, wurde 1989 im Rahmen der Gemeinschaftscharta der sozialen Grundrechte der Arbeitnehmer vorgenommen. In Artikel 16 werden hier Gebote normiert, durch die die Gleichbehandlung von Männern und Frauen sichergestellt werden soll[46].

Am 1. Dezember 2009 trat der Vertrag von Lissabon in Kraft. Hierbei handelt es sich um einen völkerrechtlichen Vertrag der 27 Mitgliedstaaten, der sowohl den EG-Vertrag, als auch den EU-Vertrag reformierte. Zu den wichtigsten Veränderungen zählen neben der rechtlichen Zusammenfügung von EU und EG, vor allem auch die Erklärung über die Rechtsverbindlichkeit der Charta der Grundrechte der Europäischen Union[47] und damit von Artikel 23 über die Gleichheit von Frauen und Männern. Darüber hinaus wurde der Beitritt zur Europäischen Menschenrechtskonvention festgelegt[48].

1.5.1.3.1 Beihilfen

Seit 1993 ist in der Rahmenverordnung für die Gemeinschaftsbeihilfen, die von der Europäischen Gemeinschaft gemeinsam mit den Mitgliedstaaten finanziert werden, die Chancengleichheit der Geschlechter verankert. Die geltende Fassung ist die Verordnung (EG) Nr. 1083/2006 des Rates vom 11. Juli 2006 mit allgemeinen Bestimmungen über den Europäischen Fonds für regionale Entwicklung, den Europäischen Sozialfonds und den Kohäsionsfonds und zur Aufhebung der Verordnung (EG) Nr. 1260/1999.[49] In Artikel 16, dessen Wortlaut in der Fußnote wiedergegeben ist, wird die Förderung der Gleichstellung von Männern und Frauen und der Grundsatz der Nichtdiskriminierung geregelt.[50]

---

46 Die Gemeinschaftscharta von 1989 wird einleitend in Art. 151 AEUV genannt.
47 Normiert in Art. 6 Abs. 1 EU Vertrag.
48 Siehe Art. 6 Abs. 2 EU Vertrag
49 Zuletzt am 7. April 2009 geändert mit Verordnung (EG) Nr. 284/2009.
50 „Die Mitgliedstaaten und die Kommission stellen sicher, dass die Gleichstellung von Männern und Frauen und die Berücksichtigung des Gleichstellungsaspekts auf den verschiedenen

1. Grundlagen, Forschungsfragen und Forschungsstand

Die Begünstigung von Unternehmen durch Beihilfen der Mitgliedstaaten ist grundsätzlich verboten und unterliegt der Beihilfeaufsicht und in diesem Rahmen einer Genehmigung von der EG-Kommission nach Art. 107 AEUV. Die Kommission handelt zur Beihilfeaufsicht im Verfahren nach Art. 108 AEUV. Beihilfen vom Mitgliedstaat sind dazu anzumelden und wären ohne vorherige Anmeldung rechtswidrig. Von der Anmeldungspflicht nimmt die Kommission seit Längerem bestimmte Beschäftigungsbeihilfen aus.[51] Die geltende Fassung ist die allgemeine Gruppenfreistellungsverordnung Nr. 800/2008 der Kommission vom 6. August 2008.[52] Es neben Lohnkostenzuschüssen Beihilfen zugunsten kleiner, von *Unternehmerinnen* neu gegründeter Unternehmen von der Anmeldepflicht ausgenommen und nach Art. 16 Nr. 5 e) VO 800/2008 auch Kosten für die Betreuung von Kindern und Pflege von Eltern einschließlich Kosten für Elternschaftsurlaub.

1.5.1.3.2 Beschäftigungspolitik

Zur Beschäftigungspolitik umfasst der Tätigkeitskatalog der Gemeinschaft seit dem Vertrag von Amsterdam die „Förderung der Koordinierung der Beschäftigungspolitik der Mitgliedstaaten [...] durch die Entwicklung einer koordinierten Beschäftigungsstrategie".[53] Grundlagen der Koordinierung sind die Artikel 145 bis 150 AEUV. Durch die Neuerungen im Rahmen des Vertrages von Lissabon (s.o.) gilt jedoch nun auch die EU Grundrechtecharta als rechtsverbindliche Grundlage der Beschäftigungspolitik. Der Rat legt Leitlinien gestützt auf Art. 148 Abs. 2 AEUV für die Beschäftigungspolitik fest. Die Mitgliedstaaten berücksichtigen die Leitlinien. Grundlagen der Leitlinien sind für den Rat nationale Aktionspläne und deren Ergebnisse. Ein auf Indikatoren gestützter Monitoringprozess ist Bestandteil der Koordinierung. Die Beschäftigungspolitik ist die erste Methode der offenen Koordinierung, die auf der Basis von Vorgaben im Vertrag stattfindet. Die Methode erklärt die Hinweise in den Hartz- Gesetzen auf die Europäische Beschäftigungspolitik.

Wichtig zur Koordinierung der Beschäftigungspolitik ist, dass der Rat nicht nur allgemeine Leitlinien für die Beschäftigungspolitik in den Mitgliedstaaten mit all-

---

Stufen der Durchführung der Fondstätigkeiten gefördert werden. Die Mitgliedstaaten und die Kommission treffen die erforderlichen Maßnahmen gegen jede Form der Diskriminierung aufgrund des Geschlechts, der Rasse oder ethnischen Herkunft, der Religion oder Weltanschauung, einer Behinderung, des Alters oder der sexuellen Ausrichtung auf den verschiedenen Stufen der Durchführung der Fondstätigkeiten und insbesondere in Bezug auf den Zugang zu den Fonds. Insbesondere der Zugang für Behinderte ist eines der Kriterien, die bei der Festlegung der aus Mitteln der Fonds kofinanzierten Vorhaben sowie auf den verschiedenen Stufen der Durchführung zu beachten sind."

51 Rust 2004: Art. 141 Rn 172
52 Siehe auch Mitteilung der Kommission 2009/C 188/02 für die Bewertung der Vereinbarkeit einzeln anzumeldender staatlicher Beihilfen für die Beschäftigung von benachteiligten und behinderten Arbeitnehmerns mit dem gemeinsamen Markt.
53 Art. 5 Abs. 2 AEUV (ex. Art. 3 Abs. 1 i) EGV).

1. Grundlagen, Forschungsfragen und Forschungsstand

gemeinen Zielen festlegt, sondern auch jährlich im Einzelnen zur Situation in den Mitgliedstaaten Stellung nimmt und Handlungsempfehlungen ausspricht. Ausgehend von Erwägungsgrund 12 der Empfehlung 2000/164/EG des Rates vom 14. Februar 2000 zur Durchführung der Beschäftigungspolitik der Mitgliedstaaten[54] „Geschlechtsspezifische Unterschiede auf dem Arbeitsmarkt, insbesondere bei Beschäftigung, Arbeitslosigkeit und Entgelt, sowie nach Sektoren und Tätigkeiten, erfordern umfassende Mainstreaming-Strategien und Regelungen, die eine bessere Vereinbarkeit von Familie und Beruf ermöglichen" wurden Empfehlungen an die Mitgliedstaaten gerichtet, darunter die an die Deutschland in 2000 gerichtete Empfehlung „die Auswirkungen des Steuer- und Sozialleistungssystems auf die Beschäftigung von Frauen zu prüfen".

Seit 2005 werden die beschaftigungspolitischen Leitlinien fur einen Dreijahreszeitraum festgelegt. Der aktuelle zweite Dreijahreszyklus erstreckt sich von 2008 bis 2010.

Die EU-Kommission hat für die Arbeitsmarktpolitik 2007 eine Handreichung für Gender Mainstreaming in der Beschäftigungspolitik veröffentlicht, die für vier unterschiedliche Typen der Beschäftigungspolitik jeweils mit einer Checkliste endet.[55] Die Checkliste für „Active labour market policies" ist im Teil 10 angefügt.[56]

1.5.1.3.3 Eingliederung

Gestützt auf die Kompetenzgrundlage von Artikel 157 Abs. 1 h) AEUV (ex Art. 137 EGV) ist die Empfehlung der Kommission vom 3. Oktober 2008 zur aktiven Eingliederung der aus dem Arbeitsmarkt ausgegrenzten Personen[57] veröffentlicht worden. Die Kommission empfiehlt Strategien zur aktiven Eingliederung der aus dem Arbeitsmarkt ausgegrenzten Personen zu gestalten und durchzuführen. Dabei ist sicherzustellen, dass Strategien zur aktiven Eingliederung auch die „Förderung der Gleichstellung von Frauen und Männern und der Chancengleichheit für alle" berücksichtigen.[58]

Im Gemeinschaftsrecht sind insgesamt mehrere Ansatzpunkte und „gute Vorbilder" zu finden, um das Ziel des SGB II- Chancengleichheit von Frauen und Männern- mit Inhalt füllen zu können.

---

54 Amtsblatt 2000 Nr. L 52 S. 32
55 Grundlage ist der zu „Gender mainstreaming of employment policies" von der „Group of experts on Gender, Social Inclusion an Employment" in 30 europäischen Staaten durchgeführter „Comparative review ot thirty European countries", veröffentlicht 2007 von der Europäischen Kommission.
56 Die drei anderen, nicht abgedruckten Checklisten sind jene zu „Pay and career policies", die „Reconciliation policies" und die „Flexicurity policies".
57 Amtsblatt Nr. L 307 vom 18/11/2008 S. 11 – 14.
58 Ziffer 3 lit. b der Empfehlung der Kommission vom 3. Oktober 2008.

1. Grundlagen, Forschungsfragen und Forschungsstand

1.5.1.3.4 Gleichbehandlungsrichtlinien

Auch sind die durch Richtlinien festgelegten Grundsätze der Richtlinien 79/7/EWG und 2006/54/EG zu berücksichtigen. Durch die Richtlinie 79/7/EWG ist festgelegt, dass Frauen und Männern bei den gesetzlichen Systemen, die Schutz gegen die Risiken der Krankheit, Invalidität, Alter, Arbeitsunfall, Berufskrankheit und Arbeitslosigkeit bieten, gleich zu behandeln sind. In der Richtlinie 2006/54/EG, der sog. Neufassungsrichtline, ist u.a. die Richtlinie 2002/73/EG aufgenommen, die wiederum die Gleichbehandlungsrichtlinie von 1976 erheblich ergänzt hat. So enthielt die Richtlinie 2002/73/EG Definitionen für die mittelbare Diskriminierung, das Mobbing und die sexuelle Belästigung. Darüber hinaus ist von den Mitgliedsstaaten verlangt Gleichbehandlungsstellen einzurichten. Diese sollen der Förderung, Untersuchung, Beobachtung und Unterstützung der Gleichbehandlung von Frauen und Männern dienen.

1.5.1.4 Verfassungsrechtliche Grundlagen der Gleichstellungspolitik

Eine unmittelbare Wirkung für Einzelne können ausnahmsweise Urteile des Bundesverfassungsgerichts haben.[59] Sie können die Folge haben, dass gesetzliche oder andere Vorschriften nicht oder nur verändert angewendet werden können. Der Staat erbringt nicht freiwillig Grundsicherungsleistungen. Das Grundgesetz erlegt ihm vielmehr diese Pflicht auf. Aus Art 1 Abs. 1 i.V.m. dem Sozialstaatsprinzip des Art 20 Abs. 1 GG folgt eine Pflicht des Staates, dem mittellosen Bürger durch Sozialleistungen bzw. Steuerfreibeträge die materiellen Mindestvoraussetzungen eines menschenwürdigen Daseins zu sichern.[60] Diese Pflicht trifft den Staat jedoch nur, soweit dem Bürger die Sicherung seines Existenzminimums nicht möglich ist. Die Subsidiarität ist ein wesentliches Merkmal von Fürsorgeleistungen.[61] Sie ist nicht nur einfachgesetzlich vorgeschrieben (§ 9 I SGB II), sondern sie ist den Grundsicherungsleistungen bereits immanent.[62]

1.5.1.4.1 Verbot der mittelbaren Benachteiligung nach Art. 3 Abs. 3 GG

Zum Verbot der mittelbaren Diskriminierung hätte der Einstieg über das Gemeinschaftsrecht gefunden werden können oder bei CEDAW.[63] Gegen den Beginn im

---

59 Vgl. hierzu beispielsweise die Wirkung des Urteils des BVerfG 1 BvL 1/09, 1 BvL 3/09 und 1 BvL 4/09 (Hartz IV-Regelsatz, Hartz IV Gesetz) v. 9. Februar 2010, BGBl I 2010,193.
60 BVerfGE 82, 60 (85).
61 Schellhorn (2006): § 2 Rn.1 SGB XII.
62 BVerwG, ZfF 1981, S.22.
63 Zu den völkerrechtlichen Grundlagen des Verbots der indirekten Diiskriminierung Giegerich 2007: Rn 51f., 82f, 95, 163.

40

1. Grundlagen, Forschungsfragen und Forschungsstand

Gemeinschaftsrecht spricht, dass die einzige Richtlinie, die für gesetzliche Systeme der Sozialen Sicherheit Standards zur Gleichbehandlung von Frauen und Männern regelt,[64] auf Sozialhilfeleistungen nur dann anzuwenden wäre, wenn diese gesetzliche Systeme ersetzen, die Schutz gegen die klassischen Erwerbsarbeitsrisiken Krankheit, Invalidität, Alter, Arbeitsunfall, Berufskrankheit und Arbeitslosigkeit bieten, also nicht für Basissysteme.[65]

Eine mittelbare Benachteiligung liegt vor, wenn dem Anschein nach neutrale Vorschriften „ oder Verfahren Personen wegen" des Geschlechts „gegenüber anderen Personen in besonderer Weise benachteiligen können, es sei denn, die betreffenden Vorschriften ... oder Verfahren sind durch ein rechtmäßiges Ziel sachlich gerechtfertigt und die Mittel sind zur Erreichung dieses Ziels angemessen und erforderlich", so die gesetzliche Definition in § 3 Abs. 3 Allgemeines Gleichbehandlungsgesetz (AGG). Das Gesetz ist sachlich nach § 2 Abs. 1 Nr. 5 und 6 AGG auch für den Sozialschutz und für soziale Vergünstigungen anwendbar, also auch für die Grundsicherung.

Das Verbot der mittelbaren Diskriminierung hatte im Gemeinschaftsrecht in den 1980ern seinen Ausgangspunkt im Anspruch Teilzeitbeschäftigter auf Entgeltgleichheit unmittelbar nach dem EG- Vertrag. Hierzu entwickelte der EuGH Maßstäbe, die seit 2000 in heute vier europäischen Gleichbehandlungsrichtlinien geregelt wurden.[66] In Umsetzung der Gleichbehandlungsrichtlinien, die mit dem AGG erfolgen sollte, sind im Sozialrecht die Benachteiligungsverbote des § 33 c SGB I, § 36 Abs. 2 SGB III und § 19a SGB IV eingefügt worden. § 81 Abs. 2 SGB IX verweist zum Benachteiligungsverbot auf die allgemeinen Bestimmungen des AGG. Das Benachteiligungsverbot des § 19a SGB IV wegen der im AGG genannten Merkmale wie u. a. Geschlecht, Behinderung und ethnische Herkunft gilt nach § 1 Abs. 2 SGB IV für die Grundsicherungsleistungen nach dem SGB II.

Der EuGH hat bisher eine sich überwiegend für Frauen nachteilig auswirkenden Einkommensanrechnung bei Systemen der Mindestsicherung als systembedingt und gerechtfertigt bewertet.[67] Die Rechtsfolge einer mittelbaren Diskriminierung wegen des Geschlechts wäre nach der Rechtsprechung des EuGH, dass eine benachteiligte Arbeitnehmerin in dieselbe Lage zu versetzen ist wie Arbeitnehmer des anderen Geschlechts, solange keine diskriminierungsfreie Regelung vorhanden ist, so u.a. EuGH v. 21.6.2007, Rs. C-231/06 (Jonkmann)[68].

---

64 Richtlinie 79/7/EWG des Rates vom 19. Dezember 1978 zur schrittweisen Verwirklichung des Grundsatzes der Gleichbehandlung von Männern und Frauen im Bereich der sozialen Sicherheit, Amtsblatt 1979 Nr. L 24 S. 24 – 25.
65 Rust 1997: 150.
66 Richtlinien 2000/43/EG, 2000/87/EG, 2004/113/EG, 2006/54/EG.
67 Bieback 2007: 26.
68 Tenor: „Die Behörden des betreffenden Mitgliedstaats sind verpflichtet, aufgrund eines auf ein Vorabentscheidungsersuchen ergangenen Urteils, aus dem sich die Unvereinbarkeit nationaler Rechtsvorschriften mit dem Gemeinschaftsrecht ergibt, die allgemeinen oder besonderen Maßnahmen zu ergreifen, die geeignet sind, die Beachtung des Gemeinschaftsrechts zu sichern, indem sie insbesondere dafür sorgen, dass das nationale Recht so schnell wie mög-

1. Grundlagen, Forschungsfragen und Forschungsstand

Die Definition des Gemeinschaftsrechts zur mittelbaren Diskriminierung ist auch die Definition des AGG geworden. Der sachliche Anwendungsbereich des AGG umfasst zum Merkmal Geschlecht zwar auch den Sozialschutz und die sozialen Vergünstigungen. Es spricht bisher nichts dafür, dass der EuGH die Bewertung von Systemen der Basissicherung ändern würde. Derzeit stellt sich zum AGG diese Frage (noch) nicht, da der über die Anforderung der Richtlinie 2000/43/EG hinaus auch für das Geschlecht geöffnete sachliche Anwendungsbereich ohne Anordnung von Rechtsfolgen für den Fall der Benachteiligung verbleibt und mögliche Ansprüche nicht auf das AGG sondern auf allgemeine sozialrechtliche Prinzipien zu stützen wären.[69]

Von Mitte der 1980er bis 1997 stand eine Festlegung des BVerfG zum verfassungsrechtlichen Verbot der mittelbaren Diskriminierung wegen des Geschlechts aus.[70] Sie erfolgte 1997 zum Ausschluss Teilzeitbeschäftigter nach dem Hamburger Ruhegeldgesetz.[71] Der 1. Senat des BVerfG verortete das Verbot der mittelbaren Diskriminierung wegen des Geschlechts in Art. 3 Abs. 3 Satz 1 GG. Für die Durchsetzung der tatsächlichen Gleichstellung ist es entscheidend, die Rechtsfigur der mittelbaren Diskriminierung anzuerkennen.[72] Die Rechtsprechung des BVerfG hat sich seit Ablauf der Übergangsfrist des Art. 117 GG verändert. War in den 1950er und den 1960er Jahren die Rechtsprechung noch von der natürlichen Verschiedenheit von Frauen und Männern geprägt,[73] ist der Standard seit der Entscheidung zum Nachtarbeitsverbot für Arbeiterinnen, dass eine Ungleichbehandlung, die an das Geschlecht anknüpft, nur dann mit Art. 3 Abs. 3 GG vereinbar ist, „soweit sie zur Lösung von Problemen, die ihrer Natur nach nur entweder bei Männern oder bei Frauen auftreten können, zwingend erforderlich sind".[74] Mit der Anerkennung des verfassungsrechtlichen Verbots der Diskriminierung wegen des Geschlechts ist bestimmt, dass der Maßstab für den Fall einer überwiegend negativen Betroffenheit von Frauen durch eine Gesetzesvorschrift der Grundsicherung in Art. 3 Abs. 3 GG zu suchen ist mit den hier bestehenden engen Rechtfertigungsmöglichkeiten.[75]

---

lich mit dem Gemeinschaftsrecht in Einklang gebracht und den Rechten, die dem Bürger aus dem Gemeinschaftsrecht erwachsen, die volle Wirksamkeit verschafft wird. Ist eine gemeinschaftsrechtswidrige Diskriminierung festgestellt worden, so ist das nationale Gericht, solange keine Maßnahmen zur Wiederherstellung der Gleichbehandlung erlassen worden sind, gehalten, eine diskriminierende nationale Bestimmung außer Anwendung zu lassen, ohne dass es ihre vorherige Aufhebung durch den Gesetzgeber beantragen oder abwarten müsste, und auf die Mitglieder der benachteiligten Gruppe eben die Regelung anzuwenden, die für die Mitglieder der anderen Gruppe gilt."; Schlegel 2007, Winter (2007).

69 Oppermann 2007: § 2 Rn. 71-96; § 19 Rn. 61 – 74 AGG.
70 Fuchsloch 1995, Bieback 1997, Rust, Streit 1997, aktuell Richter 2010: 232 ff.
71 BVerfGE 97, 35, 45.
72 Sacksofsky (2009): 171, Bieback 2007.
73 Sacksofsky 2009.
74 BVerfGE 85, 191.
75 Übersicht zur Rechtsprechung u. a. Bieback 1997.

1. Grundlagen, Forschungsfragen und Forschungsstand

1.5.1.4.2 Verpflichtung des Staates gem. Art. 1 Abs. 1 i.V.m. 20 Abs.1 GG

Gem. Art. 1 I i.V.m. Art. 20 I GG ist der Staat verpflichtet für seine Bürger im Rahmen der Grundsicherung ein angemessenes Existenzminimum[76] zu schaffen. Hierbei soll es sich nach der herrschenden Meinung um ein soziokulturelles Exeistenzminimum handeln, was den Betroffenen ein Mindestmaß an gesellschaftlicher Teilhabe ermöglichen soll[77]. Nach aktueller Rechtsprechung des Bundesverfassungsgerichts, ist dies jedoch hinsichtlich der Bemessung der Regelsätze des SGB II dem Gesetzgeber nicht gelungen[78]: Der Erste Senat des Bundesverfassungsgerichts hat entschieden, dass die Vorschriften des SGB II, die die Regelleistung für Erwachsene und Kinder betreffen, nicht den verfassungsrechtlichen Anspruch auf Gewährleistung eines menschenwürdigen Existenzminimums aus Art. 1 Abs. 1 GG in Verbindung mit Art. 20 Abs. 1 GG erfüllen.[79] Die Vorschriften bleiben bis zur Neuregelung, die der Gesetzgeber bis zum 31. Dezember 2010 zu treffen hat, jedoch weiter anwendbar.

1.5.1.4.3 Schutz von Ehe und Familie nach Art. 6 Abs.1 GG

Nach Art. 6 Abs. 1 GG stehen Ehe und Familien unter dem besonderen Schutz der staatlichen Ordnung. Hierbei handelt es sich nach dem BVerfG bei einer Ehe um eine Vereinigung eines Mannes und einer Frau zu einer grundsätzlich unauflösbaren Lebensgemeinschaft. Familie ist die umfassende Gemeinschaft von Eltern und Kindern, in der den Eltern vor allem Recht und Pflicht zur Pflege und Erziehung der Kinder erwachsen. Dieser Ordnungskern sei für das allgemeine Rechtsgefühl und Rechtsbewusstsein unantastbar[80]. Durch die nicht unerhebliche Pflichtenübernahme, die für Mitglieder einer Bedarfsgemeinschaft nach dem SGB II konstatiert werden, könnte jedoch die Schließung neuer Ehen gehindert bzw. die Gründung neuer Familien erschwert werden. Durch die Vermutung der gegenseitigen Fürsorgepflichten innerhalb der Bedarfsgemeinschaft, mussen potentiell zur Eheschließung Geneigte befürchten, durch die Bedürftigkeit des zukünftigen Parntners ebenfalls in das System des SGB II integriert zu werden[81].

---

76 Zum rein physiologischen Existenzminimum siehe BVerwGE 14, 294 (297).
77 Zum vorherrschenden soziokulturellen Existenzminimum vgl. Soria (2005): 648.
78 BVerfG v. 09.02.2010, NJW 2010. 505 ff.
79 Schnapp 2010.
80 BVerfGE 10, 59 (66).
81 Genauer hierzu siehe Teil 3.3 S. 90 ff., insbesondere 3.3.4. zu Kindern in Patchworkfamilien.

1. Grundlagen, Forschungsfragen und Forschungsstand

1.5.2   Rechtswissenschaftlicher Forschungsstand

Aus der Zeit vor der Verabschiedung des SGB II liegen wichtige Vorarbeiten zum Verbot der mittelbaren Diskriminierung im Sozialrecht vor, auf die zurückgegriffen werden kann sowie auf aktuelle Veröffentlichungen.[82] Im Zuge der Verabschiedung des Allgemeinen Gleichbehandlungsgesetzes (AGG) ist die sozialrechtliche Diskussion über das Verbot der mittelbaren Benachteiligung vertieft worden.[83]

Zu dem mit dem SGB II neu eingeführten Konstrukt der Bedarfsgemeinschaft kann grundsätzlich nicht auf alte Arbeiten angeknüpft werden. Es kann aber im Vergleich zu den alten Konstruktionen im Sozialhilferecht bzw. im Arbeitslosenhilferecht auf einige wenige Arbeiten zur Stellung der Frau im Sozialrecht zurückgegriffen werden. Es handelt sich dabei um Gutachten und Beiträge zu verschiedenen Deutschen Juristentagen[84] hinsichtlich der Stellung der Frau im Sozialrecht oder allgemein in der Sozialhilfe.[85]

Die Bedarfsgemeinschaft des SGB II mit im Vergleich zum bisherigen Recht verschärfter Einkommensanrechnung mit begrenzten Freibeträgen hat schnell zu gerichtlichen Auseinandersetzungen geführt und ist vom Bundessozialgericht (BSG) zunächst nicht verfassungsrechtlich beanstandet worden.[86] Sämtliche Kommentare zum SGB II befassen sich ausführlich mit dem neuen Konstrukt der Bedarfsgemeinschaft und der fiktiven Hilfebedürftigkeit.[87] Aufsätze sowie eine Dissertation sind erschienen.[88] Auch zu den Auswirkungen der Bedarfsgemeinschaft des SGB II im Verfahrensrecht kann insbesondere auf Kommentare[89], zunehmend auf Aufsätze[90] sowie den im Rahmen der ersten Fachtagung des Forschungsprojekts entstandenen Beitrag[91] zurückgegriffen werden.

Zu den Gender- Folgen der Bedarfsgemeinschaft fehlt bisher weitgehend die rechtswissenschaftliche Forschung. Gut aufbereitet sind die sozialrechtlichen Folgen des Ernährrermodells.[92] Dessen Verstärkung mit der Bedarfsgemeinschaft des SGB II behandelt insbesondere die Arbeit von Wersig[93]. Die systematische rechtswissenschaftliche Einordnung der Bedarfsgemeinschaft des SGB II, die für die drei Schlüsselgruppen zu unterschiedlichen Problemen führt, ist mit den Folgen für den Zugang

---

82   Bieback 1997, 2004, 2007; Fuchsloch 1995, Rust 1997, Richter 2010.
83   Eichenhofer 2007; Oppermann 2007; Welti 2007; auch Bieback 2003. Husmann 2003, 2005.
84   Gitter 1974; Fuchs 1994; Jaeger 1994; Eichenhofer 2004.
85   Schoch 1984; Bertelsmann/Rust 1986; Gerhard/Schwarzer/Slupik 1988; Winkler 1990; Michel 1990.
86   Knickrehm/ Spellbrink 2008: Rn. 2 mit weiteren Nachweisen.
87   Eicher/Spellbrink (2005); Estelmann (2008), Gagel (2010), Münder (2009); Hauk/ Noftz, SGB II; Kruse/ Reinhard/ Winkler (2005).
88   Gerlach, ZfF 2007; Kruse, ZIAS 2003; Rosenow, SGb 2008; Spellbrink 2007a: Spellbrink 2007b; Spellbrink 2008; Stephan 200; Stephan, SozSich 2009; Wahrendorf 2007.
89   Eicher/Spellbrink (2008); Estelmann (2008), Gagel (2010).
90   Udsching/Link, SGb 2007, S. 513.
91   Grühn 2008.
92   Berghahn 2007a; Spindler 2007b.
93   Wersig 2007.

zu Grundsicherungs- und aktivierenden Leistungen und der sozialen Sicherung bisher nicht behandelt worden.

Vorarbeiten zur institutionellen Gleichstellungspolitik, die über die Kommentierung der rechtlichen Grundlagen der Tätigkeit der Beauftragten für Chancengleichheit im SGB III hinausgehen, fehlen.

Abschließend ist zum rechtswissenschaftlichen Forschungsstand anzumerken, dass Vorarbeiten zu dem vom SGB II „abgeleiteten Recht" fehlen. Das abgeleitete Recht reicht von der Verordnung über Arbeitshilfen, als fachliche Hinweise, die als verbindliche Weisung der Bundesagentur für Arbeit erfolgen und den Empfehlungen zur Umsetzung, die unter Beteiligung des Bundesministeriums für Arbeit und Soziales entstehen.[94] Nur die Verordnung ist in dem Sinne offiziell, dass sie begründet und veröffentlicht wird. Die anderen Erkenntnisquellen sind bisher nur lückenhaft publiziert worden. Aktuelle Fassungen sind meist auf der Homepage der Bundesagentur eingestellt. Nicht zu veröffentlichen sind die individuellen Zielvereinbarungen. Sie sind „nur" im Rahmen der Wirkungsforschung bekannt und daher für eine rechtswissenschaftliche Analyse nicht hinreichend geeignet.

Das Handeln der Leistungsträger im Sozialrecht wird im besonderen Maße von Verwaltungsvorschriften, Leitlinien usw. bestimmt. Hierzu beginnt die rechtswissenschaftliche Forschung.[95] Für die Grundsicherung und damit für die von Ermessensleistungen und seit 2004 von Zielvereinbarungen (mit)bestimmten Ermessensleistungen fehlt bisher die Grundlagenforschung zu den untergesetzlichen Regeln.[96]

1.5.3 Rechtswissenschaftliche Forschungsfragen

Sozial- und Arbeitslosenhilfe wurden zur Grundsicherung des SGB II in eine ausschließlich bedürftigkeitsabhängige, steuerfinanzierte Grundsicherung zusammengeführt. Im Unterschied zur Sozialhilfe nach dem Bundessozialhilfegesetz (BSHG) bestimmte sich die Arbeitslosenhilfe nach dem bisherigen Einkommen, wie es zuvor verbeitragt und versteuert worden war.

Mit dem Vierten Gesetz für moderne Dienstleistungen am Arbeitsmarkt regelt das SGB II die Grundsicherung für Arbeitssuchende. Die Grundsicherung für Erwerbsgeminderte und im Alter ist seitdem im SGB XII – Sozialhilfe – normiert. Kinder von Eltern, die nach dem SGB II oder SGB XII leistungsberechtigt sind, folgen der Zuordnung der Eltern. Sie erhalten bis zur Altersgrenze von 25 Jahren entweder nach dem Leistungssystem des SGB II oder dem des SGB XII Leistungen und sind damit abhängig vom Erwerbsstatus der Eltern. Die Kindergrundsicherung kann hier

---

94 Zugang bei Veröffentlichungen http://www.arbeitsagentur.de/nn_27836/Navigation/zentral/.
95 Eine erstmalige Grundlage für die Sozialversicherung gibt die Arbeit von Axer 2000. Auch die anders angelegte Arbeit von Hänlein 2001 behandelt das Sozialversicherungsrecht.
96 Dazu siehe auch Teil 4.3.4.5 S. 154.

1. Grundlagen, Forschungsfragen und Forschungsstand

nicht vertieft behandelt werden. Sie wird im Rahmen dieses Forschungsprojekts speziell hinsichtlich der Folgen für die Eltern oder einen Elternteil behandelt werden.[97]

Als Leistungen der Grundsicherung für Arbeitsuchende können zwei Leistungsarten in Anspruch genommen werden. Es sind Leistungen zur Eingliederung in Arbeit und Leistungen zur Sicherung des Lebensunterhalts, so in der Einweisungsvorschrift § 19 a SGB I geregelt. Im Einzelnen sind hierzu die Leistungen zur Eingliederung in Arbeit im Abschnitt 1 des Dritten Kapitels des SGB II[98] genannt. Die Leistungen zur Sicherung des Lebensunterhalts sind im Abschnitt 2 des Dritten Kapitels des SGB II zu finden einschließlich des Verhältnisses zu Verpflichtungen anderer.[99]

Im SGB II wird, wie im SGB XII, das soziale Recht auf persönliche und wirtschaftliche Hilfe realisiert, wie es allgemein als Sicherungsziel in § 9 SGB I verankert ist. Hier kommt für den oder die Einzelne der Schritt von der obrigkeitlichen Betreuung hin zum anspruchsberechtigten Subjekt[100] zum Tragen. In der Bundesrepublik brachen[101] in den 1950er Jahren das Bundesverfassungsgericht und das Bundesverwaltungsgericht mit der armenpolizeilichen Grundlage der Fürsorge und stellten einen grundsätzlichen rechts- und sozialstaatlich begründeten Hilfeanspruch der Einzelnen fest.[102] Der Gesetzgeber folgte 1961 mit dem Anspruch des oder der Einzelnen auf Sozialhilfe nach dem BSHG. An diese rechts- und sozialstaatlich begründete Entwicklung knüpft „Hartz IV" mit dem Gesetz zum SGB XII – Sozialhilfe - an, nicht aber eindeutig mit dem SGB II. Die Grundsicherung für Arbeitsuchende stellt die Leistungsträger und die Gerichte vor die schwierige Aufgabe, mit der Bedarfsgemeinschaft des SGB II eine Konstruktion anzuwenden, die plastisch als „Zwitter" beschrieben werden kann. Der verfassungsrechtlich begründete Anspruch Einzelner auf Sozialhilfe besteht unverändert für Bedürftige im erwerbsfähigen Alter, die nicht erwerbsgemindert sind und damit anspruchsbereichtigt im Sinne SGB II sind. Gleichzeitig wird der Anspruch für Menschen, die nicht allein leben, nur im Rahmen der Bedarfsgemeinschaft des SGB II realisiert und kommt damit u.U. nicht hinreichend zum Tragen.

Das SGB II ist, wie das SGB XII, eine allgemeine Basisleistung, die bedürftigkeitsgeprüft und subsidiär zu eigenen Mitteln ist. Zuwendungen anderer sind zu berücksichtigen. Aus dem Grundsatz der Subsidiarität folgt nicht unmittelbar, wie das vorhandene Einkommen und gegebenenfalls auch Vermögen in der Bedarfsgemeinschaft anzurechnen ist. Die Berechnungsmethode der Anrechnung von Einkommen wird gesetzlich bestimmt. Für das SGB II kommt nach § 9 Abs.2 SGB II die Horizontalberechnung zur Anwendung, wie sie zur Einkommensberechnung für das SGB

---

97 Zur Problematik der Kindergrundsicherung siehe Schürmann 2009a; Schnath NDV 2009; Breithaupt 2010: 178-185.
98 §§ 14 - 18a SGB II.
99 §§ 19 - 35 SGB II.
100 Kingreen 2004.
101 So plastisch Kingreen zur Rolle des BVerfG und des BVerwG 2004:18.
102 BVerfGE 1, 97 ff.; BVerwGE 1, 159 ff.

1. Grundlagen, Forschungsfragen und Forschungsstand

II bestimmt ist.[103] Für die Basisleistung nach dem SGB XII kommt nach §§ 19 Abs.1 S. 2, 20 SGB XII die Vertikalmethode zur Anwendung. Die Praxis der unterschiedlichen Berechnungsmethoden zur Grundsicherung Arbeitssuchender, für die auch die Bedarfsgemeinschaft eingeführt worden ist, und zur Grundsicherung bei Erwerbsminderung und für Ältere nach dem SGB XII, hat unterschiedliche Ergebnisse. Die rechtlichen Grundlagen der Berechnung sind darzustellen. Ihre Auswirkungen sind dahingehend zu bewerten.

Für die drei Schlüsselgruppen stellen sich rechtswissenschaftlich verschiedene weitere Fragen:

Alleinerziehende gehören zu den Arbeitslosen, die in der Beschäftigungspolitik der Europäischen Gemeinschaft als eine besonders zu fördernde Zielgruppe benannt sind. Die Strukturfonds der Gemeinschaft erlauben, Programme zugunsten Alleinerziehender finanziell zu fördern. Die berufliche Eingliederung Alleinerziehender, als vom Arbeitsmarkt ausgegrenzte Personen, wird von der Gemeinschaft mit auf Art. 137 EG gestützten Maßnahmen gefördert. Im SGB II wird ohne Öffnung für Teilzeitarbeit für die Zumutbarkeit von Arbeit in § 10 I Nr. 3 SGB II, bezogen auf die Kinderbetreuung, die starre Altersgrenze von drei Jahren geregelt. Es stellt sich die Frage nach möglichen Widersprüchen zu völker- und gemeinschaftsrechtlichen Aktivierungsstandards und verfassungsrechtlichen Vorgaben.

Mit dem SGB II wurde eine Bedarfsgemeinschaft für Partnerschaften eingeführt, die nur teilweise ihre Entsprechung im Familienrecht findet. Darüber hinausgehend sind finanzielle Einstandspflichten für Kinder eingeführt worden, die im Haushalt mit den Erwachsenen leben. Die bestehenden Wertungswidersprüche zwischen dem Sozial- und dem Unterhaltsrecht sind nachzuzeichnen.[104] Zur fiktiven Hilfebedürftigkeit nach § 9 Abs. 2 Satz 3 SGB II sind mögliche Widersprüche zum verfassungs- und supranationalen Rahmen zu bestimmen.

Die Grundsicherung für diejenigen Mitglieder der Bedarfsgemeinschaft, die dem Grunde nach einen Anspruch auf Leistungen zur Sicherung ihres Lebensunterhalts und auf aktivierende Leistungen haben, der wegen der Einkommensanrechnung für sie individuell aber nicht realisiert wird, ist näher zu betrachten. Für solche nur dem Grunde nach Anspruchsberechtigte ist zu prüfen, ob die Art der Einkommensanrechnung nach § 11 SGB II für Mitglieder der Bedarfsgemeinschaft mit dem Verbot der mittelbaren Benachteiligung wegen des Geschlechts vereinbar ist und ob die rechtliche Möglichkeit des Zugangs zu den aktivierenden Leistungen nach dem SGB III auch tatsächlich gegeben ist.

Rechtlich stellt sich für alle Schlüsselgruppen die Frage nach den Wirkungen der Zusammenlegung von Sozialhilfe und Arbeitslosenhilfe für die institutionelle Begleitung der Gleichstellungspolitik beim Leistungsträger. Die bisherige Zuständigkeit der Beauftragten für Chancengleichheit am Arbeitsmarkt nach § 385 SGB III für Arbeitslosenhilfebeziehende ist ersatzlos entfallen. Ob die Gleichstellungsziele

---

103 Zu den rechtlichen Grundlagen auch mit Darstellung abweichender Positionen im Einzelnen Teil 3.2.1 S. 81.
104 Dazu Teil 3.4.6.

1. Grundlagen, Forschungsfragen und Forschungsstand

des SGB II institutionell zu unterstützen sind, ist zu klären. Rechtliche Ausgangspunkte sind insbesondere das Frauenrechtsübereinkommen[105] und die Handlungspflicht nach Art. 3 Abs. 2 GG.

1.6 Rechtliche Grundlagen der Statistik im SGB II

Datenerhebung und –übermittlung, Statistik und Wirkungsforschung sind in den §§ 50 – 55 SGB II detailliert geregelt. Im Rahmen der rechtlichen Grundlagen werden die entsprechenden Regelungen nur im Hinbick auf drei bestimme Teilfragen untersucht werden.

1.6.1 Daten in Bezug auf aktive und passive Leistungen

Die statistische Zuordnung der einzelnen Personen im Leistungsbezug nach dem SGB II erfolgt durch die nach § 51a SGB II vergebene Kundennummer. Diese Kundennummer ermöglicht die Zuordnung der Person zu den nach § 51b SGB II zu erhebenden Daten. § 51b SGB II regelt umfassend die zu erhebenden Daten.

Es müssen Daten bzgl. der Empfänger von aktiven und passiven Leistungen, einschließlich aller Mitglieder von Bedarfsgemeinschaften, erhoben werden.[106] Des Weiteren müssen Daten über Art und Dauer der gewährten Leistungen und Maßnahmen sowie die Art der Eingliederung in den allgemeinen Arbeitsmarkt vorliegen.[107] Daten über die Ausgaben und Einnahmen im Rahmen der Grundsicherung für Arbeitsuchende sind zu erheben.[108] Auch die Angaben zu Stellenangeboten, die den Trägern von den Arbeitgebern mit einem Auftrag zur Vermittlung gemeldet wurden, sind zu erheben.[109] Die Absätze 2 bis 3a enthalten weitere Konkretisierungen hinsichtlich der zu erhebenden Daten. Bei allen diesen Daten handelt es sich um solche, die im normalen Verwaltungsvollzug anfallen.[110]

§ 51b SGB II soll mit der umfassenden Datenerhebung ein trägerübergreifendes Informationssystem ermöglichen, bei dem die Daten für die Zwecke der Steuerung, Statistik, Wirkungsforschung und das Fallmanagement genutzt werden können.[111]

Sämtliche Träger der Grundsicherung sind dazu verpflichtet, die Daten zu erheben und an die Bundesagentur für Arbeit zu übermitteln. § 51b Abs. 4 SGB II regelt die Zwecke, zu denen die erhobenen Daten genutzt werden dürfen. In diesem Kontext ist besonders die Nutzung für Statistiken, Eingliederungsbilanzen, Controlling-

---

105 Nachweise bei Teil 1.5.1.2 S.34.
106 § 51b I Nr. 1 SGB II.
107 § 51b I Nr. 2 SGB II.
108 § 51b I Nr. 3 SGB II.
109 § 51b I Nr. 4 SGB II.
110 BT-Drs. 15/1516: S.65.
111 Brünner in Münder (2009): § 51b Rn. 1 SGB II.

1. Grundlagen, Forschungsfragen und Forschungsstand

berichte und die Wirkungsforschung interessant.[112] Sowohl die zu erhebenden Daten als auch die erlaubten Zwecke sind aus datenschutzrechtlichen Gründen abschließend aufgezählt.[113] Bemerkenswert ist, dass das SGB II in § 51b Abs. 1 vorschreibt, dass es bei der Erfassung der Daten zu aktiven und passiven Leistungen jeweils einen Bezug zur einzelnen Person als auch zu der Bedarfsgemeinschaft geben muss. Die einzelnen, zu erhebenden Daten sind in § 51b Abs. 2 SGB II konkretisiert. Betrachtet man diese Daten, die nach § 51b SGB II zwingend erhoben werden müssen, zeigt sich, dass diese umfassend sind, besonders, weil sie einen Bezug zwischen Einzelperson und Bedarfsgemeinschaft erlauben. Eine Verknüpfung der Merkmale in einer Statistik dürfte viele Datenlücken beheben. Allerdings ist dann zu beachten, dass es bei einer Kreuzung zu vieler Merkmale möglicherweise zu datenschutzrechtlichen Problemen kommen könnte.

1.6.2 Konkretisierung der Merkmale der Statistik

Eine weitere Frage ist, wer die Merkmale der Statistiken konkretisieren kann und darf. Hierbei sind verschiedene Vorschriften zu beachten. Gemäß § 51b Abs. 5 SGB II regelt die Bundesagentur im Benehmen mit den kommunalen Spitzenverbänden den genauen Umfang der nach den Absätzen 1 bis 3 zu übermittelnden Informationen.[114]

Des Weiteren enthält § 51c SGB II eine Verordnungsermächtigung bzgl. der Übermittlung von Daten. Danach kann das BMAS Art und Umfang der zu übermittelnden Daten, insb. zu den Inhalten der Absätze 2 und 3 des § 51 b SGB II festlegen, indem es eine Verordnung erlässt. Die Verordnungsermächtigung wurde in das SGB II aufgenommen, weil der Gesetzgeber einen etwaigen „Nachsteuerungsbedarf" sah und weitere Konkretisierungen ermöglichen wollte.[115] Nach einhelliger Meinung ist durch eine Verordnung nach § 51c SGB II wohl eine Einschränkung der nach § 51b SGB II zu übermittelnden Daten sowie genauere Regelungen zum Transfer möglich.[116] Eine derartige Verordnung ist bisher nicht ergangen.

§ 53 SGB II regelt die von der Bundesagentur zu erstellenden Statistiken. Es sollen bundesweite, einheitliche Statistiken erstellt werden, daher soll hier auf die Strukturen der Bundesagentur zurückgegriffen werden.[117] Aufgrund der weiten Zwecksetzung des § 51b Abs. 4 SGB II können sämtliche nach § 51b SGB II erhobenen Daten in die Statistik einfließen. Die so erstellten Statistiken sollen dann internen Steuerungszwecken, der Ausübung der Fachaufsicht durch das BMAS, dem

---

112 BT-Drs. 15/2816: S.14.
113 Wagner in Radüge (2007): § 51b Rn. 16, 31,35 SGB II.
114 Die Statistik-Vorschriften sollen an die Neuordnung der Jobcenter angepasst werden, BT-Drs. 17/2816: S. 15.
115 BT-Drs. 15/2816: S. 15.
116 Oppermann in Eicher/Spellbrink (2008): § 51c Rn. 2 SGB II.
117 BT-Drs. 15/1516: S.65; Oppermann in Eicher/Spellbrink (2008): § 53 Rn. 2 SGB II.

1. Grundlagen, Forschungsfragen und Forschungsstand

spezifischen Informationsbedarf der Bundsregierung und, „nicht zuletzt auch der Information der Öffentlichkeit" dienen.[118] Nach § 53 Abs. 2 SGB II kann das BMAS Art und Umfang sowie Tatbestände und Merkmale der Statistiken und der Berichterstattung näher bestimmen.[119] Dies ist ein Ausdruck der umfassenden Fachaufsicht des BMAS über die Bundesagentur. Das BMAS kann die Art der zu erstellenden Statistiken durch Weisung an die Bundesagentur umfassend bestimmen.

Bei der nach § 54 SGB II zu erstellenden Eingliederungsstatistik ist wiederum die Bundesagentur dazu angehalten, weitere Indikatoren zu entwickeln, um eine gute Vergleichbarkeit der einzelnen Träger zu ermöglichen und den Integrationsfortschritt abzubilden.

Im Rahmen der Wirkungsforschung nach § 55 SGB II sind BMAS und die Bundesagentur dazu ermächtigt, gemeinsam Einzelheiten festzulegen.

Es gibt insgesamt drei Arten, auf die eine Konkretisierung der Statistiken im SGB II stattfindet bzw. stattfinden kann:

Zunächst kann das BMAS im Rahmen seiner umfassenden Fachaufsicht über die Bundesagentur detaillierte Weisungen erteilen, welche die Statistiken konkretisieren.

Die Bundesagentur kann durch Verwaltungsvorschriften selbst Konkretisierungen vornehmen.

Auch das BMAS hat die Möglichkeit, eine Verordnung nach § 51c SGB II zu erlassen.

1.6.3 Auswirkung des § 1 SGB II auf die Statistiken

Eine weitere Frage ist, inwiefern sich die Zielsetzungen des § 1 SGB II auf die Erstellung von Statistiken auswirkt. Nach § 1 Abs. 1 S. 1 SGB II soll die Grundsicherung für Arbeitsuchende die Eigenverantwortung von erwerbsfähigen Hilfebedürftigen und Personen, die mit ihnen in einer Bedarfsgemeinschaft leben; stärken und dazu beitragen, dass sie ihren Lebensunterhalt unabhängig von der Grundsicherung aus eigenen Mitteln und Kräften bestreiten können. Es sollen erwerbsfähige Hilfebedürftige bei der Aufnahme oder Beibehaltung einer Erwerbstätigkeit unterstützt werden, § 1 Abs. 1 S. 2 SGB II. Weiterhin ist nach § 1 Abs. 1 S. 3 SGB II „die Gleichstellung von Männern und Frauen [...] als durchgängiges Prinzip zu verfolgen".

In § 1 Abs. 2 SGB II sind dann noch weitere Konkretisierungen der Zielsetzung des Absatzes 1 vorgegeben. Fraglich ist, inwiefern diese bloße Zielsetzung eine rechtliche Wirkung entfalten kann. Direkte Rechtsfolgen sind an die Verletzung der Zielsetzungen zwar nicht geknüpft, allerdings ist es so, dass Zielsetzungen in einem Gesetz als Auslegungshilfe für alle folgenden Vorschriften dieses Gesetzes genutzt

---

118 BT-Drs. 15/1516: S.65.
119 Vgl. BT-Drs. 15/1516: S.65.

1. Grundlagen, Forschungsfragen und Forschungsstand

werden. So muss z. B. eine Vorschrift, die zwei unterschiedliche Auslegungen erlaubt, so ausgelegt werden, dass die Ziele des Gesetzes bestmöglich verwirklicht werden.

Bezogen auf die zu erstellenden Statistiken und die Wirkungsforschung bedeutet das, dass sich die Verwirklichung der Ziele abbilden lassen muss – denn sonst kann kein Nachweis erfolgen, ob die Ziele erreicht worden sind oder nicht. Da das SGB II vorschreibt, dass Gleichstellung von Männern und Frauen durchgängiges Prinzip ist, müssten auch die Statistiken sämtliche Merkmale geschlechterspezifisch ausweisen, um die Verwirklichung von Gleichstellung, oder auch deren mangelnde Umsetzung abzubilden. Diese Datengrundlage ist für gendersensible Forschung eine unverzichtbare Voraussetzung.

1.6.4 Fazit zu den rechtlichen Grundlagen der Statistik

Das SGB II bietet rechtlich umfassende Grundlagen für im Einzelnen von dem BMAS bzw. von der Bundesagentur (ggf. im Benehmen mit den kommunalen Spitzenverbänden) zu konkretisierende Statistiken. Bestehende Datenlücken beruhen grundsätzlich zwar nicht auf den rechtlichen Regelungen, mögen aber zu einem gewissen Teil datenschutzrechtlichen Erwägungen geschuldet sein.

1.7 Sozialwissenschaftliche Fragen und Forschungsstand

Die in der rechtswissenschaftlichen Analyse identifizierten Probleme im Zusammenhang mit dem Konstrukt der Bedarfsgemeinschaft waren durch die sozialwissenschaftliche Analyse hinsichtlich möglicher struktureller Verteilungswirkungen des SGB II zu untersuchen, um die aus der Rechtspraxis berichteten Phänomene in ihrer gesellschaftlichen Tragweite bewerten zu können.

Die sozialwissenschaftliche Gender-Analyse konzentrierte sich konkret auf spezifische - primär verteilungspolitische - Aspekte, die sich aus den Regelungen hinsichtlich der Bedarfsgemeinschaft für bestimmte Gruppen von Frauen ergeben. Die Wirkungen dieser Regelungen sind dabei im Kontext vorhandener geschlechtsspezifischer Benachteiligungen am Arbeitsmarkt sowie familialer Erwerbsmuster zu analysieren. Die *Kernfrage* ist, wie sich die SGB II- Regelungen bezüglich der Bedarfsgemeinschaft auf bestimmte Schlüsselgruppen arbeitsloser Frauen auswirken und inwieweit damit eher das Modell der Ein-Ernährer-Familie oder die gleichberechtigte Erwerbsteilhabe von Frauen und Männern gefördert wird.

Darüber hinaus sollten bestehende *Forschungs- und Datenlücken* aufgezeigt werden, die eine gender- sensible Untersuchung der Wirkungen des SGB II behindern, um im Dialog mit der Arbeitsmarktstatistik mittelfristig auf eine verbesserte Datenlage hinzuwirken.

1. Grundlagen, Forschungsfragen und Forschungsstand

1.7.1 Sozialwissenschaftliche Fragen zu den drei Schlüsselgruppen

Untersucht wurden drei Schlüsselkategorien arbeitsloser Frauen, die in ganz unterschiedlicher Weise von den SGB II- Regelungen betroffen sind.

Alleinerziehende waren vor Einführung des SGB II und des SGB III überdurchschnittlich von Sozialhilfeleistungen abhängig. Sie hatten nur dann Zugang zu Arbeitsförderungsmaßnahmen des Arbeitsamts, wenn sie auch Ansprüche nach dem SGB III hatten. Mit der Streichung der für die berufliche Weiterbildung nach § 78 SGB III erforderlichen Vorbeschäftigungszeit ist seit dem Hartz III Gesetz, das gemeinsam mit dem Hartz IV Gesetz beraten wurde, der Zugang für Arbeitsuchende und damit auch für Alleinerziehende geöffnet worden. Mit der Einführung des SGB II wurde ihnen formal über die „Durchstiegsnorm" des § 16 Abs. 1 SGB II[120] der Zugang zum SGB III eröffnet. Zugleich sind sie im Gegensatz zu anderen Arbeitslosengeld II- Beziehenden weiterhin von der Verpflichtung zur Erwerbsarbeit ausgenommen, wenn sie Betreuungspflichten für Kinder unter drei Jahren haben.

Die zentrale Fragestellung bezogen auf Alleinerziehende war daher, inwieweit diese Personen in der Umsetzungspraxis des SGB II eigene Erwerbswünsche geltend machen können und tatsächlich Hilfeangebote wie z. B. Eingliederungsleistungen erhalten, um ihre Hilfebedürftigkeit zu überwinden.

(Ehe)Partnerinnen von Arbeitslosengeld II- Beziehenden sind nach SGB II zu umfassender Erwerbsteilhabe verpflichtet, um den Hilfebedarf der Bedarfsgemeinschaft zu reduzieren, auch wenn sie vorher nicht oder nur teilzeiterwerbstätig waren.[121]

Untersucht werden sollte hier zum einen, inwieweit die Verpflichtung zur Erwerbsteilhabe tatsächlich in der Praxis angewandt wird. Zum anderen war nach den individuellen und sozialen Folgen einer Arbeitspflicht der Partnerinnen von Hilfebeziehern zu fragen: Inwieweit lassen sich Eingliederungserfolge beobachten (erhöhte Erwerbsbeteiligung)? Inwieweit lassen die in der Evaluationsforschung erhobenen Befragungsdaten auf Autonomiegewinne dieser Frauen schließen oder eher auf Rollenkonflikte in Familie und Partnerschaft?[122]

Arbeitslos gemeldete Frauen ohne Leistungsbezug (Nichtleistungsbezieherinnen) sind arbeitsuchende Frauen, die in einer Ehe oder Partnerschaft leben und aufgrund der gegenüber der früheren Arbeitslosenhilfe verschärften Bedürftigkeitsprüfung nach SGB II vielfach keinerlei Ansprüche auf Leistungen zur Sicherung des Le-

---

120 Dazu im Einzelnen Teil 4.3.3.2 S. 145.
121 Männliche Partner von ALG II-beziehenden Frauen unterliegen, wie einleitend zum Teil 2 für die erste Fragestellung bereits erörtert, ebenfalls der auf die Bedarfsgemeinschaft ausgeweiteten Arbeitspflicht. Diese Konstellation dürfte allerdings aufgrund bestehender geschlechtsspezifischer Erwerbsungleichheiten eher selten sein.
122 Die Untersuchung der Forschungsfragen zu den beiden genannten Schlüsselgruppen von Frauen wurde auf sekundäranalytischer Basis (im Wesentlichen der gesetzlichen Evaluationsforschung zum SGB II) durchgeführt. Zur dritten Schlüsselgruppe lagen keinerlei Daten vor, weshalb hier eine eigene Primäruntersuchung durchgeführt wurde (siehe Teil 4.2.4).

1. Grundlagen, Forschungsfragen und Forschungsstand

bensunterhalts haben, weil das Partnereinkommen oberhalb eines Schwellenwertes liegt.

Um erstmals empirische Daten über die Nichtleistungsbezieherinnen zu gewinnen, war in einem ersten Schritt zu untersuchen, ob und inwieweit sich die Gruppe der arbeitslosen Nichtleistungsbeziehenden zwischen 2004 (vor In-Kraft-Treten des SGB II) und 2006 (aktuellste verfügbare Erhebungswelle) vergrößert und damit die individuelle Abhängigkeit arbeitsloser Frauen von einem Ernährer verstärkt hat oder nicht. In einem zweiten Schritt sollte die aktuelle Zusammensetzung der Nichtleistungsbeziehenden nach Haushaltstyp sowie ihre familiale Situation untersucht werden. Im Verlauf der Untersuchung wurde in einem dritten Schritt im Längsschnitt untersucht, inwieweit es den Nichtleistungsbeziehenden aus 2006 gelingt, im Folgejahr eine Erwerbstätigkeit aufzunehmen.

Insgesamt sollte das Projekt mit seiner Fokussierung auf die genannten Schlüsselgruppen betroffener Frauen einen wesentlichen Beitrag im Hinblick auf die zentrale Frage liefern, ob bzw. inwieweit sich durch das SGB II- Konstrukt der Bedarfsgemeinschaft Verbesserungen oder Verschlechterungen im Hinblick auf eine gleichberechtigte Erwerbsteilhabe ergeben.

1.7.2 Sozialwissenschaftlicher Forschungsstand

Bevor auf den Stand der Forschung zu den spezifischen Projektfragestellungen eingegangen werden kann, muss der breitere Forschungskontext im Hinblick auf die gesellschaftliche *Ausgangslage vor Einführung des SGB II* reflektiert werden, soweit diese relevant für die Hauptfragestellung ist. Denn für die Einschätzung der gleichstellungspolitischen Wirkungen der Arbeitsmarktreform sind die dafür wesentlichen Ausgangs- und Kontextbedingungen zu berücksichtigen, da diese mit den neuen gesetzlichen Regulierungen – in intendierter, aber auch in unintendierter Weise – interagieren. Zu betrachten sind insbesondere:

- bestehende *geschlechtsspezifische Benachteiligungen am Arbeitsmarkt und familiale Erwerbsmuster*, die die Erwerbsbeteiligung von Frauen, ihre materielle Existenzsicherung und den Umfang ihrer *sozialen Absicherung* strukturieren wie auch ihren Hilfebedarf im Fall von Arbeitslosigkeit bzw. nicht existenzsichernder Beschäftigung,
- bestehende *institutionelle Rahmenbedingungen* und sozial- kulturelle Normen, die die Erwerbsteilhabe und familialen Erwerbsmuster von Frauen und Männern, Müttern und Vätern in der Bundesrepublik maßgeblich beeinflussen. Wesentlich sind hier zum einen das Steuer- und Sozialrecht (insbesondere das Ehegattensplitting und die auf Vollerwerbstätigkeit aufgebauten Sozialversicherungssysteme), zum anderen die Infrastruktur von öffentlicher Erziehung und Bildung.

Die sozialwissenschaftliche Forschung stimmt darin überein, dass in der Bundesrepublik nach wie vor vielfältige sozialstrukturelle Geschlechterungleichheiten bestehen, die nachfolgend nur überblicksartig benannt werden können, ohne im Detail

1. Grundlagen, Forschungsfragen und Forschungsstand

auf alle Differenzierungen einzugehen.[123] Der sozialwissenschaftliche Forschungsstand bezieht Literatur und Quellen bis März 2009 ein.

1.7.2.1 Breiter Forschungsstand zu Geschlechterungleichheiten

Benachteiligungen für Frauen bestehen am *Arbeitsmarkt* aufgrund dessen *vertikaler und horizontaler Segregation*[124]: Vertikale Segregation meint die strukturelle Zuweisung von Frauen auf untere und mittlere Positionen betrieblicher bzw. organisationaler Hierarchien – Frauen besetzen erheblich seltener Führungspositionen als Männer und haben schlechtere Aufstiegschancen auch bei gleicher Qualifikation.[125] Außerdem bestehen weiterhin erhebliche geschlechtsspezifische Lohnungleichheiten auch im gleichen Beruf und bei gleicher Tätigkeit – Frauen verdienen durchschnittlich um etwa 25 % weniger als Männer. Sektorale Segregation meint die geschlechtsspezifische Besetzung von Berufen und Branchen, wobei die typischen Frauenberufe und -branchen überwiegend dem Dienstleistungssektor und hier vor allem konsum- und personenbezogenen Tätigkeitsfeldern zuzurechnen sind, in dem traditionell schlechtere Konditionen (Entlohnung, soziale und arbeitsrechtliche Absicherung) bestehen, als in den industriell geprägten typischen Männerberufen und -branchen.

Im Ergebnis erzielen Frauen trotz ihrer durchschnittlich besseren schulischen Ausgangsqualifikationen erheblich niedrigere Verdienste als Männer und stellen den Großteil von Beschäftigten im Niedriglohnsektor (69 %),[126] was nur zum Teil damit zusammen hängt, dass Frauen traditionell häufiger in so genannten ‚atypischen' Beschäftigungsformen arbeiten wie Teilzeit mit geringer Stundenzahl und geringfügig entlohnter Beschäftigung.[127] Als neuerer Trend ist allerdings seit einigen Jahren ein Zuwachs von Männern in bestimmten ‚atypischen' Beschäftigungsformen zu beobachten, insbesondere in Zeitarbeit und befristeten Jobs, aber auch bei ausschließlich geringfügiger Beschäftigung.[128] Bestimmte Gruppen von Frauen sind am Arbeitsmarkt besonders benachteiligt, hierzu zählen – neben Migrantinnen – vor allem Frauen, die aufgrund ihrer Sorgeverantwortung für Kinder nur eingeschränkt am Arbeitsmarkt verfügbar sind oder waren bzw. als zeitlich eingeschränkt gelten, wie Alleinerziehende und Berufsrückkehrerinnen.

Die *familialen Erwerbsmuster*, also die Aufteilung von Erwerbsarbeit und unbezahlter Sorgearbeit zwischen den Ehe- oder Lebenspartner/inn/en mit betreuungsbe-

---

123 Obwohl wir davon ausgehen, dass die im Folgenden dargestellten Sachverhalte dem BMFSFJ weitgehend bekannt sind, sollen sie hier kursorisch aufgezeigt werden, da sie für den weiteren Gang der Untersuchung besonders relevant sind.
124 Achatz 2005; Bothfeld 2006a; Bundesministerium für Familie Senioren Frauen und Jugend 2005a; Gottschall 2009.
125 Busch/Holst 2008.
126 Betzelt 2009a; Kalina/Weinkopf 2008.
127 Betzelt 2009a.
128 Brehmer/Seifert 2008.

1. Grundlagen, Forschungsfragen und Forschungsstand

dürftigen Kind/ern, folgen in der westlichen Bundesrepublik immer noch überwiegend dem so genannten modernisierten Ernährermodell, das heißt der Kombination von männlicher Vollzeiterwerbsarbeit und weiblicher Teilzeiterwerbs- mit unbezahlter Sorgearbeit.[129] In den ostdeutschen Ländern ist dieses Muster deutlich weniger verbreitet, der Anteil vollzeiterwerbstätiger Mütter (auch mit jüngeren Kindern) höher, was auf die unterschiedlich geprägten kulturellen Orientierungen verweist. Die Wünsche sowohl von Frauen / Müttern als auch von Männern / Vätern bezüglich ihrer Rollen sind gemessen an den realisierten Erwerbsmustern egalitärer, so findet das klassische Ernährermodell, das Erwerbsarbeit nur für den Mann vorsieht, kaum noch Zustimmung, auch unter jenen Paaren, die dies leben. In Westdeutschland findet das modernisierte Ernährermodell unter Männern wie Frauen weitgehende Zustimmung, sofern schulpflichtige Kinder im Haushalt leben. Gleichwohl weichen die Wunscharbeitszeiten von Frauen von den realen Arbeitszeiten häufigsten ein Arbeitszeitumfang zwischen „langer Teilzeit" und „kurzer Vollzeit" (25- 30 Wochenstunden) präferiert wird. Die Erwerbswünsche der Mütter sind abhängig von der Kinderzahl und dem Alter des jüngsten Kindes, wobei auch Mütter von Kleinkindern sich mehrheitlich eine Erwerbsbeteiligung in Teilzeit wünschen.[130] Unter den faktisch teilzeiterwerbstätigen Frauen wünschen sich viele einen höheren Stundenumfang, besonders unter den Mini- Jobberinnen und unter ostdeutschen Frauen. Der Anteil unfreiwilliger Teilzeitarbeit hat sich seit den 1990er Jahren massiv erhöht – von 4,2 % in 1990 auf 20 % in 2006.[131]

Im Hinblick auf geschlechtsspezifische Risiken von *Arbeitslosigkeit* sind die wesentlichsten empirischen Befunde aus Querschnitts- wie erwerbsverlaufsbezogenen Längsschnittanalysen: Frauen sind durchschnittlich länger arbeitslos als Männer, sie erfahren häufiger, längere, durchgehende sowie mehrfache Phasen von Arbeitslosigkeit bis hin zur vollständigen Ausgrenzung vom Arbeitsmarkt.[132] Dabei wird traditionell durch die amtliche Statistik nur ein Teil der tatsächlichen Arbeitslosigkeit von Frauen erfasst, weil sich Frauen – zumindest in Westdeutschland – seltener als arbeitslos registrieren lassen als Männer. Dies war bereits vor Geltung des SGB- II teils durch die geringeren Leistungsansprüche von Frauen aus der Arbeitslosenversicherung infolge kürzerer Erwerbsphasen und niedrigerer Verdienste sowie durch die bereits in der Arbeitslosenhilfe bestehende Anrechnung von Partnereinkommen bedingt, die regelmäßig zu mangelnder Bedürftigkeit arbeitsloser Frauen führte. Teils ist der Rückzug in die so genannte Stille Reserve aber auch bedingt durch die schlechteren Arbeitsmarktchancen, insbesondere nach längeren Erwerbsunterbrechungen wegen Kindererziehung. Besondere Problemlagen bestehen daher für Berufsrückkehrerinnen und für Alleinerziehende. Insgesamt bestehen Geschlechterun-

---

129 Bundesministerium für Familie Senioren Frauen und Jugend 2005a; Dingeldey 2006a.
130 Dressel/Cornelißc/Wolf 2005.
131 Bothfeld 2006a. Inwieweit angesichts bestehender institutioneller und arbeitsmarktlicher Restriktionen für die Erwerbsbeteiligung von Frauen und insbesondere von Müttern überhaupt von „freiwilliger Teilzeit" gesprochen werden kann, soll hier nicht weiter diskutiert werden.
132 Alda/Bartelheimer 2008; Bartelheimer/Wieck 2005.

1. Grundlagen, Forschungsfragen und Forschungsstand

terschiede im Hinblick auf im Zeitverlauf schwankende Niveaus der Arbeitslosigkeit von Frauen und Männern, die besonders durch die unterschiedliche Konjunkturreagibilität in den geschlechtersegregierten Teilarbeitsmärkten (und Spezifika infolge des Transformationsprozesses in Ostdeutschland) bedingt sind. In Ostdeutschland sind die Geschlechterunterschiede hinsichtlich Erwerbsbeteiligung und Arbeitslosigkeit deutlich geringer als in Westdeutschland. Allerdings sind ostdeutsche Frauen im Vergleich zu westdeutschen Frauen wie auch ostdeutschen Männern überdurchschnittlich von Arbeitslosigkeitsrisiken betroffen.

Im Hinblick auf ihre *soziale Absicherung* sind Frauen durchschnittlich deutlich schlechter gestellt als Männer, was im Wesentlichen daran liegt, dass die Sozialversicherungssysteme auf vollzeitige, durchgehend und lebenslang ausgeübte Erwerbsarbeit im so genannten Normalarbeitsverhältnis ausgelegt sind, was mit der Erwerbsrealität von Frauen – wie aufgezeigt – in der Regel nicht übereinstimmt.[133] Diese Situation bringt Nachteile besonders in der Arbeitslosen- und Rentenversicherung mit sich, deren Leistungshöhe sich jeweils wesentlich aus Erwerbsdauer und Lohnhöhe ergibt. Nachteile ergeben sich für Frauen zudem aus den überwiegend gelebten familialen Erwerbsmustern im Fall einer Trennung oder Scheidung, wenn Frauen plötzlich allein für ihre Existenzsicherung sowie in der Regel auch die ihrer Kinder zuständig sind. Denn nahe 90 % der geschiedenen Frauen erhält keinen nachehelichen Unterhalt für sich, und die Unterhaltsansprüche der Kinder werden oft nicht vollständig und regelmäßig von den unterhaltspflichtigen Vätern befriedigt und häufig auch von den Müttern nicht eingeklagt.[134] Die mangelnde soziale Absicherung in Verbindung mit niedrigen Verdiensten und eingeschränkter Erwerbsbeteiligung trägt maßgeblich dazu bei, dass Frauen durchweg höhere *Armutsrisikoquoten* als Männer aufweisen, wobei die Armutsrisiken in den vergangenen Jahren (1998 - 2003) für beide Geschlechter, für bestimmte Gruppen von Männern (Arbeitnehmer, Arbeitslose, Migranten) sogar überdurchschnittlich stark angestiegen sind.[135] Alleinerziehende (zu über 90 % Frauen) tragen besonders hohe Armutsrisiken, über ein Drittel von ihnen gilt (nach EU-Definition: unter 60 % des Medianeinkommens) als arm. Der Anteil dauerhaft, d. h. in mindestens 2 - 3 Vorjahren der Messung unter der Armutsrisikogrenze lebenden Frauen liegt mit knapp 11 % deutlich über dem Männeranteil (7,5 %).

1.7.2.2 Forschungsstand zu institutionellen Rahmenbedingungen

Einigkeit besteht in der vergleichenden Wohlfahrtsstaatsforschung im Hinblick darauf, dass das institutionelle Gefüge der Bundesrepublik noch immer weitgehend durch das konservative Familienleitbild des männlichen Alleinernährers geprägt

---

133 Klammer 2005; 2008.
134 Berghahn 2007b; Klammer 2008.
135 Klammer 2008: 155 - 156

1. Grundlagen, Forschungsfragen und Forschungsstand

ist,[136] auch wenn es in den letzten Jahren zu Aufweichungstendenzen gekommen ist. Zitat aus dem Siebten Familienbericht:

„Die strukturellen Rahmenbedingungen, die bislang in Deutschland geschaffen wurden, zogen (...) ein ganz bestimmtes Familienbild/-modell nach sich, nämlich des männlichen *Alleinverdienermodells* bzw. der Hausfrauenehe."[137]

Da diese Sachverhalte im Wesentlichen bekannt sein dürften, soll hier nur auf die zentralen Punkte eingegangen werden, die für familiale Erwerbsmuster wie auch Arbeitslosigkeits- und Armutsrisiken von Frauen besonders relevant sind, wobei diese teilweise auch schon oben erwähnt wurden. Es lassen sich hierbei sechs wesentliche Felder institutioneller Regulierungen bzw. Rahmenbedingungen aufzeigen, wobei dieser Abschnitt sich auf die Situation *vor Geltung des SGB II* bezieht.

Das *deutsche Sozialversicherungssystem* des Bismarck'schen Wohlfahrtsstaatstypus knüpft den Zugang und das Niveau individueller sozialer Absicherung an den Standard eines Normalarbeitsverhältnisses, also an eine kontinuierlich lebenslang ausgeübte, vollzeitige, sozialversicherte und existenzsichernde Erwerbstätigkeit. Nur unter diesen, während einer relativ kurzen historischen Phase typischerweise für Männer geltenden Erwerbsbedingungen, genießen Personen eine volle soziale Absicherung der sozialen Lebensrisiken Krankheit, Erwerbsunfähigkeit, Arbeitslosigkeit und Alter. Obwohl auch für Männer die Erwerbsrisiken zugenommen haben und Beschäftigung im Normalarbeitsverhältnis allgemein – besonders in der Längsschnittbetrachtung von Lebensverläufen und Geburtskohorten – abnimmt, sind Frauen aufgrund ihrer oben skizzierten spezifischen Erwerbsrisiken besonders schlecht in diesen Sozialsystemen abgesichert. Sie erwerben seltener und in der Höhe geringere Ansprüche in der Arbeitslosenversicherung, vormals auch in der Arbeitslosenhilfe, und waren (vor 2005) häufiger als Männer auf Sozialhilfeleistungen als Haupt- oder ergänzende Einkommensquelle angewiesen. Diese Normierung der Sozialsysteme wurde durch die letzte Neuregelung geringfügiger Beschäftigung im zweiten „Hartz-Gesetz" (2003), die diese im Hinblick auf ihre Sozialversicherungs- und Steuerpflicht privilegiert, sogar noch verstärkt. Dies hat, im gemeinsam mit dem Trend weiterer Flexibilisierung von Arbeit, zu einer messbaren Ausweitung geringfügiger Beschäftigung und zur Aufteilung sozialversicherungspflichtiger Stellen in mehrere „Mini-Jobs" geführt.[138] Dabei besteht (zumindest in kurzfristiger Betrachtung) die ökonomische Attraktivität dieser Jobs besonders für Ehefrauen darin, dass sie in der Krankenversicherung über den Ehemann kostenlos mitversichert sind.[139] Weitere Normierungen im *Rentenversicherungssystem* sind an dieser Stelle zumindest kurz zu nennen, die das klassische Alleinverdienermodell nach wie vor privilegieren: die Art und Weise der Vergütung (rentensteigernde Anrechnung) von Kindererzie-

---

136 Bothfeld 2006b; Bundesministerium für Familie Senioren Frauen und Jugend 2008b; Dingeldey 2006b; Gottfried/O'Reilly 2002; Gottschall 2002; Holst/Maier 1998; Leitner/Ostner/Schratzenstaller (Hg) 2004.
137 Bundesministerium für Familie Senioren Frauen und Jugend 2005b: 6; Hervorhebung im Original.
138 Koch/Bäcker 2004.
139 Koch/Bäcker 2004.

1. Grundlagen, Forschungsfragen und Forschungsstand

hungszeiten bei der Rente, die erwerbstätige Eltern schlechter stellt als Eltern, von denen eine Person (typischerweise die Mutter) nicht erwerbstätig ist.[140]

Das *Steuersystem* privilegiert über die Regulierung der Einkommensteuer bei Ehepaaren (Ehegattensplitting) das klassische Ernährermodell, weil es starke negative ökonomische Anreize gegen die Erwerbstätigkeit beider Partner setzt.[141] Hinzu kommt die Regulierung der verschiedenen Steuerklassen, die dazu führt, dass bei der Kombination von Vollzeit- und Teilzeittätigkeit mit Steuerklasse III/V, typischerweise teilzeittätige Frauen nur einen sehr geringen Nettoverdienst erzielen. Dies wird zwar innerfamilial über die relativ geringere Steuerbelastung des Vollzeiterwerbstätigen kompensiert, wirkt aber erstens psychologisch als Negativanreiz gegen eine (teilzeitige) Erwerbstätigkeit von Ehefrauen, und führt zweitens bei Arbeitslosigkeit der Frau dazu, dass sie relativ niedrigere Leistungsansprüche aus ihrem Erwerbseinkommen geltend machen kann, als sie gemessen an ihren Sozialbeiträgen geleistet hat.[142]

Sozial- sowie Familienrechtlerinnen und –rechtler sind sich weitestgehend darin einig, dass das *familiale Unterhaltsrecht* bis zur jüngsten Reform des Ehegattenunterhalts in 2008 dem traditionellen Familienleitbild des männlichen Alleinernährers folgte und damit die Illusion nährte, dass der Unterhalt der Familie – der nicht erwerbstätigen Ehegattin und unterhaltsberechtigter Kinder – über den männlichen Ernährer und dessen Unterhaltsverpflichtung gesichert sei.[143] Es setzte negative Anreize für die Erwerbstätigkeit von Müttern, weil es vom „Phasenmodell" mütterlicher Erwerbstätigkeit ausging und damit zu einem spezifischen Verständnis der Mutterrolle beitrug. Fatalerweise konnte allerdings in der Praxis im Fall einer Trennung oder Scheidung die große Mehrheit geschiedener Frauen keine Unterhaltsansprüche geltend machen bzw. setzte ihre Unterhaltsansprüche faktisch selten durch. Kindesunterhaltsleistungen wurden und werden oftmals nicht zuverlässig und in voller Höhe geleistet, so dass die Geschiedenen regelmäßig ihr eigenes Einkommen bzw. Sozialtransfers für den Kindesunterhalt verwenden müssen.[144] Die jüngste Reform des Unterhaltsrechts wird in der Literatur unterschiedlich bewertet, doch weitgehende Einigkeit besteht darin, dass die eingeführte Vorrangstellung des Kindesunterhalts gegenüber dem Geschiedenenunterhalt sowie die Gleichstellung ehelicher mit nicht ehelichen Partnerschaften, die zu einer zeitlich früheren Erwerbsverpflichtung der Betreuungsperson (nach 3 Jahren statt nach 8 Jahren für Geschiedene) führt, eine Hinwendung zum Leitbild des „adult worker models" bedeutet.[145] Dies obwohl hierfür die Arbeitsmarktbedingungen wie auch die Infrastruktur für Kinder-

---

140 Scheiwe 2008: 55 - 56
141 Dingeldey 2002.
142 Wegen der Berechnung des Arbeitslosengeldes auf Basis des pauschalierten Nettoeinkommens. Dagegen werden die Sozialversicherungsbeiträge auf Basis des Bruttoeinkommens gezahlt.
143 Berghahn 2007a; Scheiwe 2008: 59; Meder 2008.
144 Berghahn 2007a.
145 Meder 2008; Scheiwe 2008.

58

1. Grundlagen, Forschungsfragen und Forschungsstand

betreuung in der Bundesrepublik nicht gleichermaßen auf die volle Erwerbstätigkeit von Müttern ausgerichtet sind.

Hinsichtlich der *Infrastruktur öffentlicher Erziehung, Bildung und Betreuung* von Kindern sind trotz des jüngsten Ausbaus im Kleinkindbereich noch immer große Angebotslücken zu beobachten, die einer Erwerbstätigkeit beider Eltern entgegenstehen. Der „Arbeitsbericht Zukunft für Familie" des Kompetenzzentrums für familienbezogene Leistungen im BMFSFJ spricht 2006 von einem weiterhin „großen Rückstand im Vergleich zu für uns maßgeblichen Ländern".[146] Dies gilt besonders für Westdeutschland[147] und zwar sowohl für die Kindertagesbetreuung der Kleinkinder bis 3 Jahre, für die in 2006 die Inanspruchnahmequote bei nur 8,0 % lag (Ostdeutschland: 39,7 %; Deutschland: 13,6 %), als auch für Schulkinder bis 14 Jahre: In Westdeutschland besucht nur etwa jedes 10. Kind dieser Altersgruppe einen Hort, in Ostdeutschland dagegen über die Hälfte. Im Gegensatz zu dem beachtlichen Ausbau der Kleinkindbetreuung seit Geltung des Tagesbetreuungsausbaugesetzes im Januar 2007, war für Schulkinder in jüngerer Zeit kein Ausbau erkennbar, vielmehr stagnierte die Anzahl der Angebote zwischen 2002 und 2006 (in Ost- und Westdeutschland jeweils rund 180.000 Plätze).[148] Die nach wie vor dominante Schulform in Deutschland ist jedoch die Halbtagsschule, die in der Regel kein Mittagessen beinhaltet und oftmals (wegen Unterrichtsausfalls) nicht einmal eine verlässliche Betreuung bis mittags gewährleistet und damit ein strukturelles Hindernis sogar für eine Halbtagsbeschäftigung (inkl. Wegezeiten) von Müttern darstellt. Der Stand des Ausbaus von Ganztagsschulen steht erst ganz am Anfang.[149] Darüber hinaus sagen die Inanspruchnahmequoten noch nichts über die Qualität der Angebote aus, besonders hinsichtlich Wohnortnähe, Öffnungszeiten, Betreuungsschlüssel und Qualifikation des Personals. So wird z. B. in Umfragen unter Eltern eine stärkere Flexibilität der Öffnungszeiten gewünscht, die auch mit „atypischen" Arbeitszeiten am Nachmittag, Abend oder Wochenende vereinbar ist, die im Zuge flexibilisierter Beschäftigung eine wachsende Zahl von Müttern und Vätern wahrnehmen muss.[150]

Als Maßnahmen der Ausgrenzung von Müttern vom Arbeitsmarkt wurden in der Vergangenheit auch die bis zur Einführung des Elterngeldes (2007) geltenden Regelungen für *Erziehungsurlaub und Erziehungsgeld* eingeschätzt, weil sie insbesondere Müttern starke Anreize boten zu mehrjähriger Erwerbsunterbrechung bis hin zum dauerhaften Rückzug vom Arbeitsmarkt.[151] Das einkommensunabhängige, lohnbezogene Elterngeld wird dagegen in der Bevölkerung allgemein – von Eltern, Nicht-

---

146 Kompetenzzentrum für familienbezogene Leistungen im BMFSFJ, 2008: 13. http://www.bmfsfj.de/RedaktionBMFSFJ/Broschuerenstelle/Pdf-Anlagen/Zukunft-Familie-Arbeitsbericht-Kompetenzzentrum,property=pdf,bereich=bmfsfj,sprache=de,rwb=true.pdf (Zugriff am 01.08.2010).
147 Es bestehen zudem große regionale Unterschiede zwischen Nord und Süd sowie städtischen und ländlichen Räumen, auf die hier nicht näher eingegangen werden kann.
148 Deutsches Jugendinstitut 2008 : Kap. 1 und 2.
149 Zukunft für Familie, Fn. 146: 68; Gottschall 2002.
150 Siebter Familienbericht, BT Drs. 16/1360, VI 5.3, 238 ff.
151 Dingeldey 2006b.

1. Grundlagen, Forschungsfragen und Forschungsstand

eltern und Unternehmen – positiv bewertet und von einer erheblich größeren Anzahl von Eltern in Anspruch genommen als zuvor das Erziehungsgeld.[152] In der sozialrechtlichen und -wissenschaftlichen gendersensiblen Forschung wurde allerdings die konkrete Ausgestaltung des Elterngeldes in verschiedener Hinsicht kritisch bewertet.[153] Im Prinzip positiv im Sinne einer emanzipatorischen Orientierung werden zwar die Lohnbezogenheit der Leistung, die einkommensunabhängige Gewährung sowie die Einbeziehung der Väter („Vätermonate") gesehen. Kritisiert wird aber, dass durch die Ausgestaltung (Höhe des Sockelbetrags, auf 12 bzw. 14 Monate verkürzte Bezugsdauer) unfreiwillig Nichterwerbstätige wie Arbeitslose sowie Geringverdienende gegenüber dem früheren Erziehungsgeld schlechter gestellt werden und soziale Ungleichheiten damit verschärft würden.[154] Kritisch gesehen wird ferner, dass die Regelungen zur gleichzeitigen Teilzeiterwerbstätigkeit bei Elterngeldbezug ein gleichberechtigtes Arrangement (beide Eltern reduzieren gleichermaßen die Arbeitszeit und sorgen für das Kind) gegenüber dem traditionellen Familienmodell (nur ein Elternteil reduziert die Arbeitszeit) benachteiligen, da sich damit für die partnerschaftlich sorgenden Eltern die Anspruchsdauer von 14 auf 7 Monate halbiert.[155] Darüber hinaus wird die Lohnersatzrate von 67 % teils als zu niedrig angesehen, um den meist besser als ihre Partnerinnen verdienenden Männern ausreichende ökonomische Anreize zur Erwerbsunterbrechung oder Arbeitszeitreduzierung zu geben.[156] Als zu geringer Anreiz in diese Richtung werden teils auch die zwei „Vätermonate" bewertet. Sozialrechtler/innen sehen vielfach die Steuerfinanzierung der Leistung gegenüber einer individuellen Sozialversicherungsleistung als nachteilig an.[157] Insgesamt überwog damit zu Beginn der Einführung des Elterngeldes der Eindruck, dass dies zwar einen Einstieg in eine verbesserte Anerkennung von Sorgearbeit darstellt, jedoch nicht konsequent genug partnerschaftliche Arrangements unterstützt und zudem sozial selektive Wirkungen entfalten dürfte. Allerdings zeigt eine erste Evaluation der Wirkungen des Elterngeldes, dass die Inanspruchnahme der Väter gegenüber dem Erziehungsgeld sprunghaft angestiegen ist und immerhin über ein Drittel der Väter mit Elterngeldbezug mehr als die zwei Partnermonate in Anspruch

---

152   Zukunft für Familie, Fn. 146, 55-58. Auf das weitere System staatlicher monetärer Familienleistungen wird im Folgenden nicht weiter eingegangen, da – abgesehen vom erwähnten Ehegattensplitting – die meisten der (bis 2009) bestehenden Leistungen nur einen untergeordneten Einfluss auf die familialen Erwerbsmuster ausüben dürften. Die aktuelle politische Diskussion um die Einführung eines so genannten Betreuungsgelds (für Eltern, die ihre Kleinkinder zuhause betreuen) wird hier ausgeklammert, da die Konditionen noch unklar sind. Feststehen dürfte aber, dass von einer solchen Transferleistung auch ein Negativanreiz auf die Erwerbsbeteiligung von Müttern ausgehen würde, der zudem stark sozial selektiv wirkt.
153   Bothfeld 2006b; 2008; Fuchsloch/Scheiwe 2007.
154   Bothfeld 2008: 24; Fuchsloch/Scheiwe 2007.
155   Fuchsloch/Scheiwe 2007: 112; Scheiwe 2008: 57
156   Bothfeld 2008: 27. Bothfeld führt an, dass in Schweden deshalb eine Lohnersatzrate von 95% diskutiert wird.
157   Fuchsloch/Scheiwe 2007.

1. Grundlagen, Forschungsfragen und Forschungsstand

nimmt.[158] Außerdem nahm im Vergleich zum Erziehungsgeld der Anteil der Mütter ab, die im Jahr nach der Geburt Sozialhilfe oder Arbeitslosengeld II (ALG II) bezogen, was der Bericht als Hinweis auf eine bessere Armutsvermeidung bewertet.[159] Inwieweit dabei möglicherweise auch andere Faktoren eine Rolle spielen, wie der im Vergleich zur Arbeitslosenhilfe erschwerte Zugang zu ALG II aufgrund verschärfter Bedürftigkeitsprüfung, muss dabei offen bleiben. Die Analyse der in Anspruch genommenen Geldbeträge von Rüling (2008) zeigt, dass die meisten Mütter (60 %) ein Elterngeld von 500 Euro oder weniger beziehen, was einem monatlichen Nettoeinkommen von weniger als 570 Euro inklusive Geringverdienerzuschlag entspricht.[160] Dies verweist sowohl auf die häufig niedrigen erzielten Erwerbseinkommen vor der Geburt als auch auf den hohen Anteil der Mütter, die vor der Geburt nicht erwerbstätig waren. Auch knapp 60 % der (wenigen) Väter mit einer Bezugsdauer von zwölf Monaten bezieht ein Elterngeld von maximal 500 Euro, d. h. längere Erziehungszeiten (mit Elterngeldbezug) nehmen vor allem solche Väter, die wenig verdienen oder aktuell arbeitslos sind.[161] Die Wirkungen des Elterngeldes auf die Erwerbsbeteiligung von Müttern hängen vom beobachteten Zeitraum ab, denn sie fällt im Zeitraum bis unter einem Jahr nach der Geburt signifikant niedriger aus als vor Einführung des Elterngeldes, nach anderthalb Jahren steigt sie jedoch höher als zuvor. Gestiegen ist auch die Wahrscheinlichkeit der Erwerbstätigkeit nach 1,5 Jahren für Frauen, die vor der Geburt nicht erwerbstätig waren.[162] Das Elterngeld setzt insofern positive Anreize für eine frühe Erwerbsintegration von Müttern, kann jedoch die ungleichen Erwerbschancen von Frauen und Männern nicht kompensieren. Hier sind weitere gleichstellungs- und arbeitsmarktpolitische Anstrengungen gefordert.

Die (aktive) *Arbeitsmarktpolitik* folgt traditionell dem implizit „männlichen" Leitbild des vollzeitig und kontinuierlich für den Arbeitsmarkt verfügbaren Erwerbsbürgers. Zwar wurden angesichts der steigenden Erwerbsbeteiligung von Frauen und Müttern seit Ende der 1980er Jahre spezifische Unterstützungsmaßnahmen für Frauen wie Berufsrückkehrerinnenprogramme eingeführt, und im Zuge der EU-Beschäftigungsstrategie und des Gender Mainstreaming wurde 1998 die Förderung der Chancengleichheit im neu geschaffenen Sozialgesetzbuch III als verbindliche Querschnittsaufgabe definiert, wonach Frauen entsprechend ihres Anteils an den Arbeitslosen gefördert werden sollten (§ 8 II SGB III).[163] Mit dem JOB- AQTIV-

---

158 Anstieg des Anteils der Väter an bewilligten Elterngeldanträgen von 3,5% im 4. Quartal 2006 auf 13,7% im 2. Quartal 2008: Bericht der Bundesregierung über die Auswirkungen des Bundeselterngeld- und Elternzeitgesetzes sowie über die gegebenenfalls notwendige Weiterentwicklung, BT Drs. 16/10770 S. 19.
159 Der Anteil der Transferleistungsbezieherinnen (ALG II, Sozialhilfe) ging um 5 Prozentpunkte zurück: Deutscher Bundestag Drs. 16/10770 S. 22.
160 Rüling 2008: 117.
161 Rüling 2008: 117.
162 Deutscher Bundestag 16/70770 S. 20.
163 Bereits vor 1998 war im Arbeitsförderungsgesetz die Überwindung der geschlechtsspezifischen Segregation auf dem Arbeits- und Ausbildungsmarkt und die besondere Förderung von

1. Grundlagen, Forschungsfragen und Forschungsstand

Gesetz (2002) wurde diese Zielorientierung im Prinzip bekräftigt, allerdings ein anderes Berechnungsverfahren für die Frauenförderung durch arbeitsmarktpolitische Maßnahmen eingeführt, was zu einer Absenkung der Zielzahlen führte.[164] Die zielgruppenorientierten Arbeitsmarktprogramme für Frauen blieben stets eine Abweichung von der Regelförderung, die immer wieder zur fiskalpolitischen Disposition gestellt wurden. Frühe Evaluationen der Umsetzung des Gender Mainstreaming in der Arbeitsmarktpolitik zeigen, dass diese noch sehr unzureichend gelingt.[165] Neben einer unterdurchschnittlichen Förderung von Frauen mit besonders erfolgreichen betrieblichen Eingliederungsinstrumenten (Eingliederungszuschüssen u. ä.) und einer zuwenig zielgruppengerechten Ausgestaltung wird u. a. moniert, dass Gender Mainstreaming in der Bundesagentur für Arbeit (BA) häufig noch als „Luxus" verstanden wird und für dessen Umsetzung als Querschnittsaufgabe keine etablierten Strukturen existieren.[166] Die ersten drei „Hartz- Gesetze" markieren darüber hinaus in gleichstellungspolitischer Hinsicht insofern einen Rückschritt, als sie verschiedene für Frauen nachteilige Maßnahmen beinhalteten: Erwähnt wurde bereits die Re-Regulierung der „Mini-/ Midi- Jobs", die zu einer starken Ausweitung dieser prekären Beschäftigungsformen führte.[167] Mit dem dritten Hartz- Gesetz wurde zudem der Zugang zur Versicherungsleistung Arbeitslosengeld durch Verkürzung der Rahmenfrist von drei auf zwei Jahre erschwert, was besonders für Frauen aufgrund häufigerer Erwerbsunterbrechungen eine Verschlechterung ihrer sozialen Absicherung und verstärkte Abhängigkeit von einem (Ehe-) Partner im Fall von Arbeitslosigkeit zur Folge hat(te). Des Weiteren wurde der im JOB- AQTIV- Gesetz erleichterte Zugang von Berufsrückkehrerinnen zu Weiterbildungsmaßnahmen zurück genommen und diese Zielgruppe von bestimmten Maßnahmen wie dem Einstellungszuschuss bei Neugründungen, dem Überbrückungsgeld und dem Existenzgründungszuschuss ausgenommen.[168] Dies erschwert Frauen ihre Reintegration auf den Arbeitsmarkt.

Frauen als Zielsetzung definiert (§ 2 AFG), es gab aber noch keine verbindliche Frauenförderquote Müller/Kurtz 2002: 212.

164 Das neue Berechnungsverfahren für die Ermittlung des Zielförderanteils basiert nicht nur auf dem Frauenanteil an den Arbeitslosen, sondern auch auf der Arbeitslosenquote von Frauen. Diese bezieht nur die Anzahl der registrierten Arbeitslosen ein und berechnet ihren relativen Anteil an den Erwerbstätigen inklusive der geringfügig Beschäftigten. Damit wird das reale weibliche Erwerbspersonenpotenzial in doppelter Hinsicht unterschätzt: Frauen lassen sich seltener als arbeitslos registrieren als Männer und ziehen sich häufiger in die sog. Stille Reserve zurück, nicht zuletzt aufgrund der geringeren Leistungsansprüche. Der hohe Frauenanteil an den geringfügig Beschäftigten und ihr Einbezug in die Berechnung der (weiblichen) Arbeitslosenquote führt nochmals zur Unterschätzung der tatsächlichen Unterbeschäftigung von Frauen. Siehe auch Beckmann 2003. Zu weiteren gleichstellungspolitischen Kritikpunkten am Job-Aqtiv-Gesetz siehe Deutscher Juristinnenbund 2001.
165 Müller/Kurtz 2002; 2004
166 Müller/Kurtz 2004: 8.
167 Baethge-Kinsky/Wagner 2007.
168 Außerdem wurde für Pflegende die Anerkennung von Beitragszeiten aufgehoben und durch die Möglichkeit der freiwilligen Beitragsentrichtung ersetzt Dingeldey 2006b: 34.

1. Grundlagen, Forschungsfragen und Forschungsstand

Während in der jüngeren Familienpolitik insgesamt eine Umsteuerung auf ein moderneres Familien- und Frauenleitbild eingeleitet wurde, sind bei den letzten Arbeitsmarktreformen eher gleichstellungspolitische Rückschritte zu beobachten, sodass in der politikwissenschaftlichen Debatte eine *fehlende Koordinierung* der in verschiedenen Politikfeldern verfolgten Leitbilder kritisiert wird, die zu einer *Fragmentierung des „Geschlechter-Regimes"* zwischen traditionellen und modernisierten Leitbild-Kulturen führe.[169]

1.7.3　Enger Forschungskontext bezüglich der Projektfragestellungen

Die vier „Gesetze für moderne Dienstleistungen am Arbeitsmarkt" („Hartz- Gesetze") wurden von Seiten gleichstellungspolitischer Akteure und gendersensibler Autorinnen bereits im Vorfeld überwiegend kritisch begleitet. Das erste wissenschaftliche Forschungsprojekt, das sich aus gleichstellungspolitischer Sicht insbesondere mit dem vierten Gesetz auseinander setzte und das thematisch am engsten mit unseren Fragestellungen verbunden ist, war ein Projekt mit dem Kurztitel „Ernährermodell".[170] Im Mittelpunkt stand hier der Ehegattenunterhalt im Sozialrecht im Hinblick auf seine hinderlichen Wirkungen für eine konsequente Gleichstellung von Frauen bei der Existenzsicherung. In diesem Zusammenhang wurden die normativen Veränderungen durch die Neuregelungen des Sozialgesetzbuchs II hinsichtlich der verschärften Einstandspflichten innerhalb der Bedarfsgemeinschaft primär aus rechtswissenschaftlicher Perspektive analysiert. Ausgehend von einer gender- kritischen Analyse bereits vor 2005 bestehender Regelungen zum Ehegatten- und Geschiedenenunterhalt und sozialrechtlicher Verankerungen des männlichen Ernährermodells, wird angenommen, dass die jüngste Verschärfung der Einstandspflichten in Paarbeziehungen nach SGB II überwiegend zu Lasten von Frauen gehen dürfte, weil sie das veraltete Ernährermodell weiterhin stütze und damit eine eigenständige Existenzsicherung von Frauen be- oder gar verhindere. Während schon die bürgerlich-rechtliche Ehegattenunterhaltspflicht nicht mehr zeitgemäß sei, erfülle die verschärfte Verweisung auf das Partnereinkommen im SGB II den Tatbestand der mittelbaren Diskriminierung von Frauen, da diese aufgrund der geschlechtsspezifischen

---

169　Zur Analyse der Politikfeldkoordination zwischen Familien- und Arbeitsmarktpolitik siehe insbesondere Dingeldey 2003; 2007. Zu dem in der feministischen vergleichenden Wohlfahrtsstaatsforschung entwickelten Konzept der Geschlechter- oder Gender Regimes siehe den Literaturüberblick in (Betzelt 2007), bezogen auf Aktivierende Arbeitsmarktpolitik siehe (Betzelt 2008a; 2008b). Zur Analyse der jüngsten familien- und arbeitsmarktpolitischen Reformen im Hinblick auf eine Fragmentierung des deutschen Gender Regimes siehe Bothfeld 2008.

170　Der Titel des von der Hans-Böckler Stiftung geförderte Projekts lautete „Ehegattenunterhalt und sozialrechtliches Subsidiaritätsprinzip als Hindernisse für eine konsequente Gleichstellung von Frauen in der Existenzsicherung", geleitet wurde das Projekt von PD Sabine Berghahn, vgl. www.fu-berlin.de/ernaehrermodell (letzter Zugriff 08.02.2009). Das Projekt lief von 2004 bis 2006. Siehe hierzu im Literaturverz. Berghahn (2006).

1. Grundlagen, Forschungsfragen und Forschungsstand

Benachteiligungen am Arbeitsmarkt erheblich geringere Chancen auf existenzsichernde Erwerbseinkommen hätten und damit häufiger, als dies bei Männern der Fall sei, auf das Partnereinkommen angewiesen seien und infolge dessen ihre sozialrechtlichen Leistungsansprüche bei Arbeitslosigkeit überdurchschnittlich häufig verlören. Diese normativen Analysen konnten zum damaligen Zeitpunkt *noch nicht mit empirischen Wirkungsanalysen untermauert* werden.

Aus dem gleichen Forschungskontext argumentieren Rostock, Wersig und Künzel (2007), wobei sie zunächst umfassend auf die verschiedenen im Vorfeld geübten Kritiken an den Hartz- Gesetzen von Seiten feministischer Autorinnen eingehen, die die Wirkungen auf das Geschlechterverhältnis jeweils durchaus unterschiedlich bewerteten. Im Mittelpunkt der Kritiken an Hartz IV stand wiederum die verstärkte Verweisung auf familiale Solidarität durch das Konstrukt der Bedarfsgemeinschaft. Die Mehrheit der von Rostock et al. (2007: 308 - 313) zitierten Kritikerinnen teilt dabei die Einschätzung, dass hiervon Frauen überdurchschnittlich durch den Verlust eigener Leistungsansprüche betroffen seien und das überholt geglaubte Ein-Ernährermodell wiederbelebt würde.[171] Dagegen meinten andere, die Hartz-Reformen seien geschlechterpolitisch konzeptionslos[172] und folgten keinem einheitlichen Leitbild, sondern vielmehr rein ökonomischen Zielsetzungen, deren geschlechtsspezifische Wirkungen unbeabsichtigt und unklar seien. Eine dritte Position schätzte die durch die Hartz- Reformen eingeleiteten Entwicklungen so ein, dass damit die für Frauen schon lange herrschenden prekären Arbeitsmarktbedingungen sich dadurch verallgemeinerten und nun zunehmend auch Männer beträfen.[173] Rostock, Wersig und Künzel diskutieren im Anschluss an diesen Überblick speziell die Bedeutung der verschärften Subsidiarität anhand einer detaillierten Gegenüberstellung der vorherigen sozialrechtlichen Lage von Frauen mit der nach SGB II neu geschaffenen. Unter Heranziehung von Daten der Bundesagentur für Arbeit *vor* 2005, wonach Frauen überdurchschnittlich von der bereits 2003 in der Arbeitslosenhilfe verschärften Anrechnung von Partnereinkommen betroffen waren,[174] kommen die Autorinnen zu der Einschätzung, dass dieser Trend sich durch Hartz IV vermutlich fortsetzen werde und daher Frauen von der Verschärfung wahrscheinlich überproportional betroffen seien. Das Ernährermodell werde insofern perpetuiert, als die Abhängigkeit von einem Ernährer verstärkt werde.[175]

Auch der „Aktivierungsansatz" der Hartz-Gesetze war in seinen gleichstellungspolitischen Wirkungen umstritten: Erhofft wurde einerseits, dass insbesondere benachteiligte Frauen wie ehemalige Sozialhilfebezieherinnen nun endlich auch von „fördernden" Eingliederungsmaßnahmen nach SGB III profitieren könnten; andererseits wandten Kritikerinnen ein, durch die neoliberale Ausrichtung am „männlichen" Modell vollzeitiger Verfügbarkeit aller „erwerbsfähigen" Erwachsenen werde das

---

171 Deutscher Frauenrat et al. 2002; Degen/Fuchsloch/Kirschner 2003.
172 Haug 2004; Knapp 2004.
173 Jansen 2005; Wendt/Nowak 2004.
174 Bothfeld 2006a.
175 Rostock/Wersig/Künzel 2007: 316-317

1. Grundlagen, Forschungsfragen und Forschungsstand

feministische Ziel einer gleichberechtigten Erwerbsteilhabe nur instrumentalisiert, richte sich dabei jedoch gegen die Wünsche und Lebensmodelle vieler Frauen.[176]

Insgesamt überwogen auf Seiten gleichstellungspolitischer Akteure und Forscherinnen also die kritischen Stimmen gegenüber den Hartz- Gesetzen insgesamt und dem vierten Gesetz für moderne Dienstleistungen im Besonderen. Diese frühen rechts- und politikwissenschaftlichen Analysen waren allerdings weitestgehend *theoretischer Natur*, weil zum damaligen Zeitpunkt noch keine empirischen Wirkungsanalysen oder verwertbaren amtlichen Statistiken vorlagen; sie extrapolierten daher oftmals Erkenntnisse über die vorherige Rechtslage auf mögliche zukünftige Entwicklungen unter den veränderten Bedingungen.

Die neuere, *empirisch* gestützte Forschung ab dem Jahr 2007 bis 2009 wurde im Rahmen des vom sozialwissenschaftlichen Teilprojekt vergebenen Werkvertrags an Manuela Schwarzkopf systematisch in Bezug auf unsere Fragestellungen ausgewertet. Die wesentlichen Befunde dieser Sekundärauswertung wurden in die nachfolgenden Kapitel eingearbeitet. Letzteres gilt auch für die eigenen geschlechterspezifischen Auswertungen der Eingliederungsbilanzen 2005 und 2006 der Bundesagentur für Arbeit sowie der öffentlich verfügbaren Berichte der (allgemeinen) gesetzlichen Evaluationsforschung nach § 6 c SGB II.[177]

Die vom Bundesministerium für Arbeit Ende 2006 nach § 55 SGB II vergebene Auftragsforschung zur *gleichstellungspolitischen Evaluation der Umsetzung des SGB II* (im Folgenden abgekürzt als ‚gesetzliche Gender- Evaluation') an ein Forschungskonsortium dauerte bis Ende 2009.[178] Bis dahin war nur der erste Zwischenbericht des Projekts von Juli 2007 öffentlich zugänglich, dessen zentrale, auf unsere Fragen bezogene Befunde ebenfalls in die Kapitel 5 bis 7 eingearbeitet wurden. Einbezogen werden konnten auch die zwei Beiträge, die aus der gesetzlichen Gender- Evaluation von Dr. Clarissa Rudolph (Universität Marburg) und Dr. Karen Jaehrling (IAQ) auf der zweiten von uns veranstalteten Fachtagung in der Evangelischen Akademie Loccum am 29./30.09.08.[179]

Abschließend ist an dieser Stelle eine grundsätzliche methodische Einschränkung zur Wirkungsforschung allgemein wie zu unserem konkreten Auftrag zu formulieren. Die Erforschung der Wirkungen gesetzlicher Maßnahmen steht immer vor dem Grundproblem, dass diese nicht isoliert beobachtbar sind, sondern stets durch andere, externe Einflussfaktoren – wie die gesamtwirtschaftliche Entwicklung oder das

---

176 Spindler 2004; Spindler 2007a.
177 Betzelt 2007; 2008c. Aus der § 6c-Evaluationsforschung wurden die folgenden Berichte auszugsweise ausgewertet: Deutscher Bundestag Drs. /1148; IAW Institut für Angewandte Wirtschaftsforschung 2007; ZEW Zentrum für Europäische Wirtschaftsforschung et al. 2007a. b.
178 Beauftragt wurde unter der Projektnr. 03/06 ein Konsortium aus dem federführenden Institut für Arbeit und Qualifizierung der Universität Duisburg/Essen (IAQ, Dr. Claudia Weinkopf, Dr. Karen Jaehrling), dem Forschungsinstitut Internationaler Arbeitsmarkt GmbH (FIA, Dr. Alexandra Wagner) und der Arbeitsstelle GendA der Universität Marburg (Prof. Ingrid Kurz-Scherf, Dr. Clarissa Rudolph). Der Abschlussbericht stammt aus 2009, vgl. u.a. www.iaq.uni-due.de, Institut Arbeit und Qualifikation (IAQ).
179 Siehe Betzelt/Lange/Rust (Hg) 2009.

1. Grundlagen, Forschungsfragen und Forschungsstand

Verhalten von Akteuren (z. B. Tarifparteien) – mit bedingt sind bzw. sein können.[180] Eine exakte Abschätzung dieser komplexen multifaktoriellen Wirkungszusammenhänge – gesetzliche Änderungen einerseits, institutionelle, ökonomische und soziale Strukturen und Entwicklungen andererseits – ist methodisch äußerst anspruchsvoll und war im Rahmen dieses Projekts von vornherein nicht geplant. Vielmehr konzentrierte sich die Untersuchung darauf, Antworten auf die Frage nach Umfang und Art und Weise der Realisierung der gleichstellungspolitischen Ziele des SGB II, insbesondere im Hinblick auf die drei Schlüsselkategorien arbeitsloser Frauen (Alleinerziehende, Partnerinnen von ALG II- Antragstellern, Nichtleistungsbeziehende), auf der Basis verfügbarer empirischer Befunde zu finden. Diese Antworten markieren insofern eine empirische Momentaufnahme zum aktuellen Zeitpunkt und beanspruchen weder abschließenden noch vollständigen Charakter. Zu den Wirkungszusammenhängen zwischen gesetzlichen Veränderungen, deren Ergebnissen und interagierenden Faktoren können nur (vereinzelt) Plausibilitätsannahmen gemacht werden, soweit sich diese aus vorliegendem Material und Hintergrundwissen ableiten lassen. Hierzu wäre weitere, vertiefende Forschung notwendig.

---

180 IAB 2006.

2. Anlage des Projekts und methodische Durchführung

Aufgrund der Interdisziplinarität des Projekts stellten sich besondere Anforderungen. Um den jeweiligen Fachdiskurs zu nutzen und die rechts- wie sozialwissenschaftlichen Fragen mit den Expert/inn/en des Feldes zu diskutieren, wurden wie geplant zwei Workshops durchgeführt.[181] An den beiden Fachtagungen nahm jeweils das gesamte Projekt aktiv mit eigenen Beiträgen wie auch als Diskutant/inn/en teil, so dass die Sichtweise beider Disziplinen jeweils präsent und ein gemeinsamer Stand über Diskussionsverlauf und –ergebnisse gewährleistet war.

Wie vorgesehen, waren in beiden Teilprojekten über die Sichtung von Literatur und die Durchführung der Workshops hinaus eigene Forschungen erforderlich, um die Fragestellungen zu bearbeiten.

Im rechtswissenschaftlichen Teilprojekt waren insbesondere bestimmte Grundsatzfragen zu beantworten. Die Widersprüche hinsichtlich der sozialrechtlichen Inpflichtnahme und den unterhaltsrechtlichen Verbindungen einschließlich der verfahrensrechtlichen Folgen und die Folgen für den Zugang zu den passiven und aktivierenden Leistungen nach dem SGB II und die Öffnung des SGB III standen im Mittelpunkt. Im sozialwissenschaftlichen Teilprojekt stand die empirische Analyse zur Gruppe der Nichtleistungsbeziehenden auf Basis der Daten des Sozio- oekonomischen Panels (SOEP) im Mittelpunkt der eigenen Forschung.

2.1 Eigene Forschung

Für die *rechtswissenschaftliche Forschung* wurden Kurzgutachten zur Geschichte der Bedarfsgemeinschaft und zu den rechtlichen Grundlagen der Statistik sowie zu den ermessenslenkenden Vorschrift des § 19 a SGB IV von *Kathrin Schlote*, den möglichen Widersprüchen zu unterhaltsrechtlichen Pflichten und Auswirkungen der Bedarfsgemeinschaft im Verfahrensrecht von *Mohamad El-Ghazi* und zum Zugang von Mitgliedern der Bedarfsgemeinschaft zu aktivierenden Leistungen des SGB II und des SGB III von *Eliane Hütter* formuliert. Zur Einarbeitung in die rechtswissenschaftlichen Fragestellungen wurde die für das SGB II relevante Kommentarliteratur ausgewertet. Eine ebenso wichtige Quelle stellten die Gesetzgebungsmaterialien dar. Auch wurden wichtige Urteile zu Fragen der Bedarfgemeinschaft ausgewertet. Hinzu kommt die Sichtung aktueller Aufsätze aus diversen Fachzeitschriften. Das Augenmerk lag hauptsächlich auf Literatur zum Thema Bedarfsgemeinschaft, Auswir-

---

181 Die Ergebnisse der rechtswissenschaftlichen Tagung sind dokumentiert im Tagungsbericht von El-Ghazi, Hütter, Schlote 2008a unter Projekte zum Forschungsvorhaben SGB-II bei http://www.bigas.uni-bremen.de. Die Beiträge der sozialwissenschaftlichen Tagung finden sich in Betzelt/Lange/Rust (Hg) 2009.

2. Anlage des Projekts und methodische Durchführung

kungen des § 9 Abs. 2 SGB II auf die Höhe der Ansprüche innerhalb der Bedarfsgemeinschaft, sowie die Ermessensleistungen nach dem SGB III und das korrespondierende zivilrechtliche Unterhaltsrecht. Auch wurde untersucht, wie sich das Verfahrensrecht und die Bedarfsgemeinschaft zueinander verhalten. Hierzu erwies sich insbesondere der Austausch von Wissenschaft und Praxis während der ersten Fachtagung als sehr fruchtbar. Gerade die genannten Bereiche sind für die eingangs aufgeworfenen Fragestellungen[182] von erheblicher Relevanz, da sich hier die Tendenz des Gesetzgebers weg von einer Individualisierung widerspiegelt. Problematisch ist insbesondere die Frage, ob die Mitglieder der Bedarfsgemeinschaft und vor allem die Nichtleistungsbeziehenden, also der Typ 3,[183] einen hinreichenden Zugang zu den Ermessensleistungen der aktiven Arbeitsförderung haben oder ob durch das Konstrukt der Bedarfsgemeinschaft und der oftmals nur mit dem Haushaltsvorstand abgeschlossenen Eingliederungsvereinbarungen der Zugang hierzu für bestimmte Personengruppen verwehrt wird.

Im *sozialwissenschaftlichen Projektteil* bestand zu Beginn das erste Vorhaben in einer gründlichen Recherche, Sichtung und Auswertung von Fachliteratur und sonstigen relevanten Quellen, deren wesentliche Ergebnissein diese Veröffentlichung eingeflossen sind.[184]

2.2 Die empirische Analyse zu Nichtleistungsbeziehenden

Die empirischen Analysen zur Gruppe der Nichtleistungsbeziehenden auf Basis der Daten des Sozio-oekonomischen Panels (SOEP) der Wellen aus 2004 und 2006 bildeten den Kern der eigenen Forschung. Ziel war es, im Querschnittsvergleich der beiden Zeiträume erstmals empirische Daten zur sozialen Zusammensetzung dieser überwiegend weiblichen (63%) Personengruppe Arbeitsloser ohne Leistungsbezug zu gewinnen, und die quantitative Entwicklung der Gruppe im Zeitverlauf des letzten Jahres vor Einführung des SGB II (2004) mit der letzten verfügbaren Welle (2006) nach In-Kraft-Treten des SGB II zu vergleichen. Die Ausgangsfrage hierbei war, zu erfassen, inwieweit sich die sozialstrukturelle Zusammensetzung der Personen ohne Leistungsbezug in beiden Zeiträumen unterscheidet bzw. wie sie aktuell (2006) beschaffen ist. Das heißt, es sollten erstmals auf breiter empirischer Basis – jenseits der Registerdaten der Bundesagentur für Arbeit[185] – deskriptive Daten zu

---

182 Siehe Teil 1.4 S. 27.
183 Siehe Teil 1.1 S. 24.
184 Diese Sekundärauswertung wurde hauptverantwortlich von Projektmitarbeiterin Manuela Schwarzkopf durchgeführt.
185 Zum Zeitpunkt der Antragstellung lagen kaum empirische Daten zur Gruppe der Nichtleistungsbeziehenden vor. Im November 2007 legte die BA erstmals auf Basis ihrer Registerdaten eine Sonderveröffentlichung zur quantitativen Entwicklung und Zusammensetzung von Nichtleistungsbeziehenden nach Region, Geschlecht, Alter, Nationalität, Status vor der Arbeitslosmeldung und Dauer der gemeldeten Arbeitslosigkeit vor (Bundesagentur für Arbeit 2007b). Eine Auswertung dieser Daten findet sich in Teil 4.2.4 S.127. Die Daten auf Basis

2. Anlage des Projekts und methodische Durchführung

dieser in der wissenschaftlichen und öffentlichen Diskussion weitestgehend vernachlässigten Personengruppe Arbeitsloser gewonnen werden, die immerhin rund ein Fünftel aller registrierten Arbeitslosen ausmacht.

Im Einzelnen sollten auf *Personenebene* Daten zur Zusammensetzung nach Geschlecht, Alter, Nationalität, Schul- und Berufsausbildung sowie Erwerbserfahrung/-beteiligung gewonnen werden. Auf *Haushaltsebene* war die Verteilung von Nichtleistungsbeziehenden auf Haushaltstypen (Singles, Paare ohne und mit Kinder, Alleinerziehende), Familienstand, Kinderzahl und Alter des jüngsten Kindes zu analysieren. Nicht zuletzt sollten die Höhe und Zusammensetzung der Haushaltseinkommen von Nichtleistungsbeziehenden untersucht werden, wobei auch die Höhe des Einkommens der Partner/innen von Nichtleistungsbeziehenden, die im SOEP befragt wurden, von Interesse war. Dies insbesondere deshalb, da ein wesentlicher Grund für den Nichtleistungsbezug nach Geltung des SGB II in mangelnder Bedürftigkeit aufgrund der im Vergleich zur vorherigen Rechtslage verschärften Anrechnung von Partnereinkommen liegt und sich von daher die Frage stellte, wie hoch empirisch das Partnereinkommen ist. Denn bislang lagen zur Frage der Einkommensverteilung nur Simulationsanalysen vor.[186] Über die sozialstrukturellen Fragen hinaus wurden *Variablen zu subjektiven Dimensionen* ausgewertet, um Informationen über die Erwerbsorientierung und Lebenszufriedenheit der Nichtleistungsbeziehenden zu gewinnen.

Insgesamt sollten die Befunde aus den sozialstrukturellen und subjektiven Merkmalen Hinweise liefern zu der Frage, inwieweit sich daraus Schlussfolgerungen für den Bedarf der überwiegend weiblichen Arbeitslosen ohne Leistungsbezug an aktiver Förderung und Beratung seitens der Bundesagentur für Arbeit (oder auch anderer Stellen) ergeben.

Die Durchführung dieser umfangreichen Analysen übernahm für das Projekt Dipl. Soz. *Tanja Schmidt*, Sozialforschung Berlin, in Abstimmung mit der Projektleitung. Zur Durchführung der Analysen war es zunächst notwendig, im Datensatz des SOEP (Welle 2004 und 2006) die relevanten Variablen zu identifizieren und die Personengruppe mit den entsprechenden Merkmalen von der gesamten Stichprobe abzugrenzen und zu gewichten. Des Weiteren wurden uni- und bivariate Analysen zu dieser Personengruppe durchgeführt. Dabei stellten die Berechnungen zur Einkommenssituation besonders komplexe Anforderungen für die Analyse.[187]

Im Lauf dieser Analysen entwickelte sich – besonders angesichts der Befunde einer sehr hohen Erwerbsorientierung der Nichtleistungsbeziehenden und nach Diskussion auf der Fachtagung – als erweiterte Fragestellung, ob und in welchem Umfang es diesen Arbeitslosen des Jahres 2006 im Folgejahr tatsächlich gelungen ist,

---

des SOEP gehen insofern über diese BA-Daten hinaus, als sie nicht auf der amtlichen Registrierung basieren, sondern auf der SOEP-Befragung.

186 Becker/Hauser 2006. Diese Analysen wurden, bezogen auf die Projektfragestellungen, auf dem sozialwissenschaftlichen Workshop von Dr. Irene Becker präsentiert.
187 Auf die methodischen Details der Berechnungen soll hier verzichtet werden. Sie können bei Bedarf im Einzelnen aufgeschlüsselt werden.

2. Anlage des Projekts und methodische Durchführung

ihre Erwerbswünsche zu realisieren und eine Erwerbstätigkeit aufzunehmen. Gefragt war damit eine Längsschnittanalyse der Daten unter Verwendung der zum Jahresende 2008 verfügbaren neuesten Erhebungswelle 2007 des SOEP. Diese Längsschnittanalyse übernahm *Tanja Schmidt*. Die aufschlussreichen Ergebnisse finden sich in Teil 4. Verwendete Tabellen sind im Tabellenteil in 10.1 abgedruckt.

3. Analyse der Bedarfsgemeinschaft

Der Begriff der Bedarfsgemeinschaft und damit das Konstrukt der Bedarfsgemeinschaft ist nur für die Grundsicherung des SGB II und nicht für die Grundsicherung des SGB XII eingeführt worden. Der Begriff der Bedarfsgemeinschaft wird im SGB II mehrfach verwendet, ohne ihn eigenständig vorab gesetzlich zu definieren, wie dies beispielsweise im SGB III für Arbeitslose, für von Arbeitslosigkeit bedrohte Arbeitnehmer, für Langzeitarbeitslose und für Berufsrückkehrer in den §§ 17 bis 20 SGB III erfolgt ist. Der Inhalt des mit dem SGB II neu eingeführten Konstrukts der Bedarfsgemeinschaft ist so mittelbar aus den verschiedenen Vorschriften zu erschließen, die den Begriff verwenden. Außerdem ist vorab zu prüfen, ob der Begriff der Bedarfsgemeinschaft schon vorher im Fürsorge- oder im Sozialhilferecht verwendet worden ist und damit auf hierzu vorliegende Rechtsprechung zurückgegriffen werden könnte.

Die rechtlichen Grundlagen der Bedarfsgemeinschaft zu klären ist wichtig, da die Grundsicherung für Arbeitsuchende nicht nur die Eigenverantwortung von erwerbsfähigen Hilfebedürftigen stärken soll. Aufgabe und Ziel der Grundsicherung für Arbeitsuchende ist nach § 1 Abs. 1 Satz 1 SGB II auch, die Eigenverantwortung der Personen zu stärken, die mit dem Hilfebedürftigen in einer Bedarfsgemeinschaft leben. In diesem Sinne bildet von den drei Schlüsselgruppen[188] die im Sinne des SGB II hilfebedürftige Alleinerziehende mit ihrem Kind oder ihren Kindern zusammen eine Bedarfsgemeinschaft im Sinne des SGB II. Ebenso ist unter bestimmten Voraussetzung eine Partnerschaft, unabhängig davon, ob beide Erwachsene mit oder ohne Kinder zusammenleben, eine Bedarfsgemeinschaft im Sinne des SGB II.

3.1 Begriff der Bedarfsgemeinschaft vor Einführung des SGB II

Der Begriff der Bedarfsgemeinschaft tauchte schon im Zusammenhang mit dem BSHG auf, selbst wenn er im BSHG selbst nicht erwähnt war. Vielmehr wurde mit dem Begriff der Bedarfsgemeinschaft die *Familiennotgemeinschaft* des vorher geltenden Rechts mit einem neuen Inhalt durch Rechtsprechung und Literatur fortgesetzt.

Nach § 5 der Reichsgrundsätze über Voraussetzung, Art und Maß der öffentlichen Fürsorge vom 4.12.1924, die zunächst auch in der Bundesrepublik angewendet wurden, galt die ganze Familie als hilfebedürftig, wenn auch nur ein Familienmitglied hilfebedürftig war.[189] Dabei wurden sämtliche Ansprüche der in dieser Ge-

---

188 Siehe zuvor Teil 1.1 S. 24.
189 Gesetz vom 20.8.1953, BGBl. I S. 967; Rehnlt in Deutscher Verein für öffentliche und private Fürsorge (1980): 109.

3. Analyse der Bedarfsgemeinschaft

meinschaft lebenden Personen sowie deren Einkommen und Vermögen in einer Gesamtberechnung zusammengefasst und unterstellt, dass sich diese Notgemeinschaft selbst hilft, solange der Gesamtbedarf durch Einkommen und Vermögen der Mitglieder gedeckt ist.[190] In dieser Konstruktion war die Familie selbst der Hilfeempfänger.[191] Der Haushaltsvorstand war für den Gesamtbedarf der Familie Anspruchsberechtigter.[192]

Nach Einführung des BSHG ging das BVerwG zunächst davon aus, dass unverändert die Bedarfsgemeinschaft Anspruchsinhaber sei, bzw. dass zumindest eine gewisse Zusammenfassung der Mittel wegen des „Wirtschaftens aus einem Topf" geboten sei.[193] Von dieser Rechtsprechung rückte das BVerwG ausdrücklich ab. Das Prinzip des Einzelanspruchs im BSHG war anerkannt.[194] Trotzdem wurde der Begriff der Bedarfsgemeinschaft weiterhin in Literatur, Rechtsprechung und Praxis verwendet. Dadurch wurden unter Umständen die Konsequenzen der Einzelanspruchsregelung nicht immer ausreichend berücksichtigt.[195] Im Rahmen des BSHG wurde die Bedarfsgemeinschaft als ein Instrument genutzt, um eine teilweise gemeinsame Berechnung (z. B. für die Unterkunft) für eine Familie zu ermöglichen und eine Vielzahl von Berechnungen zu vermeiden.[196] Es handelte sich dann um eine *Einsatzgemeinschaft*, in der Einkommen und Vermögen von Familienmitgliedern berücksichtigt wurde[197]. Es wurde kein Gesamtbedarf festgestellt.[198]

Später verwendete das BVerwG zum BSHG den Begriff der Bedarfsgemeinschaft im Zusammenhang mit Zielen des BSHG nur noch, wenn sämtliche einstandpflichtige Personen auch Leistungen nach dem BSHG bezogen haben; andernfalls liege nur eine Einsatz- bzw. eine Einstandsgemeinschaft vor.[199]

3.2 Hilfebedürftigkeit im Rahmen der Bedarfsgemeinschaft

Das Vierte Gesetz für Moderne Dienstleistungen am Arbeitsmarkt[200] sollte nach der Gesetzesbegründung die beschäftigungspolitischen Leitlinien der Europäischen Gemeinschaft umsetzen, den Handlungsrahmen für ein erforderliches gesamtgesellschaftliches Engagement setzen und es ermöglichen, Langzeitarbeitslosigkeit abzu-

---

190 Schoch 1984: 431, 431.
191 Rehnelt in Deutscher Verein für öffentliche und private Fürsorge (1980): 109.
192 Mecke in Eicher/Spellbrink (2008): § 9 Rn. 28 SGB II.
193 BVerwG, Urt. v. 17.05.1972, NDV 1973, 109.
194 BVerwG, Urt. v. 22.10.1992, NJW 1993, 2884.
195 Schoch 2004: 169, 171.
196 Rehnelt in Deutscher Verein für öffentliche und private Fürsorge (1980): 109.
197 Zur nicht existenten „Einsatzgemeinschaftskette" vgl. Fichtner in Fichtner/Wenzel (2009): §19 Rn. 15 SGB XII.
198 Spellbrink 2007a: 121; Schoch in Deutscher Verein für öffentliche und private Fürsorge (2007): 95.
199 BVerwG, Urt. v. 21.06.2001, BVerwGE 114, S. 339.
200 Nachweis Fn. 9 und zur Entstehungsgeschichte Teil 1.5 S. 29-31.

3. Analyse der Bedarfsgemeinschaft

bauen und die Hilfebedürftigkeit schnellstmöglich zu überwinden.[201] Mit der Schaffung der Bedarfsgemeinschaft sollte es möglich werden, besonders viele erwerbsfähige Menschen wieder in den Arbeitsmarkt zu integrieren.[202]

Grundgedanke der neuen Regelungen des SGB II ist, dass der Einzelne vorrangig selbst verantwortlich dafür ist, seinen Bedarf *und* den seiner Bedarfsgemeinschaft zu sichern – erst wenn dies nicht möglich ist, hat der Staat die Verantwortung für die Sicherung des soziokulturellen Existenzminimums.[203] Potentielle Hilfebedürftige haben vorhandenes Vermögen und Einkommen einzusetzen, um den eigenen Bedarf *und* den der Bedarfsgemeinschaft zu decken.[204] Dies ist eine Ausprägung des Grundsatzes des Forderns, der in § 1 Abs. 1 SGB II als Aufgabe der Grundsicherung niedergelegt ist. Der Grundsatz der Forderns richtet sich an erwerbsfähige Hilfebedürftige und die mit ihnen in einer Bedarfsgemeinschaft lebenden Personen, so in § 2 SGB II als Grundsatz des Forderns geregelt.

Kann der Bedarf der Bedarfsgemeinschaft insgesamt nicht aus eigenen Mitteln gedeckt werden, so ist neben der Hilfe zum Lebensunterhalt dem Hilfebedürftigen auch eine „Hilfe zur Selbsthilfe" zu gewähren, damit der Hilfebedürftige sich selbst und seine Bedarfsgemeinschaft möglichst schnell wieder selbst versorgen kann.[205] Hier kommt das zweite Prinzip des SGB II, nämlich der Grundsatz des Förderns, zum Tragen.

Voraussetzungen[206] einer Leistungsberechtigung im Sinne von § 7 SGB II sind ein Alter zwischen 16 und der Altersgrenze,[207] Erwerbsfähigkeit im gesundheitlichen Sinne[208] und für Personen, die in einer Bedarfsgemeinschaft leben, Hilfebedürftigkeit im Sinne von § 9 Abs. 2 SGB II.[209] Wegen der Konstruktion der Bedarfsgemeinschaft sind Höhe und Inhalt des Einzelanspruchs durch die Bedarfsgemeinschaft bestimmt.[210]

3.2.1 Konstrukt der Bedarfsgemeinschaft

Grundvoraussetzung der Bedarfsgemeinschaft ist, dass ihr mindestens ein erwerbsfähiger Hilfebedürftiger angehört.[211] Ohne eine solche Person wird nicht der Zugang

---

201 BT Drs. 15/1516, S. 44.
202 Spellbrink in Eicher/Spellbrink (2008): § 7 Rn. 3 SGB II.
203 BT Drs. 15/1516, S. 44f. und S. 50.
204 BT Drs. 15/1516, S. 45f..
205 BT Drs. 15/1516, S. 50.
206 Die Ausländer betreffenden besonderen rechtlichen Regeln können im Rahmen des Forschungsprojekts nicht behandelt werden.
207 § 7 Abs. 1 Nr. 1 SGB II iVm § 7a SGB II.
208 § 7 Abs. 1 Nr. 2 SGB II iVm § 8 SGB II.
209 § 7 Abs. 1 Nr. 3 SGB II iVm §§ 9 Abs. 2, 11-13 SGB II.
210 So Spellbrink 2007b: 28, 33.
211 § 7 Abs. 3 Nr.1 SGB II.

3. Analyse der Bedarfsgemeinschaft

zum SGB II eröffnet.[212] Gegebenenfalls bestünden dann Ansprüche auf die Grundsicherung nach dem SGB XII.

Grundvoraussetzung für die Annahme einer Bedarfsgemeinschaft ist außerdem das Leben in einem gemeinsamen Haushalt. Zur Bedarfsgemeinschaft eines erwerbsfähigen Hilfebedürftigen[213] zählen (Ehe)Partner und Kinder unter 25 Jahre.

2005 und 2006 galt für Kinder die Altersgrenze der Vollendung des 18. Lebensjahres.[214] Die Anhebung auf 25 Jahre erfolgt zum 01.07.2006 mit dem Fortentwicklungsgesetz.[215] Die Anhebung wurde damit begründet, dass andernfalls die volljährigen Kinder eine eigene Bedarfsgemeinschaft begründen würden und ihnen damit die Regelleistung zu 100 % (statt bisher 80 %) zustehen würde, obwohl sie weiterhin im Haushalt der Eltern leben und sie somit auch grundsätzlich nicht die Generalkosten eines Haushaltes zu tragen haben. Deshalb sei eine Leistung in Höhe von 80 % des Regelsatzes für volljährige Kinder, die im Haushalt ihrer Eltern leben, weiterhin gerechtfertigt:[216]

Bis zur Neuregelung konnten Eltern glaubhaft machen, dass sie von ihrem volljährigen im Haushalt lebenden Kind einen Beitrag zu den Kosten der Unterkunft und Heizung verlangen und auch keine anderen Geld- oder geldwerten Leistungen erbringen. Dann musste der Leistungsträger dem volljährigen Kind die Grundsicherungsleistung bewilligen und sich dann ggf. über einen eventuellen nach § 33 Abs. 1 und 3 SGB II übergegangenen Unterhaltsanspruch der volljährigen Kinder gegen ihre Eltern rückfinanzieren[217]. Bei volljährigen Kindern war das Einkommen und Vermögen der Eltern über § 9 Abs. 5 SGB II anzurechnen. § 9 Abs. 5 SGB II stellt die widerlegbare Vermutung beim Zusammenleben des Hilfebedürftigen mit einem Verwandten auf, dass Hilfebedürftige Leistungen von Verwandten erhalten, soweit dies nach dem Einkommen und Vermögen des Verwandten erwartet werden kann.

Seit der Neuregelung, d.h. der Anhebung von 18 auf 25, wird das volljährige im Haushalt lebende Kind unwiderlegbar über § 7 Abs. 3 Nr. 4 SGB II der Bedarfsgemeinschaft zugerechnet. Die Einkommens- und Vermögensanrechnung erfolgt nunmehr über § 9 Abs. 2, S. 2[218]. Diese Einkommens- und Vermögensanrechnung geschieht unabhängig davon, ob zivilrechtliche Unterhaltsansprüche bestehen. Ebenso geschieht die Einkommens- und Vermögensanrechnung unabhängig davon, ob tatsächlich ein Leistungsfluss zugunsten des Kindes stattfindet.

---

212 Spellbrink in Eicher/ Spellbrink (2008): § 7 Rn. 23 SGB II.
213 Auf den in § 7 Abs. 3 Nr. 2 geregelten Typ wird in der Untersuchung nicht weiter eingegangen. Hier wird der Sonderfall geregelt, dass ein erwerbsfähiges, unverheiratetes Kind unter 25 Jahre die Stellung eines erwerbsfähigen Hilfebedürftigen einnimmt und mit den Eltern oder einem Elternteil zusammenlebt.
214 Ehemals § 11 Abs. 11, S. 2 BSHG in der Fassung bis zum 31.12.2004.
215 Gesetz zur Fortentwicklung der Grundsicherung für Arbeitsuchende vom 20.7.2006, BGBl. I, S. 1706.
216 BT Drs. 16/80, S. 4.
217 Siehe grds. zum Forderungsübergang Margraf in Luthin/Koch (2010): Kap. VI, Rn. 6036.
218 Siehe zur Berechnung Schellhorn in Hohm (2010): § 9 Rn. 32 ff SGB II.

3. Analyse der Bedarfsgemeinschaft

Bei Verwandten oder Verschwägerten in einer Haushaltsgemeinschaft gilt unverändert nach § 9 Abs. 5 SGB II, dass ein Leistungserhalt vermutet wird[219]. Diese Haushaltsgemeinschaft ist auf keinen Fall mit der Eltern/Kind/Partner-Haushaltsgemeinschaft und damit einer **Bedarfsgemeinschaft** i. S. d. § 7 Abs. 2 Satz 1, Abs. 3[220] zu verwechseln,

Individuelles Einkommen sowie vorhandenes Vermögen und im Ergebnis auch das Arbeitsvermögen sind von deren Mitgliedern[221] in die Bedarfsgemeinschaft einzubringen. Die Anrechnung erfolgt nach der Horizontal- und nicht nach der Vertikalmethode.[222] Die tatsächlichen Auswirkungen werden anschließend an einem Beispiel verdeutlicht.[223] Die Einbeziehung der Mitglieder in die Berechnung der Anspruchshöhe wird kritisiert.[224]

Zusammengefasst ist das Ergebnis, dass mit der Bedarfsgemeinschaft der Kreis der nach dem SGB II Hilfebedürftigen verengt wird, wenn zwar die Bedarfsgemeinschaft ihren Gesamtbedarf aus eigenen Mitteln decken kann, aber der oder die Einzelne sonst individuell Hilfebedarf hätte (fiktive Nichthilfebedürftigkeit). Umgekehrt wird der Kreis der nach dem SGB II Hilfebedürftigen erweitert, wenn die Bedarfsgemeinschaft ihren Gesamtbedarf nicht aus eigenen Mitteln decken kann, der oder die Einzelne aber individuell nicht hilfebedürftig ist (fiktive Hilfebedürftigkeit).

Leben Personen nicht allein, ist nicht mehr die individuelle Hilfebedürftigkeit entscheidend. Sie muss auch für die Bedarfsgemeinschaft vorliegen, in der die Person lebt.

Mit der Zugehörigkeit zu einer Bedarfsgemeinschaft, die ihren Bedarf insgesamt aus eigenen Mitteln decken kann, erhalten *individuell Hilfebedürftige keine Grundsicherungsleistungen* des SGB II. Die mit dieser Rechtsfolge verbundene Einsparung könnte ein wesentlicher Grund für die Einführung der Bedarfsgemeinschaft gewesen sein.[225]

Mit der Zugehörigkeit zu einer Bedarfsgemeinschaft, die ihren Bedarf insgesamt *nicht* aus eigenen Mitteln decken kann, wird andererseits eine individuell selbst nicht hilfebedürftige erwerbsfähige Person *fiktiv hilfebedürftig* im Sinne von § 9 Abs. 2 Satz 3 SGB II.

Außerdem erhalten *nicht erwerbsfähige Hilfebedürftige* wegen der Zugehörigkeit zu einer Bedarfsgemeinschaft, die ihren Bedarf insgesamt *nicht* aus eigenen Mitteln decken kann, Leistungen nach dem SGB II.[226] Ohne eine solche Zuordnung wären die Leistungsträger nach dem SGB XII zuständig für die nicht erwerbsfähigen Hil-

---

219 Siehe Löns in Löns/Herold-Tews (2009), § 9, Rn. 31 ff SGB II.
220 Brühl/ Schoch in Münder (2009): § 9 Rn. 31ff SGB II: Hengelhaupt in Hauck/Noftz/Voelzke (2010): § 9 Rn. 156-160 SGB II.
221 Zu den Mitgliedern der Bedarfsgemeinschaft im sozialrechtlichen Sinne und den Angehörigen der Unterhaltsgemeinschaft im zivilrechtlichen Sinne nachfolgend Teil 3 S. 51.
222 Dazu näher S. 77.
223 Dazu nachfolgend im Schaubild „Kreidekreis 1", S. 78.
224 Spellbrink in Eicher/Spellbrink (2008): § 7 Rn. 3 SGB II.
225 So im Ergebnis wohl auch Wolf 2007: 6.
226 BT Drs. 15/1749, S. 38f.

3. Analyse der Bedarfsgemeinschaft

febedürftigen wie Kinder der Leistungsträger. Der Grundsicherungsträger nach dem SGB II ist für die Bedarfsgemeinschaft im Sinne des SGB II insgesamt zuständig und damit für den Erwerbsfähigen und für den nicht erwerbsfähigen Hilfebedürftigen. Das Kind wird über das Merkmal der „Bedarfsgemeinschaft mit einem erwerbsfähigen Hilfebedürftigen" dem SGB II zugeordnet. Die damit mögliche Verwaltungsvereinfachung wird als Hauptzweck der Einführung der Bedarfsgemeinschaft bewertet.[227]

Kinder unter 16 und erwerbsunfähige Mitglieder einer hilfebedürftigen Bedarfsgemeinschaft erhalten Dienst- und Sachleistungen nach § 7 Abs. 2 SGB II, wenn dadurch die Hilfebedürftigkeit der Angehörigen der Bedarfsgemeinschaft beendet oder verringert wird oder Hemmnisse bei der Eingliederung der erwerbsfähigen Hilfebedürftigen verringert werden. Auch hier sind die Folgen für das Kollektiv der Bedarfsgemeinschaft entscheidend und nicht die individuelle Hilfebedürftigkeit.

In die *Eingliederungsvereinbarung*, die zwischen dem erwerbsfähigem Hilfebedürftigen und dem Leistungsträger nach § 15 Abs. 1 SGB II geschlossen werden soll und gegebenenfalls durch Verwaltungsakt erfolgt, können die Mitglieder der Bedarfsgemeinschaft nach § 15 Abs. 2 SGB II grundsätzlich miteinbezogen werden[228]. Dies bedeutet, dass Kinder die das 15. Lebensjahr noch nicht vollendet haben, erwerbsunfähige Personen oder Personen, denen Arbeit derzeit nicht zugemutet wird, in der Eingliederungsvereinbarung Berücksichtigung finden können. Der letztgenannte Personenkreis umfasst insbesondere alleinerziehende Elternteile, bei denen die Zumutbarkeit wegen Kinderbetreuungspflichten verneint werden kann.[229] Wenn die Mitglieder der Bedarfsgemeinschaft dies nicht wollen, haben sie ein berechtigtes Interesse darzulegen, dass sie ihre Rechte und Pflichten gegenüber dem Grundsicherungsträger selbst wahrnehmen wollen.[230]

Anknüpfungspunkt der Regelungen zur Bedarfsgemeinschaft ist die Erfahrung des täglichen Lebens, wonach Verwandte, die in einem Haushalt zusammenleben für gewöhnlich auch „aus einem Topf wirtschaften".[231] Die Gesetzesbegründung spricht von der Realisierung des „Anspruchs der Bedarfsgemeinschaft",[232] was den Schluss zulassen könnte, dass die Bedarfsgemeinschaft wie in der Zeit vor dem BSHG[233] selbst einen Anspruch auf Leistung haben soll. Allerdings ist es inzwischen einhellige Meinung, dass die Bedarfsgemeinschaft keine eigene Rechtspersönlichkeit hat und somit nicht selbst die Empfängerin der Leistungen sein kann.[234] Vielmehr ist –

---

227 Brühl/ Schoch in Münder (2009): § 7 Rn. 49 ff. SGB II
228 Vgl. hierzu Knickrehm in Knickrehm/Rust (2010): 27-50.
229 Rauch/ Zeller 2008: 30.
230 BT Drs. 15/1516, S. 54.
231 Mecke in Eicher/Spellbrink: § 9 Rn. 23 SGB II.
232 BT Drs. 15/1516, S. 52.
233 Siehe zuvor Teil 3.1 S. 71.
234 Spellbrink in Eicher /Spellbrink (2008): § 7 Rn. 3 SGB II; so auch: Deutscher Verein (2007): 1. Positionspapier zur Neuausrichtung der BG, 5.

wie bereits im BSHG - weiterhin die oder der Einzelne Inhaber des Anspruchs auf Leistung.[235]

3.2.1.1 Horizontal- statt Vertikalmethode

Das Einkommen und Vermögen von Einstandspflichtigen wird als Einkommen und Vermögen aller Mitglieder der Bedarfgemeinschaft behandelt. Auf den Individualanspruch der Hilfebedürftigen wird das Einkommen und Vermögen dann verhältnismäßig – und zwar abhängig vom Anteil des persönlichen Bedarfs am Gesamtbedarf der Bedarfsgemeinschaft - angerechnet. Diese Berechnungsmethode, die nach herrschender Auffassung auf § 9 Abs. 2 S.3 SGB II basiert, wird als sog. Verhältnislösung bzw. Horizontalberechnungsmethode bezeichnet. Alternativ zu dieser Berechnungsmethode besteht die Möglichkeit das Einkommen zunächst demjenigen zuzurechnen, der dieses erwirtschaftet und anschließend das überschießende Einkommen des Einzelnen auf die übrigen Mitglieder der Bedarfsgemeinschaft zu verteilen, sog. vertikale Berechnungsmethode wie sie z.B. im SGB XII angewandt wird. Die Wirkung der verschiedenen Berechnungsmethoden soll an einer Beispielsberechnung ausgehend von folgender Situation verdeutlicht werden:

Eine Familie, bestehend aus einem Ehemann, einer Ehefrau und einer 15jährigen Tochter, beantragt Leistungen nach dem SGB II. Der Ehemann verfügt über anrechenbares Einkommen in Höhe von 600 €. Die Eltern beziehen für ihre Tochter Kindergeld in Höhe von 154 €. Die angemessenen Kosten der Unterkunft und Heizung betragen insgesamt 525 €.

---

235 s. hierzu z. B. Spellbrink 2007a: 121, 122 m.w.N.

3. Analyse der Bedarfsgemeinschaft

Die Berechnung nach der Horizontalmethode hat das folgende Ergebnis:[236]

	Mutter	**Vater**	**Kind**	
Regelsatz:	312€	312€	278€	
KdU	175€	175€	175€	
- Kindeseinkommen			-154€[237]	
Einzelbedarf	487€	487€	299€	
Einkommen	0€	600€	0€	
Einkommensanrechnung	-230€	-230€	-141€	
Individualanspruch:	257€[238]	257€	158€	insgesamt 672€
(ohne Vorabzug des KG:	230€	230€	214€)	

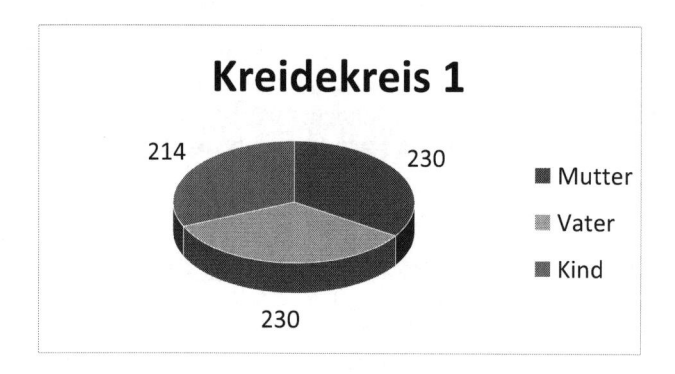

Kreidekreis 1

- 214 — Kind
- 230 — Mutter
- 230 — Vater

Die Berechnung nach der Vertikalmethode des SGB XII[239] sieht wie folgt aus:
Der Ehemann mit Einkommen hätte keinen Anspruch auf Grundsicherung. Der Ehefrau stünde ein Anspruch auf finanzielle Grundsicherungsleistung in Höhe von 417 € zu statt wie nach der Horizontalberechnung in Höhe von 257 €.

---

236 nach Mecke in Eicher/ Spellbrink: § 9 Rn. 8 SGB II; LSG Hessen, BeckRS 2007, 44445; Schwabe 2007: 361; Spellbrink 2007a: 122 als beispielhafte Berechnung. Beachte jedoch Erhöhung des Kindergeldes ab 01.01.2010 auf 184 € für die ersten zwei Kinder und Erhöhung der Regelleistung auf 359 € ab 01.07.2009.

237 Da das Kindeseinkommen nicht auf den Bedarf der Eltern angerechnet werden darf, muss dieses vorabgezogen werden. Die volle Anrechnung des Kindergeldes als Einkommen ist nach aktueller Rechtsprechung des BVerfG rechtmäßig, siehe Nichtannahmebeschluss 1 BvR 3163/09 vom 11.03.2010, SGb 2010, 1803.

238 Rundung nach § 41 Abs.2 SGB II; dies kann bei verschiedenen Berechnungsmethoden zu minimalen Abweichungen führen.

239 Brühl/Schoch in Münder (2009): § 9 Rn.47ff. SGB II; Gerlach 2007.

3. Analyse der Bedarfsgemeinschaft

	Mutter	**Vater**	**Kind**
Regelsatz:	312€	312€	278€
KdU	175€	175€	175€
Einzelbedarf	487€	487€	453€
- Einkommen	-0€	-600€	-154€
Überhang	-----	113€	----
ungedeckter Bedarf	487€	----	299€
Überhanganrechnung[240]	-70€	----	-43€
Individualanspruch :	417€	0€[241]	256€ Insgesamt 673€

Kreidekreis 2

256 — Mutter
417 — Kind

Nach der Horizontalmethode würde das Einkommen der Ehefrau gleichmäßig verteilt werden. Es bestünde eine in diesem Sinne funktionierende Bedarfsgemeinschaft. Der Ehemann wäre trotz seines Einkommens leistungsberechtigt nach dem SGB II mit daraus möglicherweise folgenden sozialrechtlichen Pflichten.[242]

Die unterschiedliche Berechnungsmethode erzeugt für den oder die einzelne Erwerbsfähige unterschiedliche Ergebnisse. Die Aufwendungen für die Grundsicherung trägt nach § 46 Abs. 1 Satz 1 SGB II der Bund, soweit die Leistungen von der Bundesagentur erbracht werden. Zweckgebunden hat sich der Bund nach § 48 Abs. 5 SGB II an den Leistungen für Unterkunft und Heizung zu beteiligen. Mit der Bundesbeteiligung ist sicherzustellen, dass unter Berücksichtigung der sich aus dem Vierten Gesetz über moderne Dienstleistungen für die Länder ergebenden Einsparungen der Länder die Kommunen um jährlich 2,5 Milliarden Euro entlastet werden.

In der für Deutschland typischen Familie mit Kind wäre der Vater nach der Horizontalmethode Leistungsempfänger geworden und würde nach der Vertikalmethode

---

240 Die Überhanganrechnung kann nach verschiedenen Methoden erfolgen (Verhältnis-, Kaskaden- oder Kopfteilmethode); an dieser Stelle erfolgt die Berechnung anhand der Verhältnismethode. Dabei wird der Überhang im Verhältnis des Einzelbedarfs zum ungedeckten Bedarf angerechnet.
241 Somit wäre die Ehefrau Nichtleistungsempfängerin und unterläge nicht den Instrumentarien des SGB II.
242 Dazu näher Teil 3.2.1.2.

3. Analyse der Bedarfsgemeinschaft

nicht den Verpflichtungen des SGB II unterliegen. In der für Deutschland typischen Konstellation würde die Mutter im selben Umfang wie der Vater nach der Horizontalmethode finanziell leistungsberechtigt sein. Sie wäre nach der Vertikalmethode in der Familie die einzige Erwerbsfähige, die leistungsberechtigt und zu fördern wäre. Die für das SGB II angewendete Horizontalmethode steht vor diesem Hintergrund für das Projekt auf dem Prüfstand.[243]

Im Zuge der Horizontalberechnung ergibt sich für Partnerschaften eine Hilfebedürftigkeit beider. So kann sich die Bedarfsgemeinschaft unmittelbar für die Frauen in Partnerschaften und für nur dem Grund nach Leistungsberechtigte auswirken, also für den Typ 2 und 3. Für Alleinerziehende kann sich die Bedarfsgemeinschaft mittelbar dahingehend auswirken, dass insbesondere die Verantwortlichkeit neuer Partner für Partnerkinder die Bildung von Partnerschaften verhindert oder zur Auflösung bestehender führt.

Die Horizontalmethode hatte keine Entsprechung im BSHG und ist dem SGB XII ebenfalls fremd. Im BSHG bzw. im SGB XII fand bzw. findet zwar auch eine Einkommens- und Vermögensanrechnung in bestimmten Haushaltskonstellationen statt. Dort wurde das Einkommen und Vermögen einer Person nur insoweit den anderen Mitgliedern der „Anrechnungsgemeinschaft" zugerechnet, als es den persönlichen sozialhilferechtlichen Bedarf der Person, der das Einkommen und Vermögens primär zuzurechnen war, übersteigt.

§ 9 Abs. 2 Satz 3 SGB II bestimmt die Einkommensberechnung bis auf die Kinder[244] bei der Prüfung der Hilfebedürftigkeit nach der „Horizontalberechnung".[245] Das Einkommen eines Mitgliedes wird verhältnismäßig - und zwar abhängig vom Anteil des eigenen Bedarfs vom Gesamtbedarf - auf alle Mitglieder der Bedarfsgemeinschaft aufgeteilt.[246]

Nach dem BSHG und nunmehr auch im SGB XII erfolgt(e) die Berechnung der Individualansprüche nach der sog. „Vertikalmethode", da eine dem § 9 Abs. 3 Satz 3 SGB II entsprechende Vorschrift fehlt(e). Nach dieser Methode ist die Hilfebedürftigkeit für jede Person separat zu bestimmen. Überschreitet das Einkommen dieses Mitglieds seinen eigenständigen Bedarf, wird dieser Überhang, und zwar nur dieser, bei den anderen Mitgliedern angerechnet; dies geschieht wiederum nach der Verhältnislösung.

---

243 Dazu Teil 1.4.
244 Die anteilige Berechnung gilt hingegen nicht für das Einkommen der Kinder. Dieses Einkommen wird aus dem Umkehrschluss aus § 9 Abs. 2 Satz 2 SGB II nicht als Einkommen der anderen Mitglieder der Bedarfsgemeinschaft behandelt. Um eine gesetzesmäßige Berechnung durchzuführen, sollte – wie im Berechnungsbeispiel zuvor erfolgt - das Einkommen des Kindes daher vorabgezogen werden, so dass sich sein eigener Bedarf und somit auch der Gesamtbedarf der Bedarfsgemeinschaft mindert.
245 Der persönliche Bedarf eines Mitgliedes ergibt sich, wenn man den persönlichen SGB II-Bedarf durch den Gesamtbedarf der Bedarfsgemeinschaft nach dem SGB II dividiert und anschließend diesen mit dem ungedeckten Bedarf der gesamten Bedarfs-gemeinschaft multipliziert. Die Berechnungsformel lautet demnach: $pI = pB : Gb \times uB$.
246 LSG Hessen, BeckRS 2007, 44445; Mecke in Eicher/Spellbrink (2008): § 9 Rn. 39 SGB II.

3. Analyse der Bedarfsgemeinschaft

Wie am Berechnungsbeispiel veranschaulicht werden konnte, hat der Wechsel von der Vertikalmethode des Fürsorge- und des Sozialhilferechts zur Horizontalberechung nach der Grundsicherung für Arbeitssuchende rechtlich die Möglichkeit eines „sozialrechtlichen Verschwindens" der Frau erhöht. Ihr steht rechtlich derzeit nur die Option offen, den gemeinsamen Haushalt zu verlassen, wenn sie Eingliederungsleistungen des SGB II erhalten möchte.[247] Wäre die Einkommensberechnung individualisiert, wie es mit der Vertikalmethode erfolgt, würde der Unterhalt, der ihr aus dem Partnereinkommen zusteht, bei der Prüfung der Hilfebedürftigkeit angerechnet. Die individuelle Berechnung würde ihren Anspruch auf Förderung mit Eingliederungsleistungen anders als die Horizontalmethode zutreffend bestimmen.

3.2.1.2 Fiktive (Nicht-) Hilfebedürftigkeit

Hilfebedürftigkeit i.S.d. § 9 Abs.1 SGB II erfordert, dass die gesamte Einheit der Mitglieder hilfebedürftig ist. Das Einkommen und Vermögen eines Mitgliedes der Bedarfsgemeinschaft wird von vorneherein der gesamten Bedarfsgemeinschaft zugerechnet. Folge ist, dass Personen fiktiv nichthilfebedürftig werden. Folge ist aber auch, dass Personen fiktiv hilfebedürftig werden.

In dem Falle, in dem das gesamte Einkommen und Vermögen der Bedarfsgemeinschaft ihren Gesamtbedarf übersteigt, gelten sämtliche Mitglieder als nicht hilfebedürftig. Dieses ist die Konstellation für den Typ 3. Eine arbeitslos gemeldete Frau bezieht mangels Bedürftigkeit keine Leistungen nach dem SGB II, denn angerechnetes (Partner-) Einkommen oder gegebenenfalls Vermögen versperrt ihr den Zugang zum SGB II. Wegen der Arbeitslosigkeit[248] könnte sie SGB III Leistungen erhalten.[249] Typ 3 ist fiktiv nichthilfebedürftig.

Reichen hingegen die gesamten Einnahmen der Bedarfsgemeinschaft nicht zur Deckung des sich aus dem SGB II ergebenden Gesamtbedarfs aus, ordnet § 9 Abs. 2 S. 3 SGB II an, dass jede Person der Bedarfsgemeinschaft im Verhältnis des eigenen Bedarfs zum Gesamtbedarf als hilfebedürftig gilt. Individuell Nichthilfebedürftige Erwerbsfähige avancieren zu (fiktiv) Hilfebedürftigen i.S.v. § 9 Abs. 1 SGB II. Ihr oder ihm steht somit ebenfalls ein einklagbarer Anspruch auf Arbeitslosengeld II i.S.v. § 19 ff. SGB II zu, soweit für sie oder ihn die Hilfebedürftigkeit „fingiert" wird.

In der Rechtsfolge des § 9 Abs. 2 S. 3 SGB II zeigt sich der größte Unterschied zwischen der Bedarfsgemeinschaft des SGB II und seinem Pendant im ehemaligen BSHG, der „Einsatzgemeinschaft".[250] Anders als bei der Bedarfgemeinschaft ging

---

247 Dies ist auch die Konstellation der Arbeitslosenhilfenentscheidung des BVerfG gewesen; siehe Fn. 10..
248 Der Zugang als Berufsrückkehrerin im Sinne von § 20 SGB III zum SGB III kann eine entsprechende Konstellation zugrunde liegen.
249 Dazu näher bei Teil 4.3.3.2.
250 Schoch/ Armborst (2003): § 11 Rn.10.

3. Analyse der Bedarfsgemeinschaft

das Konzept der Einsatzgemeinschaft nicht davon aus, dass derjenige, dessen Einkommen bzw. Vermögen zumindest zur Deckung seines eigenen Bedarfs ausreicht, ebenfalls bedürftig wird, so dass ihm persönlich keine Ansprüche nach dem BSHG zustanden. Die fiktive Hilfebedürftigkeit bewirkt unter Umständen auch, dass die oder der fiktiv Hilfebedürftige gezwungen wird, eine andere Arbeit aufzunehmen, die den Gesamtbedarf der Bedarfsgemeinschaft (iSd SGB II) zu decken geeignet ist. Grundlage wäre § 9 I Nr. Abs. 1 i.V.m. § 10 SGB II. Wer in einer Bedarfsgemeinschaft lebt, muss also möglichst eine Arbeit aufnehmen, die die Hilfebedürftigkeit aller Mitglieder der Bedarfsgemeinschaft beendet. Somit findet im SGB II, anders als noch im BSHG, im Ergebnis nicht nur eine Anrechnung von Einkommen und Vermögen, sondern auch eine Anrechnung von „Arbeitspotenzial" statt. Der Bedürftige wird nunmehr nicht nur auf seine eigene Arbeitskraft, sondern auch auf diejenige der Mitglieder seiner Bedarfsgemeinschaft verwiesen.

Eine verfassungskonforme Auslegung, die das BSG angedeutet hat, bezieht sich bisher nur auf das Sanktionssystem.[251] Eine fiktive Hilfebedürftigkeit kann mit Hilfe einer verfassungskonformen Auslegung nicht vermieden werden. Unter Berücksichtigung der Auswirkungen des § 9 Abs. 2 Satz 3 SGB II auf die Methode der Einkommens- und Vermögensanrechnung lässt sich schlussfolgern, dass der Gesetzgeber mit dem Begriff der Bedarfsgemeinschaft an die Rechtsprechung des BVerwG zur Einsatzgemeinschaft im BSHG anknüpfen wollte. Das BVerwG benutzte den Begriff der Bedarfsgemeinschaft in Bezug auf eine Personeneinheit nur noch, wenn auch alle Personen dieser Einheit Leistungen nach dem BSHG bezogen haben.[252] Führt nun § 9 Abs. 2 Satz 3 SGB II dazu, dass stets sämtliche Mitglieder der Einsatzgemeinschaft hilfebedürftig werden, handelt es sich bei dieser um eine Bedarfsgemeinschaft im Sinne der Rechtsprechung des BVerwG.[253].

Lebt beispielsweise ein junges Ehepaar unter einem Dach zusammen und ist die Frau erwerbsfähig und persönlich hilfebedürftig, während dem Ehemann ein bereinigtes[254] Einkommen in Höhe von 800 € zur Verfügung steht, welches den gesamten Bedarf der Ehepartner nicht vollumfänglich deckt, ist nicht nur die Ehefrau hilfebedürftig, sondern durch die Anordnung des § 9 Abs. 2 Satz 3 SGB II auch der Ehemann im gleichen Verhältnis zum ungedeckten Bedarf. Beläuft sich der Gesamtbedarf beispielsweise auf 1080 €,[255] so stände jedem der beidem Ehepartner jeweils ein einklagbarer Grundsicherungsanspruch in Höhe von 140 €[256] zu.

Die vorgenannte Auslegung des § 9 Abs. 2 Satz 3 SGB II in der Weise, dass alle – auch nicht individuell hilfebedürftige Personen- rechnerisch Grundsicherungsleis-

---

251 BSG v. 7.11.2007, B 7b AS 8/06 = SGb 2007, S.308.
252 BVerwG v. 21.6.2001, NVwZ 2002, S.96.
253 Siehe Teil 3.1.
254 Absetzbare Beträge nach § 11 Abs.2 und Freibetrag für Einkommen aus Erwerbstätigkeit nach § 30 Abs.1 SGB II.
255 90 % der Regelleistung jeweils für jeden Ehepartner zuzüglich Kosten der Unterkunft und Heizung.
256 (1080 €- 800 €): 2

3. Analyse der Bedarfsgemeinschaft

tungen nach dem SGB II erhalten, entspricht der Praxis der SGB II-Träger[257] und der Rechtsprechung der Sozialgerichte[258]. In der Literatur wird diese Auslegungsweise zum Teil heftig kritisiert. Auch einige Standardkommentare zum SGB II weigern sich daher, die Vorgehensweise in der Praxis und Rechtsprechung zu akzeptieren.[259] Mancher Autor hält bereits die Auslegung des § 9 Abs. 2 Satz 3 SGB II in der Weise, wie sie die h.M. praktiziert, für fehlerhaft.[260] Andere Autoren erkennen zwar die Auslegungsweise der h.M. an, halten die Rechtsfolgen des § 9 Abs. 2 Satz 3 SGB II jedoch für verfassungswidrig.[261] Die Auswirkungen der Vorschrift ständen im Widerspruch zu der Rechtsprechung des Bundesverfassungsgerichts,[262] nach der es mit der Achtung und dem Schutz der Menschenwürde nicht vereinbar ist, denjenigen, der sich selbst helfen kann, zu verpflichten, seine Mittel für andere einzusetzen mit der Folge, dass er dadurch selbst mittellos wird und auf staatliche Leistungen angewiesen ist.[263] Diejenigen, die trotz des Wortlautes der Vorschrift eine verfassungskonforme Auslegung für möglich halten, wenden bei der Einkommens- und Vermögensanrechnung die aus dem SGB XII bekannte Vertikalmethode an.[264]

Die durch § 9 Abs. 2 Satz 3 SGB II fingierte Hilfebedürftigkeit wird vom Bundessozialgericht als verfassungsgemäß angesehen, da die Vorschrift dem eigentlich Nichthilfebedürftigen lediglich einen zusätzlichen Anspruch gewährt und ihn insoweit nicht belaste.[265] Dies gelte auch bei einer eventuellen Rückforderung von zu Unrecht erbrachten Grundsicherungsleistungen, solange vom Betroffenen nicht mehr zurückgefordert wird als ihm zuvor gewährt wurde.

Aus der fingierten Hilfebedürftigkeit können sich weitere Probleme ergeben. In der Literatur wird insbesondere auf § 31 Abs. 1 SGB II[266] und dessen Rechtsfolgen verwiesen, mit dem bei unbefangener Anwendung der Vorschrift der Nichthilfebedürftige gezwungen werden könnte, eine besser bezahlte Tätigkeit aufzunehmen.[267] Diesbezüglich hat sich der 7b. Senat des BSG, dem Spellbrink ebenfalls angehörte,

---

[257] vgl. fachliche Hinweise der BA zu § 9 SGB II Rz. 3.1; Auch die von den ARGEn verwendete Leistungssoftware A2LL wendet die Horizontalmethode an.
[258] Grundlegend: BSG, Urt. v. 07.11.2006, BSGE 97, 217; auch: BSG, Urt. v. 28.10.2009, B 14 AS 55/08 R.
[259] Brühl/ Schoch in Münder (2009), § 9 Rn.47ff. SGB II; Gerlach 2007.
[260] Rosenow 2008: 288.
[261] Peters in Estelmann (2008): § 9 Rn. 51 SGB II.
[262] BVerfGE 87, 153.
[263] Brühl/Schoch in Münder (2009): § 9 Rn.47ff SGB II; Peters in Estelmann (2008), § 9 Rn. 47 SGB II.
[264] Peters in Estelmann (2008), § 9 Rn. 51 SGB II; Gerenkamp, ZfF 2007, 106 (108).
[265] BSG, Urt. v. 07.11.2006, BSGE 97, 217; a.A. Schoch in Rothkegel, Sozialhilferecht (2005), S. 310 Rn. 16; Brühl/Schoch in Münder (2009), § 9 Rn. 32 SGB II.
[266] Siehe auch Empfehlungen der Länder-Arbeitsgruppen „Maßnahmen zur Verminderung der Belastung und zur Effizienzsteigerun der Sozialgerichte", vom 19. Oktober 2009, S. 10f., 33f., 44, 70ff, nachfolgend vertieft in Teil 5.6.4. erörtert
[267] Spellbrink 2007a: 123.

3. Analyse der Bedarfsgemeinschaft

geäußert und auf die Möglichkeit einer verfassungskonformen Auslegung der genannten Vorschrift verwiesen.[268]

Die Schaffung fiktiv Hilfebedürftiger hat nicht nur Auswirkungen auf die individuelle Höhe der Einzelansprüche der Mitglieder der Bedarfsgemeinschaft. Auch die fiktiv Hilfebedürftigen sind tatsächlich Empfänger von Grundsicherungsleistungen. Sie müssen statistisch auch als solche gewertet werden.

3.2.1.3 Folgen für die Soziale Sicherung

Der Bezug von Grundsicherungsleistungen hat auch Auswirkungen auf andere Sozialversicherungszweige. Auch fiktiv Hilfebedürftige sind nach § 5 Abs. 1 Nr. 2a SGB V versicherungspflichtig, soweit sie nicht anderweitig versicherungspflichtig sind (ungeschriebene Ausnahme. Zwar begründet § 5 Abs. 1 Nr. 2a SGB V seinem Wortlaut nach nur dann keine Pflichtversicherung in der gesetzlichen Krankenversicherung, wenn der Empfänger der Grundsicherungsleistung nach § 10 SGB V familienversichert ist, jedoch muss diese Ausnahme erst Recht auf den Fall ausgeweitet werden, dass der SGB II- Empfänger anderweitig, beispielsweise wegen der Ausübung einer Beschäftigung i.S.d. § 5 Abs. 1 Nr. 1 SGB V, der Versicherungspflicht des SGB V unterfällt. Denn dem geregelten Vorrang der Familienversicherung liegt der Gedanke des Gesetzgebers zugrunde, dass es sich bei der Leistung des ALG II nicht um eine Lohnersatzleistung handele, sondern um eine subsidiäre bedürftigkeitsorientierte staatliche Sozialleistung, im Gegensatz zur früheren Arbeitslosenhilfe bestehe daher kein Bedarf für den Vorrang einer eigenständigen Versicherungspflicht.[269] Dies gilt erst recht für den Fall, dass eine eigenständige Versicherungspflicht des ALG II- Empfängers bereits wegen der Ausübung einer Beschäftigung gemäß § 5 Abs. 1 Nr. 1 SGB V besteht.

Zusätzlich sind Bezieher von Grundsicherung nach dem SGB II kraft Gesetz in der gesetzlichen Rentenversicherung pflichtversichert, wie in § 3 Abs. 1 Nr. 3a SGB VI geregelt. Dies galt bis zum 01.01.2007 auch für die fiktiv Hilfebedürftigen, die in einem Beschäftigungsverhältnis i.S.d. § 1 SGB VI standen, so dass es bei ihnen aufgrund der bis dahin unangepassten Vorschriften zu einer Doppelversicherung gekommen war. Der Gesetzgeber reagierte hierauf und fügte in § 3 Nr. 3a SGB VI mehrere Ausschlusstatbestände ein.[270] Darunter ist § 3 Nr. 3a, lit. e SGB VI, der nunmehr u. a. auch versicherungspflichtig Beschäftigte von der Versicherung nach § 3 Nr. 3a SGB VI ausschließt.

Der Bezug von Grundsicherungsleistungen hat auch Auswirkungen auf andere Sozialversicherungszweige. Verknüpft mit dem Bezug von Transferleistungen im Falle der Arbeitslosigkeit ist ein definiertes Maß an sozialer Absicherung in den So-

---

268 BSG, Urteil vom 07.11.2006, BSGE 97, 217.
269 BT-Drs. 15/1516, S. 72.
270 Gesetz zur Änderung des Zweiten Buches Sozialgesetzbuch und anderer Gesetze vom 24.3.2006 (BGBl I 558) zum 1.1.2007.

zialversicherungszweigen der gesetzlichen Kranken-, Pflege- und Rentenversicherung; eine Absicherung in der Arbeitslosenversicherung erfolgt nicht. Von besonderer Bedeutung für die forschungsleitenden Fragestellungen sind die Wirkungen des Systemwechsels in den Bereichen der Kranken- und Rentenversicherung, auf die im Folgenden näher eingegangen wird; auf die Darstellung der Wirkungen im Bereich der Pflegeversicherung wird hier verzichtet.

ALG-II-Beziehende sind grundsätzlich pflichtversichert in der gesetzlichen Kranken- und Pflegeversicherung sowie in der gesetzlichen Rentenversicherung. Die Beiträge werden pauschaliert von der BA erbracht.[271] Waren sie bereits vor Beginn der Hilfebedürftigkeit familienversichert über den Ehepartner/die Ehepartnerin oder über ein Kind unter drei Jahren (Elternzeit), bleibt dieser Status erhalten und es werden seitens der BA keine Beiträge zur Krankenversicherung entrichtet. Erzielen ALG II- Beziehende Einkommen aus sozialversicherungspflichtiger Beschäftigung, werden hieraus Beiträge auch zur Kranken- und Rentenversicherung entrichtet. In diesem Fall reduziert die BA ihren Beitrag zur Krankenversicherung entsprechend; die Beitragszahlung zur Rentenversicherung für die beschäftigte Person wird eingestellt, für weitere ALG II- beziehende Mitglieder der Bedarfsgemeinschaft jedoch weiterhin entrichtet.

Für (ehemalige) Arbeitslosenhilfebeziehende hat sich mit dieser Regelung der *Zugang* zu diesen Sozialversicherungszweigen nicht geändert; sie waren auch zuvor hier pflichtversichert. Jedoch wurden die Beiträge auf Grundlage der individuellen *Höhe* der Arbeitslosenhilfe entrichtet, so dass die daraus entstehenden Ansprüche auf Geldleistungen (Krankengeld und Renten) entsprechend unterschiedlich und ggfs. höher ausfielen als auf Basis der pauschalierten und zugleich niedrigen Beiträge, die im Rahmen des SGB II entrichtet werden. Die weit überwiegende Mehrheit der Arbeitslosenhilfebeziehenden dürfte hiervon negativ betroffen sein, da ihre individuelle Arbeitslosenhilfe als Beitragsbemessungsgrundlage höher war als die beim ALG II- Bezug festgelegten 205 Euro.[272]

Für Ehepartner/innen von Arbeitslosenhilfebeziehenden, die selbst weder erwerbstätig noch arbeitslose Leistungsbeziehende waren und aus diesem Grund über keine eigene soziale Absicherung (mehr) verfügten, stellt sich der Bezug von ALG II insofern als Verbesserung dar, als dass sie nun (erstmals oder erneut) auf geringem Niveau in der gesetzlichen Rentenversicherung abgesichert sind. Ihre bestehende Familienversicherung in der gesetzlichen Krankenversicherung bleibt erhalten.

Sozialhilfebeziehende waren nicht in das System der Sozialversicherung eingebunden. Waren sie nicht familienversichert (s. oben), wurden vom Sozialhilfeträger im Krankheitsfall entweder die jeweiligen Kosten übernommen oder es wurden Bei-

---

271 Zum 1. Januar 2007 wurde die Beitragsbemessungsgrundlage für Beiträge zur Gesetzlichen Rentenversicherung von 400 auf 205 Euro reduziert, entsprechend halbierte sich die Beitragszahlung von 78 Euro auf 40,80 Euro monatlich. Die monatliche Rentenanwartschaft nach einem Jahr ALG II-Bezug verringert sich hierdurch von 4,28 Euro auf 2,19 Euro.
272 Im Oktober 2004 erhielten 87 Prozent der Arbeitslosenhilfebeziehenden (Männer: 92 Prozent, Frauen 78 Prozent) Leistungen von mehr als 300 Euro monatlich. (Bundesagentur für Arbeit 2004)

3. Analyse der Bedarfsgemeinschaft

träge zur gesetzlichen Krankenversicherung entrichtet. Da letzteres gängige Praxis war, war ein großer Teil der Sozialhilfebeziehenden bereits gesetzlich krankenversichert[273], so dass der Systemwechsel diesbezüglich keine Verbesserung bedeutet. Die Einbindung in die gesetzliche Rentenversicherung ist hingegen ein Novum und stellt trotz der geringen Beiträge und entsprechenden Rentenanwartschaften eine Verbesserung dar. Durch die Abführung von Pflichtbeiträgen werden die Beitragszeiten als vollwertige Zeiten anerkannt und können zur Erfüllung der allgemeinen Wartezeit, Grundvoraussetzung für einen Rentenanspruch, beitragen; zudem bleibt ein bereits bestehender Versicherungsanspruch auf Erwerbsminderungsrente hierdurch erhalten.[274]

Für arbeitslose Personen, die wegen fehlender Bedürftigkeit kein ALG II erhalten, werden seitens der BA auch keine Beiträge zur Sozialversicherung entrichtet. Der vollständige Verlust von Leistungsansprüchen auf Grund der Anrechnung von Einkommen betrifft überwiegend (ehemalige) Arbeitslosenhilfebeziehende in Partnerschaft, und unter diesen Frauen häufiger als Männer (s. oben). Dies stellt ein Problem insbesondere für jene in eheähnlicher Gemeinschaft dar, da sie auf eine Absicherung durch den Partner/die Partnerin verwiesen werden, jedoch die beitragsfreie Familienversicherung, wie sie für Ehepartner/innen in der Kranken- und Rentenversicherung besteht, nicht in Anspruch nehmen können.

Neben den Kosten für den Lebensunterhalt müsste der Partner/die Partnerin auch die ‚freiwilligen' Beiträge für eine Krankenversicherung entrichten. Verweigert der Partner/die Partnerin die Beitragszahlung, bleiben die Betroffenen nicht nur ohne Versicherungsschutz im Krankheitsfall, sondern verstoßen zugleich gegen die mit der Gesundheitsreform zum 01.01.2009 für alle Bürger/innen eingeführte Krankenversicherungs*pflicht*. Sie machen sich damit strafbar und müssen mit einem hohen Bußgeld sowie 5 Jahre rückwirkenden Prämienzahlungen rechnen (§ 193 Versicherungsvertragsgesetz).

Auch für die Absicherung im Alter müsste privat vorgesorgt werden, dies ist jedoch gesetzlich nicht vorgeschrieben. Zwar übernimmt die BA für Personen, die allein durch die Aufwendungen für eine angemessene Kranken- und Pflegeversicherung hilfebedürftig im Sinne des SGB II würden, diese Kosten (§ 26 Abs. 3 SGB II), im Dezember 2007 war dies jedoch für weniger als 1.000 Bedarfgemeinschaften (0,03 % aller Bedarfsgemeinschaften, für die Beiträge zu Sozialversicherung bezahlt wurden) der Fall.[275]

---

273 BT-Drs. 15/1516 S. 42 ff.
274 Für den Anspruch auf Rente wegen verminderter Erwerbsfähigkeit ist es erforderlich, dass neben der Erfüllung der Wartezeit (allgemeine Voraussetzung) in den letzten fünf Jahren vor Eintritt der Erwerbsminderung mindestens drei Jahre Pflichtbeiträge entrichtet wurden (spezielle Voraussetzung). Nach zweijähriger Unterbrechung der Beitragszahlungen ist die spezielle Voraussetzung nicht mehr zu erfüllen, sofern der fünfjährige Zeitraum nicht durch besondere Tatbestände verlängert werden kann, beispielsweise um die Dauer der Erziehung eines Kindes unter 10 Jahren.
275 Bundesagentur für Arbeit 2008e.

Beiträge zur Altersvorsorge in einer privaten oder gesetzlichen Rentenversicherung werden nicht von der Agentur übernommen. Erfüllen jedoch Personen die Voraussetzungen zur Registrierung als ‚Arbeitslose ohne Leistungsbezug', werden diese Zeiten als Anrechnungszeiten der gesetzlichen Rentenversicherung gemeldet, sofern sie vor der Arbeitslosigkeit sozialversicherungspflichtig beschäftigt gewesen waren. Anrechnungszeiten wirken nicht unmittelbar rentensteigernd, jedoch anwartschaftserhaltend auf einen bereits bestehenden Versicherungsschutz im Falle der Erwerbsminderung.

Obwohl für NLB keine materiellen Beitragsleistungen an die Rentenversicherung geleistet werden, sondern bei fortbestehender Arbeitslosmeldung lediglich früher erworbene Ansprüche erhalten bleiben, unterstellt die Bundesagentur, dass ein Teil der Nichtleistungsbeziehenden allein aus diesem Grund ihre Arbeitslosmeldung aufrechterhält.[276] Auch wenn der Umfang nicht quantifiziert wird, scheint doch ein größerer Anteil angenommen zu werden, da dies als Begründung für die längere Arbeitslosigkeitsdauer von Nichtleistungsbeziehenden im Vergleich zu Leistungsbeziehenden angeführt wird. Dabei ist auf Grund der komplexen und zunehmend steigenden Anforderungen der Bundesagentur an eine Registrierung als Nichtleistungsbeziehende sowie den geringen und häufig unbekannten Leistungsansprüchen, die hierdurch entstehen, eher davon auszugehen, dass sich ein großer Teil der Arbeitslosen nach dem Verlust ihrer Leistungsansprüche nicht weiter arbeitslos melden wird und insofern die Zahl der *registrierten* Nichtleistungsbeziehenden eher den unteren Rand der *tatsächlich* Arbeitslosen ohne Leistungsbezug abbildet.

3.2.2 Folgen für die Finanzierung

Eine weitere gravierende Auswirkung des § 9 Abs. 2 Satz 3 SGB II basiert auf der Anrechnungsvorschrift des § 19 Satz 3 SGB II.[277] Danach mindert das zu berücksichtigende Einkommen und Vermögen zunächst das Arbeitslosengeld II und damit die Geldleistungen der Agentur für Arbeit. Nur soweit Einkommen und Vermögen darüber hinaus zu berücksichtigen ist, mindert dieses die Geldleistungen der kommunalen Träger wie die Leistungen für Unterkunft und Heizung gem. § 22 SGB II. Wird das Einkommen und Vermögen demnach verhältnismäßig bei den Mitgliedern der Bedarfsgemeinschaft angerechnet, so führt dies dazu, dass vorrangig die Geldleistungen der Agentur für Arbeit gemindert werden. Die Leistungen der kommunalen Träger mindern sich wesentlich seltener. Im Ergebnis führe die horizontale Berechnungsmethode des § 9 Abs. 2 S. 3 SGB II in Verbindung mit der Verteilungsregelung des § 19 S. 3 SGB II damit zu einer systematischen Schlechterstellung der

---

276 Bundesagentur für Arbeit 2008g: 17.
277 Es ist zu erwarten, dass zur Finanzierung der Grundsicherung eine Änderung erfolgt. Hintergrund ist die von den Koalitionspartnern der 17. Wahlperiode angedachte Pauschalisierung der Kosten der Unterkunft.

3. Analyse der Bedarfsgemeinschaft

kommunalen Träger[278]. Dies kann zu einer Anreizproblematik bei den Kommunen, beispielsweise bei der Schaffung zusätzlicher Betreuungsplätze für die Kinder von ALG II- Beziehenden führen.[279] Wird durch eine bereitgestellte Kinderbetreuungsmöglichkeit ein Erwerbseinkommen erzielt, das nicht ausreicht, um aus dem Hilfebezug komplett auszuscheiden, sondern lediglich eine Verringerung der passiven Leistungen bewirkt, ziehen die kommunalen Träger daraus keinen oder nur einen geringen finanziellen Vorteil, da zunächst der vom Bund gezahlte Regelsatz gekürzt wird und erst danach gegebenenfalls Einsparungen bei den Kommunen selbst zu erwarten sind.[280] Aus diesem Grund wendeten in den Jahren 2005 und 2006 einige kommunale Träger die für sie günstigere vertikale Berechnungsmethode an. Das BMAS qualifizierte dieses Vorgehen als rechtswidrig und machte Rückforderungen geltend, die mittlerweile beglichen sind. Seit Herbst 2007 wird auch von allen kommunalen Trägern die horizontale Berechnungsmethode verwendet.

Bei Anwendung der Vertikalmethode würden sich die Leistungen der kommunalen Träger wesentlich häufiger mindern, weil dann wesentlich häufiger Einkommen und Vermögen vorhanden wäre, das über die Geldleistungen des Agentur für Arbeit hinaus zu berücksichtigen wäre. Der zweite Halbsatz des § 19 Satz 3 SGB II würde wesentlich häufiger zum Tragen kommen. Diese Rechtsfolge wurde bereits früh erkannt[281] und zumindest auch als Motiv dafür bezeichnet, dass die Agentur für Arbeit so eindeutig der Horizontalberechnungsmethode favorisiert.

3.3 Mitglieder der Bedarfsgemeinschaft im sozialrechtlichen Sinne

§ 7 Abs. 3 SGB II regelt die Zusammenführung mehrerer Personen zu einer Bedarfsgemeinschaft. Voraussetzung ist das Zusammenleben in einem Haushalt. Eine häusliche Trennung ist für die Bedarfsgemeinschaft nur bei (Lebens-) Partner erwerbsfähiger Hilfebedürftiger unschädlich, vorausgesetzt, dass es sich um eine nur vorübergehende, und nicht um eine dauernde Trennung handelt. Einer Bedarfsgemeinschaft können auch mehr als zwei erwerbsfähige Hilfebedürftige angehören.[282]

3.3.1 Ehepartner erwerbsfähiger Hilfebedürftiger

Zur Bedarfsgemeinschaft des erwerbsfähigen Hilfebedürftigen zählt gemäß § 7 Abs. 3 Nr.3a SGB II der nicht dauernd getrennt lebende Ehegatte. Wer Ehegatte im Sinne

---

278 Spellbrink in Eicher/ Spellbrink (2008): § 19 Rn. 15 SGB II.
279 Nach § 10 Abs. 1 Nr. 3, 3.HS sollen die zuständigen kommunalen Träger darauf hinwirken, dass erwerbsfähigen Erziehenden vorrangig ein Platz zur Tagesbetreuung des Kindes angeboten wird.
280 IAQ/ FIA/ GendA 2009: 114.
281 Kievel 2005:. 217.
282 Knickrehm/Spellbrink 2008: Rn. 37.

dieser Vorschrift ist, bestimmt sich grundsätzlich nach den einschlägigen Vorschriften des BGB.[283]

Eine Bedarfsgemeinschaft besteht, solange Ehepartner nicht getrennt leben. Ehegatten leben nach § 1567 Abs.1 S. 1 BGB getrennt, wenn zwischen ihnen keine häusliche Gemeinschaft besteht und zumindest ein Ehegatte sie erkennbar nicht herstellen will, weil die eheliche Lebensgemeinschaft abgelehnt wird. Demnach reicht es für ein Getrenntleben nicht aus, dass ein Ehegatte die gemeinsame Wohnung verlässt; es muss grundsätzlich ein sog. „Trennungswille" hinzukommen.[284] Demnach leben Ehegatten, die beispielsweise aus beruflichen Gründen nicht in einer gemeinsamen Wohnung zusammen wohnen, nicht getrennt i.S.v. § 1567 Abs.1 S.1 BGB. Umgekehrt stellt § 1567 Abs.1 S. 2 BGB klar, dass ein Getrenntleben jedoch auch in Betracht kommt, wenn die Ehegatten in einer gemeinsamen Wohnung leben. Eine häusliche Gemeinschaft besteht in diesem Fall nicht, wenn die Ehegatten innerhalb dieser Wohnung getrennt leben. Die Familiengerichte verlangen für diesen Fall, dass kein gemeinsamer Haushalt mehr geführt wird und zwischen den Ehegatten keine wesentlichen persönlichen Beziehungen mehr bestehen; getrennt Schlafen und Essen genügen alleine nicht.[285] Es bedarf einer vollkommenen tatsächlichen Trennung innerhalb der Wohnung. Lediglich die der Versorgung und Hygiene dienenden Räume dürfen weiterhin gemeinsam genutzt werden.[286]

Leben Ehegatten nicht getrennt, bilden sie gemeinsam eine Bedarfsgemeinschaft. Auch der erwerbstätige Ehegatte wird hilfebedürftig, wenn der gesamte Bedarf der Ehepartner nicht gedeckt ist. Umgekehrt ist der nicht erwerbstätige oder in Teilzeit beschäftige Ehegatte nie hilfebedürftig, solange sein Ehepartner den gemeinsamen Unterhalt durch sein Einkommen oder Vermögen sichern kann. Geldleistungen nach dem SGB II bleiben in diesem Fall auch dem persönlich eigentlich hilfebedürftigen Ehegatten verwehrt. Leben die Ehegatten hingegen getrennt, werden die eventuell bestehenden Unterhaltsansprüche entweder über § 11 Abs. 1 SGB II als Einkommen berücksichtigt, wenn sie vom einen Partner an den anderen tatsächlich geleistet werden, oder es steht dem Grundsicherungsträger - falls dies nicht der Fall ist - frei, einen Übergang der Unterhaltsansprüche nach § 33 Abs. 1 SGB II herbeizuführen.

3.3.2 Lebenspartner erwerbsfähiger Hilfebedürftiger

Personen gleichen Geschlechts können seit dem 01.08.2001 eine Lebenspartnerschaft nach dem Lebenspartnerschaftsgesetz begründen, wenn sie gegenseitig persönlich und bei gleichzeitiger Anwesenheit vor der zuständigen Stelle erklären, miteinander eine Lebenspartnerschaft auf Lebenszeit führen zu wollen, so in § 1 Abs.1 S.1 LPartG geregelt. Die Lebenspartnerschaft ähnelt in ihren Rechtsfolgen der Ehe.

---

283 Knickrehm/Spellbrink 2008: Rn. 39.
284 Brudermüller in Palandt 2010, § 1567 Rn.5 BGB.
285 BGH, FamRZ 1969, S.80; AG Bremen, FamRZ 2000, S. 1417.
286 AG München, FamRZ 2001, S. 1457.

3. Analyse der Bedarfsgemeinschaft

Die Lebenspartner sind einander zur Fürsorge und Unterstützung sowie zur gemeinsamen Lebensgestaltung verpflichtet. Das LPartG verweist bezüglich des Unterhaltes zwischen den Lebenspartnern grundsätzlich auf die für die Ehe geltenden Vorschriften des BGB. Daher verwundert es nicht und wäre andernfalls auch verfassungsrechtlich problematisch, dass auch der Lebenspartner der Bedarfsgemeinschaft des erwerbsfähigen Hilfebedürftigen zugerechnet wird. Dies ist seit dem Fortentwicklungsgesetz[287] in § 7 Abs. 3 Nr. 3b SGB II bestimmt und gilt wie für Verheiratete nur, solange die Lebenspartner nicht dauernd getrennt leben. § 15 Abs. 5 LPartG, der das Getrenntleben für die Lebenspartnerschaft regelt, entspricht § 1567 Abs. 1 BGB, so dass auf die Ausführungen zur Ehe verwiesen werden kann.

3.3.3 Eheähnliche und lebenspartnerschaftsähnliche Partnerschaft

§ 7 Abs. 3 Nr. 3c SGB II regelt die Einbeziehung des eheähnlichen und lebenspartnerschaftsähnlichen Partners des erwerbsfähigen Hilfebedürftigen. Zwar tauchen die Begriffe seit der Gesetzesänderung durch das Fortentwicklungsgesetz zum 01.08.2006 nicht mehr auf, jedoch ist aus der Definition, der Gesetzesbegründung und der Gesetzeshistorie zu entnehmen, dass § 7 Abs. 3 Nr. 3c SGB II gerade die eheähnliche und lebenspartnerschaftsähnliche Gemeinschaft erfassen wollte. Nr. 3c nennt seit dem Fortentwicklungsgesetz nur eine Person, die mit dem erwerbsfähigen Hilfebedürftigen in einem gemeinsamen Haushalt so zusammenlebt, dass nach verständiger Würdigung der wechselseitige Wille anzunehmen ist, Verantwortung füreinander zu tragen und füreinander einzustehen.

Die Befürchtung, dass nun auch eng geführte Wohngemeinschaften oder Wohngemeinschaften zwischen Geschwistern durch die Vorschrift erfasst würden,[288] ist eindeutig unbegründet. Erstens entspricht dies nicht dem Willen des Gesetzgebers[289] und zweitens widerspricht dies schon dem Wortlaut der Norm. § 7 Abs. 3 Nr. 3 c) SGB II ist zusammen mit dem Einführungssatz zu § 7 Abs. 3 Nr. 3 SGB II zu lesen. Dieser spricht vom Partner des erwerbsfähigen Hilfebedürftigen. Damit können Wohngemeinschaften zwischen engen Freunden und Geschwistern nicht von § 7 III Nr. 3c) erfasst werden, weil zwischen diesen Personen keine Partnerschaft besteht.[290]

Eine eheähnliche Gemeinschaft ist allein die Lebensgemeinschaft eines Mannes und einer Frau, die auf Dauer angelegt ist, daneben keine weiteren Lebensgemeinschaften gleicher Art zulässt und sich durch innere Bindung auszeichnet, die ein gegenseitiges Einstehen der Partner füreinander erwarten lässt; also über die Bezie-

---

287 Gesetz zur Fortentwicklung der Grundsicherung für Arbeitssuchende vom 20.7.2009, BGBl. I S. 1706.
288 Wenner 2006: 147.
289 BT-Drucks. 16/1410 S.19.
290 Auch die bloße Studentenwohngemeinschaft heterosexueller Singles fällt nicht unter § 7 Abs. 3 Nr. 3 c SGB II: Knickrehm/ Spellbrink 2008: Rn. 41.

3. Analyse der Bedarfsgemeinschaft

hung in einer reinen Haushalts- und Wirtschaftsgemeinschaft hinausgeht.[291] „Nur wenn sich die Partner einer Gemeinschaft so sehr für einander verantwortlich fühlen, dass sie zunächst den gemeinsamen Lebensunterhalt sicherstellen, bevor sie ihr persönliches Einkommen zur Befriedigung eigener Bedürfnisse verwenden, ist ihre Lage mit derjenigen nicht dauernd getrennt lebender Ehegatten im Hinblick auf die verschärfte Bedürftigkeitsprüfung vergleichbar."[292] Es reicht demnach nicht aus, dass die Partner „aus einem Topf wirtschaften"[293]. Es bedarf vielmehr einer „Verantwortungs- und Einstehungsgemeinschaft"[294] i.S.d. oben genannten Definition. Andernfalls, so meint zumindest das Bundesverfassungsgericht in seiner Entscheidung vom 17. November 1992[295] zu den entsprechenden Anrechnungsvorschriften im Arbeitsförderungsgesetz,[296] sei eine fürsorgerechtliche Gleichbehandlung mit der Ehe verfassungsrechtlich nicht gerechtfertigt.[297]

Die Auslegung durch das BVerfG hat zu einer erheblichen *Subjektivierung* des Begriffs der eheähnlichen Gemeinschaft geführt. Da es so gut wie unmöglich ist, den wahren Willen der Partner zu erkunden, konnte die Rechtsprechung den Einstandwillen daher nur anhand von Indizien feststellen. Indizien für das Vorliegen einer eheähnlichen Gemeinschaft sollten sein: die lange Dauer des Zusammenlebens[298], die Versorgung von Kindern und Angehörigen im gemeinsamen Haushalt[299], die Befugnis über Einkommen und Vermögensgegenstände des anderen Partners zu verfügen[300]; dass der Hilfesuchende mehrere Wohnungswechsel mit dem Partner vorgenommen hat, die nicht ökonomisch begründet sind; eine neue Wohnung gemeinsam angemietet wurde; die Bezeichnung des Partners durch den Hilfesuchenden auf dem Antrag auf die bestimmte Fürsorgeleistung[301]; die gegenseitige Befugnis, über Einkommen und Vermögensgegenstände des Partners zu verfügen, wobei das BVerwG z. B. auch die Nutzung des PKW darunter verstand[302]. Weitere Indizien sollen sein, ob sich die Partner gegenseitig Unterhalt gewähren[303], ob ein Umbau des Wohnraums mit Blick auf das Zusammenleben vorgenommen worden ist[304] und ob etwa das Schlafzimmer gemeinsam genutzt wird, obwohl die Annahme einer eheähnlichen Gemeinschaft nicht die Feststellung von Intimbeziehungen vor-

---

291 Spellbrink in Eicher/Spellbrink 2008: § 7 Rn.27 SGB II; Hausmann/Hohloch (2004): 573; Zöller 1996: 303.
292 BVerfGE 87, 234 (265): dazu schon Teil 1 S. 14.
293 BVerwG, NJW 1978, 388; 1985, 2284.
294 BVerfGE 87, 234 (264).
295 BVerfGE 87, 234 (263ff.).
296 entsprechende Vorschrift im Sozialhilferecht: § 122 BSHG.
297 BVerfGE 87, 234 (263ff.).
298 BVerfGE 87, 234 (263ff.).
299 BVerfGE 87, 234 (263ff.).
300 BVerfGE 87, 234 (263ff.).
301 OVG Rheinland-Pfalz, U. v. 20.8.1997, Az. 12 A 12441/96; a.A. SG Dresden, B. v. 18.05.2005, Az. S 23 AS 175/05 ER.
302 BVerwGE 98, 195 (201); OVG Schleswig, B.v. 29.06.2000, FEVS 52, S.223 (224).
303 BayVGH, B.v. 11.07.1998, NVwZ-RR 1999, S.385.
304 OVG Saarland, B.v.3.4.1998, FEVS 48, S.557 (558).

3. Analyse der Bedarfsgemeinschaft

aussetzt[305], sollen intime Beziehungen zumindest als Hinweistatsachen herangezogen werden.[306] Diese Aufzählung von Hinweistatsachen ist weder abschließend noch kumulativ.[307]

Die Gesetzesänderung durch das Fortentwicklungsgesetz hat nicht nur die Einbeziehung der lebenspartnerschaftsähnliche Gemeinschaft herbeigeführt; es wurde auch ein neuer Absatz 3a in § 7 SGB II integriert. Zweck dieser Vorschrift ist es, die aufgetretenen Beweisprobleme für das Vorliegen der eheähnlichen Gemeinschaft zumindest teilweise zu beseitigen.[308] Bis dahin oblag der zuständigen Behörde nach dem allgemeinen Untersuchungsgrundsatz des § 20 SGB X die Beweislast dafür, dass zwischen dem Hilfebedürftigen und seinem Partner eine eheähnliche Gemeinschaft und somit eine Bedarfsgemeinschaft besteht.[309] Eine Beweislastumkehr zuungunsten des Hilfebedürftigen wurde von den Sozialgerichten grundsätzlich abgelehnt[310], sodass die zuständigen Behörden in den sozialgerichtlichen Prozessen häufig in Beweisnot gerieten.

Nach § 7 Abs. 3a SGB II wird seit dem 01.8.2007 vermutet, dass ein wechselseitiger Wille, Verantwortung füreinander zu tragen und füreinander einzustehen vorliegt, wenn die Partner

1. länger als ein Jahr zusammenleben,[311]
2. mit einem gemeinsamen Kind zusammenleben,
3. Kinder oder Angehörige im Haushalt versorgen oder
4. befugt sind, über Einkommen oder Vermögen des anderen zu verfügen.

Die Vermutung kann von den Betroffenen widerlegt werden.[312] Dafür reicht es aber nicht aus, dass die Partner das Vorliegen einer Einstands- und Verantwortungsgemeinschaft bestreiten.[313]

3.3.4 Kinder in Patchwork-Familien

Zur Bedarfsgemeinschaft zählen weiterhin die unverheirateten Kinder der in § 7 Abs. 3 Nrn.1 bis 3 SGB II genannten Ehe- und Lebenspartner sowie der in eine Ehe- und Lebenspartnerschaftsähnlichen Partnerschaft lebenden Personen, wenn sie das 25. Lebensjahr noch nicht vollendet haben und soweit sie die Leistungen zur Siche-

---

305 OVG Lüneburg, B.v. 26.1.1998, FEVS 48, S.545 unter Bezugnahme auf BVerfGE 87, 234.
306 BVerwGE 98, 195 (201).
307 Tegethoff 2001: 647.
308 BT-Drucks. 16/ 1410, S.19.
309 Tegethoff 2001: 643; Grube in Grube/Wahrendorf (2010):§ 20 Rn.15f. SGB X m.w.N.; LSG Halle (Saale), B. v. 22.04.2005;L 2 B 9/05 AS ER.
310 SG Saarbrücken, U. v. 4.4.2005, Az.: S 21 AS 3/05; OVG Schleswig-Holstein, B. v. 2.01.2002, Az.: 2 M 104/ 01.
311 Bedenken gegen die Vermutung bei einjährigem Zusammenleben: Wenner 2006: 147.
312 BT-Drucks. 16/1410, S.19.
313 So zumindest die Durchführungshinweise der BA zu § 7 SGB II, S. 22, http://www.my-sozialberatung.de/files/HW%207%202007-31-05.pdf

3. Analyse der Bedarfsgemeinschaft

rung ihres Lebensunterhalts nicht aus eigenem Einkommen oder Vermögen beschaffen können.[314] Damit gehören auch Kinder des eheähnlichen Partners zur Bedarfsgemeinschaft des Hilfebedürftigen, obwohl diese nicht die eigenen Kinder sind und somit auch keine Verwandten- oder Verschwägerteneigenschaft besteht. Auch diese Regelung wurde zum 01.08.2006 neu gefasst. Von 2005 bis Juli 2007 ordnete der § 7 Abs. 3 Nr. 4 SGB II a.F. lediglich unverheiratete nicht volljährige Kinder der Bedarfsgemeinschaft zu.

Die Einbeziehung in die Bedarfsgemeinschaft gilt – anders als bei Partnern - nur, soweit sich das Kind nicht selbständig seinen gesamten Lebensunterhalt sichern kann. Das heißt, dass das Kind nicht in die Bedarfsgemeinschaft der Eltern zählt, wenn es seinen Lebensunterhalt, beispielsweise aus Ausbildungsvergütung und Kindergeld, bestreiten kann. Andernfalls könnte dies dazu führen, dass die Kinder somit indirekt zum Auszug aus dem elterlichem Haushalt gezwungen würden - zumindest wenn die Eltern hilfebedürftig sind-, um eine Anrechnung ihres Einkommens zu verhindern.

Zählen die Kinder der in den § 7 Abs. 3 Nr.1- 3 SGB II genannten Personen zu der Bedarfsgemeinschaft, so findet gemäß § 9 Abs. 2 Satz 2 SGB II eine Einkommens- und Vermögensanrechnung in diesem Verhältnis statt. Zur Bestimmung der Hilfebedürftigkeit des Kindes sind demnach auch Einkommen und Vermögen der Eltern oder des Elternteils und dessen in Bedarfsgemeinschaft lebenden Partners zu berücksichtigen. § 9 Abs. 2 Satz 2 SGB II wurde ebenfalls durch das Fortentwicklungsgesetz zum 01.08.2006 erweitert. Nach dem § 9 Abs. 2 Satz 2 SGB II a. F. konnte das Einkommen und Vermögen des mit dem Elternteil in einer Bedarfsgemeinschaft lebenden Partners beim Kind, entgegen den Erwartungen des Gesetzgebers[315], nicht berücksichtigt werden, weil diese Berücksichtigung vom Wortlaut der Vorschrift nicht erfasst wurde.[316] Somit bestand zwar eine Bedarfsgemeinschaft zwischen dem Kind und seinem Stiefelternteil; diese führte jedoch nicht zur einer Einkommens- und Vermögensberücksichtigung i.S.d. § 9 Abs. 2 S. 2 SGB II a. F. Nach alter Rechtslage konnte diese Lücke lediglich durch § 9 Abs. 5 SGB II geschlossen werden, indem ein Leistungsfluss vermutet werden konnte, wenn der neue Partner mit dem Elternteil des Kindes verheiratet war oder eine eingetragene Lebenspartnerschaft begründet hatte. In diesen Fällen besteht zu den leiblichen Kindern des Partners gemäß § 1590 Abs.1 S.1 BGB und § 11 Abs. 2 Satz 1 LPartG eine Schwägerschaft i.S.v. § 9 Abs. 5 SGB II, so dass die Vermutungswirkung eintritt. Für den eheähnlichen Partner des Elternteils galt diese Vorschrift mangels Verwandten- oder Verschwägerteneigenschaft hingegen nicht. Hierauf hat der Gesetzgeber mit dem Fortentwicklungsgesetz reagiert und die gewollte Einbeziehung auch des eheähnlichen Partners eindeutig klargestellt.

Mit dem Fortentwicklungsgesetz hat der Gesetzgeber mit einer seit Jahrzehnten praktizierten Rechtslage gebrochen. Schon nach dem BSHG war eine Anrechnung

---

314 § 7 Abs. 3 Nr. 4 SGB II.
315 BT-Drs. 16/410, S.20.
316 OVG Bremen, Beschluss v. 05.09.2005, Az.: S2 B 242/05, FEVS 57, 565.

3. Analyse der Bedarfsgemeinschaft

des Einkommens der Stiefeltern nicht vorgesehen. Dieser Bruch ist jedoch nicht einmal konsequent durchgeführt worden. Im SGB XII wurde eine entsprechende Änderung nicht vorgenommen und ist eine Anrechnung des Einkommens der Stiefeltern nicht vorgesehen. Erstmals sind aber für Patchwork-Familien finanzielle Verpflichtungen für Partnerkinder eingeführt worden, die bisher abgeleitet aus der Ehe-, Lebenspartnerschaft und diesen ähnlichen Einstandsgemeinschaften Erwachsener für die Partnerkinder bestanden. Partner werden indirekt zum Auszug aus dem Haushalt gezwungen, wenn sie in einer Bedarfsgemeinschaft mit Kindern leben, um eine Anrechnung ihres Einkommens zu verhindern. Schon vor dem In-Kraft-Treten des § 9 Abs. 5 SGB II wurden verfassungsrechtliche Bedenken geäußert.[317]

3.4 Mitglieder einer zivilrechtlichen Unterhaltsgemeinschaft

Im Folgenden gilt es, die unterhaltsrechtlichen Beziehungen zwischen den Mitgliedern der Bedarfsgemeinschaft[318] darzustellen, um anschließend mögliche Inkongruenzen zu sozialrechtlichen Beziehungen[319] in einer Bedarfsgemeinschaft skizzieren zu können.

3.4.1 Bedeutung des Unterhaltsrechts für die Bedarfsgemeinschaft

Die Leistungen nach dem SGB II sind grundsätzlich subsidiär gegenüber sämtlichen Unterhaltsansprüchen.[320] Sie mindern nicht die Bedürftigkeit des Unterhaltsgläubigers.[321]

§ 33 Abs. 2 SGB II schränkt diesen Grundsatz jedoch erheblich ein. Der Einsatz von Einkommen und Vermögen wird innerhalb einer Bedarfsgemeinschaft allein nach § 9 Abs. 2 SGB II bemessen. Dies gilt nicht, wenn der Hilfebedürftige noch minderjährig ist oder das 25. Lebensjahr noch nicht vollendet und die Erstausbildung noch nicht abgeschlossen hat. In allen anderen Fällen macht das SGB II eine Ausnahme vom Subsidiaritätsgrundsatz und führt keinen Regressanspruch gegen die eigentlichen Unterhaltspflichtigen Verwandten herbei.

Das Bundesverfassungsgericht geht davon aus, dass sich die verschärfte Bedürftigkeitsprüfung - zumindest bei Ehepaaren - in der gegenseitigen Unterhaltspflicht und der begründeten Erwartung, dass diese Ansprüche bei nicht dauernd getrennt lebenden Ehegatten auch erfüllt werden, rechtfertigen lasse.[322] Ähnliches dürfte da-

---

317 Wenner 2006: 150; zu möglichen Familienkonstellationen Derleder 2009.
318 Die Konstellation, dass ein volljähriges Kind bis zum 25. Lebensjahr im elterlichen Haushalt lebt, wird wie zum Sozialrecht nicht behandelt.
319 Siehe zu diesem Thema grundsätzlich: Hase SGb 1993.
320 Brühl in Münder (2009), § 5 Rn. 41 SGB II.
321 Diedrichsen in Palandt 2010, § 1602 Rn.12 BGB.
322 BVerfGE 87, 234 (263ff.).

her auch für die anderen Konstellationen gelten, in denen eine Bedarfsgemeinschaft angenommen wird. Anders ließe sich der Direktabzug des Einkommens, also der Einsatz bei Prüfung der Hilfebedürftigkeit der Bedarfsgemeinschaft, wohl nicht rechtfertigen. Für die eheähnliche und lebenspartnerschaftsähnliche Gemeinschaft kann das freilich nicht gelten, da bei solchen grundsätzlich keine unterhaltsrechtlichen Verpflichtungen bestehen. Der Grund für die Einbeziehung der eheähnlichen Gemeinschaft liegt vielmehr darin, dass andernfalls die Ehegatten gegenüber den Partnern einer eheähnlichen Gemeinschaft benachteiligt würden, wenn bei diesen kein Direktabzug des Einkommens stattfände; dies sei mit Art. 6 Abs. 1 GG nicht in Einklang zu bringen. Partner einer eheähnlichen Gemeinschaft sind damit zwar nicht verpflichtet, sich gegenseitig Unterhalt zu gewähren; der Gesetzgeber geht aber davon aus, dass sie es i.d.R. trotzdem tun. Diese Vermutung beruhe auf einem „tatsächlichen Erfahrungssatz".[323] Welche Rechtsfolge aber eintritt, wenn die Vermutung von den Betroffenen nicht erfüllt wird, ist bisher nicht zufriedenstellend geklärt. Wenn kein Mangelfall vorliegt und es bei der Anrechnung des Partnereinkommens verbleibt, so dass der Hilfebedürftige ohne zivilrechtlicher Unterhaltsansprüche hilfebedürftig bleibt, bliebe ihr oder ihm lediglich die Möglichkeit, aus der gemeinsamen Wohnung auszuziehen, um die Anrechnung des tatsächlich nicht geflossenen Geldes zu verhindern. In einem solchen Fall wäre außerdem das Vorliegen einer eheähnlichen bzw. lebenspartnerschaftsähnlichen Gemeinschaft mangels Eheähnlichkeit zu verneinen.[324]

3.4.2 Ehepartner beim Zusammenleben

Grundsätzlich kommen bei noch nicht geschiedenen Ehegatten zwei Unterhaltstatbestände in Betracht. Diese sind in §§ 1360 und 1361 BGB normiert. Für die Zeit nach der Scheidung sieht das Unterhaltsrecht mehrere Unterhaltstatbestände in den §§ 1569 ff. BGB vor; diese waren größtenteils Gegenstand der Unterhaltsreform zum 01.01.2008[325]. Da die Bedarfsgemeinschaft jedoch nur die Ehegatten erfasst, kommen vorliegend nur die §§ 1360 f. BGB in Frage. Davon regelt § 1360 BGB den Familienunterhalt beim Zusammenleben in häuslicher Gemeinschaft, während § 1361 BGB den Unterhalt während der Trennungsphase normiert. Eine Bedarfsgemeinschaft zwischen Ehegatten besteht nur, wenn diese nicht dauernd getrennt leben.[326] Ein Unterhaltsanspruch in Zusammenhang mit dem Bestehen einer Bedarfsgemeinschaft kann sich nur beim Zusammenleben nach § 1360 BGB ergeben.

---

323 BVerwGE 23, 149 (154); 38, 205 (208); siehe hierzu auch die Antwort auf die kleine Anfrage an die Bundesregierung durch Die Linke zur eheähnlichen Gemeinschaft und die Gründe für eine Einkommensanrechnung bei dieser: BT-Drs. 16/1412.
324 SG Düsseldorf, B. v. 22.04.05, Az. S 35 AS 119/05 ER,www.sozialgerichtsbarkeit.de; SG Dresden, B. v. 18.05.2005, Az. S 23 AS 175/05 ER, NDV 2005, 318.
325 Zu den Zielsetzungen dieser siehe Peschel-Gutzeit (2008): § 3 Rn. 18 ff.
326 Siehe Teil 3.3.1.

3. Analyse der Bedarfsgemeinschaft

§ 1360 Satz 1 BGB verpflichtet beide Ehegatten in gleicher Weise, die Familie durch ihre Arbeit und mit ihrem Vermögen angemessen zu unterhalten. Die Unterhaltspflicht der Ehefrau und des Ehemanns sind einander gleichgestellt. § 1360 Satz 2 BGB bestimmt, dass, wenn die Haushaltsführung einem Ehegatten überlassen ist, dieser seiner Verpflichtung nach Satz 1 hierdurch i.d.R. nachkommt. Der andere Ehegatte ist ihm gegenüber dann unterhaltsverpflichtet. Gehen hingegen beide Ehegatten einer Erwerbstätigkeit nach, so haben sie beide Geld zum Familienunterhalt beizutragen, wobei die Höhe der jeweiligen Beträge von dem Einkommen und dem Umfang der Arbeit im Haushalt abhängig ist.[327] Der Unterhaltsanspruch beschränkt sich aber nicht nur auf den Bedarf des Ehegatten; er fasst vielmehr den gesamten Familienunterhalt, also auch den gemeinsamer Kinder. Jedoch ergibt sich aus § 1360 Satz 1 BGB kein eigener Anspruch des Kindes auf Unterhalt. Nur den Ehegatten steht es zu, den Anspruch geltend zu machen.[328] Den Kindern steht nur der Anspruch nach §§ 1601 ff. BGB zu. Der Unterhaltsanspruch auf Familienunterhalt erfasst nur insoweit den Bedarf der Kinder, als diese noch selber unterhaltsberechtigt sind; dies stellt § 1360a Abs. 1 BGB klar.

Das Maß des Unterhaltes richtet sich nach den ehelichen Lebensverhältnissen. Ist demnach ein Ehegatte nicht erwerbstätig und individuell hilfebedürftig, während der andere Ehegatte den Lebensunterhalt der Familie sichern kann, ist der nicht erwerbstätige Ehegatte zur Haushaltsführung verpflichtet, wohingegen der andere Ehegatte Unterhalt nach § 1360 BGB schuldet.

Bezüglich des Familienunterhaltes nach § 1360 BGB besteht folgende Besonderheit. Dieser knüpft nicht wie andere Unterhaltsansprüche an eine Bedürfnislage des Unterhaltsgläubigers an.[329] Das heißt, dass der Anspruch auch dann besteht, wenn sich der Unterhaltsberechtigte aus eigenem Einkommen versorgen könnte. Auch der Einwand der Leistungsunfähigkeit ist dem Familienunterhalt nicht bekannt.[330] Dem Schuldner steht damit kein unantastbarer Selbstbehalt, wie ihn die anderen familienrechtlichen Unterhaltstatbestände kennen, zu. Alles, auch wenn es so gut wie nichts ist, muss geteilt werden.

Demnach steht dem Ehegatten immer ein Anspruch auf Familienunterhalt nach § 1360 Satz 1 BGB zu. Er ist ihm jedoch auch in gleicher Weise ausgesetzt. Zwischen der unterhaltsrechtlichen und der sozialrechtliche Lage besteht weitestgehend Kongruenz. Daher erscheint eine direkte Einkommensanrechnung über § 9 Abs. 2 Satz 1 SGB II gerechtfertigt. Ob sie auch immer sinnvoll ist und ob der Familienunterhalt in Realität auch tatsächlich erbracht wird, kann an dieser Stelle noch nicht beantwortet werden. Zumindest steht dem hilfebedürftigen Ehegatten ein einklagbarer Anspruch zu.

---

327 Schlüter 2006: Rn. 62.
328 vgl. Wacke in MünchKomm (2000): § 1360 Rn. 8 BGB.
329 Wacke in MünchKomm (2000), § 1360 Rn. 6 BGB.
330 Wacke in MünchKomm (2000), § 1360 Rn. 10 BGB.

3.4.3 Lebenspartner beim Zusammenleben

Die unterhaltsrechtliche Situation zwischen den nicht dauernd getrennt lebenden Lebenspartnern einer eingetragen Lebenspartnerschaft i.S.d. LPartG entspricht derjenigen zwischen den nicht dauernd getrennt lebenden Ehegatten, da das LPartG eine dem § 1360 Satz 1 BGB entsprechende Vorschrift enthält. § 5 Satz 1 LPartG verpflichtet die Lebenspartner, durch ihre Arbeit und mit ihrem Vermögen die partnerschaftliche Lebensgemeinschaft angemessen zu unterhalten. Satz 2 der Vorschrift verweist auf § 1360 Satz 2, die §§ 1360a, 1360b und 1609 BGB. Daher gilt an dieser Stelle das zu den Ehegatten Gesagte entsprechend.

3.4.4 Eheähnliche bzw. lebenspartnerschaftsähnliche Partner

Die eheähnliche (auch lebenspartnerschaftsähnliche) Gemeinschaft ist in unserer Gesellschaft zwar längst kein selten auftretendes Phänomen mehr, jedoch hat sie bisher - zumindest durch den zivilrechtlichen Gesetzgeber - rechtlich nur wenig Beachtung erfahren. Fest steht nur, dass sie zumindest keine Ehe ist und somit deren unterhaltsrechtliche Vorschriften nicht zur Anwendung gelangen können. Auch eine entsprechende Anwendung dieser Vorschriften wurde bisher immer abgelehnt.[331] Dem dürfte wohl zuzustimmen sein, weil dem Gesetzgeber die Existenz der eheähnlichen Gemeinschaft durchaus bekannt sein dürfte und er sie bisher bewusst keiner gesetzlichen Normierung zugeführt hat, so dass es an einer, für eine Analogie erforderlich, planwidrigen Regelungslücke mangelt. Weiterhin dürfte die Interessenslage der eheähnlichen Gemeinschaft mit der der Ehe nicht vergleichbar sein. Erstere ist gerade dadurch geprägt, dass die Partner sich vorbehalten haben, jederzeit frei darüber entscheiden zu können, ob sie die Gemeinschaft fortsetzen wollen oder nicht. Den Ehegatten steht dieses Recht hingegen nicht zu. Sie haben die Regeln für die Auflösung einer Ehe oder Lebenspartnerschaft zu beachten und Unterhaltsansprüche während der Trennungsphase.

Ein Unterhaltsanspruch nach § 1615l Abs. 1, Abs. 2 und Abs. 4 BGB steht jedoch auch der Frau bzw. dem Mann einer eheähnlichen Gemeinschaft zu, wenn sie oder er die Betreuung eines gemeinsamen nichtehelichen Kindes übernommen hat. Dies gilt mindestens für die ersten drei Jahre nach Geburt des Kindes. Nach diesem Zeitraum besteht ein Unterhaltsanspruch des erziehenden Elternteils nur soweit es der Billigkeit entspricht nach § 1615 l Abs. 2 Satz 4 BGB. Dieser Anspruch steht jeder mit dem anderen Elternteil unverheirateten Person zu, wenn sie die Erziehung des gemeinsamen Kindes übernimmt; unabhängig davon, in welcher Beziehung die Eltern zueinander stehen. Eine eheähnliche Gemeinschaft ist nicht Voraussetzung für

---

[331] OLG Hamm, FamRZ 1983, 273 (274); OLG Köln, NJW 1989, 1737; Derleder 1980, 547; Diederichsen 1983, 1019.

3. Analyse der Bedarfsgemeinschaft

einen Unterhaltsanspruch nach § 1615 l BGB. Weitere gesetzlich normierte Unterhaltsansprüche bestehen nicht.

Den Partnern einer eheähnlichen Gemeinschaft steht es frei, im Rahmen ihrer Privatautonomie einen sog. Kooperationsvertrag zu schließen und sich ggf. hierdurch Unterhaltsansprüche zuzusichern. Dieser Vertrag bedarf keiner besonderen Form, so dass er auch durch konkludentes Verhalten der Partner zustande kommen kann.[332] Vom Vorliegen eines solchen Rechtsgeschäftes zwischen den Partnern kann nicht ausgegangen werden, solange es an einer konkreten Vereinbarung fehlt. In solchen Fällen muss davon ausgegangen werden, dass es den Partnern am Rechtsbindungswillen bezüglich der Eingehung eines solchen Vertrages mangelt. Die Partner einer eheähnlichen Gemeinschaft verzichten i.d.R. bewusst auf die Eingehung der Ehe, weil sie sämtliche damit verbundenen Rechtspflichten vermeiden wollen. Sie möchten sich jederzeit wieder lösen können, ohne dass auf sie rechtliche Pflichten zukommen. Diese können freilich die Entscheidung, ob man sich von seinem Partner trennen will, beeinflussen. Die Annahme eines Rechtsbindungswillens würde dem wirklichen Willen der Partner widersprechen. Zumindest müsste man jedoch, wenn man einen solchen Rechtsbindungswillen bejahen wollen würde, davon ausgehen, dass dieser Kooperationsvertrag jederzeit grundlos kündbar ist.[333] Verweigert der Partner der eheähnlichen Gemeinschaft dem anderen den Unterhalt, müsste von einer solchen konkludenten Kündigung ausgegangen werden. Dem Hilfebedürftigen wäre so in keiner Weise geholfen, da er keinen einklagbaren Anspruch gegen den anderen Partner hätte.

Insgesamt bestehen damit grundsätzlich keine unterhaltsrechtlichen Verpflichtungen gegenüber dem nicht eheähnlichen Partner. Dies gilt auch entsprechend für die lebenspartnerschaftsähnliche Gemeinschaft.

Die Vorschriften des §§ 7 Abs. 3 Nr. 3c SGB II und § 9 Abs. 2 Satz 1 SGB II selbst begründen keinen einklagbaren Anspruch des Hilfebedürftigen gegen seinen eheähnlichen Partner.

Gewährt der nicht unterhaltsrechtlich Verpflichtete freiwillig Unterhalt, stellen sich keine Probleme. Ist dies nicht der Fall, hat eheähnliche Partner die gemeinsame Wohnung zu verlassen, um eine Anrechnung des Partnereinkommens im Rahmen der sozialrechtlichen Bedarfsgemeinschaft zu vermeiden.

Die Sozialgerichte, die eine Verfassungswidrigkeit des § 9 Abs. 2 Satz 2 SGB II bezüglich der Stiefelternberücksichtigung annehmen, gehen davon aus, dass die Berücksichtigung des Partnereinkommens bei der eheähnlichen Gemeinschaft mit der Verfassung vereinbar sei.[334] Verweigere nämlich der angeblich eheähnliche Partner dem Hilfebedürftigen den Unterhalt, könne keine eheähnliche Gemeinschaft zwischen diesen Personen vorliegen, weil der Nichthilfebedürftige nicht für den Hilfebedürftigen einstehen will und somit keine Einstands- und Verantwortungsgemein-

---

332 Roth-Stielow 1978.
333 Roth-Stielow 1978: 234.
334 SG Oldenburg, Beschluss v. 28.03.2007, S 48 AS 258/07 ER; SG Berlin, Beschluss v. 08.01.2007, S 103 AS 10869/06 ER.

schaft, wie sie das BVerfG fordert, vorliege.[335] Diese Ansicht impliziert wohl, dass eine andere Auslegung verfassungswidrig wäre.

3.4.5 Kinder in Patchwork-Familien

Die Unterhaltsansprüche der Kinder gegen ihre Eltern richten sich ausschließlich nach den §§ 1601 ff. BGB. Grundvoraussetzung ist gem. § 1601 BGB, dass zwischen potenziellem Unterhaltsschuldner und Unterhaltsgläubiger eine Verwandtschaft in „gerader Linie" besteht. Eine Verwandtschaft in gerader Linie besteht gemäß § 1589 Abs.1 Satz 1 BGB bei Personen, deren eine von der anderen abstammt. Damit erfasst der Unterhalt i.S.d. §§ 1601 ff. BGB die Beziehung zwischen Großeltern, Eltern, Kindern und deren Abkömmlingen. Dies gilt auch im umgekehrten Verhältnis. Für das nichteheliche Kind bestehen keinerlei Abweichungen oder Modifikationen mehr, wie dies früher der Fall gewesen ist.[336] Ein Unterhaltsanspruch setzt die Bedürftigkeit des Unterhaltsgläubigers voraus. Unterhaltsberechtigt ist nur, wer außer Stande ist, sich selbst zu unterhalten, so in § 1602 Abs.1 BGB geregelt. Dies setzt, anders als im Leistungssystem des SGB II, voraus, dass der Unterhaltsgläubiger einkommens- und vermögenslos sowie erwerbsunfähig ist.

Minderjährige unverheiratete Kinder sind gemäß § 1602 Abs. 2 BGB gegenüber anderen Unterhaltsgläubigern privilegiert, da sie auch dann Unterhalt verlangen können, wenn sie eigenes Vermögen haben, die Einkünfte aus dem Vermögen und der Ertrag ihrer Arbeitskraft zum Unterhalt aber nicht ausreichen. Das gleiche gilt nach § 1603 Abs. 2. Satz.2 BGB für volljährige unverheiratet Kinder bis zur Vollendung des 21. Lebensjahrs, solange sie im Haushalt der Eltern oder eines Elternteils leben und sich in der Schulausbildung befinden. Auch diese Kinder trifft dann gemäß § 1602 Abs. 2 BGB keine Erwerbsobliegenheit.[337] Von einer Einkommens- und Vermögenslosigkeit dürfte bei hilfebedürftigen Kindern im Umfeld einer Bedarfsgemeinschaft auszugehen sein. Anders als im Grundsicherungsrecht ist die Bedürftigkeit individuell zu bestimmen, sodass es auf das Einkommen anderer zur Bedarfsgemeinschaft zählender Personen nicht ankommt. Weiterhin muss der Unterhaltsgläubiger erwerbsunfähig sein. Dieser Begriff entspricht jedoch nicht der Erwerbsfähigkeit i.S.v. § 8 Abs. 1 SGB II. Vielmehr meint er, dass sich der Unterhaltsgläubiger auf seine Erwerbsfähigkeit verweisen lassen muss. Grundsätzlich trifft den potenziellen Unterhaltsberechtigten eine sog. Erwerbsobliegenheit, die ihn zunächst verpflichtet, seine eigene Arbeitskraft zu verwerten.[338] Nur Krankheit, Behinderung, Arbeitsunfähigkeit oder nicht zu vertretende Arbeitslosigkeit können die-

---

335 SG Oldenburg, Beschluss v. 28.03.2007, S 48 AS 258/07 ER; SG Berlin, Beschluss v. 08.01.2007, S 103 AS 10869/06 ER.
336 §§ 1615f - 1615h BGB a.F.
337 Schlüter 2006: Rn. 302.
338 Diederichsen in Palandt 2010, § 1602 Rn. 13 BGB; zur Stärkung der Müttererwerbstätigkeit seit dem Unterhaltsrechtsänderungsgesetz Rust in Knickrehm/Rust (Hg), 2010: 145.

3. Analyse der Bedarfsgemeinschaft

ser Erwerbsobliegenheit bzw. ihrer Verletzung im Wege stehen.[339] Das Kind muss nicht nur grundsätzlich sein Vermögen verzehren, bevor es Unterhalt verlangen kann. Es muss auch nach allen Kräften Arbeit suchen, jede zumutbare Arbeit - auch eine berufsfremde und niedrige- annehmen.[340] Verletzt der Unterhaltsgläubiger diese Obliegenheit, wird ein fiktives Einkommen, welches die Bedürftigkeit entweder teilweise mindert oder vollkommen ausschließt, angerechnet. Die Erwerbsobliegenheit trifft aber grundsätzlich nicht Minderjährige und Kinder bis zur Vollendung des 21. Lebensjahres, wenn sie noch im Haushalt der Eltern leben und die allgemeine Schulausbildung absolvieren. Sind Kinder volljährig und besuchen auch nicht mehr die Schule, besteht die Erwerbsobliegenheit dagegen grundsätzlich. Eine Besonderheit besteht hingegen beim Ableisten einer Ausbildung. Denn grundsätzlich erfasst das Maß des Unterhalts auch die Kosten einer angemessen Vorbildung zu einem Beruf nach § 1610 Abs. 2 BGB. In dieser Übergangszeit trifft das volljährige Kind keine Erwerbsobliegenheit.[341] Liegen diese Ausnahmefälle nicht vor und ist dem Kind das Nachgehen einer Erwerbstätigkeit möglich, ist ein Unterhaltsanspruch gegen die Eltern ausgeschlossen.

Die vorangegangen Ausführungen betreffen lediglich das Eltern- Kind- Verhältnis. Nach § 7 Abs. 3 Nr. 2 SGB II zählt jedoch auch der Partner des Elternteils zu der Bedarfsgemeinschaft des Kindes. In dieser Konstellation können die §§ 1601 ff. BGB nicht greifen, da kein Verwandtschaftsverhältnis vorliegt.

Ist der Partner mit dem Elternteil verheiratet, besteht lediglich eine Schwägerschaft nach § 1590 Abs.1 BGB. In diesem Fall muss sich also auch das minderjährige Kind auf das Einkommen des Stiefelternteils verweisen lassen, obwohl kein einklagbarer Unterhaltsanspruch vorliegt. Verweigert der Partner dem Kind die ihm sozialrechtlich zugewiesenen Leistungen seines Einkommens - dies wäre rechtlich absolut zulässig - stünde das Kind rechtlos da. Hier wäre es zu wenig, nur von Inkongruenz zwischen den beiden Rechtssystemen zu sprechen. Vielmehr muss von einer Außerachtlassung der zivilrechtlichen Rechtslage von Seiten des SGB II- Gesetzgebers gesprochen werden. Dass diese Situation verfassungsrechtliche Probleme aufwirft, war zu erwarten.[342] Die Gerichte, die eine Verfassungswidrigkeit des § 9 Abs. 2 Satz 2 SGB II n. F. annehmen, verweisen auf einen Verstoß gegen das Gebot zur Sicherung des Existenzminimums aus Art. 1 Abs. 1 GG in Verbindung mit dem Sozialstaatsgebot des Art. 20 GG.[343] Dieses Gebot verpflichtet den Staat, Mittellosen die Mindestvoraussetzungen für ein menschenwürdiges Dasein erforderlichenfalls

---

339 Schellhorn (2002): § 21, Rn. 6.
340 BGH, FamRZ1985, 1245 (1245f.); OLG Oldenburg, FamRZ 1991, 1091.
341 BGH, FamRZ 1995, 475; OLG Hamm, FamRZ 1988, 425.
342 Annahme der Verfassungswidrigkeit des § 9 Abs.2.S.2 SGB II: SG Duisburg, B. v. 07.03.2007, S 17 AS 60/07 ER; VG Bremen, B. v. 17.12.2006, S3 V 3461/07; SG Oldenburg, B. v. 28.03.2007, S 48 AS 258/07 ER; SG Berlin, B. v. 08.01.2007, S 103 AS 10869/06 ER; verfassungsgemäß: LSG NRW, B. v.18.07.2007, L 20 B 64/07 AS ER; SG Lüneburg, B. v. 09.05.2007, S 24 AS 472/07 ER.
343 siehe hierzu: BVerfGE 82, 60 (85).

3. Analyse der Bedarfsgemeinschaft

durch Sozialleistungen zu sichern.[344] Das Existenzminimum des Kindes sei jedoch nicht mehr in jedem Fall gesichert, weil die Regelung allein die schematische Anrechnung von Einkommen zum Inhalt hat, ohne dass darauf Rücksicht genommen wird, ob das Existenzminimum des jeweiligen Kindes tatsächlich durch entsprechenden Einkommenszufluss durch den Stiefelternpartner gesichert ist.[345]

Das BSG hat in seiner Entscheidung vom 13.11.2008, Az. B 14 AS 2/08 R, die verfassungsrechtlichen Zweifel des Schrifttums und einiger Instanzgerichte verworfen. „Der Senat hält die in der Rechtsprechung ... und Literatur ...vorgebrachten beachtlichen verfassungsrechtlichen Bedenken gegen § 9 Abs 2 Satz 2 SGB II in der Fassung des Fortentwicklungsgesetzes im Ergebnis nicht für durchgreifend."[346] Das BSG stellt in Rn 27 zunächst fest, dass § 9 Abs 2 Satz 2 SGB II aF nicht über den Wortlaut hinaus dahin ausgelegt werden kann, dass Einkommen des Partners eines Elternteils wie Einkommen des Elternteils zur Bedarfsdeckung des mit ihm nicht verwandten oder verschwägerten Kindes heranzuziehen ist. Diese Wertung entspricht der ganz überwiegenden Auffassung der Landessozialgerichte. Mit dem Urteil vom 18.02.2010 – B 4 AS 5/09[347] hat das BSG bestätigt, dass vor dem 1.8.2006 Einkommen und Vermögen des Stiefvaters nicht zugunsten des Stiefkindes berücksichtigt werden konnte. Die Neuregelung habe das Ziel verfolgt, eine Besserstellung von Kindern in Bedarfsgemeinschaften mit lediglich eheähnlichen Partner zu beseitigen. Diese habe zuvor darin bestanden, dass in eheähnlichen Partnerschaften eine Berücksichtigung des Einkommens des Partners beim Kind gänzlich ausgeschlossen war. Es konnte damit für die erwachsenen Partner der Bedarfsgemeinschaft vorteilhafter sein auf die Eingehung der Ehe zu verzichten, da zumindest das Kind eines Partners weiterhin Grundsicherungsleistungen erhielte. Für die Neuregelung ab dem 1.8.2006 stellt das BSG grundsätzlich fest, dass der Gesetzgeber bei der Gewährung von Sozialleistungen die Annahme von Hilfebedürftigkeit unabhängig von bestehenden bürgerlich-rechtlichen Unterhaltspflichten abhängig machen darf, ob sich für den Einzelnen typisierend aus dem Zusammenleben mit anderen Personen Vorteile ergeben, die die Gewährung staatlicher Hilfe nicht oder nur noch in eingeschränktem Umfang gerechtfertigt erscheinen lassen. Der Gesetzgeber hat sich nach Auffassung des BSG hierzu mit der Annahme, dass Kinder, die in einem gemeinsamen Haushalt von eheähnlichen Partnern leben, faktisch an den Vorteilen der gemeinsamen Haushaltsführung teilhaben, die sich aus dem Zusammenleben des Elternteils mit einem Partner ergeben, im Rahmen seines Gestaltungsspielraums gehalten. Das BSG sieht die Möglichkeit Beziehungen frei einzugehen und zu gestalten, durch Art. 2 Abs. 1 GG geschützt. Auch die Belange der Partner sind als Drittbetroffene zu berücksichtigen. Der ausgeübte finanzielle Druck ist nach Auffassung des BSG aber eine verhältnismäßige Beeinträchtigung der Handlungsfreiheit.[348]

---

344 BVerfGE 82, 60 (85).
345 SG Berlin, B. v. 08.01.2007, S 103 AS 10869/06 ER
346 BSGE 102, 76 Rn 33.
347 SGb 2010,224 (Kurzwiedergabe).
348 BSGE 102, 76 Rn 39.

3. Analyse der Bedarfsgemeinschaft

Letztlich übersieht das BSG die offenkundige Tatsache nicht, dass § 9 Abs. 2 SGB II dazu führt, dass das Kind sich Einkommen einer Person entgegenhalten lassen muss, gegen die es letztlich keinen Rechtsanspruch auf Unterhalt hat, und dadurch der Rechtsanspruch des Kindes gegen den Staat auf Gewährung des Existenzminimums aus Art. 1 Abs. 1 GG i.V.m. Art. 20 Abs. 1 GG(Sozialstaatsprinzip) gefährdet sein könnte. Das BSG verwirft diese Bedenken jedoch mit folgendem Argument: Dem „echten" Stiefkind, dessen Eltern verheiratet sind, steht in rechtlich abgesicherter Form aus §§ 1360, 1360a BGB gegenüber dem anderen Partner der Anspruch auf Familienunterhalt zu. Ohne Selbsthilfemöglichkeit gilt dies nach Auffassung des BSG auch für „faktische" Stiefkinder. Dies wird damit begründet, dass auch in Partnerschaften, in denen der eine Partner dem Kind nicht nach bürgerlichrechtlichen Vorschriften unterhaltspflichtig ist, der andere Partner und Elternteil mit der Pflicht und dem Recht zur elterlichen Sorge nach §§ 1627 ff. BGB für die Verteilung der Mittel zugunsten seines minderjährigen Kindes zu sorgen hat. § 9 Abs 1 und Abs 2 SGB II ist für das BSG eine zulässige Konkretisierung der den Eltern grundrechtlich in Art 6 Abs 2 Satz 1 GG zugewiesenen Verantwortung für ihr Kind.[349]

Unverändert werden nach dem Urteil des 14. Senates verfassungsrechtliche Bedenken in Literatur und Rechtsprechung geäußert.[350] Insbesondere könnte eine Begründung mit Verweis auf § 1603 Abs. 2 BGB nicht überzeugen. § 1603 Abs. 2 BGB verpflichtet im Allgemeinen nicht, selbstbehaltlos zugewandten Mittel dem Kind weiterzuleiten. Die zivilgerichtliche Rechtsprechung gewährt dem Schuldner des Anspruchs aus § 1603 Abs. 2 BGB einen notwendigen Selbstbehalt.[351] Dies ist verfassungsrechtlich geboten.[352] Dieser liegt derzeit für nicht erwerbstätige Unterhaltschuldner bei 770 EUR.[353] Zwar ist anerkannt, dass dieser notwendige Selbstbehalt zu kürzen ist, wenn der Unterhaltsschuldner mit einem Lebensgefährten in einem gemeinsamen Haushalt lebt und hierdurch Ersparnisse für den Unterhaltsschuldner auftreten.[354]

Der Selbstbehalt wurde - soweit ersichtlich - zumindest bei eheähnlichen Partnern bisher nicht auf Null festgesetzt. Der BGH hat mit Urteil vom 09.01.2008, Az. XII ZR 170/05,[355] zuletzt festgestellt, dass eine Kürzung des notwendigen Selbstbehaltes grundsätzlich in Betracht komme, jedoch müsse dem Unterhaltsschuldner mindestens das sozialhilferechtliche Existenzminimum verbleiben. Demnach ist auch der Unterhaltsanspruch eines Kindes i.S.d. § 1603 Abs. 2 BGB nicht selbstbehaltlos.

---

349 BSGE 102, 76 Rn 36.
350 kritisch hierzu u.a.: Wenner 2008; Münder/ Geiger 2009: 392; zustimmend Schürmann, SGb 2009b.
351 Siehe hierzu nur Born in Münchener Kommentar (2004) § 1603 Rn. 6 ff. BGB.
352 BVerfG FamRZ 2001, 1685.
353 Siehe hierzu nur Born in Münchener Kommentar zum BGB (2010), § 1603 Rn. 6 ff. BGB.
354 OLG Hamm FamRZ 2006, 888 (10 % bis 15 %); OLG Frankfurt a. M. FamRZ 1999, 399 (20 %); OLG Hamm FamRZ 2005, 53 und OLG Nürnberg NJW 2003, 3138 (25%). S. auch OLG Dresden NJW-RR 2007, 1303,1305 = FamRZ 2007, 1477 (Abgrenzung gemeinsamer Haushaltsführung/geringere Wohnkosten).
355 BGH, NJW 2008, S. 1373.

3. Analyse der Bedarfsgemeinschaft

Außerdem ist zu bedenken, dass § 1603 Abs. 2 BGB ohnehin nur für minderjährige und ihnen gleichgestellte Kinder (Kinder bis zur Vollendung des 21. Lebensjahres, solange sie im Haushalt der Eltern oder des Elternteils leben und sich in der allgemeinen Schulausbildung befinden) des Unterhaltsschuldners greift. Volljährige Kinder, die nicht die allgemeine Schulausbildung absolvieren und generell Kinder nach Vollendung des 21. Lebensjahres werden nicht erfasst. Ihnen gegenüber hat die oder der Unterhaltsschuldner keine gesteigerte Unterhaltsverpflichtung.

Es ist sicherlich richtig, dass es mit dem Ziel des SGB II unvereinbar ist, wenn Bedarfsgemeinschaften trotz insgesamt ausreichenden Einkommens weiterhin Grundsicherungsleistungen nach dem SGB II erhalten würden. Was dagegen nicht überzeugt, ist die unwiderlegbare Vermutung, das mit der für Erziehende nachteiligen Horizontalmethode ermittelte Existenzminimum des Kindes sei vom Partner gesichert.

3.4.6 Inkongruenz sozialrechtlicher Einstandspflicht und Unterhaltsrecht

Ein Vergleich zwischen den sozialrechtlichen Einstandspflichten (die sich aus der Zugehörigkeit zu einer Bedarfsgemeinschaft i.S.d. § 7 Abs. 3 SGB II ergeben) und den unterhaltsrechtlichen Beziehungen in diesen Konstellationen ergibt, dass nur innerhalb der Ehe (siehe die folgende Abbildung 1) und nicht in sämtlichen Fällen des § 7 Abs. 3 Nr.1- 4 SGB II ein entsprechender zivilrechtlicher Unterhaltsanspruch (dazu die anschließende Abbildung 2) vorliegt.

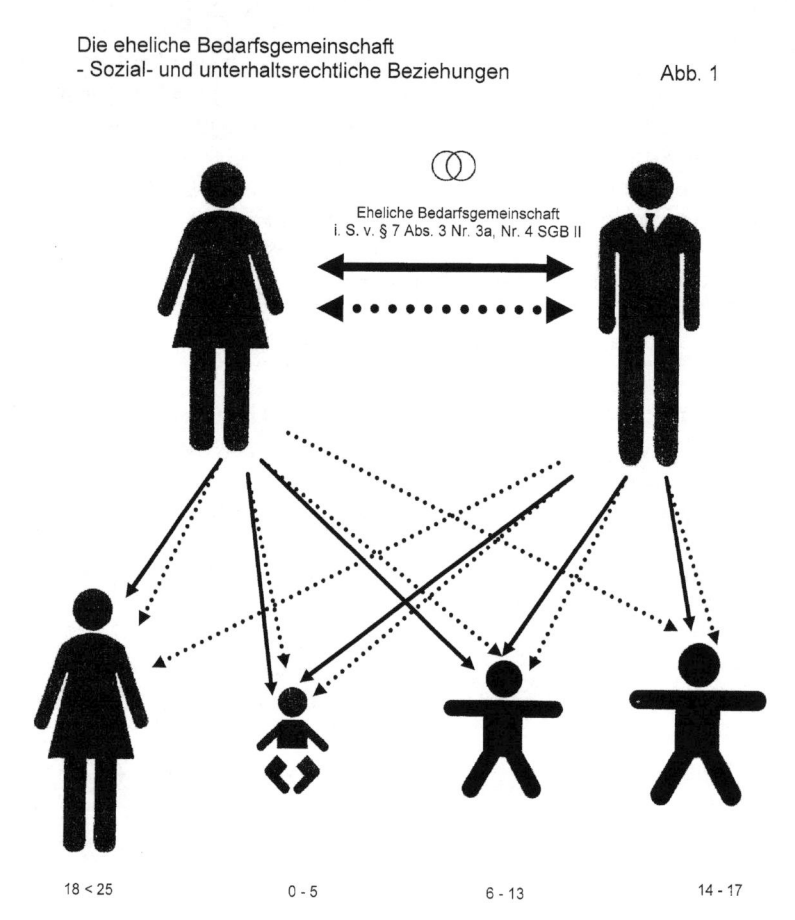

3. Analyse der Bedarfsgemeinschaft

Die eheliche Bedarfsgemeinschaft
- Sozial- und unterhaltsrechtliche Beziehungen Abb. 1

Eheliche Bedarfsgemeinschaft
i. S. v. § 7 Abs. 3 Nr. 3a, Nr. 4 SGB II

18 < 25   0 - 5   6 - 13   14 - 17

Dies ist für Bedarfsgemeinschaften - bestehend aus einer eheähnlichen Gemeinschaft (§ 7 Abs. 3 Nr. 3c) - offenkundig.

3. Analyse der Bedarfsgemeinschaft

Die nichteheliche Bedarfsgemeinschaft
- Sozial- und unterhaltsrechtliche Beziehungen   Abb. 2

Lebensgemeinschaft
i. S. v. § 7 Abs. 3 Nr. 3c, Nr. 4 SGB II

| 18 < 25 | 0 - 5 | 6 - 13 | 14 - 17 |
| Auszubildende | gemeinsames Baby | gemeinsames Schulkind | Schülerin |

Kind aus der vorherigen
Partnerschaft der Frau

+ Unterhalt leiblicher Vater

Halbwaise (Kind von
verstorbener Ehefrau des
Mannes)

+ Halbwaisenrente

Unterhaltsbeziehung ⟶

SGB II - Einkommensanrechnung ·······▶

© bigas Universität Bremen

3. Analyse der Bedarfsgemeinschaft

- Eine unterhaltsrechtliche Entsprechung fehlt im Verhältnis zwischen dem neuen Partner des erwerbsfähigen Hilfebedürftigen – unabhängig von einer Eheschließung - zu den leiblichen Kindern des erwerbsfähigen Hilfebedürftigen (§ 7 Abs. 3 Nr. 2 SGB II).
- Eine Kongruenz zwischen den sozialrechtlichen Einstandspflichten und dem Unterhaltsrecht besteht ferner nicht mehr im Allgemeinen im Verhältnis zwischen den Eltern zu ihren volljährigen Kindern (§ 7 Abs. 3 Nr. 2 SGB II); dies ist bedingt durch die Ausweitung der Einstandspflicht für Kinder bis zur Vollendung des 25. Lebensjahres.

In allen anderen Bedarfsgemeinschaftskonstellationen stimmen die sozialrechtliche Einstandspflicht und das Unterhaltsrecht weitestgehend überein.

Wird nun der erwerbsfähige Hilfebedürftige in den zuvor genannten „problematischen" Konstellationen auf ein anderes Mitglied seiner Bedarfsgemeinschaft verwiesen, weil nach der Berücksichtigung des Einkommens dieses Mitgliedes keine Hilfebedürftigkeit i.S.d. § 9 Abs.1 SGB II besteht, so ist der erwerbsfähige Hilfebedürftige darauf angewiesen, dass das nicht hilfebedürftige Mitgliedes ihr oder ihm gegenüber freiwillig Leistungen erbringt. Die Freiwilligkeit bezieht sich nicht nur auf das „Ob", sondern auch auf das „Wie", also die Höhe der zu erbringenden Leistungen. Da kein gesetzlicher Unterhaltsanspruch besteht, existieren naturgemäß auch keine Regelungen, die die Höhe des „Unterhaltsanspruchs" ausgestalten. Der eigentlich Hilfebedürftige muss darauf hoffen, dass das Mitglied ihrer oder seiner Bedarfsgemeinschaft nicht nur mindestens Leistungen in Höhe des SGB II-Regelsatzes vom Einkommen oder Vermögen zuweist, sondern auch den Anteil des Hilfebedürftigen an den Kosten für Unterkunft und Heizung übernimmt. Ob dieser Innenausgleich auch in der Praxis tatsächlich so durchgeführt wird, kann an dieser Stelle nicht beantwortet werden. Über die tatsächlichen Leistungszuweisungen wäre eine rechtssoziologische Grundlagenforschung erforderlich, die in diesem Projekt als sinnvoll benannt werden kann.[356]

Fest steht jedoch, dass, wenn der einkommensstarke Partner dem einkommensschwachen Partner Leistungen insgesamt bzw. zum Teil verweigern sollte, dieser keinen gerichtlichen Rechtsschutz in Anspruch nehmen kann. Der einkommensstarke Partner verhält sich – rechtlich gesehen - in keiner Weise falsch. Die Existenz des Hilfebedürftigen ist jedoch nicht oder zumindest nicht im ausreichenden Maße gesichert. Diese prekäre Situation, die für den Hilfebedürftigen eigentlich nur durch das Aufgeben des gemeinsamen Haushaltes zu lösen ist, wirft einige verfassungsrechtliche Fragen auf.

Bei der Gestaltung der Grundsicherung hat der Gesetzgeber weiten Spielraum. Art. 1 Abs. 1, Art. 3 Abs. 1, Art. 3 Abs. 2 GG und Art. 6 Abs. 1 GG sind die im Kontext des Projekts relevanten Grundrechte, die den Spielraum begrenzen.

---

356 Siehe Teil 7.

3.4.6.1 Alleinerziehende

Die Stiefkinderproblematik kann aus dem Blickpunkt betrachtet werden, ob das Kind tatsächlich vom Partner der Mutter die erforderliche finanzielle Zuwendung erhält. Aus der Perspektive der alleinerziehenden hilfebedürftige Mutter stellt sich die Frage, ob sie, bevor ihr Kind fünfundzwanzig Jahre alt geworden ist, die Chance hat, mit einem neuen Partner auch gemeinsam zu leben. Wenn die sozialrechtlich einstandspflichtigen Personen dem Kind Leistungen ganz oder zum Teil verweigern, kann die Einstandsvermutung nicht entkräftet werden. Fraglich ist, ob der Staat damit seine sich aus der Verfassung (Art.1 Abs.1 i.V.m. Art. 20 Abs.1 GG) ergebende Einstandspflicht verletzt. Eine hier nicht zu vertiefende rechtswissenschaftliche Forschungsfrage ist auch, ob hier Art. 6 Abs. 1 GG eine Vorwirkung entfalten könnte und welche Relevanz Art. 3 Abs. 2 und 3 GG hier entfalten würde.

3.4.6.2 Partnerinnen

Das Bundesverfassungsgericht hat in seiner Entscheidung vom 17. November 1992[357] die verfassungsrechtlichen Vorgaben für die fürsorgerechtliche Gleichstellung der eheähnlichen Gemeinschaft mit der Ehe aufgestellt. Mit Blick auf Art. 3 Abs. 1 GG sei eine Gleichstellung mit der Ehe nur gerechtfertigt, wenn die eheähnliche Gemeinschaft eine gewisse Intensität erreicht habe. Das bloße „Wirtschaften aus einem Topf" reiche hingegen nicht aus.[358] Erforderlich sei vielmehr das Vorliegen einer „Verantwortungs- und Einstehungsgemeinschaft".[359] Zwar beständen für die Partner einer eheähnlichen Gemeinschaft, im Gegensatz zu Ehepartnern untereinander, keine gesetzlichen Unterhaltspflichten, jedoch sei die Situation der eheähnlichen Partner dann mit der von Ehepartnern vergleichbar, wenn durch den Begriff der eheähnlichen Gemeinschaft nur solche Gemeinschaften erfasst würden, in denen die Bindungen der Partner so eng seien, dass von ihnen ein gegenseitiges Einstehen in Not- und Wechselfällen des Lebens erwartet werden könne.[360] Eine eheähnliche Gemeinschaft ist allein die Lebensgemeinschaft eines Mannes und einer Frau, die auf Dauer angelegt ist, daneben keine weiteren Lebensgemeinschaften gleicher Art zulässt und sich durch innere Bindung auszeichnet, die ein gegenseitiges Einstehen der Partner füreinander erwarten lässt, also über die Beziehung in einer reinen Haushalts- und Wirtschaftsgemeinschaft hinausgeht.[361] „Nur wenn sich die Partner einer Gemeinschaft so sehr füreinander verantwortlich fühlen, dass sie zunächst den gemeinsamen Lebensunterhalt sicherstellen, bevor sie ihr persönliches

---

357 BVerfGE 87, 234 (263ff.).
358 BVerfGE 87, 234 (263ff.).
359 BVerfGE 87, 234 (263ff.).
360 BVerfGE 87, 234 (265).
361 Spellbrink in Eicher/Spellbrink: § 7 Rn.27 SGB II; Hausmann/ Hohloch, S. 573; Zöller ZfSH/SGB 1996: 303.

3. Analyse der Bedarfsgemeinschaft

Einkommen zur Befriedigung eigener Bedürfnisse verwenden, ist ihre Lage mit derjenigen nicht dauernd getrenntlebender Ehegatten im Hinblick auf die verschärfte Bedürftigkeitsprüfung vergleichbar."[362] Bei Weigerung des einen Partners, dem anderen Partner existenznotwendige Leistungen zu erbringen, ist das Bestehen einer Partnerschaft i.S.v. § 7 Abs. 3 Nr. 3c SGB II zu verneinen.[363] Andernfalls stände der hilfebedürftige Partner rechtlos dar. Eine Lebensgemeinschaft i.S.d. § 7 Abs. 3 Nr. 3c SGB II liegt daher bei verfassungskonformer Auslegung nur vor, wenn der hilfebedürftige Partner auch tatsächlich von seinem verdienenden Partner finanziell unterstützt wird. Entscheidet sich der einkommensstarke Partner von einem auf den anderen Tag, den Hilfebedürftigen nicht mehr finanziell zu unterstützen, endet damit auch die Lebensgemeinschaft i.s.d. des SGB II.[364] Die Partner haben gerade auf die Eingehung der Ehe verzichtet und damit zumindest auch konkludent zum Ausdruck gebracht, dass sie jederzeit die Möglichkeit haben wollen, ihre Beziehung zu beenden.

Das Bundesverfassungsgericht hat in seiner Entscheidung vom 17. November 1992 nicht zur Frage Stellung nehmen müssen, wie nach Art. 3 Abs. 3 GG die Situation zu werten ist, dass sich der Anspruch der Partnerinnen (Typ 2) wegen oben beschriebenen Horizontalen Berechnungsmethode verringert, sofern es beim Partner zu einer fiktiven Hilfebedürftigkeit kommt. Die Ursache hierfür ist nicht, dass vorhandenes Einkommen und gegebenenfalls Vermögen angerechnet wird. Ursache ist vielmehr allein die Methode der Anrechnung. Frauen sind hiervon überwiegend betroffen. Eine finanzielle Entlastung der Bundesagentur für Arbeit ist als Rechtfertigung ungeeignet.

3.5 Fazit der Analyse der Bedarfsgemeinschaft

Ein wichtiges Ergebnis der rechtswissenschaftlichen Analyse der Bedarfsgemeinschaft ist, dass Hilfebedürftige und ein potenzielles Bedarfsgemeinschaftsmitglied dazu verleitet werden kann, auf die Gründung oder Aufrecherhaltung einer gemeinsamen Haushaltsgemeinschaft zu verzichten. Die rechtlichen Rahmenbedingungen sind geeignet, die Lebenssituation von Alleinerziehenden zu ihrem Nachteil zu verändern. Grund ist die finanzielle Verantwortung für Kinder einer hilfebedürftigen Alleinerziehenden.

Einen zusätzlichen „Anreiz", nicht in einer Lebensgemeinschaft zu leben, zumindest nicht in einem gemeinsamen Haushalt, begründet auch die Rechtsfolge des § 9 Abs. 2 S. 3 SGB II. Vor der Einführung des SGB II war immer nur derjenige hilfe-

---

362 BVerfGE 87, 234 (265).
363 LSG Nordrhein-Westfalen, NJW 2005, S. 2253 (2254); SG Düsseldorf, B. v. 22.04.05, Az. S 35 AS 119/05 ER; SG Dresden, B.v. 18.05.2005, Az. S 23 AS 175/05 ER; Münder in Münder (2009): §20 Rn.5 SGB II mit Verweis auf Münder (1986).
364 OVG Lüneburg, FEVS 48, 545 (553); VGH München, FEVS 49, 107 (110); Brühl/Schoch in Münder (2009): § 9 Rn. 69 ff. SGB II.

3. Analyse der Bedarfsgemeinschaft

bedürftig, die oder der sich nicht selbst aus eigenen oder zu berücksichtigenden Mitteln versorgen konnte. Seit dem SGB II gelten nunmehr sämtliche Mitglieder einer Bedarfsgemeinschaft als hilfebedürftig i.S.d. § 9 Abs. 1 SGB II.

Die Hilfebedürftigkeit ist nach dem SGB II davon unabhängig, ob zumindest die Mitglieder der Bedarfsgemeinschaft in der Lage sind, ihren persönlichen Lebensunterhalt eigenverantwortlich sichern zu können. Nunmehr drängt ihnen die Rechtsordnung die Bedürftigkeitsstellung unfreiwillig auf und ordnet ihnen sogar persönlich Grundsicherungsleistungen zu. Tatsächlich Hilfebedürftigen entzieht das Gesetz hingegen Teile des Anspruchs auf Grundsicherungsleistungen und ordnet im Gegenzug Anteile vom Einkommen und Vermögen der anderen Mitglieder der Bedarfsgemeinschaft zu. Der Sinn einer solchen Regelung erschließt sich nicht, zumal der Gesetzgeber gänzlich auf eine Begründung dieser Konstruktion verzichtet hat.

Wird nun auch eine Person nach § 9 Abs. 2 S. 3 SGB II hilfebedürftig, die eigentlich selbst in der Lage ist, ihre Existenz zusichern, so unterliegt auch diese Person dem System des SGB II und wird zum „Hartz-IV-Empfänger", obwohl individuell kein Bedarf für Grundsicherungsleistungen vorliegt. Damit unterfällt diese Person ebenso den Aktivierungsmechanismen des SGB II, unterliegt dem Sanktionssystem. und auch der Angemessenheitskontrolle hinsichtlich der gemeinsam bewohnten Unterkunft. Spiegelbildlich stellt sich die Situation für diejenige dar, die individuell hilfebedürftig ist, aber einer Bedarfsgemeinschaft zugerechnet wird, die finanziell insgesamt nicht Hilfedürftig ist. Mit der Bedarfsgemeinschaft ist die neue Art der „fiktiv Hilfebedürftigen" entstanden und der „fiktiv nicht Hilfebedürftige". Diese sind die Nichtleistungsbeziehenden, der dritte Typ der Schlüsselkategorien dieses Projekts.

Das BSG hat zwar zur fiktiven Hilfebedürftigkeit eine verfassungskonforme Auslegung der SGB II- Regelungen in Aussicht gestellt[365], jedoch ist bereits zweifelhaft, ob die betroffenen Vorschriften mangels Spielraum im Wortlaut überhaupt einer restriktiveren Auslegung zugänglich sind. Die Zuordnung des tatsächlich Nichthilfebedürftigen zum System des SGB II kann ein zusätzliches Hindernis für die Betroffenen bilden, auf die Begründung gemeinsamer Haushalte zu verzichten. In allen Konstellationen, in denen nicht der Gesamtbedarf der Bedarfsgemeinschaft sichergestellt ist, müssen sich die Betroffenen zusätzlich mit der Frage auseinandersetzen, welche Bedeutung der SGB II- Bezug des einen Mitglieds für die anderen Mitglieder hat und welche Pflichten ihnen damit abgefordert werden.

§ 9 Abs.1 SGB II erkennt eine Person erst dann als hilfebedürftig an, wenn sie ihren Lebensunterhalt, ihre Eingliederung in Arbeit und den Lebensunterhalt der mit ihr in einer Bedarfsgemeinschaft lebenden Personen nicht oder nicht ausreichend aus eigenen Kräften und Mitteln, vor allem nicht durch Aufnahme einer zumutbaren Arbeit oder aus dem zu berücksichtigenden Einkommen oder Vermögen, sichern kann und die erforderliche Hilfe nicht von anderen, insbesondere von Angehörigen oder von Trägern anderer Sozialleistungen erhält. Die Zusammenfügung mehrerer Personen zu einer Bedarfsgemeinschaft durch §§ 7 Abs. 3, 9 Abs. 1 SGB II führt nicht

---

365 BSG, Urt. V. 07.11.2006, BSGE 97, 217.

3. Analyse der Bedarfsgemeinschaft

dazu, dass diese Anspruchsinhaberin der Grundsicherungsleistungen wird; es verbleibt vielmehr bei den individuellen Einzelansprüchen der Mitglieder dieses Instituts.[366] Entstanden ist damit ein „Zwitter": Kollektive Einkommensberücksichtigung und individuelle sozialrechtliche Leistungen sowie Pflichten.

---

366 BSG v. 7.11.2007, BSGE 97, 217; Wahrendorf 2007; Spellbrink 2007a: 121; Hengelhaupt in Hauck/Noftz/Vogelgesang (2010): § 9 Rn. 99 SGB II.

4. Leistungen im Rahmen des SGB II

Das SGB II sieht nicht nur Leistungen zur Sicherung des Lebensunterhalts vor. Ziel des SGB II ist auch, durch „Fordern und Fördern" die Hilfebedürftigen zu befähigen, ihren Lebensunterhalt selbst aufbringen zu können. Um dies Ziel zu erreichen, sieht das SGB II einen Katalog von Leistungen zur Eingliederung in Arbeit vor. Dieser Katalog der Eingliederungsleistungen ist mit dem Gesetz zur Neuausrichtung der arbeitsmarktpolitischen Instrumente[367] zum 01.01.2009 gestrafft worden.

In § 19 a SGB I sind die Leistungen der Grundsicherung für Arbeitsuchende beschrieben. Es gibt Leistungen zur Eingliederung in Arbeit[368], die auch als aktive Leistungen der Arbeitsförderung oder als Aktivierungsmaßnahmen bezeichnet werden können. Außerdem gibt es Leistungen zur Sicherung des Lebensunterhalts,[369] die passiven Leistungen der Arbeitsförderung oder auch die Geldleistungen.

Die passiven Leistungen sind pauschaliert für den Fall der Bedürftigkeit bestimmt. Zu den Ermessensleistungen der aktiven Arbeitsförderung enthält § 3 IV SGB III eine Legaldefinition. Die aktive Arbeitsförderung stellt ein Instrumentarium dar, mit dem die BA auf das Geschehen am Arbeitsmarkt tätig Einfluss nehmen kann.[370] Dies ist auch der Unterschied zu den in § 3 V SGB III ausgenommenen Leistungen der passiven Arbeitsförderung, die sich darauf beschränken, ausgefallenes Arbeitsentgelt zu ersetzen und damit lediglich (passiv) auf das Geschehen am Arbeitsmarkt reagieren.[371]

4.1 Geldleistungen nach dem SGB II: Rechliche Grundlagen

§ 7 SGB II regelt, wer berechtigt ist, passive Leistungen nach dem SGB II zu erhalten. Es müssen hierfür die Tatbestandsvoraussetzungen des Abs. 1 erfüllt sein. Folglich muss es sich um eine erwerbsfähige, hilfebedürftige Person, die ihren gewöhnlichen Aufenthaltsort in der Bundesrepublik Deutschland hat, handeln. Nach § 7 Abs. 2 SGB II erhalten auch Personen, die in einer Bedarfsgemeinschaft mit Hilfebedürftigen leben, Leistungen.

Das Merkmal der Hilfebedürftigkeit
Voraussetzung für den Bezug von Leistungen zur Sicherung des Lebensunterhalts ist immer eine Hilfebedürftigkeit. Wann eine solche Hilfebedürftigkeit vorliegt ist in §

---

367 Es war die 32. Änderung von Vorschriften des SGB II.
368 § 19 a I Nr. 1 SGB I.
369 § 19 a Abs.1 Nr. 2 SGB I.
370 Hänlein in Gagel (2010): § 3, Rn. 40 SGB III; Bolay/Eisenreich/Isele (2004) Rn. 15.
371 Hänlein in Gagel (2010): § 3, Rn. 40 SGB III; Bolay/Eisenreich/Isele (2004) Rn. 15.

4. Leistungen im Rahmen des SGB II

9 SGB II geregelt. Danach ist Hilfebedürftig, wer seinen Lebensunterhalt, seine Eingliederung in Arbeit und den Lebensunterhalt der mit ihm in einer Bedarfsgemeinschaft lebenden Personen nicht oder nicht ausreichend aus eigenen Kräften und Mitteln, vor allem nicht durch die Aufnahme einer zumutbaren Arbeit oder aus dem zu berücksichtigenden Einkommen oder Vermögen sichern kann und die erforderliche Hilfe nicht von anderen, insbesondere von anderer Sozialleistungen erhält.

Ein Anspruch auf Leistungen nach dem SGB II besteht nicht, wenn die arbeitslose Person ihren Bedarf durch eine dieser Möglichkeiten decken kann.

4.1.1 Aufnahme einer zumutbaren Arbeit

Was unter der Aufnahme einer zumutbaren Arbeit zu verstehen ist wird in § 10 SGB II konkretisiert. So ist nach § 10 I SGB II grundsätzlich jede Arbeit zumutbar, soweit keine der Ausnahmen des § 10 II SGB II einschlägig ist. Insoweit ist insbesondere die Befreiung von der Erwerbspflicht für Personen mit Betreuungspflichten gegenüber Kindern, die noch nicht das dritte Lebensjahr vollendet haben, gemäß § 10 I Nr. 3 SGB II zu nennen.

4.1.2 Zu berücksichtigendes Einkommen und Vermögen

Für das zu berücksichtigende Einkommen und Vermögen sind die §§ 11, 12 SGB II entscheidend.

Der maßgebliche Freibetrag für das Vermögen ist nach § 12 II S. 1 Nr. 1 SGB II 150 € je vollendetem Lebensjahr des Hilfebedürftigen, mindestens aber 3.100 €. Eine Deckelung dieses Vermögensfreibetrags erfolgt nach § 12 II S. 2 SGB II je nach dem Geburtsjahr des Hilfebedürftigen in drei Gruppen.[372]

4.1.3 Einkommensanrechnung bei Erwerbstätigen Hilfebedürftigen

Für das Einkommen eines erwerbstätigen Hilfebedürftigen gelten die Freibeträge gemäß §§ 11 II 1 Nr. 6 i.V.m. § 30 SGB II. Aus dieser Regelung ergibt sich ein Grundfreibetrag von 100 €. Das darüber liegende Einkommen wird bis zur Grenze von 800 € zu 80 % auf die Grundsicherung angerechnet, Einkommen über 800 € bis 1200 €[373] wird zu 90 % angerechnet. Darüber findet eine volle Anrechnung des Einkommens statt.

---

372 Für vor 1958 Geborene 9.750 €, von 1958 bis 1963 Geborene 9.900 € und nach 1963 Geborene 10.050 €.
373 Für erwerbstätige Hilfebedürftige, die ein minderjähriges Kind haben, ist die Grenze bei 1.500 €.

Die hinter diesem Kontext der Einkommensanrechnung stehenden Personen werden mit der Gruppe der so genannten Aufstocker benannt. Die Aufstocker bestreitet ihren Lebensunterhalt aus Einkommen aus einer Erwerbstätigkeit und zusätzlichen Leistungen zur Sicherung des Lebensunterhalts aus dem SGB II, da ihr Einkommen nicht dazu ausreicht ihren Bedarf zu decken. Die Grundsicherung nach dem SGB II hat für sie die Funktion das geringe Einkommen auf das Niveau der Grundsicherung anzuheben. Es gibt verschiedene Konstellationen, aus welchem Grund das Einkommen der Betroffenen nicht ausreicht ihren Bedarf zu decken. Zum einen kann eine große Zahl von Personen in der Bedarfsgemeinschaft und ein entsprechend hoher Bedarf zu diesem Effekt führen. Auch zu geringe Stundenlöhne oder eine zu geringe Stundenanzahl können hierfür die Ursache sein.[374] Von einer geringen Stundenanzahl sind in erster Linie Frauen betroffen, da überwiegend Frauen in Teilzeitarbeit tätig sind. Insoweit ist häufig die Aufgabe der Kinderbetreuung bei Alleinerziehenden und die unzureichenden externen Kinderbetreuungsmöglichkeiten der Grund für diese relativ geringen Stundenzahlen.

4.1.4   Rückgriff auf Angehörige außerhalb der Bedarfsgemeinschaft

Lebt der Hilfebedürftige in einer Bedarfsgemeinschaft mit anderen Personen sind gegebenenfalls auch Einkommen und Vermögen der anderen Mitglieder der Bedarfsgemeinschaft zu berücksichtigen.[375] Aber auch auf Angehörige des Hilfebedürftigen, die nicht in einer Bedarfsgemeinschaft mit diesem leben kann unter Umständen zurückgegriffen werden. Bestehen beispielsweise zivilrechtliche Unterhaltsansprüche eines arbeitslos gewordenen Elternteils gegen ein bereits ausgezogenes Kind auf Verwandtenunterhalt nach § 1601 BGB und werden diese auch tatsächlich an den Elternteil geleistet, sind sie als Einkommen des Arbeitslosen im Sinne des § 11 SGB II zu berücksichtigen. Wird der Unterhaltsanspruch vom Hilfebedürftigen geltend gemacht, der Anspruch aber nicht erfüllt, kommt ein Übergang des bestehenden zivilrechtlichen Unterhaltsanspruchs auf den Grundsicherungsträger nach § 33 SGB II in Betracht. Verzichtet der Unterhaltsberechtigte darauf, den Anspruch auf Verwandtenunterhalt gegenüber dem Unterhaltsverpflichteten geltend zu machen, ist ein Übergang gemäß § 33 II Nr. 2 SGB II ausgeschlossen. Das Gesetz macht die Überleitung der Ansprüche auf Verwandtenunterhalt damit von der Entscheidung des Hilfebedürftigen abhängig, den Anspruch gegenüber seinem Angehörigen geltend zu machen oder dies nicht zu tun. Ein Übergang nach § 33 SGB II erfolgt aus diesem Grund nur in dem Fall, dass der Bedürftige den Anspruch geltend macht, der Unterhaltsverpflichtete daraufhin aber nicht zahlt.[376] Auch der Höhe nach ist der Übergang des Anspruchs gemäß § 33 II S. 3 SGB II beschränkt. Er geht nur über, soweit das Einkommen und Vermögen der unterhaltsverpflichteten Person das

---

374 Dietz/ Müller/ Trappmann (2009): 2, 3.
375 Ausführlich hierzu Teil 3.2.1.
376 Decker in Oestreicher (2010), § 33 Rn. 45 SGB II.

4. Leistungen im Rahmen des SGB II

nach den §§ 11 und 12 SGB II zu berücksichtigende Einkommen und Vermögen übersteigt. Diese Beschränkung hat den Zweck, zu verhindern, dass der Unterhaltsverpflichtete aufgrund der Befriedigung des Unterhaltsanspruchs selbst hilfebedürftig und damit leistungsberechtigt im Sinne des SGB II wird.[377]

Anders ist die Möglichkeit des Übergangs von Unterhaltsansprüchen gegen Verwandte im SGB XII für den Fall der Grundsicherung für Nichterwerbsfähige geregelt. Nach § 43 II SGB XII bleiben Unterhaltsansprüche der Leistungsberechtigten gegenüber ihren Kindern und Eltern unberücksichtigt, sofern deren jährliches Gesamteinkommen unter einem Betrag von 100.000 Euro liegt. In § 43 II S. 2 SGB XII stellt das Gesetz die Vermutung auf, dass das Einkommen der Unterhaltspflichtigen unterhalb dieser Grenze liegt. Diese Vermutung kann durch den Leistungsträger widerlegt werden.

Ein solcher Freibetrag von nicht zu berücksichtigendem Vermögen ist im SGB II wie dargestellt nicht vorgesehen, hier gilt auch für den Verwandten über § 33 II S. 3 SGB II der gleiche „Freibetrag" wie für den Hilfebedürftigen selbst, nämlich der aus den §§ 11, 12 SGB II. Ein Rückgriff auf Verwandte die außerhalb der Bedarfsgemeinschaft leben ist damit häufiger möglich, allerdings nur, soweit der Anspruch durch den Hilfebedürftigen auch geltend gemacht wird.

4.2. Sozialwissenschaftliche Betrachtung der Geldleistungen

Im Mittelpunkt dieses Kapitels steht die Gruppe der Nichtleistungsbeziehenden, also jener Personen, die kein Arbeitslosengeld I (mehr) nach dem Sozialgesetzbuch III und auf Grund mangelnder Bedürftigkeit auch keine Leistungen nach SGB II erhalten[378], aber arbeitslos im Sinne des SGB III sind.[379] Untersucht werden die zahlenmäßige Entwicklung dieser Gruppe Arbeitsloser seit Geltung des SGB II sowie ihre soziale Zusammensetzung, ihre Einkommenssituation und ihre subjektiven (Erwerbs-) Orientierungen. Darüber hinaus werden die Ergebnisse der durchgeführten

---

377 Decker in Oestreicher (2010), § 33 Rn. 58 SGB II.
378 Dazu Teil 1.4 S. 26f.
379 Arbeitslose müssen beschäftigungslos sein (bzw. eine Beschäftigung von weniger als 15 Stunden wöchentlich ausüben) UND ernsthaft an einer Arbeitsstelle von mindestens 15 Stunden wöchentlich interessiert sein, intensiv nach Stellen suchen und sich ggf. bundesweit bewerben UND regelmäßig der Arbeitsagentur ihre Eigenbemühungen vorlegen UND zumutbare Stellenangebote der Arbeitsvermittlung annehmen (z. B. Pendelzeiten bis 2,5 Std. täglich, eine andere Tätigkeit oder geringeren Lohn als bisher akzeptieren) UND die notwendigen persönlichen Voraussetzungen für eine Arbeitsaufnahme geschaffen haben (z. B. die Betreuung von Kindern bis 15 Jahren, auch in den Ferien, sicher stellen) UND ggfs. an beruflichen Eingliederungsmaßnahmen teilnehmen UND sich regelmäßig melden und auf Einladung zur Arbeitsagentur kommen (Bundesagentur für Arbeit 2007d). Seit Januar 2009 kamen weitere Anzeigepflichten für Nichtleistungsbeziehende hinzu und es wurde die Sanktionsmöglichkeit einer dreimonatigen Vermittlungssperre für NLB eingeführt, dafür müssen sich NLB nicht mehr alle drei Monate persönlich melden.

Längsschnittanalysen auf Basis des Sozioökonomischen Panels (SOEP) zum Übergang Arbeitsloser ohne Leistungen in Erwerbsarbeit präsentiert (2.4.2).[380]

Als Hinführung zu dieser Thematik werden zunächst jedoch die allgemeinen Verteilungswirkungen betrachtet, die durch die Ersetzung der Arbeitslosenhilfe durch die Einführung der an der Sozialhilfe orientierten „Grundsicherung für Arbeitsuchende" nach SGB II für bestimmte Personengruppen, insbesondere für Frauen in Paarbeziehungen sowie für alleinerziehende Frauen, entstehen.

4.2.1 Datengrundlage

Zur Gruppe der Nichtleistungsbeziehenden lagen zum Zeitpunkt der Projektbeantragung nur sehr eingeschränkt Daten seitens der amtlichen Statistik vor; die Bundesagentur für Arbeit (BA) veröffentlichte erstmals im November 2007 einen Sonderbericht über arbeitslose Leistungs- und Nichtleistungsbeziehende im SGB III. Aus diesem Grund wurden im Rahmen des Forschungsprojekts eigene empirische Analysen auf der Grundlage des Sozio-oekonomischen Panels (SOEP) durchgeführt, basierend zunächst auf den Wellen 2004 (vor In-Kraft-Treten des SGB II) und 2006 (zum Untersuchungszeitpunkt aktuellste verfügbare Erhebungswelle), später erweitert auf die Wellen 2007 und 2008 sowie ergänzt um Längsschnittanalysen bezüglich des Erwerbsübergangs Nichtleistungsbeziehender.[381] Daten des SOEP werden im Rahmen von Befragungen erhoben, in denen die Befragten Selbstauskünfte zu einer Vielzahl von Fragen geben. Insbesondere bezüglich ihrer Angaben zum Status ‚arbeitslos gemeldet' ist zu berücksichtigen, dass die Anforderungen seitens der BA hinsichtlich der Registrierung als ‚Arbeitslos ohne Leistungsbezug' hoch und zudem komplex sind (s. Fußnote 509), so dass Abweichungen zu den *Registerdaten* der BA möglich sind. Diese werden, ergänzend zu den eigenen empirischen Analysen, hinsichtlich der zahlenmäßigen Entwicklung der Nichtleistungsbeziehenden (2004 bis 2009) sowie zu ihrer Zusammensetzung (im Juni 2007) skizziert.

Bezüglich der materiellen Verteilungswirkungen in Folge des Systemwechsels wurden bereits mehrere Studien veröffentlicht, in denen mehrheitlich Ergebnisse aus

---

380 Eine zusammenfassende kritische Analyse der Entwicklung und Zusammensetzung Arbeitsloser ohne Leistungsbezug auf Basis sowohl der BA- als auch der SOEP-Auswertungen findet sich in dem Buchbeitrag von Betzelt/Schmidt (2010) in dem von K. Jaehrling/C. Rudolph herausgegebenen Sammelband.

381 Das Sozio-oekonomische Panel (SOEP) ist ein Survey, der für die sozial- und wirtschaftswissenschaftliche Grundlagenforschung Mikrodaten bereitstellt. Beheimatet ist das multidisziplinäre SOEP am DIW Berlin, dem größten deutschen Wirtschaftsforschungsinstitut. Das SOEP ist eine repräsentative Wiederholungsbefragung privater Haushalte in Deutschland, die im jährlichen Rhythmus seit 1984 bei denselben Personen und Haushalten in der Bundesrepublik durchgeführt wird. In der Welle 2006 wurden 22.665 Personen in 12.499 Haushalten befragt (http://panel.gsoep.de/soepinfo2006/ letzter Zugriff 02.02.2009).

4. Leistungen im Rahmen des SGB II

ex-ante-Simulationsanalysen, in wenigen Fällen auch aus ex-post-Analysen präsentiert werden.[382]

Zentrale Datengrundlage für diesen Abschnitt ist die ex ante- Simulationsanalyse von Becker/Hauser[383], da allein hier differenzierte Auswertungen sowohl nach Geschlecht als auch nach Haushaltstyp vorgenommen wurden. Auf Basis der Befragungswelle 2003 des SOEP sowie der Einkommens- und Verbrauchsstichprobe (EVS) 2003 wurden die Verteilungswirkungen bezüglich der Gruppe der (ehemaligen) Arbeitslosenhilfebeziehenden berechnet. Darüber hinaus werden die Ergebnisse von Bruckmeier und Schnitzlein (2007) verwendet, die auf der Querschnittsbefragung, Lebenssituation und soziale Sicherung 2005' des Instituts für Arbeitsmarkt- und Berufsforschung (IAB) beruhen.[384]

Für die Gruppe der (ehemaligen) Sozialhilfebeziehenden liegt allein eine ex ante- Simulationsanalyse von Arntz u. a.[385] (2007) auf der Basis des SOEP 2004 vor. Deren Ergebnisse sind nicht nach Geschlecht, jedoch nach Haushaltstyp differenziert ausgewiesen und werden ebenfalls skizziert.

4.2.2 Verteilungswirkungen des Systemwechsels bezüglich ‚passiver' Leistungen: Alleinerziehende und Frauen in Paar-Haushalten

4.2.2.1 Alleinerziehende

Bezüglich der Leistungshöhe werden in allen Studien, unabhängig von der jeweils verwendeten Methode und Datengrundlage, sowohl alleinerziehende Arbeitslosenhilfe- als auch Sozialhilfebeziehende als ‚GewinnerInnen' der Reform ermittelt, d.h. ihre (potenziellen) Leistungsansprüche liegen über jenen nach alter Rechtslage.[386] Die Ergebnisse variieren im Detail, weisen aber durchgängig für den überwiegenden Teil der Alleinerziehenden einen höheren Leistungsanspruch auf Arbeitslosengeld (ALG) II aus im Vergleich zur Arbeitslosen- sowie zur Sozialhilfe.

---

382 Mit beiden methodischen Ansätzen können die systembedingten Verteilungswirkungen nicht konkret abgebildet, sondern nur näherungsweise bestimmt werden. Ex ante-Analysen berechnen auf der Grundlage von Befragungsdaten die reinen Systemwirkungen, arbeiten jedoch mit vereinfachten Simulationsmodellen; ex post-Analysen bilden auf der Basis von Befragungsdaten tatsächliche Einkommensveränderungen ab, die jedoch, neben den gesetzlichen Regelungen, auf einer Vielzahl weiterer Einflussfaktoren beruhen können.
383 Becker / Hauser 2006; Becker 2009.
384 Bruckmeier/Schnitzlein 2007.
385 Arntz u. a. 2007.
386 Für Arbeitslosenhilfebeziehende: Arntz u. a. 2007, Becker/Hauser 2006, Becker 2009; Bruckmeier/Schnitzlein 2007, Rudolph/Blos 2005, Schulte 2004; für Sozialhilfebeziehende: Arntz u. a. 2007, Kull/Riedmüller 2007.

In der Gruppe der alleinerziehenden *Arbeitslosenhilfebeziehenden* ermitteln Becker und Hauser auf Basis des SOEP zwei Drittel (67 %[387]), auf Basis der EVS die Hälfte (52 %) als ‚Gewinnerinnen' mit höheren Leistungsansprüchen, sowohl Arntz u. a. als auch Schulte weisen dies sogar für fast drei Viertel (71 bzw. 72 %) der Betroffenen aus. Insgesamt deutet dies darauf hin, dass ein großer Teil der alleinerziehenden Arbeitslosenhilfebeziehenden vor 2005 auf ergänzende Hilfe zum Lebensunterhalt nach Bundessozialhilfegesetz (BSHG) verzichtet und insofern in ‚verdeckter Armut' gelebt haben.

Unter den alleinerziehenden *Sozialhilfebeziehenden* werden von Arntz u. a. zwei Drittel (69 %) als ‚GewinnerInnen' identifiziert.

Jedoch nicht für alle Alleinerziehenden verbessert sich ihre materielle Situation durch den Systemwechsel. Je nach Studie zählen zwischen 30 % und 50 % zu den ‚VerliererInnen', die geringere Leistungsansprüche haben bzw. diese auf Grund der (verschärften) Bedürftigkeitsprüfung vollständig verlieren.

Unter den alleinerziehenden *Arbeitslosenhilfebeziehenden* werden zwischen 1 % (Becker/Hauser auf Basis des SOEP) und 14 % (Arntz u. a.) berechnet, die kein ALG II erhalten dürften; 4 % beziehen auf Grund des Systemwechsels tatsächlich keine Leistungen mehr (Bruckmeier/Schnitzlein).

Arntz u. a. berechnen für 7 % der alleinerziehenden *Sozialhilfebeziehenden* den *vollständigen* Verlust ihrer Leistungsansprüche auf Grund des Systemwechsels. Dieses Ergebnis ist insofern bemerkenswert, als dass die Regelungen zur Anrechnung von Einkommen und insbesondere von Vermögen in der Grundsicherung für Arbeitsuchende im Vergleich zur Sozialhilfe *generell* eher großzügiger gestaltet sind. Leider finden sich in der Studie keine erläuternden oder konkretisierenden Hinweise zu den Umständen, die den Leistungsverlust herbeiführen oder zu den spezifischen Personengruppen, die davon betroffen sind.

Kull und Riedmüller (2007) ermitteln einen Verlust an Leistungsansprüchen für alleinerziehende Sozialhilfebeziehende, die mehr als ein Kind zu versorgen haben. Verluste entstanden hier vor allem durch den Wegfall von Einmalleistungen der vormaligen Sozialhilfe, der durch die leichte Erhöhung des pauschalierten Regelsatzes unzureichend kompensiert wurde.

4.2.2.2 Arbeitslose (Frauen) in Paar-Haushalten

Alle Studien gelangen zu dem Ergebnis, dass Arbeitslosenhilfebeziehende in Paar-Haushalten überdurchschnittlich häufig zu den ‚VerliererInnen' gehören und ihre Leistungsansprüche *vollständig* verlieren: Die ermittelten Werte liegen zwischen 17 % (Bruckmeier/Schnitzlein, Paarhaushalte mit und ohne Kinder) und 47 % (Schulte, Paarhaushalte ohne Kinder).

---

[387] Um die Lesefreundlichkeit zu erhöhen sind im Text Prozentangaben und absolute Zahlen weitgehend gerundet ausgewiesen.

4. Leistungen im Rahmen des SGB II

Geschlechtsbezogen differenzierte Daten weisen die Simulationsanalysen von Becker/Hauser aus und zeigen sowohl bei Verwendung der Daten der EVS als auch des SOEP, dass *Frauen in Paarhaushalten überproportional häufig ihre Leistungsansprüche verlieren und damit zu Nichtleistungsbeziehenden werden.* Von jenen Frauen, die kein ALG II erhalten, leben knapp 90 % in Paarhaushalten. Auch Männer in Paarhaushaushalten sind überdurchschnittlich davon betroffen, jedoch auf deutlich niedrigerem Niveau (62 % auf Basis des SOEP, 78 % auf Basis der EVS).

Die geschlechtsspezifischen Unterschiede in Paarhaushalten werden auf die ungleiche Erwerbsintegration der Partner in Verbindung mit der Anrechnung von Partnereinkommen im Rahmen der Bedürftigkeitsprüfung zurückgeführt: Frauen leben relativ häufiger mit einem vollzeitig erwerbstätigen Partner zusammen, dessen Einkommen bedarfsdeckend im Sinne des SGB II ist, als Männer mit einer vergleichbar erwerbstätigen Partnerin. Je nach Datengrundlage variiert der Anteil der *Arbeitslosenhilfebezieherinnen*, die mit einem vollzeitig erwerbstätigen Partner zusammen leben, zwischen 19 % und 42 %, unter den Arbeitslosenhilfebeziehern sind es nur zwischen 11 % und 18 % (jeweils Becker/Hauser bzw. Bruckmeier/Schnitzlein).

Sozialhilfebeziehende in Paarhaushalten hingegen werden überwiegend als ‚GewinnerInnen' der Reform ermittelt. Arntz u. a. berechnen, dass 60 % der Paare ohne Kinder und 80 % derer mit Kindern Einkommensverbesserungen zu erwarten haben; vom vollständigen Verlust ihrer Leistungsansprüche sind hingegen Paare ohne Kinder nicht betroffen, Paare mit Kindern nur zu 5 %.

Insgesamt sind damit deutliche geschlechtsspezifische Verteilungswirkungen des Systemwechsels zum SGB II in Bezug auf Geldleistungen zu konstatieren, wobei insbesondere Frauen in Paarhaushalten aufgrund der starken Anrechnung von Partnereinkommen Leistungsansprüche verloren haben. Zwar wurden in den Analysen auch „GewinnerInnen" ermittelt, hauptsächlich Alleinerziehende Sozialhilfeberechtigte, wobei es auch hier Teilgruppen (Mehrkindfamilien) gibt, die Leistungsverluste hinnehmen mussten.

4.2.3 Arbeitslose ohne Leistungsbezug: Quantitative Entwicklung 2004-2009 auf Basis der Daten der Bundesagentur für Arbeit

Im folgenden Kapitel wird die quantitative Entwicklung und soziale Zusammensetzung der Gruppe der Nichtleistungsbeziehenden auf der Grundlage von BA-Daten behandelt. Als Quellen wurden dabei zunächst die periodisch erscheinenden so genannten „Analytikreports zur Situation von Frauen und Männern auf dem Arbeitsmarkt" der BA herangezogen. Die Anzahl der Nichtleistungsbeziehenden wird in den Analytikreports mit Hilfe der Subtraktionsmethode ermittelt, bei der die Anzahl der SGB III-Leistungsbeziehenden von der Anzahl aller SGB III-Arbeitslosen subtrahiert wird. Bei dieser Methode lassen sich einige Unschärfen nicht ausschließen. Da die Berechnung auf Aggregatebene erfolgt, kann die Methode insbesondere bei

4. Leistungen im Rahmen des SGB II

der Betrachtung von Personenmerkmalen nur eingeschränkt verwendet werden.[388] Für die Analyse der sozialen Zusammensetzung der Nichtleistungsbeziehenden in Kapitel 2.3.2 wurde daher zusätzlich auf die beiden in 2007 und 2009 veröffentlichten Berichte aus Sonderauswertungen der BA zu Arbeitslosen Leistungs- und Nichtleistungsbeziehern zurückgegriffen, die auf einer personenbezogenen integrierten Auswertung der Arbeitslosen- und Leistungsempfänger-Statistik beruhen und daher präziser sind.[389]

4.2.3.1 Entwicklung der registrierten Nichtleistungsbeziehenden 2004 bis 2008

Die Zahl der bei der BA registrierten Nichtleistungsbeziehenden ist seit 2004 stetig rückläufig. Da sich mit dem Übergang zur Grundsicherung für Arbeitsuchende in 2005 der zugangsberechtigte Personenkreis stark verändert hat, wird die Entwicklung in zwei Schritten dargestellt: zunächst der Zeitraum des Systemwechsels von 2004 zu 2005, anschließend die Entwicklung seit 2005.

4.2.3.1.1 Systemwechsel 2004 zu 2005

Im Jahresdurchschnitt 2004 waren rund 900.000 Nichtleistungsbeziehende (NLB) bei der BA registriert, darunter 56 % (500.000) Frauen. (s. Tabelle 1) Die Gesamtzahl war im Jahresdurchschnitt 2005 um 60.000 (minus 6 %) geringer. Da der Rückgang allein bei den Männern zu verzeichnen war (minus 14 %), stieg der Frauenanteil an den Nichtleistungsbeziehenden um 3 % auf 59 %.

---

388 Bundesagentur für Arbeit 2009b: 3.
389 Bundesagentur für Arbeit 2007b, 2009b.

4. Leistungen im Rahmen des SGB II

Tabelle 1: Entwicklung der Zahl der Nichtleistungsbeziehenden 2004 bis 2008, nach Geschlecht

	NLB insg.		NLB Männer		NLB Frauen		Frauen-Anteil
	absolut	in %	absolut	in %	absolut	in %	in %
		Veränderung jeweils zum Vorjahr		Veränderung jeweils zum Vorjahr		Veränderung jeweils zum Vorjahr	
JD 2004*	902.717		399.458		503.261		55,7
JD 2005**	844.360	-6,5	342.870	-14,2	501.490	-0,4	59,4
JD 2006**	803.183	-4,9	311.875	-9,0	491.308	-2,0	61,2
JD 2007***	630.606	-21,5	232.475	-24,5	398.131	-19	63,1 %
JD 2008***	442.682	-29,8	176.067	-24,3	266.615	-33,1	60,2%
gleitender JD 2009 (8.2008-7.2009)***	404.373	-8,7	177.662	+0,9	226.711	-15	56,1 %
		Veränderung 2008 zu 2005		Veränderung 2008 zu 2005		Veränderung 2008 zu 2005	
		-52,1		-48,65		-54,8	

Quellen:
* Bundesagentur für Arbeit 2005, Bothfeld et al 2005.
** Bundesagentur für Arbeit 2008b.
*** Bundesagentur für Arbeit 2010a.
Eigene Darstellung und teilweise eigene Berechnung.

Zwei spezifische Effekte im Rahmen des Systemwechsels können zumindest teilweise die insgesamt rückläufige und dabei geschlechtsspezifische Entwicklung erklären.

Einen erheblich mindernden Effekt auf die Zahl der Nichtleistungsbeziehenden hat die Neudefinition des berechtigten Personenkreises und hier insbesondere der Ausschluss der arbeitslos gemeldeten ehemaligen Sozialhilfebeziehenden. Diese wurden bis Ende 2004, sofern sie keine weiteren Leistungen nach SGB III (insbesondere Arbeitslosengeld oder –hilfe) erhielten, von der BA als Nichtleistungsbeziehende geführt. Im Dezember 2004 waren dies 600.000 Personen, darunter zur Hälfte

Frauen (290.000 oder 48 %).[390] Seit dem Systemwechsel bezieht diese Personengruppe ALG II und gehört nicht mehr der Kategorie der Nichtleistungsbeziehenden an.[391]

Auf Grund des geringeren Ausgangsniveaus der männlichen im Vergleich zu den weiblichen Nichtleistungsbeziehenden (400.000 zu 500.000) führt die annähernd vergleichbare *absolute* Zahl an ausscheidenden Sozialhilfebeziehenden (310.000 zu 290.000) zu einem deutlich höheren Rückgang unter den männlichen Nichtleistungsbeziehenden (78 zu 58 %) und entfaltet in Folge geschlechtsspezifische Wirkungen auf die Zusammensetzung der verbleibenden Nichtleistungsbeziehenden.

Diesem mindernden Effekt steht ein die Zahl der Nichtleistungsbeziehenden erhöhender Effekt gegenüber. Ein Teil der ehemaligen ArbeitslosenhilfebezieherInnen verlor – wie oben beschrieben – auf Grund der verschärften Bedürftigkeitsprüfung im Rahmen des SGB II ihre Leistungsansprüche. Hiervon waren Frauen relativ häufiger betroffen als Männer (15 zu 8 %).[392] Bezogen auf die 2,2 Mio. Arbeitslosenhilfebeziehenden von Oktober 2004, von denen 850.000 (40 %) weiblich waren,[393] haben rund 100.000 Männer und 130.000 Frauen ihre Leistungsansprüche verloren und, sofern sie sich weiterhin arbeitslos gemeldet haben, die Zahl der Nichtleistungsbeziehenden entsprechend erhöht. Aufgrund des unterschiedlichen Ausgangsniveaus der männlichen und weiblichen Nichtleistungsbeziehenden würde sich der geschlechtsspezifisch unterschiedliche *absolute* Zugang auf den Bestand jedoch *relativ* geschlechtsneutral ausgewirkt haben (jeweils plus 25 %).

Beide Entwicklungsrichtungen zusammen führen zu einer grundlegend veränderten Zusammensetzung der Gruppe der Nichtleistungsbeziehenden, können jedoch die gesamte sowie die geschlechtsspezifische Entwicklung von 2004 zu 2005 nicht vollständig erklären; weitere Faktoren müssen beteiligt gewesen sein, zu deren Aufklärung vertiefende Analysen notwendig wären.

4.2.3.1.2 Entwicklung 2005 bis 2008

Seit 2005 ist der berechtigte Personenkreis hinsichtlich des Status' als Nichtleistungsbeziehende/r unverändert geblieben; die Jahresdurchschnittsdaten lassen sich deshalb uneingeschränkt vergleichen.

Waren im Jahresdurchschnitt 2005 noch 844.000 Nichtleistungsbeziehende (Frauenanteil 59 %) bei der BA registriert, so hat sich deren Anzahl im gleitenden Jahresdurchschnitt 2009 mit rund 404.000 mehr als halbiert. (s. Tabelle 1). Vor allem in den ersten Jahren nach dem Systemwechsel reduzierte sich fast ausschließlich die Zahl der männlichen Nichtleistungsbeziehenden, während sie bei den Frauen na-

---

390 Statistisches Bundesamt 2006: Tab.2.
391 Nichtleistungsbeziehende sind seit 2005 nur noch solche Arbeitslose, die weder Leistungen nach SGB III (ALG I) noch nach SGB II (ALG II) beziehen.
392 Bruckmeier/Schnitzlein 2007: 17.
393 Bundesagentur für Arbeit o.J.a.

4. Leistungen im Rahmen des SGB II

hezu konstant blieb. Erst 2007 zeigt sich bei beiden Genusgruppen gleichermaßen ein besonders hoher jährlicher Rückgang. Berücksichtigt man neben der geschlechtsspezifisch unterschiedlichen Dynamik bei den Abgängen aus dem Nichtleistungsbezug auch noch das deutlich geringere Ausgangsniveau männlicher Nichtleistungsbezieher (343.000 zu 501.000 im Jahr 2005), so erklärt sich, dass der Frauenanteil an den Nichtleistungsbeziehenden im Jahresdurchschnitt 2008 höher war als in 2005 (2005: 59,4%; 2006: 61,2%; 2007: 63,1%; 2008: 60,2%).[394]

Zum insgesamt hohen Rückgang der Zahl der Nichtleistungsbeziehenden sowie der geschlechtsspezifischen Unterschiede können verschiedene Faktoren beigetragen haben.

Die Entwicklungen am Arbeitsmarkt und der Arbeitslosigkeit verlaufen geschlechtsspezifisch unterschiedlich. Die Zahl der registrierten Arbeitslosen insgesamt (mit und ohne Leistungsbezug) entwickelte sich von 2005-2008 rückläufig; dabei verlief auch hier der Rückgang unter den Männern deutlich stärker als unter den Frauen (minus 27 zu minus 17 %).[395]

Die relativ schlechtere Entwicklung der Frauenarbeitslosigkeit lässt sich unter anderem darauf zurück führen, dass Frauen weniger von dem von 2005 bis 2008 stattfindenden Aufschwung am Arbeitsmarkt profitieren konnten als Männer, da sich der Beschäftigungszuwachs auf männerdominierte Branchen konzentrierte.[396] Zugleich ist es insbesondere für jene Frauen schwieriger, wieder auf dem Arbeitsmarkt Fuß zu fassen, die ihre Erwerbsarbeit zu Gunsten familiärer Aufgaben (länger) unterbrochen haben (Berufsrückkehrerinnen). Zudem sind Frauen häufiger als Männer (unfreiwillig) in zeitlich so geringfügigem Umfang beschäftigt, dass sie trotz Erwerbsarbeit den Arbeitslosigkeitsstatus nicht beenden (können).[397]

Zu den Entwicklungen und Erklärungsansätzen, die auf Arbeitslose insgesamt Bezug nehmen und vermutlich für Leistungs- und Nichtleistungsbeziehende gleichermaßen gelten dürften, kommt eine weitere, speziell Nichtleistungsbeziehende betreffende Entwicklung hinzu: Ihre Mitwirkungspflichten wurden in den letzten Jahren zunehmend verschärft, ohne dass zugleich ihre Leistungsansprüche oder -rechte erhöht wurden. Seit 2008 wird explizit der Abschluss einer Eingliederungsvereinbarung und (gegebenenfalls) die Teilnahme an Maßnahmen der aktiven Arbeitsförderung verlangt.[398]

Verschärfte Anforderungen bei gleichzeitig geringem Leistungsangebot, auf dessen Erbringung im Wesentlichen kein Rechtsanspruch besteht und das zudem vielen Betroffenen nicht bekannt sein dürfte, könnte in Verbindung mit der allgemein „in-

---

394 Ab 2009 scheint sich die Situation jedoch zu verändern: Die Zahl der männlichen Nichtleistungsbeziehenden stieg leicht an, während die Zahl weiblicher Nichtleistungsbeziehender weiter gesunken ist; der Anteil von Frauen und Männern in der Gruppe der Nichtleistungsbeziehenden hat sich dadurch im gleitenden Jahresdurchschnitt 2009 wieder angenähert.
395 Bundesagentur für Arbeit 2008c: 95, teilweise eigene Berechnungen.
396 Bundesagentur für Arbeit 2007c: 13ff.
397 Diese Annahme wird durch die eigenen Analysen auf der Basis der SOEP-Daten bestätigt (s. u. Teil 2.1. und 4.2.3).
398 Bundesagentur für Arbeit 2008f :54f.

tensivere[n] Betreuung von Arbeitslosen" sowie der „systematische[n] Überprüfung des Arbeitslosenstatus"[399] zu einer verstärkten Abmeldung bzw. Nicht- Erneuerung der Arbeitslosmeldung geführt haben und so zumindest teilweise den Rückgang der Zahl der Nichtleistungsbeziehenden erklären. Es wird zu beobachten sein, wie sich die weitere Verschärfung der Mitwirkungspflichten und die Einführung der dreimonatigen Vermittlungssperre gegenüber Nichtleistungsbeziehenden bei Verstoß gegen diese, die zum 01. Januar 2009 in Kraft getreten ist, auswirken wird.[400] Gegenwärtig lassen sich hierüber noch keine Aussagen treffen.

Verschärfte Mitwirkungspflichten lösen dabei möglicherweise geschlechtsspezifische Reaktionsmuster, insbesondere bei Nichtleistungsbeziehenden in Paarhaushalten aus. Vor dem Hintergrund geschlechtsspezifischer Rollenerwartungen (eigener sowie der Partnerin/des Partners) werden Männer möglicherweise konzessionsbereiter hinsichtlich der Arbeitsaufnahme, um den Erwartungen als Familienernährer gerecht werden zu können und finanzielle Abhängigkeiten von der Partnerin zu beenden; Frauen (insbesondere in Westdeutschland) widmen sich hingegen möglicherweise stärker den familiären Aufgaben und wandern in die ‚Stille Reserve' ab. Andere mögliche Reaktionsweisen auf verstärktes „Fordern" statt „Fördern" könnten die Abmeldung von der BA bei weiterer eigenständiger Arbeitssuche sein oder auch – besonders seitens Unverheirateter ohne Kinder – das Verlassen der Bedarfsgemeinschaft, um so als individuell hilfebedürftig anerkannt zu werden. Über solche und andere mögliche Reaktionsweisen liegen bislang keine Daten vor. Hinweise auf einen Rückzug bestimmter Gruppen (insbesondere westdeutscher Frauen mittleren Alters) aus der amtlichen BA-Statistik ergeben sich jedoch aus unseren Analysen der Entwicklung der sozialen Zusammensetzung von NLB im Zeitverlauf (2.3.2).

Neben dem Abgang ist auch der Zugang für die Entwicklung der Zahl der Nichtleistungsbeziehenden relevant. Dabei sind auch hier geschlechtsspezifische Unterschiede festzustellen.

Zum einen erhalten Frauen nach dem Ausschöpfen der Versicherungsleistung ALG I häufiger als Männer auf Grund des Partnereinkommens kein ALG II[401]; was, sofern sie sich weiterhin arbeitslos melden, die Zahl der weiblichen Nichtleistungsbeziehenden entsprechend stärker erhöht.

Zum anderen sind auch unter den Nichtleistungsbeziehenden ‚Berufsrückkehrende', die nach einer (längeren) kindbedingten Erwerbsunterbrechung wieder erwerbstätig werden wollen, sie sind fast ausschließlich weiblich (99 %).[402]

---

399 Bundesagentur für Arbeit 2008c: 39.
400 Unter anderem wird nun die *persönliche* Erneuerung der Arbeitslosmeldung alle drei Monate verlangt, was zuvor auch schriftlich oder fernmündlich möglich war; zudem wurden die Sanktionsmöglichkeiten konkretisiert. (Bundesagentur für Arbeit 2009a)
401 Bundesagentur für Arbeit 2007b: 6.
402 Bundesagentur für Arbeit 2009b und 2007b:11ff; eigene Berechnungen.

4. Leistungen im Rahmen des SGB II

4.2.3.2 Soziale Zusammensetzung der Nichtleistungsbeziehenden nach BA-Daten

Um die oben beschriebenen methodischen Unschärfen der Subtrahktionsmethode zu umgehen und die Personenmerkmale von Nichtleistungsbeziehenden besser beschreiben zu können, wurde von der BA zu zwei Zeitpunkten (November 2007 und Juni 2008) eine integrierte Auswertung der Arbeitslosen- und der Arbeitslosengeldempfängerstatistik durchgeführt und im Rahmen von Sonderveröffentlichungen[403] präsentiert. Auf der Basis dieser Daten wird im Folgenden die Zusammensetzung der registrierten Nichtleistungsbeziehenden nach Geschlecht, Nationalität, Alter und Dauer der Arbeitslosigkeit beschrieben.[404]

Von den im Juni 2008 im Rechtskreis SGB III registrierten Arbeitslosen waren 40 % - das sind 364.000 Personen - Nichtleistungsbeziehende. Bei geschlechtsdifferenzierter Betrachtung zeigen sich deutliche Unterschiede: während unter den männlichen Arbeitslosen 34 % keine Geldleistungen (nach SGB III oder II) erhielten, betraf dies unter den Frauen 45 %.

Betrachtet man nur die Gruppe der 364.000 Nichtleistungsbeziehenden so zeigen sich ebenfalls deutliche geschlechtsspezifische Unterschiede: Zwar ist der Frauenanteil an den Nichtleistungsbeziehenden leicht rückläufig, lag aber im Juni 2008 immer noch bei 59 %. Dabei treten die geschlechtsspezifischen Unterschiede in Ostdeutschland stärker zu Tage als in Westdeutschland, was mit der höheren Erwerbsbeteiligung ostdeutscher Frauen und ihrer längeren Arbeitslosigkeitsdauer erklärt werden kann: In Ostdeutschland waren 65 % aller Nichtleistungsbeziehenden weiblich, in Westdeutschland nur 55 %.

Unter Nichtleistungsbeziehenden sind mehr Deutsche als Ausländer zu finden. Nur knapp 10 % der Nichtleistungsbeziehenden besaßen *nicht* die deutsche Staatsangehörigkeit.

Die Mehrheit von 59% der Nichtleistungsbeziehenden bezog früher (im Zeitraum zwischen Januar 2004 und Mai 2008) Arbeitslosengeld, Eingliederungs-, Unterhaltsgeld oder ALHi. Geschlechtsspezifische Unterschiede zeigen sich vor allem bei der Betrachtung des *letzten* Monats des Leistungsbezugs. Während 13% der Frauen zuletzt im Dezember 2004, dem Monat vor der Einführung des SGB II, Leistungen erhielten, waren es bei den Männern nur 7 %. Andererseits endete für 22 % der Männer der Leistungsbezug erst in den letzten sechs Monaten vor dem Berichtsmonat (Dezember 2007 bis Mai 2008), aber nur für 13 % der Frauen.

Diese Daten spiegeln zum einen den häufigeren Leistungsverlust von Frauen durch den Systemwechsel. Sie korrespondieren darüber hinaus mit der geschlechtsspezifisch unterschiedlichen Dauer der bestehenden Arbeitslosigkeitsphase: Frauen sind länger arbeitslos als Männer, der Zeitpunkt des Verlustes ihrer Leistungsansprüche liegt bei einer Stichtagsbetrachtung deshalb regelmäßig länger zurück. Fast die Hälfte der weiblichen Nichtleistungsbeziehenden (47 %) war bereits länger als

---

403 Bundesagentur für Arbeit 2009b, 2007b.
404 Die zentralen Daten werden nachfolgend skizziert, eine Übersichtstabelle mit allen Strukturdaten befindet sich im Teil 10.1 im Anhang.

ein Jahr arbeitslos, darunter knapp zwei Drittel (62%) sogar länger als 24 Monate. Unter den männlichen Nichtleistungsbeziehenden ist hingegen nur ein knappes Drittel (30 %) länger als ein Jahr arbeitslos.

Insgesamt lässt sich in 2008 im Vergleich zum Vorjahr ein Rückgang des Bestands an Langzeitarbeitslosen unter den Nichtleistungsbeziehenden beobachten (der allerdings weniger stark ausfällt als bei den SGB III-Arbeitslosen insgesamt (41 % versus 50 %). Der Rückgang war in Westdeutschland und unter Frauen (-44,3%) erheblich stärker als in Ostdeutschland und unter Männern (-32,7%) – möglicherweise ein Indiz für einen stärkeren Rückzug langzeitarbeitsloser, besonders westdeutscher, Frauen in die Stille Reserve.

Die Ursachen für die geschlechtsspezifischen Unterschiede beim früheren Leistungsbezug dürften neben der unterschiedlichen Arbeitslosigkeitsdauer auch in den verschiedenen Zugangswegen in Arbeitslosigkeit liegen.

Bei einer Arbeitslosmeldung aus einer ‚Nichterwerbstätigkeit' heraus sind oft keine Leistungsansprüche nach SGB III (mehr) vorhanden, beispielsweise, wenn durch eine längere Erwerbsunterbrechung auf Grund familiärer Aufgaben, die in der Regel von Frauen übernommen werden, die Rahmenfrist überschritten wurde.[405] Während sich unter den weiblichen Nichtleistungsbeziehenden 32,4 % aus ‚Nichterwerbstätigkeit' heraus arbeitslos meldete, war dies nur für 23,5 % der Männer der Status vor der Arbeitslosmeldung.

Jedoch ist zu berücksichtigen, dass in der Arbeitslosenstatistik des SGB III (unabhängig vom Leistungsbezug) in der Kategorie ‚Zugang aus Nicht-Erwerbstätigkeit' auch erneute Meldungen beispielsweise nach Arbeitsunfähigkeit erfasst werden. Im Jahresdurchschnitt 2008 waren von den Neuzugängen an Arbeitslosen im SGB III 12,3 % zuvor arbeitsunfähig gewesen.[406]

Insgesamt ein Drittel (34 %) der Nichtleistungsbeziehenden besitzt einen Hauptschulabschluss, mehr als ein Drittel (37 %) die Mittlere Reife, fast jede/r Sechste hat Abitur. In Bezug auf das Bildungsniveau gibt es damit keine großen Unterschiede zur Gesamtheit der SGB III-Arbeitslosen. Lediglich der Anteil an Abiturienten ist leicht erhöht. Hierbei dürfte es sich um junge Erwachsene handeln, die nach Schulabschluss oder Studium arbeitslos werden, noch keine Versicherungsansprüche aufbauen konnten und überdies aufgrund elterlichen oder Partnereinkommens keinen ALG II-Anspruch haben.

Diese Vermutung erhärtet sich durch einen Blick auf die Altersstruktur der Nichtleistungsbeziehenden: Zwei Drittel (67 %) aller arbeitslosen Jugendlichen zwischen 15-20 Jahren sind Nichtleistungsbeziehende. Einen überdurchschnittlichen Anteil an den Arbeitslosen hat sonst nur noch die Gruppe der älteren Nichtleistungsbeziehenden zwischen 50-60 Jahren.

---

405 Die Rahmenfrist beträgt zwei Jahre. Nach Ablauf der Erziehungszeit, in der der betreuende Elternteil pflichtversichert auch in der Arbeitslosenversicherung ist, plus weiteren zwei Jahren verfallen zuvor erworbene Ansprüche auf ALG I, wenn sich der Elternteil in dieser Zeit nicht arbeitslos gemeldet hat.
406 Bundesagentur für Arbeit 2010b: 16.

4. Leistungen im Rahmen des SGB II

Auffällig ist weiterhin, dass über alle Altersgruppen hinweg der Anteil weiblicher Nichtleistungsbeziehender an allen weiblichen Arbeitslosen 11 Prozentpunkte über dem Anteil männlicher Nichtleistungsbeziehender. Besonders deutlich wird der Unterschied in der mittleren Altersgruppe (40-55 J.): hier liegt der Frauenanteil 20 Prozentpunkte über dem der Männer. In dieser Altersgruppe macht sich die Anrechnung der Partnereinkommen besonders stark bemerkbar.

Betrachtet man nur die Gruppe der Nichtleistungsbeziehenden, so werden auch hier in Bezug auf die Altersstruktur geschlechtsspezifische Unterschiede deutlich. In der Altersgruppe bis unter 25 Jahre dominieren die Männer. Nur knapp 40 % der Nichtleistungsbeziehenden dieser Altersgruppe sind Frauen. Für den deutlichen geschlechtsspezifischen Unterschied könnten insbesondere zwei Gründe relevant sein: Zum einen bleiben mehr junge Männer als Frauen ohne Ausbildungsplatz, da Frauen häufiger, zum Teil in Ermangelung des gewünschten betrieblichen Ausbildungsplatzes, schulische berufsvorbereitende oder -abschließende (Aus-)Bildungsgänge absolvieren. Sofern keine Leistungen nach SGB II bezogen werden und sie sich arbeitslos melden, gelten sie als Nichtleistungsbeziehende. Dabei wird die *Arbeitslos*meldung forciert durch die Bezugsvoraussetzungen für Kindergeld für unter 25-Jährige. Für diese kann weiterhin Kindergeld bezogen werden, sofern sie sich bei der BA ausbildungsplatz- oder arbeit*suchend* melden. Der Unterschied zwischen einer Arbeitsuchend- und Arbeitslosmeldung dürfte jedoch den wenigsten bekannt sein, so dass vermutlich häufiger eine *Arbeitslos*meldung erfolgt.[407]

Zum anderen fallen aus der Gruppe der Nichtleistungsbeziehenden jene unter 25-Jährigen heraus, die alleinerziehend sind und ALG II beziehen; dies sind fast ausschließlich (98 %) Frauen. Bei ihnen erfolgt die Bedürftigkeitsprüfung im Rahmen des SGB II generell elternunabhängig, so dass sie bei (länger andauernder) Arbeitslosigkeit in der Regel Ansprüche auf ALG II realisieren dürften und insofern Leistungsbezieherinnen sind.

In den anderen Altersgruppen zeigt sich ein anderes Bild: Vor allem in der Altersgruppe 35 bis unter 50 Jahre sind Frauen überdurchschnittlich vertreten. Der Frauenanteil lag hier im Juni 2008 bei ca. 70 %. Vergleicht man die Entwicklung mit dem Vorjahr, so wird deutlich, dass in den Altersgruppen zwischen 25 und 45 Jahren der Frauenanteil überdurchschnittlich zurückging.

In diese Altersspanne dürfte der überwiegende Teil der ca. 38.000 Berufsrückkehrenden unter den Nichtleistungsbeziehenden fallen. Wie Alleinerziehende sind auch Berufsrückkehrende fast ausschließlich (99 %) weiblich. In Folge gehörte jede zehnte Nichtleistungsbezieherin zu dieser speziellen Gruppe.

Auch bei der Gruppe der nichtleistungsbeziehenden *Berufsrückkehrerinnen* (BRK) ist ein sehr deutlicher Rückgang um fast die Hälfte (-47,8%) festellbar, wäh-

---

407 Bestätigt wird diese Vermutung durch eine Pressemeldung der BA eigens zu diesem Thema, in der explizit darauf hingewiesen wird, dass eine *Arbeitslos*-Meldung für den Bezug von Kindergeld für Schulabgänger/innen nicht notwendig sei.
http://www.arbeitsagentur.de/nn_167982/nn_170612/Dienststellen/RD-NRW/Duesseldorf/AA/Presse/Presseinformationen/2008/079-Kindergeld.html [21.01.2009]

4. Leistungen im Rahmen des SGB II

rend sie unter den arbeitslosen Frauen im Leistungsbezug nur um 21% abnahmen.[408] In Westdeutschland war dieser ungleiche Trend noch deutlicher (-52,4% BRK ohne Leistungen, -20,6% mit Leistungen) als in Ostdeuschland (-35% BRK ohne, -22,3% mit Leistungen). Diese Auffälligkeiten sind bemerkenswert, auch wenn sie nur einen Ausschnitt aus der Gesamtentwicklung erhellen können. Sie könnten ein weiterer Beleg für die Hypothese des vermuteten Rückzugs besonders von Frauen mittleren und höheren Alters in die Stille Reserve sein.

4.2.4 Eigene SOEP- Analyse der Nichtleistungsbeziehenden

Die weiterführenden eigenen Analysen auf Basis des Sozioökonomischen Panels geben darüber hinaus Aufschluss über die Arbeitsmarktnähe, den Haushaltskontext, das Einkommen, die Erwerbsbiografie sowie subjektive Perzeptionen Arbeitsloser ohne Leistungsbezug. Darüber hinaus liefern die vorgenommenen Längsschnittanalysen erstmals Daten zu den faktischen Arbeitsmarktübergängen von Nichtleistungsbeziehenden (2.4.2).

Für die eigene Analyse der Entwicklung und Struktur von Nichtleistungsbeziehenden auf Basis des SOEP wurden diese folgendermaßen abgegrenzt: Nichtleistungsbeziehende sind Personen, die 18 Jahre und älter sind und in den Befragungen 2004, 2006 und/oder 2008 angegeben hatten, zum Befragungszeitpunkt bei einer Arbeitsagentur arbeitslos gemeldet zu sein und weder Arbeitslosengeld noch Arbeitslosenhilfe (2004) bzw. weder Arbeitslosengeld I noch Arbeitslosengeld II noch Sozialgeld (2006 bzw. 2008) zu beziehen.

In Abgrenzung zu den BA-Registerdaten gilt es, zwei erhebungsbedingte Abweichungen hervorzuheben: Das Merkmal *„arbeitslos registriert"* beruht im SOEP auf der Selbstauskunft der Befragten. Diese Selbsteinschätzung muss nicht unbedingt mit ihrem „offiziellen" Status übereinstimmen. Da an die (ununterbrochene) Arbeitslosmeldung verschiedene Bedingungen geknüpft sind, stellt eine verlässliche Selbstauskunft über diesen Status hohe Anforderungen an die Befragten, insbesondere für zurückliegende Zeiträume. Damit sind in den SOEP-Daten vermutlich eine unbeobachtete Anzahl Arbeitsloser ohne Leistungsbezug enthalten, die in den BA-Daten nicht auftauchen, z.B. weil sie ihre Melde- oder sonstige Mitwirkungspflichten nicht (durchgängig) eingehalten haben. Die Lebensrealität der Betroffenen, die sich als arbeitslos sehen und keine Leistungen beziehen, dürfte das SOEP damit vollständiger abbilden als die Registerdaten.

Für die gesetzliche Abgrenzung der arbeitslosen Leistungs- und Nichtleistungsberechtigten ist die *Bedarfsgemeinschaft* nach SGB II von zentraler Bedeutung. Im SOEP ist dagegen (neben den Einzelpersonen) der gemeinsame *Haushalt* von Per-

---

[408] Berufsrückkehrende sind zu 99% Frauen. Sie sind nach § 20 SGB III definiert als Personen, die ihre Erwerbstätigkeit familienbedingt unterbrochen haben und nach „angemessener Zeit", d.h. innerhalb eines Jahres, in die Erwerbstätigkeit zurückkehren wollen. Alle Zahlen beruhen auf eigenen Berechnungen auf Basis der BA-Sonderauswertungen 2007 und 2008.

4. Leistungen im Rahmen des SGB II

sonen die Bezugsgröße, die von der amtlichen Definition einer Bedarfsgemeinschaft regelmäßig abweichen dürfte, weil sich darin mehr oder auch weniger Personen befinden können.

Das SOEP bietet zur Untersuchung der NLB-Population eine valide repräsentative Datenquelle. Allerdings sind aufgrund der niedrigen Fallzahl zu manchen Gruppenvergleichen keine statistisch gesicherten Aussagen möglich.[409] In den Tabellen werden Prozentwerte, die auf zu geringen Fallzahlen (N < 30) beruhen, in Klammern gesetzt. Diese Zahlen sind statistisch nicht abgesichert und daher nicht auf die Grundgesamtheit der Nichtleistungsbeziehenden interpretierbar. Für die Datenanalyse wurden die SOEP-Wellen 2004 (also vor SGB II), 2006 und 2008 herangezogen. Die Analyse wurde in zwei Schritten durchgeführt: Zunächst wurden die Wellen 2004 und 2006 ausgewertet; 2009 wurden die Ergebnisse dann auf der Basis der SOEP-Welle 2008 aktualisiert.[410] Dabei wurde die Mehrzahl der Variablen erneut ausgewertet. Bei den im Folgenden präsentierten Ergebnissen wird daher in der Regel (allerdings nicht durchgängig) die Entwicklung von 2004-2008 beschrieben. Eine tabellarische Übersicht über alle erhobenen Daten findet sich Teil 10.4.2.

4.2.4.1 Soziodemografische Merkmale und Arbeitsmarktnähe von NLB (SOEP-Daten)

Der Anteil der Nichtleistungsbeziehenden in der Stichprobe ist von 2004 bis 2008 beständig gesunken: In 2004 waren absolut 340 Personen der Stichprobe Nichtleistungsbeziehende, in 2008 waren es nur noch 246 Personen. Auch der Anteil der Nichtleistungsbeziehenden an den arbeitslos Gemeldeten ist von 2004 zu 2008 um 5,6 Prozentpunkte auf ein Sechstel (17,2 %) zurückgegangen. Die nachfolgende Tabelle gibt einen Überblick über die Häufigkeit und Verteilung der Gruppe der Nichtleistungsbeziehenden im SOEP.

---

409 Hochgerechnete Fallzahlen können statistisch gesichert nur interpretiert werden, wenn dem mindestens 30 Fälle zugrunde liegen.
410 Der erste Auswertungsschritt erfolgte im Rahmen dieses Forschungsprojekts. In 2009 wurde dann in einem zweiten Auswertungsschritt eine aktualisierende Auswertung der Welle 2008 für die meisten Variablen vorgenommen. Das SOEP ist eine repräsentative Wiederholungsbefragung von insgesamt rund 12.000 Haushalten und 20.000 Personen, die vom Deutschen Institut für Wirtschaftsforschung (DIW) seit 1984 jährlich durchgeführt wird (vgl. www.diw.de).

4. Leistungen im Rahmen des SGB II

Tabelle 2: Nichtleistungsbeziehende nach verschiedenen Merkmalen, 2004, 2006, 2008

	2004	2006	2008	Entwicklung 2008 zu 2004
	in %	in %	in %	in Pp.
Anteil NLB an arbeitslos Gemeldeten	22,8	19,6	17,2	-5,6
Anteil geringfügig erwerbstätiger an allen NLB	8,6	19,3	14,4	5,8
Anteil Frauen an allen Nichtleistungsbeziehenden	64,2	65,7	67,2	3
Anteil Männer an allen Nichtleistungsbeziehenden	35,8	34,3	32,8	-3
N, absolut	340	314	246	-94

Quelle: SOEP 2004; 2006; 2008 eigene Berechnungen, hochgerechnet. Pp=Prozentpunkte

Wie hat sich die soziale Zusammensetzung der Nichtleistungsbeziehenden *mit dem Systemwechsel (2004-6) und danach (2006-8) verändert?* Frauen waren in beiden Vergleichszeiträumen, mit geringfügig steigender Tendenz, zu einem deutlich höheren Anteil betroffen als Männer: In 2008 waren zwei Drittel der Nichtleistungsbeziehenden der Stichprobe weiblich. Der Anteil der westdeutschen Nichtleistungsbeziehenden liegt deutlich über dem Anteil der ostdeutschen: knapp 70% der Nichtleistungsbeziehenden stammen aus Westdeutschland. Zwar erhöhte sich der Anteil der Ostdeutschen in der Stichprobe von 2004 zu 2006 zunächst um 14 % auf 38 %, von 2006 auf 2008 sank ihr Anteil aber wieder auf 30,5 % (s. Tab. 3).

Tabelle 3: Nichtleistungsbeziehende nach Region, 2004, 2006 und 2008

	2004	2006	2008	Entwicklung 2008 zu 2004
	in %	in %	in %	in Pp.
NLB insgesamt	100,0	100,0	100,0	
Westdeutschland	76,4	62,4	69,5	-6,9
Ostdeutschland	23,6	37,7	30,5	6,9
N, absolut	340	314	246	

Quelle: SOEP 2004; 2006; 2008 eigene Berechnungen, hochgerechnet.

Im Hinblick auf die Altersstruktur fällt auf, dass mit dem Systemwechsel (2004-6) zunächst der Anteil der Jüngeren unter 25 Jahren zunimmt, was mit den verschärften Zugangsvoraussetzungen zu Arbeitslosengeld II für diese Altersgruppe zu erklären wäre. Im zweiten Vergleichsraum (2006-8) ist neben dem Rückgang in der mittleren Altersgruppe von 35-45 Jahren (-16,5 %) die sehr deutliche Zunahme älte-

4. Leistungen im Rahmen des SGB II

rer Personen ab 50 Jahre auffällig, die in 2008 über 40 % aller NLB stellen (s. Tab. 4).

Tabelle 4: Nichtleistungsbeziehende nach Altersgruppen, 2004, 2006 und 2008

	SOEP 2004	SOEP 2006	SOEP 2008
Fallzahl N	340	314	246
Alter	in %	in %	in %
15-u25	20,9	23,8	24,1
25-u35	19,8	12,6	12,9
35-u45	23,1	28,1	11,6
45-u50	(8,5)	(8.0)	(8,7)
50-u65	26,7	26,6	41,5
65-u. älter	(0,9)	(0,9)	(1,2)
	100	100	100

Quelle: SOEP 2004; 2006; 2008 eigene Berechnungen, hochgerechnet; Prozentangaben in Klammern beruhen auf geringen Fallzahlen (N < 30) und sind nicht statistisch abgesichert.

Hinsichtlich des schulischen und beruflichen Bildungs- und Qualifikationsniveaus der Nichtleistungsbeziehenden fällt auf, dass der weit überwiegende Teil über einen Haupt- oder Realschulabschluss (73,9 % in 2008) und eine betriebliche Berufsausbildung (60,6 % in 2008) verfügt. Nur 8,2 % haben hingegen eine Hochschulzugangsberechtigung und nur 13,9 % verfügen über einen Universitätsabschluss. Die Nichtleistungsbeziehenden gehören damit zu den *relativ* gut qualifizierten Arbeitslosen. Im Zeitverlauf zeigen sich interessante Veränderungen: Der Anteil der Personen mit einem Realschulabschluss steigt deutlich an, ebenso der Anteil der Personen mit einem Berufsabschluss. Der Anteil der Personen mit einem Hauptschluss und derjenigen ohne beruflichen Abschluss sinkt hingegen. Anders formuliert: Die Tendenz, dass die Nichtleistungsbeziehenden zu den *relativ* gut qualifizierten Arbeitslosen gehören, hat sich durch die rückläufige Entwicklung des Anteils der gering(er) Qualifizierten weiter verstärkt. Wie kann diese Entwicklung erklärt werden? Eine Ursache könnte in den gesetzlichen Änderungen durch die Einführung des SGB II liegen: Arbeitslos gemeldete Sozialhilfebeziehende, die tendenziell eher niedrige Qualifikationen aufweisen,[411] gehören nun zu den ALG-II-Beziehenden und

---

411 Zum Jahresende 2004 verfügte unter den Sozialhilfebeziehenden im Alter von 18 bis 64 Jahre ein Drittel über eine abgeschlossene Lehre als höchsten beruflichen Abschluss, mehr als die Hälfte (55 %) hatte jedoch keinen beruflichen Abschluss erreicht und befand sich auch nicht in Ausbildung. (Statistisches Bundesamt 2006: Übersicht 3)

fallen damit aus der Gruppe der Nichtleistungsbeziehenden heraus. Die zugehenden Arbeitslosenhilfebeziehenden verfügen hingegen möglicherweise eher über mittlere bis höhere berufliche Qualifikationen. Beide Strömungen zusammen würden zu einem durchschnittlich höheren Qualifikationsniveau der Nichtleistungsbeziehenden führen.

Tabelle 5: Nichtleistungsbeziehende nach schulischem und beruflichem Abschluss, 2004, 2006 und 2008

	2004	2006	2008	Entwicklung 2008 zu 2004
Nichtleistungsbeziehende nach schulischem Abschluss				
	in %	in %	in %	in Pp.
NLB insgesamt	100,0	100,0	100,0	
Hauptschule	42,3	44,2	31,1	-11,2
Realschule	27,4	41,3	42,8	15,4
Fachhochschulreife	(3,8)	(1,4)	(4,5)	(-0,7)
Abitur	10,2	6,3	8,2	-2,0
Anderer Abschluss	10,9	(4,7)	(11,7)	
Ohne Abschluss	(5,5)	(2,1)	(1,8)	
N, absolut	322	295	233	
Nichtleistungsbeziehende nach beruflichem Abschluss, NLB insgesamt	in %	in %	in %	
	100,0	100,0	100,0	
Beruflicher Bildungsabschluss (Lehre, Berufsfachschule, Fachschule, Meister, Beamtenausbildung)	48,8	63,2	60,6	11,8
Hochschulabschluss (FH, Uni, TH, Ingenieur-, Fachschule (Ost), Hochschule (Ost)	12,9	5,4	13,9	1
(noch) Ohne Berufsabschluss*	38,3	31,3	25,5	-12,8
N, absolut	333	310	233	

Quelle: SOEP 2004; 2006; 2008 eigene Berechnungen, hochgerechnet; Prozentangaben in Klammern beruhen auf geringen Fallzahlen (N < 30) und sind nicht statistisch abgesichert.
* Personen, die noch in Berufsausbildung sind und Personen, die keinen Berufsabschluss haben.

4. Leistungen im Rahmen des SGB II

Arbeitslose ohne Leistungsbezug verfügen durchschnittlich über mehr als zehn Jahre *Erwerbserfahrung*, blicken aber auch auf insgesamt (kumuliert) mehr als drei Jahre Arbeitslosigkeit zurück.[412] Die Mittelwerte der Erwerbserfahrung von Nichtleistungsbeziehenden und allen Arbeitslosen, d. h. Haushalten mit mindestens einer arbeitslosen Person, sind in Tabelle 6 gegenüber gestellt:

Tabelle 6: Mittlere Erwerbserfahrung der NLB und aller Arbeitslosen, in Jahren (SOEP 2006, 2008)

	Nichtleistungsbeziehende							Alle Arbeitslosen
	Insgesamt		West		Ost			
	2006	2008	2006	2008	2006	2008	---	2008
Erwerbstätigkeit insgesamt	12,5	14,7	11,5	14,2	14,1	15,9	---	15,3
Vollzeit	9,4	11,30	7,5	10,5	12,5	13,2	---	12,9
Teilzeit	3,1	3,38	4,0	3,7	1,6	2,6	---	2,4
Arbeitslosigkeit		3,19 (***)	3,4	2,3	3,1	5,2	---	4,8

Quelle: SOEP 2006, 2008; *** Signifikante Unterschiede auf dem 5%-Niveau zwischen West- und Ostdeutschland der NLB

Im Vergleich zu allen Arbeitslosen haben Nichtleistungsbeziehende in 2008 durchschnittlich jeweils eine etwa 1,5 Jahre kürzere Vollzeit- und Arbeitslosigkeitserfahrung, jedoch überdurchschnittlich lange Erfahrungen in Teilzeitbeschäftigung, insbesondere westdeutsche NLB. Vor allem die älteren NLB ab 50 J. verfügen im Schnitt über deutlich kürzere (-3 J.) Vollzeiterfahrung als die Gesamtheit der Arbeitslosen. Zugleich haben jüngere und mittlere Altersgruppen eine deutlich kürzere kumulierte Arbeitslosigkeitsdauer als alle Arbeitslose.

Aktuell sind 14,4% der Nichtleistungsbeziehenden *geringfügig beschäftigt*. Der Anteil der geringfügig Beschäftigen ist deutlich angestiegen – in 2004 lag er nur bei 8,6%. Eine geringfügige Beschäftigung ist mit dem Arbeitslosigkeitsstatus durchaus vereinbar, sofern der Job nicht länger als 15 Wochenstunden ausgeübt wird. „Mini-Jobs" bieten für diese Gruppe zumindest die Möglichkeit den Ausfall von regulärem Erwerbseinkommen und Arbeitslosengeld teilweise zu kompensieren und marginal am Erwerbsleben teilzuhaben.

Auch der *Gesundheitszustand* ist ein Indikator für die Nähe bzw. Barrieren zum Arbeitsmarkt. Insgesamt rund ein Viertel fühlt sich in 2008 in „schlechter/sehr schlechter" gesundheitlicher Verfassung, wobei dies weit überwiegend die über 50-Jährigen betrifft. Etwas mehr als jede/r zehnte Nichtleistungsbeziehende (12%) ist

---

412 Es handelt sich bei den Werten für Arbeitslosigkeit nicht um die durchschnittliche *abgeschlossene* Dauer einer Arbeitslosigkeits*periode* (wie in BA-Statistiken), sondern um die im SOEP gemessene durchschnittliche kumulierte Anzahl von Jahren in Arbeitslosigkeit.

erwerbsgemindert oder hat eine Schwerbehinderung.[413] Auch hiervon sind mit knapp zwei Dritteln hauptsächlich die Älteren ab 50 Jahren betroffen. Drei Viertel der Nichtleistungsbeziehenden schätzen ihre Gesundheit jedoch als „sehr gut/gut" (47%) oder „mittel" (27%) ein. Die große Mehrheit Arbeitsloser ohne Leistungsbezug hat damit *keine* gesundheitlichen Einschränkungen.

Die Nichtleistungsbeziehenden zeichnen sich durch eine hohe Erwerbsorientierung aus. Dies kann an mehreren Indikatoren verdeutlicht werden. 77 % der Nichtleistungsbeziehenden wollten in 2008 möglichst sofort eine Erwerbsarbeit aufnehmen. Dieser Wert ist seit 2004, als er bei 56 % lag, stark angestiegen. Dabei zeigen sich die Nichtleistungsbeziehenden hinsichtlich des Arbeitsvolumens sehr flexibel: Die meisten Nichtleistungsbeziehenden (40%) sind an einer Vollzeitbeschäftigung interessiert, einem weiteren Drittel wäre sowohl eine Vollzeit- als auch eine Teilzeitarbeit recht, nur ein Viertel ist an einer Teilzeitstelle interessiert. Angesichts der niedrigen persönlichen Einkommen und der großen Unzufriedenheit damit sind diese Interessen plausibel.

Jedoch schätzten die Nichtleistungsbeziehenden die realen Möglichkeiten, eine geeignete Stelle zu finden, als schwierig bis unmöglich ein: 71,4 % sahen es in 2008 als „schwierig" an eine geeignete Stelle zu finden. Dieser Wert ist seit 2006, als er bei ca. 66 % lag, sogar noch gestiegen. Ein gutes Fünftel (22%) sieht ihre Chance auf eine Stelle sogar als „praktisch unmöglich" (2006: 28,8%).

Fasst man die Ergebnisse zusammen, so sind Nichtleistungsbeziehende überwiegend weiblich und jüngeren bzw. mittleren Lebensalters. Sie verfügen weit überwiegend über einen Haupt- oder Realschulabschluss und besitzen zu zwei Dritteln einen beruflichen Abschluss. Die soziale Zusammensetzung der Nichtleistungsbeziehenden hat sich im Zeitverlauf verändert: im Vergleich zu 2004 sind mehr Personen mit mittlerem Berufsabschluss und weniger gering qualifizierte Personen vertreten. Bei den Nichtleistungsbeziehenden handelt es sich um eine recht arbeitsmarktnahe Gruppe, was auch dran deutlich wird, dass sie über eine mehr als zehnjährige, überwiegend in Vollzeit ausgeübte Erwerbserfahrung verfügen und 14% von ihnen einer geringfügigen Beschäftigung nachgehen. Zwar sind mehr als 10% der Nichtleistungsbeziehenden erwerbsgemindert oder gar schwerbehindert, der weit überwiegende Teil jedoch ist gesundheitlich nicht eingeschränkt.

4.2.4.2 Arbeitsmarktübergänge Nichtleistungsbeziehender: Längsschnittanalyse

Vor dem Hintergrund des in 4.2.3 dargestellten quantitativen Rückgangs von NLB und der aufgezeigten relativ großen Arbeitsmarktnähe dieser Gruppe Arbeitsloser ist die Frage der faktischen Arbeitsmarktübergänge von Nichtleistungsbeziehenden sehr interessant: Wie viele von ihnen haben tatsächlich eine Erwerbstätigkeit aufge-

---

413 In den BA-Daten für Juni 2007 werden ähnliche Werte für gesundheitliche Einschränkungen einschließlich Behinderung ausgewiesen (14%), ein gegenüber allen Arbeitslosen leicht erhöhter Anteil (11%).

4. Leistungen im Rahmen des SGB II

nommen, wie viele sind weiterhin arbeitslos? Die veröffentlichte Statistik der BA liefert für die Gruppe der NLB leider keine Daten zu Zugangs- oder Abgangsgründen. Der starke quantitative Rückgang von NLB könnte ein Indiz für den Rückzug besonders westdeutscher Frauen in die Stille Reserve sein, aber z.B. auch auf plötzlich verbesserte Erwerbschancen verweisen.

Unsere *Längsschnittanalyse mit dem SOEP* spricht allerdings tendenziell gegen diese „optimistische" Deutung. Beobachtet wurde, wie viele der Personen, die im SOEP 2007 zu den NLB zählten, auch im Folgejahr 2008 weiterhin arbeitslos waren und wie vielen ein Übergang auf den Arbeitsmarkt gelungen ist. Die Ergebnisse zeigen, dass es nur eine Minderheit geschafft hat, einen Job zu finden: Denn weit über die Hälfte *(56%) der Nichtleistungsbeziehenden aus 2007 ist auch 2008 nicht erwerbstätig*. Dieser Anteil liegt jedoch immerhin um rund zehn Prozentpunkte unter dem Wert unserer früheren Längsschnittanalyse (2006-2007).

In 2008 ist es weniger als jeder vierten NLB (23%) des Vorjahres gelungen, eine Teilzeit- oder Vollzeitarbeit aufzunehmen, weitere 15% sind in einem „Mini-Job" beschäftigt. Damit haben es immerhin 38% trotz aller Schwierigkeiten geschafft, einen Job zu finden, was als hartnäckiges Festhalten an ihrer Erwerbsorientierung zu interpretieren ist.[414]

Diese Ergebnisse werfen unter anderem die Frage nach der wirtschaftlichen Situation der Haushalte von Nichtleistungsbeziehenden auf – handelt es sich bei NLB möglicherweise um Frauen mit einem gut verdienenden Partner? Und wie hat sich infolge des Systemwechsels die Haushaltszusammensetzung Arbeitsloser ohne Leistungsbezug überhaupt verändert? Diese und weitere Fragen zum Haushaltskontext werden im folgenden Abschnitt behandelt.

4.2.4.3 Haushaltskontext Arbeitsloser ohne Leistungsbezug

Mit dem SOEP stehen auch Daten zum Haushaltskontext zur Verfügung, der wegen des Konstrukts der Bedarfsgemeinschaft bedeutsam ist. Die Zusammensetzung der Nichtleistungsbeziehenden-Haushalte hat sich von 2004 auf 2008 deutlich verändert (s. Tab. 7): Wie nach den Analysen zu den Verteilungswirkungen des Systemwechsels zu erwarten, leben aktuell drei Viertel aller Nichtleistungsbeziehenden in Paarhaushalten ohne oder mit Kindern, wobei Haushalte mit Kindern überwiegen (44%). Seit 2004 haben Paare mit Kindern zugenommen, während Paare ohne Kinder zunächst ab-, dann wieder zunahmen. Dagegen sind Ein-Personen-Haushalte kontinuierlich rückläufig, und auch der Anteil Alleinerziehender ist heute niedriger als 2004, mit einem leichten Anstieg seit 2006. Die Hälfte der Nichleistungsbeziehenden-Haushalte besteht aus zwei Personen, bei 29% sind es drei Personen, nur noch knapp jeder sechste ist ein Single-Haushalt.

---

414 Differenziertere Analysen zu den jeweiligen Teilgruppen sind aufgrund der zu geringen Fallzahlen statistisch nicht abgesichert und wurden daher nicht vorgenommen.

4. Leistungen im Rahmen des SGB II

Nichtleistungsbeziehende *Frauen* leben weit überproportional in Paarhaushalten, was (aufgrund der Anrechnung von Partnereinkommen) ebenfalls zu erwarten war. Knapp die Hälfte der NLB ist verheiratet und lebt zusammen, knapp zwei Fünftel sind ledig. Ein Teil der Ledigen steht also vor dem Statusproblem mangelnder Unterhaltsansprüche gegenüber ihrem Partner und eines evtl. fehlenden Krankenversicherungsschutzes. Doch teilweise handelt es sich auch um unter 25-Jährige, die überwiegend im Haushalt ihrer Eltern leben und über sie krankenversichert sein dürften.

Tabelle 7: Haushaltstypologie der NLB gesamt 2004-06-08; Frauen-/Männeranteile 2008

	NLB gesamt (Spaltenprozent)			Frauen-anteil 2008	Männer-anteil 2008	
	2004	2006	2008	Zeilenprozent		Total
Ein-Personen-HH	15,2	(13,0)	(8,5)	(53,4	46,6)	100
Ehe-Paar ohne Kinder	35,0	25,3	31,5	83,3	16,7	100
Alleinerziehende	16,1	9,0	14	(54,6	45,4)	100
Paar + Kind/er unter 16 J.	15,2	27,7	11,7	84,3	15,7	100
Paar + Kind/er über 16 J.	9,9	15,7	25,6	59,2	40,8	100
Paar + Kinder unter und über 16 J.	6,4	(4,1)	(6,6)	(36,9	63,1)	100
Mehr-Generationen-HH	(1,6)	(5,1)	(1,1)	(76,3	23,7)	100
Sonstige Kombination	(0,5)	(0,2)	(1,0)	(50,9	49,1)	100
Total	100	100	100	67,2	32,8	

Quelle: SOEP 2004, 2006 2008; Eigene Berechnungen, hochgerechnet, Prozentangaben in Klammern beruhen auf geringen Fallzahlen (N<30) und sind nicht statistisch abgesichert.

Der Anteil Alleinerziehender von 14% erscheint relativ hoch, sowohl gemesssen an den Verteilungsanalysen als auch im Vergleich zu dem sehr viel geringeren Anteil Alleinerziehender an NLB in den BA-Daten (2%). Der Wert ist allerdings auch vorsichtig zu interpretieren, da es sich nur um eine Gruppe von 30 Personen handelt.

Für die große Mehrzahl der Nichtleistungsbeziehenden besteht keine Erwerbsbarriere aufgrund betreuungsbedürftiger Kinder. Nur 30% aller NLB haben überhaupt *Kinder unter 16 Jahren*, wobei es sich in zwei Drittel der Fälle um Einzelkinder handelt. Dabei liegt das Alter des jüngsten Kindes überwiegend (65,7%) im Schulalter, bei 27% unter drei Jahren.

Ost-West-Differenzen zeigen sich beim Haushaltstyp nur insofern, als Paarhaushalte mit Kindern unter 16 Jahren zu 82% und damit überproportional in Westdeutschland leben.

4. Leistungen im Rahmen des SGB II

Der Haushaltskontext ist auch hinsichtlich der *Einkommenssituation* höchst relevant, stellt sich doch die Frage, ob NLB möglicherweise einen gut verdienenden Partner haben und deshalb als nicht bedürftig gelten. Die SOEP-Daten widerlegen diese Vermutung für die Mehrheit der NLB. Im Jahr 2008 lag das Median-Haushaltseinkommen von NLB bei 1.832 Euro (alle Arbeitslosen-Haushalte im SOEP[415]: 1.296 €), das mittlere Haushaltseinkommen bei 2.014 Euro. Damit hat sich das Haushaltseinkommen von NLB seit 2004 leicht erhöht: Das Medianeinkommen, also der Einkommenswert, bei dem die eine Hälfte der untersuchten Einkommen höher, die andere Hälfte niedriger ist, stieg in den vier Jahren um 432 Euro, das arithmetische Mittel der Einkommen, also das Durchschnittseinkommen, um 356 Euro.[416]

Dies verweist vermutlich auf die veränderte Zusammensetzung der Gruppe von Nichtleistungsbeziehenden in 2008 gegenüber 2004: Einerseits können Haushalte, die 2004 zwar keine Leistungen der Bundesagentur für Arbeit bezogen (und daher Nichtleistungsbeziehende waren), aber möglicherweise Sozialhilfe oder andere Transfers, in 2006 einen Anspruch auf ALG II erworben und geltend gemacht haben – damit wären diese Haushalte keine Nichtleistungsbeziehenden mehr und diese Niedrigeinkommens-Haushalte fielen aus der Stichprobe heraus. Andererseits können aufgrund der mit dem SGB II ab 2005 verschärften Anrechnung von Partner/innen-Einkommen Haushalte mit Einkommen oberhalb der Bedürftigkeitsgrenze zu Nichtleistungsbeziehenden geworden sein und kämen als Haushalte mit ‚höheren' Einkommen zur Stichprobe hinzu.

Tabelle 8: Durchschnittliche NLB-Haushaltseinkommen in 2004, 2006, 2008, in Euro

	2004	2006	2008
Medianeinkommen	1.400	1.500	1.832
Mittleres Einkommen	1.658	1.871	2.014

Quelle: SOEP 2004, 2006, 2008; eigene Berechnungen; hochgerechnet

Um die Höhe des Haushaltseinkommen von Nichtleistungsbeziehenden bewerten zu können, bietet sich ein Vergleich mit jenen Haushalten an, in denen mindestens ein/e Arbeitslose/r lebt („Arbeitslosen-Haushalte"). Die Verteilung von Haushaltseinkommen wird allgemein durch die Verteilung auf Einkommensquartile gemessen, also wie sich die geordneten Einkommen in 25-Prozent-Abschnitten der untersuchten Einkommen aufteilen. Tabelle 9 zeigt die jeweiligen Quartilsgrenzen der Haushaltseinkommen von Nichtleistungsbeziehenden bzw. allen Arbeitslosen-

---

415 Das heißt Haushalte, in denen mindestens eine Person arbeitslos ist.
416 Weitere Vergleiche der Haushaltseinkommen von Nichtleistungsbeziehenden mit der gesamten SOEP-Stichprobe sowie den Arbeitslosen unter ihnen finden sich im Beitrag von Tanja Schmidt in den Loccumer Protokollen (Betzelt/Lange/Rust (Hg) 2009) mit Tabellen und Grafiken.

4. Leistungen im Rahmen des SGB II

Haushalten, der Partnereinkommen, und der persönlichen Erwerbseinkommen von Nichtleistungsbeziehenden und in allen Arbeitslosen-Haushalten.

Tabelle 9: Quartilsgrenzen von NLB-Haushalten und allen Arbeitslosen-Haushalten, in Euro

Quartilsgrenzen	Haushaltseinkommen		Partnereinkommen		Persönliches Erwerbseinkommen	
	NLB	alle Alo	NLB	alle Alo	NLB	alle Alo
25%	1.300	790	1.110	664	150	120
50%	1.832	1.296	1.600	1.149	240	197
75%	2.500	1.957	2.000	1.650	400	400
Maximum	11.720	12.000	3.640	5.000	1.700	2.200

Quelle: SOEP 2008, eigene Berechnungen, hochgerechnet

Die Quartilsgrenzen der Haushalts- und der Partnereinkommen von Nichtleistungsbeziehenden liegen durchweg über jenen aller Arbeitslosen-Haushalte, besonders im untersten Quartil, in dem die NLB-Einkommensgrenzen um ca. 40% über den Einkommensgrenzen der Vergleichsgruppe liegen (mittleres Quartil: 27%, oberes: 20%). Bei der Interpretation muss allerdings berücksichtigt werden, dass die Größe und Zusammensetzung der Arbeitslosen-Haushalte nicht betrachtet wurde. Wie oben festgestellt wurde, dominieren bei Nichtleistungsbeziehenden Paar-Haushalte mit Kindern. Ein Teil der Einkommensdifferenzen könnte auch darauf zurückzuführen sein.

Die *individuellen* Einkommen der Nichtleistungsbeziehenden waren sehr gering – drei Viertel von ihnen verdienten maximal 400 Euro – und befanden sich daher in starker ökonomischer Abhängigkeit von ihren Partner/innen. Nichtleistungsbeziehende haben allerdings überwiegend auch keine gut verdienenden Ehe- oder Lebenspartner/innen, sondern mehrheitlich Partner/innen mit eher geringem Einkommen. Das Einkommen der im Haushalt der Nichtleistungsbeziehenden und im SOEP befragten Partner/innen lag bei drei Vierteln von ihnen bei max. 2000 Euro. Die Haushalte mit Nichtleistungsbeziehenden gehören also keinesfalls zu den „Besserverdienern".

Dem entspricht auch, dass die *Zufriedenheit* der Nichtleistungsbeziehenden mit ihrer Einkommenssituation mehrheitlich sehr gering ist: Auf einer 10er-Skala wurde in 2008 die Zufriedenheit mit dem *persönlichen Einkommen* von 70% mit 0-3 bewertet. Knapp ein Viertel ist mittelmäßig zufrieden (Wert 4-7). Die Zufriedenheit mit dem *Haushaltseinkommen* ist hingegen etwas höher und liegt bei knapp der Hälfte im mittleren Bereich, bei einem guten Drittel auf den Werten 0-3, weniger als jede/r Fünfte bewertet sie mit 8-10 hoch.

4. Leistungen im Rahmen des SGB II

Neben der Höhe des Haushaltseinkommens von Nichtleistungsbeziehenden ist auch dessen Zusammensetzung von Interesse, das nur für die Jahre 2004 und 2006 untersucht wurde. Bei der Zusammensetzung des Haushaltseinkommens zeigen sich deutliche Veränderungen im Zeitverlauf. Die Betrachtung erfolgt getrennt für das Viertel der Haushalte mit dem niedrigsten (unteres Quartil) sowie für das Viertel mit dem höchsten Haushaltseinkommen (oberes Quartil).[417]

Im unteren Einkommensquartil setzte sich im Jahr *2004* das Haushaltseinkommen von Haushalten, in denen Nichtleistungsbeziehende leben, fast zur Hälfte (47 %) aus Sozialhilfe, Wohngeld, Überbrückungsgeld, Arbeitslosenhilfe und Arbeitslosengeld aller Haushaltsmitglieder zusammen (s. Tabelle 10). Hinzu kam ein Fünftel des Haushaltseinkommens aus Kindergeld und nur 13 % aus Erwerbstätigkeit mindestens eines Haushaltsmitgliedes. Im Jahr *2006* setzte sich das Einkommen nur noch zu einem Drittel (34 %) aus ALG II, Arbeitslosengeld, Wohngeld, Überbrückungsgeld und Sozialhilfe zusammen. Der Anteil von Einkommen aus Erwerbstätigkeit lag hingegen mit 21 % deutlich höher als 2004. Dieser gestiegene Anteil von Erwerbseinkommen könnte einerseits damit zusammenhängen, dass in 2006 erheblich mehr Personen eine geringfügige Beschäftigung ausübten als in 2004 (s.o.). Gleichzeitig ist allerdings zu beobachten, dass eine kleine Anzahl von Nichtleistungsbeziehenden-Haushalten[418] in 2006 angibt, ALG II inkl. Sozialgeld sowie Kinderzuschlag zu beziehen. Das könnte darauf hinweisen, dass in diesen Haushalten ALG-II-Beziehende von den im SGB II gewährten höheren Freibeträgen für Erwerbseinkommen im Vergleich zum BSHG insofern profitieren, als dass sie eine Erwerbsarbeit aufgenommen oder ausgeweitet haben und (mehr) Erwerbseinkommen erzielen, was das Haushaltseinkommen entsprechend erhöhen würde. Auch der Anteil von Einkommen aus Kindergeld ist mit 10 % auf 30 % deutlich angestiegen. Möglicherweise hängt dies mit dem gestiegenen Anteil von Haushalten mit Kindern an allen Haushalten Nichtleistungsbeziehender zusammen (in 2004: 48 %, in 2006: 56 %).

---

417 Die Verteilung von Haushaltseinkommen wird allgemein durch die Verteilung auf Einkommensquartile gemessen, also wie sich die geordneten Einkommen in 25 Prozent-Abschnitten der untersuchten Haushaltseinkommen aufteilen. Für Haushalte von Nichtleistungsbeziehenden ergeben sich für 2006 folgende Einkommensquartile: unteres Quartil – bis 1.028 Euro, zweites Quartil – 1.028 bis 1.500 Euro, drittes Quartil – 1.500 bis 2.500 Euro, oberes Quartil – 2.500 bis 6.500 Euro.

418 Die in Tabelle 10 in Klammern gesetzte Prozentzahl von 28% von Haushalten, die ALG II inkl. Sozialgeld und Kinderzuschlag beziehen, beruht auf Angaben von 22 Personen. Es handelt sich dabei überwiegend um Haushalte, in denen erwachsene Kinder leben. Möglicherweise beziehen diese als eigene Bedarfsgemeinschaft ALG II. Wie eingangs erwähnt, müssen Haushalte im SOEP nicht mit Bedarfsgemeinschaften im Sinne des SGB II deckungsgleich sein.

4. Leistungen im Rahmen des SGB II

Tabelle 10: Zusammensetzung des Haushaltseinkommens von Nichtleistungsbeziehenden

	unteres Quartil		oberes Quartil	
	2004	2006	2004	2006
	in %	in %	in %	in %
Haushaltseinkommen von NLB insgesamt	100,0	100,0	100,0	100,0
darunter aus:				
Erwerbstätigkeit	12,6	21,2	44,8	37,7
Kindergeld	20,3	30,0	(28,2)	(30,3)
Arbeitslosengeld	(1,7)	(2,2)	(0,4)	(0,0)
Überbrückungsgeld	(3,6)	(1,1)	(3,4)	(1,3)
Wohngeld	18,4	(1,7)	(0,0)	(0,0)
Sozialhilfe	20,4	(0,6)	(2,8)	(0,0)
Arbeitslosenhilfe	(3,2)	-	(2,5)	-
ALG II incl. Sozialgeld & Kinderzuschlag	-	(28,4)	-	(5,2)
BAföG / Wehrsold	(5,1)	(3,2)	(2,3)	(11,8)
Rente	(6,4)	(4,8)	(7,7)	(10,1)

Quelle: SOEP 2004; 2006; eigene Berechnungen, hochgerechnet. %angaben in Klammern beruhen auf zu geringen Fallzahlen (N < 30) und sind damit statistisch nicht abgesichert.

Im oberen Einkommensquartil hingegen zeigt sich im Vergleich der beiden Jahre ein anderes Bild: Stammten 2004 noch 45 % des Haushaltseinkommens aus Erwerbstätigkeit mindestens eines Haushaltsmitgliedes, so ist der Anteil 2006 um 7 % auf 38 % gesunken. Der Anteil aus Kindergeld ist nahezu konstant geblieben, der Anteil von Einkommen nach dem Bundesausbildungsförderungsgesetz (BAföG) sowie aus Renten hingegen gestiegen. Eine verlässliche, also statistisch abgesicherte, Interpretation dieser Veränderungen der Einkommenszusammensetzung im oberen Quartil ist aufgrund der geringen Fallzahlen jedoch nicht möglich.

In Bezug auf die Haushaltsebene lassen sich die wichtigsten SOEP-Ergebnisse wie folgt *zusammenfassen*: Drei Viertel der Nichtleistungsbeziehenden lebten 2008 in Paarhaushalten (mit und ohne Kinder). Im Vergleich zu 2004 ist der Anteil der Paarhaushalte an allen Haushalten Nichtleistungsbeziehender gestiegen, der Anteil der Alleinerziehenden-Haushalte hingegen deutlich gesunken. In weniger als einem Drittel der Haushalte lebten Kinder unter 16 Jahre, mehrheitlich nur ein Kind.

Das Haushaltseinkommen war in 2008 durchschnittlich etwas höher als in 2004. Das individuelle Erwerbseinkommen der Nichtleistungsbeziehenden war allerdings sehr gering, das Einkommen von Partner/innen von Nichtleistungsbeziehenden lag ebenfalls eher auf niedrigem bis mittlerem Niveau. Insgesamt waren Nichtleistungsbeziehende mit ihrer Einkommenssituation überwiegend unzufrieden.

4. Leistungen im Rahmen des SGB II

Die Nichtleistungsbeziehenden zeigten sich in 2008 stark erwerbsorientiert und waren auch hinsichtlich des zeitlichen Umfangs flexibel. Dennoch konnten sie ihre Erwerbswünsche überwiegend nicht realisieren. Einer Minderheit gelang es trotz aller Schwierigkeiten, eine Erwerbstätigkeit oder Ausbildung aufzunehmen. Diese Ergebnisse lassen darauf schließen, dass Arbeitslose ohne Leistungsbezug qualifizierte Unterstützung benötigen, um ihre Erwerbswünsche zu realisieren und damit wieder ein eigenes Erwerbseinkommen zu erzielen. Es stellt sich damit die Frage, inwieweit sie diese Unterstützung seitens der Bundesagentur für Arbeit auch erhalten.

4.3 Aktive Leistungen nach dem SGB II

Voraussetzung für die **aktiven Leistungen** nach § 16 SGB II ist nur die Berechtigung nach § 7 Abs. 1 SGB II (also das Vorliegen der Tatbestandsvoraussetzungen) ohne Rücksicht darauf, ob Leistungen zur Sicherung des Lebensunterhaltes auch tatsächlich bezogen werden oder nicht.[419] Gem. § 7 Abs. 1 und 2 SGB II erhalten alle erwerbsfähigen Hilfebedürftigen Leistungen nach dem SGB II. Zu beachten ist aber, dass die Formulierung des § 7 Abs. 1 und 2 SGB II auf § 16 SGB II angewandt nicht wörtlich zu verstehen ist. Der Hilfebedürftige hat keinen subjektiven Anspruch auf die Leistungen.[420] Ebenfalls gemäß § 7 Abs. 2 SGB II erhalten auch Personen, die in einer Bedarfsgemeinschaft mit Hilfebedürftigen leben, Leistungen der aktiven Arbeitsförderung nach dem SGB III.[421]

Die Eingliederungsleistungen des SGB II sind seit Beginn und unverändert zum 01.01.2009 über § 16 Abs. 1 SGB II mit den Leistungen der aktiven Arbeitsförderung des SGB III verbunden. Das Fördern und Fordern des SGB II erlaubt auch den „Durchstieg" zu bestimmten Leistungen der sog. aktiven Arbeitsförderung des SGB III. In § 16 Abs. 1 SGB II befindet sich ein abschließender Verweis auf die Instrumentarien des SGB III, namentlich auf die Eingliederungsleistungen. Dies ist eine Möglichkeit für Arbeitslosengeld II Beziehende, also für im Sinne des SGB II Bedürftige, auch Leistungen der aktiven Arbeitsförderung nach dem SGB III zu erhalten.[422] Hiermit soll sichergestellt werden, dass alle wesentlichen Eingliederungsleistungen des SGB III auch den Beziehern von Leistungen der aktiven Arbeitsförderung des SGB III erhalten. Die Leistungen stehen aber im Ermessen der Arbeitsagentur. Anders als zum SGB II steht aber nur der erste Schritt im Ermessen. Das „Wie", der Umfang und die Höhe sind für die aktivierenden Leistungen regelmäßig vorgegeben.

---

419 Eicher in Eicher/ Spellbrink (2008): § 16 Rn. 38 SGB II.
420 Eicher in Eicher/ Spellbrink (2008): § 16 Rn. 41 SGB II.
421 Eicher in Eicher/ Spellbrink (2008): § 16 Rn. 39 SGB II.
422 Eicher in Eicher/ Spellbrink (2008): § 16 Rn. 24 SGB II; BT-Drs. 15/ 1516, S. 54 zu § 16.

§ 16 Abs. 1 S. 3 SGB II soll verdeutlichen, dass es sich bei den Verweisungen auf das SGB III um Rechtsgrundverweisungen handelt.[423] Zweck des § 16 SGB II ist die schnelle und wirksame Eingliederung der Arbeitslosen in den Arbeitsmarkt.[424] Dies soll durch die Mittel der Arbeitsförderung ermöglicht werden.

4.3.1 Verhältnis der Leistungen der aktiven Arbeitsförderung zu anderen Leistungen

Gemäß § 22 Abs. 4 SGB III werden die dort genannten Leistungen nicht an oder für erwerbsfähige Hilfebedürftige nach dem SGB II erbracht. Dies bedeutet, dass es für Bezieher passiver Leistungen nach dem SGB II nur möglich ist, über § 16 Abs. 1 SGB II in den SGB-III-Bereich zu gelangen und nicht direkt über das SGB III, wie es bei den Nichtleistungsbeziehenden der Fall ist. Gemäß 22 Abs. 1 SGB III dürfen Leistungen der aktiven Arbeitsförderung nur erbracht werden, wenn nicht ein anderer Leistungsträger oder eine andere öffentliche Stelle zur Erbringung gleichartiger Leistungen verpflichtet ist. Die Leistungen der aktiven Arbeitsförderung sind folglich grundsätzlich nachrangig gegenüber gesetzlichen Leistungen anderer Leistungsträger. Allerdings besteht gem. § 23 Abs. 1 SGB III für die BA die Pflicht, Leistungen der aktiven Arbeitsförderung zu gewähren, solange und soweit die vorrangig zuständige Stelle Leistungen tatsächlich nicht gewährt. Hierfür ist erforderlich, dass gegen einen anderen Leistungsträger ein Anspruch besteht. Wenn die Bundesagentur für Arbeit dann vorleistet, hat sie einen Erstattungsanspruch gegenüber der „eigentlich" zuständigen Stelle, hierfür werden die §§ 102 ff. SGB X entsprechend angewendet. Sie regeln Erstattungsansprüche der Sozialleistungsträger unter- und gegeneinander.

4.3.2 Leistungen nach SGB III

Für die Nichtleistungsbeziehenden kommt allerdings ein direkter Einstieg in die aktiven Leistungen der Arbeitsförderung des SGB III in Betracht (dies ist für Leistungsbezieher nach dem SGB II kein gangbarer Weg.).

Nach Abschaffung der Vorbeschäftigungszeit mit Hartz III, die in § 78 SGB III a.F. geregelt war, besteht nun auch die Möglichkeit, Leistungen der aktiven Arbeitsförderung nach dem SGB III zu beziehen, wenn weder Leistungen nach dem SGB II bezogen werden (so dass man über die Verweisnorm des § 16 SGB II einen Anspruch zumindest auf ermessensfehlerfreie Entscheidung hat) noch passive Leistungen nach dem SGB III. Somit haben also auch die Nichtleistungsbeziehenden die Möglichkeit, bestimmte aktivierende Leistungen nach dem SGB III zu erhalten. Die

---

[423] Eicher in Eicher/ Spellbrink (2008): § 16 Rn. 25 SGB II; BT-Drs. 15/ 1516, S. 54 zu § 16.
[424] Eicher in Eicher/ Spellbrink (2008): § 16 Rn. 22 SGB II.

4. Leistungen im Rahmen des SGB II

Nichtleistungsbeziehenden müssen dazu aber bestimmte, im Folgenden näher dargestellte, Statusvoraussetzungen erfüllen.[425] Die Abschaffung der genannten Vorbeschäftigungszeit bewirkte somit eine Öffnung der aktiven Leistungen des SGB III. Für den Zugang müssen nun die Tatbestandsvoraussetzungen von zumindest einer der nachfolgend dargestellten Statusnormen erfüllt sein. Zugangsberechtigt sind Arbeitnehmer[426], Heimarbeitende[427], Auszubildende[428], Personen, die sich in der Phase der Suche nach Ausbildung oder Arbeit befinden[429], Arbeitslose[430], von der Arbeitslosigkeit Bedrohte[431], Menschen mit Behinderung i.S.d. § 19 SGB III [432] und Langzeitarbeitslose[433].

---

425 Es sei denn es handelt sich um eine der sog. „Jedermannleistungen" wie allgemeine Beratung und Vermittlung nach dem SGB III, auf die hier jedoch nicht näher eingegangen werden soll.

426 **Arbeitnehmer** im arbeitsförderungsrechtlichen Sinne sind Personen, die gegen Arbeitsentgelt oder zu ihrer Berufsausbildung eine nicht selbstständige Tätigkeit nach Weisung und unter Eingliederung in die Arbeitsorganisationen des Weisungsgebers ausüben oder vorübergehend nicht ausüben.

427 Nach § 13 **SGB III** sind auch **Heimarbeiter** Arbeitnehmer im arbeitsförderungsrechtlichen Sinne mit Verweis auf § 12 II SGB IV, nach dem Heimarbeiter Personen sind, die in eigener Arbeitsstätte im Auftrag und für Rechnung von Gewerbetreibenden, gemeinnützigen Unternehmen oder öffentlich-rechtlichen Körperschaften erwerbsmäßig arbeiten.

428 **Auszubildende** sind gem. § 14 S. 1 SGB III alle Personen, die zur Berufsausbildung beschäftigt sind oder Teilnehmer einer SGB III -geförderten Maßnahme sind

429 Gem. § 15 S. 1 SGB III handelt es sich bei **Ausbildungs- oder Arbeitssuchenden** – wie schon der Begrifflichkeit zu entnehmen ist - um Personen die einen Ausbildungs- oder Arbeitsplatz suchen

430 **Arbeitslose** sind gem. § 16 S. 1 SGB III Personen, die vorübergehend nicht in einem Beschäftigungsverhältnis stehen (Nr. 1), eine versicherungspflichtige Beschäftigung suchen und dabei den Vermittlungsbemühungen der AA zur Verfügung stehen (Nr. 2) und sich bei der AA arbeitslos gemeldet haben (Nr. 3).

431 Gem. § 17 **SGB III** sind **von Arbeitslosigkeit bedrohte Arbeitnehmer** solche, die versicherungspflichtig beschäftigt sind (Nr. 1), *alsbald* mit der Beendigung ihres Arbeitsverhältnisses rechnen müssen (Nr. 2) und voraussichtlich nach Beendigung der Beschäftigung arbeitslos werden (Nr. 3). Von Arbeitslosigkeit *bedroht* ist nur derjenige, der nach § 17 Nr. 2 SGB III mit dem Ende seiner Beschäftigung *alsbald* rechnen muss.

432 **Menschen mit Behinderung** iSd § 19 **SGB III** sind Menschen, deren Aussichten am Arbeitsleben teilzuhaben oder weiter teilzuhaben wegen der Art oder Schwere ihrer Behinderung im Sinne von § 2 I SGB IX nicht nur vorübergehend wesentlich gemindert sind und deshalb Hilfe zur Teilhabe am Arbeitsleben benötigen.

432 **Auszubildende** sind gem. § 14 S. 1 SGB III alle Personen, die zur Berufsausbildung beschäftigt sind oder Teilnehmer einer SGB III -geförderten Maßnahme sind

432 Gem. § 15 S. 1 SGB III handelt es sich bei **Ausbildungs- oder Arbeitssuchenden** –wie schon der Begrifflichkeit zu entnehmen ist- um Personen die einen Ausbildungs- oder Arbeitsplatz suchen

432 Es handelt sich gem. § 16 S. 1 SGB III um Personen, die vorübergehend nicht in einem Beschäftigungsverhältnis stehen (Nr. 1), eine versicherungspflichtige Beschäftigung suchen und dabei den Vermittlungsbemühungen der AA zur Verfügung stehen (Nr. 2) und sich bei der AA arbeitslos gemeldet haben (Nr. 3).

432 Gem. § 17 SGB III sind **von Arbeitslosigkeit bedrohte Arbeitnehmer** solche, die versicherungspflichtig beschäftigt sind (Nr. 1), *alsbald* mit der Beendigung ihres Arbeitsverhältnisses rechnen müssen (Nr. 2) und voraussichtlich nach Beendigung der Beschäftigung arbeitslos

4. Leistungen im Rahmen des SGB II

Bei Arbeitssuchenden – die ebenfalls zugangberechtigt sind – handelt es sich gem. § 16 S. 1 SGB III um Personen, die vorübergehend nicht in einem Beschäftigungsverhältnis stehen (Nr. 1), eine versicherungspflichtige Beschäftigung suchen und dabei den Vermittlungsbemühungen der Agentur für Arbeit zur Verfügung stehen (Nr. 2) und sich bei der Agentur für Arbeit arbeitslos gemeldet haben (Nr. 3). Hierbei ist zu berücksichtigen, dass diese Tatbestandsmerkmale für den Status „Arbeitslose" auch sog. Nichtleistungsbeziehende erfüllen. Voraussetzung ist, dass sie sich bei der Agentur für Arbeit arbeitslos melden. Die Anforderungen an persönliche Arbeitslosmeldung finden sich in § 122 SGB III.[434]

Besondere Beachtung finden sollten auch noch die Berufsrückkehrer/innen, denn „mit was für einer Position kann eine Frau Ende Dreißig oder Anfang Vierzig eigentlich noch rechnen? Welche besondere Arbeitsförderung wird der Zielgruppe der Berufrückkehrerin heute noch gewährt?".[435] Gem. **§ 20 SGB III** sind **Berufsrückkehrer/innen** Personen, die ihre Erwerbstätigkeit, Arbeitslosigkeit oder Berufsausbildung wegen der Betreuung und Ausbildung von Kindern oder der Pflege von Angehörigen unterbrochen haben und in angemessener Zeit danach in die Erwerbstätigkeit zurückkehren wollen. Wann ein angemessener Zeitraum im Sinne des § 20 SGB III vorliegt, lässt sich nur nach der Situation im konkreten Fall beurteilen. Es wird häufig angenommen, dass analog zur Erfüllung der Anwartschaft i.S.d. § 123 SGB III ein Zeitraum von längstens 12 Monaten angemessen ist.[436] Jedoch erscheint fraglich, warum im konkreten Einzelfall nicht auch ein längerer Zeitraum angemessen sein kann, bzw. sein muss. Diese sog. Rahmenfristen sind besonders relevant für die Leistungen, die eine Anwartschaftszeit voraussetzten.

4.3.3 Ermessensleistungen der aktiven Arbeitsförderung

Nun stellt sich die Frage, um welche Leistungen es genau geht, die die oben beschriebenen Gruppen bekommen oder die ihnen entgehen. Im Folgenden soll ein kurzer Überblick über die Leistungen gegeben werden, ohne einen Anspruch auf

---

werden (Nr. 3). Von Arbeitslosigkeit *bedroht* ist nur derjenige, der nach § 17 Nr. 2 SGB III mit dem Ende seiner Beschäftigung *alsbald* rechnen muss.

432 **Menschen mit Behinderung** iSd **§ 19 SGB III** sind Menschen, deren Aussichten am Arbeitsleben teilzuhaben oder weiter teilzuhaben wegen der Art oder Schwere ihrer Behinderung im Sinne von § 2 I SGB IX nicht nur vorübergehend wesentlich gemindert sind und deshalb Hilfe zur Teilhabe am Arbeitsleben benötigen.

433 **Langzeitarbeitslose** sind nach **§ 18 I SGB III** Personen, die ein Jahr oder länger arbeitslos sind.

434 Nach dem Ende des Bezuges muss keine Aufkärung darüber stattfinden, dass eine erneute Arbeitslosmeldung erfolgen muss, damit ein Zugang zu den aktiven Leistungen der Arbeitsförderung erhalten bleibt. Hier läuft ein sozialrechtlicher Herstellungsanspruch (wegen Falsch- bzw. Nichtberatung) möglicherweise auch ins Leere, weil die tatsächliche Handlung der Arbeitslosmeldung nicht nachgeholt werden kann.

435 Scheiwe, 2008.

436 Rademacher in Ambs et al(2007): § 20 Rn. 29 SGB III.

4. Leistungen im Rahmen des SGB II

Vollständigkeit zu stellen. Dies würde den Rahmen des Berichtes sprengen. Herausgegriffen wurden lediglich besonders hervorstechende Leistungen und solche, die durch die jüngste Gesetzesänderung gravierende Änderungen erfahren haben.

4.3.3.1 Leistungen nach §§ 16a - 16g SGB II

Im Bereich des § 16 SGB II haben einige Änderungen zum 01.01.2009 stattgefunden.

§ 16 Abs. 2 S. 1 SGB II wurde zugunsten eines flexibleren und individuelleren Mitteleinsatzes abgeschafft. Die in § 16a) SGB II normierten kommunalen Eingliederungsleistungen waren ehemals in § 16 Abs. 2 SGB II geregelt. Hierbei scheint allerdings die gravierendere Änderung zu sein, dass § 16 Abs. 2 S. 2 SGB II a.F. die Formulierung „dazu gehören *insbesondere*" beinhaltete, die bei dem neuen § 16a SGB II nicht vorhanden ist. Während die alte Fassung eine Aufzählung der Förderungsmöglichkeiten beinhaltete, die nicht abschließend war, das heißt, im Einzelfall von der Integrationsfachkraft durch individuelle Maßnahmen ergänzt werden konnte, beinhaltet die neue Fassung eine abschließende und somit nicht mehr ergänzbare Auflistung. Hier stellt sich die Frage, warum in einem Gesetz, das generell mehr Spielraum und Individualität schaffen will, gerade hier bei den für Leistungsempfänger nach dem SGB II so wichtigen beschäftigungsfähigkeitserhaltenden Leistungen der Spielraum verkürzt wurde.

In § 16a Nr. 1 SGB II ist auch die, insbesondere für weibliche Erwerbslose, wichtige Möglichkeit, Kinderbetreuung zu erhalten, geregelt - allerdings auch als Ermessensleistung

§ 16b SGB II beinhaltet das Einstiegsgeld, das vormals in § 16 Abs. 2 S. 2 Nr. 6 SGB II a.F. geregelt war. In § 16c SGB II sind die Leistungen zur Eingliederung von Selbstständigen normiert. Die Arbeitsgelegenheiten nach § 16 Abs. 3 SGB II a.F. sind nun in § 16d SGB II geregelt, während § 16e SGB II nun die Leistungen zur Beschäftigungsförderung des § 16a SGB II a.F. beinhaltet. **Neu eingeführt wurde in § 16 f) SGB II die freie Förderung**. Sie soll ermöglichen, dass zehn Prozent des Eingliederungstitels SGB II dafür eingesetzt werden können, dass gesetzlich geregelte Eingliederungsleistungen durch freie Leistungen ersetzt werden können, ist aber nachrangig gegenüber den gesetzlichen Regelinstrumenten.[437]

Nach der Gesetzesbegründung ist die Projektförderung ausdrücklich zugelassen[438] und zwar im Wege einer Zuwendung nach §§ 23, 24 Bundes-Haushaltsordnung.

Die freie Förderung des § 10 SGB III[439] wurde mit der Begründung abgeschafft, die Vorschrift würde von den Grundsicherungsträgern unterschiedlich interpretiert und in der Folge der Eingliederung in das Erwerbsleben auch nicht nach einheitlichen Maßstäben umgesetzt.[440] Hierfür gebe es jetzt das Vermittlungsbudget § 45 SGB III und die Maßnahmen zur Aktivierung und beruflichen Eingliederung.

---

437 BT-Drs.16/11153.
438 BT-Drs.16/11153.
439 Die Abschaffung des § 10 SGB III trat mit Wirkung zum 01.01.2010 in Kraft.
440 BT-Drs. 755/ 08.

4. Leistungen im Rahmen des SGB II

In § 16g) SGB II ist die Förderung bei Wegfall der Hilfebedürftigkeit geregelt, diese Formulierung entspricht § 16 IV SGB II a.F..

4.3.3.2 Leistungen über die „Durchstiegsnorm" des § 16 Abs. 1 S. 1 SGB II

Wie oben bereits dargestellt, können auch SGB II- Leistungsempfänger über die Verweisungsnorm des § 16 Abs. 1 S. 1 SGB II aktivierende Leistungen nach dem SGB III erhalten. Einige dieser Leistungen stehen auch, bei Erfüllung bestimmter Statusvoraussetzungen, Nichtleistungsbeziehenden offen (s. o.). Aus diesem Grunde wird nachfolgend nun auf einige der aktivierenden Leistungen des SGB III näher eingegangen.

Bezüglich der aktivierenden Leistungen des SGB III erfolgte jüngst eine Umstrukturierung. Mit dem Gesetz zur Neuausrichtung der arbeitsmarktpolitischen Instrumente sollte die Zahl der Arbeitsmarktinstrumente reduziert und die Produkte einfacher, individueller und flexibler gestaltet werden.[441] Ferner seien die effektiven und viel genutzten Mittel der Arbeitsförderung weiter ausgebaut und die weniger effektiven oder weniger genutzten Maßnahmen gestrichen worden.[442]

Als zentraler Eckpfeiler der Eingliederungsleistungen[443] werden die Leistungen nach **§ 45 SGB III**[444] bezeichnet. Das sog. **Vermittlungsbudget** regelt die Erbringung aller individuellen Leistungen[445]. Diese sollen nur erbracht werden, wenn sie

---

441 HEGA 12/08-40-Neuausrichtung arbeitsmarktpolitischer Instrumente (Rechtskreis SGB II) Zusammenfassung.
442 Abgeschafft wurden: Einstellungszuschuss bei Neugründungen (§§ 225 ff.), Einstellungszuschuss bei beruflicher Weiterbildung durch Vertretung (Job- rotation, §§ 229 ff.), Zuschüsse an Arbeitgeber zur Ausbildungsvergütung bei Teilnahme an ausbildungsbegleitenden Hilfen während der Arbeitszeit (§ 235), Tragung der Beiträge zur Arbeitsförderung bei Beschäftigung älterer Arbeitnehmer (befristet bis 31. Dezember 2007, § 421k), Beschäftigung begleitende Eingliederungshilfen (§§ 246a ff.), Zuschüsse und Darlehen für die Förderung von Einrichtungen der beruflichen Aus- und Weiterbildung oder der beruflichen Rehabilitation (ohne Jugendwohnheime, §§ 248 ff.), Zuschüsse und Darlehen für den Aufbau, die Erweiterung, den Umbau und die Ausstattung von Jugendwohnheimen (§§ 252 ff.), Beschäftigung schaffende Infrastrukturförderung (befristet bis 31. Dezember 2007, § 279a), Sozialpädagogische Begleitung bei Berufsausbildungsvorbereitung nach dem Berufsbildungsgesetz (befristet bis 31. Dezember 2007, § 421m) sowie Übergangshilfen (§ 241 Abs. 3).
443 HEGA 12/08-40-Neuausrichtung arbeitsmarktpolitischer Instrumente (Rechtskreis SGB II) Zusammenfassung
444 Hierin gehen auf: Individuelle Freie Förderung (§ 10 SGB III), Bewerbungskosten (§ 45 Satz 1 Nummer 1 SGB III), Reisekosten (§ 45 Satz 1 Nummer 2 SGB III), Übergangsbeihilfe (§ 53 Absatz 2 Nummer 1 SGB III), Ausrüstungsbeihilfe (§ 53 Absatz 2 Nummer 2 SGB III), Reisekostenbeihilfe (§ 53 Absatz 2 Nummer 3a SGB III), Fahrtkostenbeihilfe (§ 53 Absatz 2 Nummer 3b SGB III), Trennungskostenbeihilfe (§ 53 Absatz 2 Nummer 3c SGB III) und Umzugskostenbeihilfe (§ 53 Absatz 2 Nummer 3d SGB III).
445 HEGA 12/08-40-Neuausrichtung arbeitsmarktpolitischer Instrumente (Rechtskreis SGB II) Zusammenfassung.

4. Leistungen im Rahmen des SGB II

notwendig sind[446] (§ 45 Abs. 1 S. 1 SGB III). Hierdurch soll ein Perspektivwechsel eintreten: Nicht mehr die Frage, welche Leistungen beantragt werden können, sondern, welche Hemmnisse beseitigt werden müssen, soll im Vordergrund stehen.[447] Hiermit soll den Integrationsfachkräften ein flexibles und individuell zuschneidbares Instrument zur Beseitigung individueller Problemlagen zur Verfügung stehen. In der Arbeitshilfe zu § 45 SGB III bringt die Bundesagentur für Arbeit zum Ausdruck, dass sie auch auf zentrale untergesetzgeberische Maßnahmen verzichten will, um hierdurch nicht den gesetzgeberischen Willen zu unterlaufen. Es soll also voll und ganz in das Ermessen der Integrationsfachkräfte gelegt werden, ob und wie Leistungen nach § 45 SGB III erbracht werden. Hierbei kann die Grundsicherungsstelle auch Kosten übernehmen, die die Vermittlungssituation des Bewerbers allgemein verbessern. Als Beispiel hierfür wird in der Arbeitshilfe der BA ein Friseurbesuch genannt. Dies sei auch möglich, ohne dass ein konkretes Arbeitsplatzangebot vorliegt: „Die Leistungen aus dem Vermittlungsbudget müssen die Eingliederungsaussichten deutlich verbessern, indem die individuelle Problemlage zielgerichtet und bedarfsorientiert (ggf. schrittweise) abgebaut wird. Erstattungsfähig sind Kosten, die im Zusammenhang mit der beruflichen Eingliederung angemessen und notwendig sind. Die Förderung ist vor allem dann notwendig, wenn ohne sie der gleiche Erfolg (Integration oder Integrationsfortschritt) wahrscheinlich nicht eintreten würde."[448]

Bei der Entscheidung, die die Integrationsfachkraft nach pflichtgemäßem Ermessen zu treffen hat, soll diese insbesondere prüfen, ob die Förderung passgenau, im Hinblick auf die Integration oder mindestens Erzielung eines Integrationsfortschrittes möglichst erfolgssicher, wirksam und wirtschaftlich ist. Die IFK kann durch ermessenslenkende Weisungen der Grundsicherungsstelle unterstützt werden.

Zu den förderungsfähigen Personenkreisen zählen in sinngemäßer Anwendung des § 17 Nrn. 2 u. 3 SGB III auch „Berufsrückkehrer" (§ 20 SGB III), sog. „Erwerbsaufstocker", „Hochschulabsolventen", „Selbstständige" deren Existenz nicht mehr gesichert ist, denen Hilfebedürftigkeit droht oder die hilfebedürftig sind, Beschäftigte in Transfer- und Auffanggesellschaften.

In § 46 SGB III neu eingeführt wurden die sog. Maßnahmen zur Aktivierung und beruflichen Eingliederung.[449]

Durch die neue Regelung wurden nach der Handlungsanweisung der Bundesagentur für Arbeit die positiven Ansätze bisheriger Maßnahmen aufgegriffen und

---

446 BT-Drs. 16/11153.
447 HEGA 12/08-40-Neuausrichtung arbeitsmarktpolitischer Instrumente (Rechtskreis SGB II) Zusammenfassung.
448 HEGA 12/08-40-Neuausrichtung arbeitsmarktpolitischer Instrumente (Rechtskreis SGB II) Zusammenfassung.
449 Hierin gehen auf: Leistungen zur Beauftragung Dritter mit der Vermittlung (§ 37 SGB III), Personal-Service-Agentur (§ 37c SGB III), Lehrgangskosten (§ 50 Satz 1 Nummer 1 SGB III), Prüfungsgebühren (§ 50 Satz 1 Nummer 1 SGB III), Fahrkosten (§ 50 Satz 1 Nummer 2 SGB III), Kinderbetreuungskosten (§ 50 Satz 1 Nummer 3 SGB III), Beauftragung von Trägern mit Eingliederungsmaßnahmen (§ 421i SGB III) und Aktivierungshilfen (§ 241 Absatz 3a SGB III).

weiterentwickelt.[450] So sei auch eine Vernetzung der Handlungsansätze durch die Kombinierbarkeit der Förderelemente des § 46 SGB III möglich.[451] Hiernach haben Arbeitslose einen Rechtsanspruch auf Zuweisung in eine Maßnahme zur Aktivierung und beruflichen Eingliederung, wenn sie sechs Monate nach Eintritt ihrer Arbeitslosigkeit noch arbeitslos sind.[452]

Neu ist auch § 61a) SGB III, der einen Anspruch auf Vorbereitung auf einen Hauptschulabschluss im Rahmen einer beruflichen Bildungsmaßnahme vermitteln soll.

An die Stelle der freien Förderung nach § 10 SGB III[453] tritt § 421h SGB III, der die Erprobung innovativer Ansätze/ Experimentiertopf regelt.

In § 83 SGB III ist geregelt, dass **Kinderbetreuungskosten** in Höhe von € 130 übernommen werden können. Auch hier handelt es sich wieder um eine Ermessensvorschrift.

4.3.4   Ermessenslenkende Normen

Es ist zu differenzieren zwischen Leistungen, auf die ein gebundener Anspruch besteht (in der Regel bei den passiven Leistungen) und Leistungen, bei denen nur ein Anspruch auf eine fehlerfreie Ermessensausübung über die Gewährung oder Ablehnung besteht. Gem. § 38 SGB I besteht auf Sozialleistungen grundsätzlich ein Anspruch, soweit nicht in einem besonderen Teil den Verwaltungsträgern Ermessen eingeräumt ist. § 3 V SGB III legt fest, dass die Leistungen der aktiven Arbeitsförderung Ermessensleistungen sind. Von behördlichem Ermessen spricht man, wenn die gesetzlichen Tatbestandsvoraussetzungen erfüllt sind, der Behörde aber gleichwohl eine Wahl zwischen verschiedenen Verhaltensmöglichkeiten bleibt.[454] Bei Ermessensleistungen hat der Berechtigte gem. § 39 Abs. 2 SGB I (lediglich) einen Anspruch auf pflichtgemäßes Ermessen. Allerdings nur, wenn die Eingangsvorrausetzungen – also das „Ob" der Leistung (Entschließungsermessen) – erfüllt sind.[455] Das „Wie" der Leistung (Auswahlermessen) steht dann im Ermessen der Agentur für Arbeit . Diese muss also zunächst sämtliche Eingangsvoraussetzungen, also Tatbestandsmerkmale, die die Norm enthält, prüfen. Sind diese nicht gegeben, so erfolgt die Erteilung einer Ablehnung der beantragten Maßnahme. Sind die Eingangsvoraussetzungen gegeben, so prüft die Agentur für Arbeit, ob die beantragte Leistung gem. § 7 SGB III und den in den weiteren Einzelvorschriften des SGB III festgeleg-

---

450   HEGA 12/08-40-Neuausrichtung arbeitsmarktpolitischer Instrumente (Rechtskreis SGB II) Zusammenfassung.
451   HEGA 12/08-40-Neuausrichtung arbeitsmarktpolitischer Instrumente (Rechtskreis SGB II) Zusammenfassung.
452   BT-Drs. 16/ 11153.
453   Die Abschaffung des § 10 SGB III trat am 01.01.2010 in Kraft.
454   Detterbeck, Rn. 312.
455   Brandts in Niesel/ Brand (2010): § 7 Rn. 3 SGB III

4. Leistungen im Rahmen des SGB II

ten Kriterien erbracht werden kann.[456] Bezüglich Letzterem besteht dann ein Anspruch auf pflichtgemäßes Ermessen.[457]

Über § 16 SGB II besteht die Möglichkeit, Ermessensleistungen der aktiven Arbeitsförderung zu erhalten, so dass diese möglicherweise auch den Beziehern von passiven SGB II-Leistungen zur Verfügung stehen.

4.3.4.1 Ermessensentscheidungen

Eine Ermessensentscheidung muss rechtmäßig sein. Dies ist dann nicht der Fall, wenn mindestens ein Ermessensfehler vorliegt.

Als Ermessensfehler anerkannt sind Ermessensnichtgebrauch, -überschreitung, oder Ermessensmissbrauch. Ermessensnichtgebrauch liegt vor, wenn die AA der Pflicht, Ermessen auszuüben überhaupt nicht nachgekommen ist.[458] Ermessensüberschreitung liegt vor, wenn die AA mit ihrer Entscheidung die gesetzlichen Grenzen des Ermessens überschritten hat, d.h. eine dem Gesetz nach nicht zugelassene Rechtsfolge gesetzt hat.[459] Ermessensmissbrauch bzw. ein Abwägungsdefizit liegt vor, wenn von dem Ermessen in einer dem Zweck der Vorschrift nicht entsprechenden Weise Gebrauch gemacht wurde.[460] Es besteht auch die Möglichkeit einer Ermessensreduzierung auf Null. Diese stellt zwar keinen Ermessensfehler dar, bei ihr jedoch reduziert sich der Ermessensspielraum, den die AA hat, auf eine Entscheidungsmöglichkeit, die alleine rechtmäßig ist. Bei der Entscheidung über Ermessensleistungen muss die Behörde die sog. ermessenslenkenden Normen berücksichtigen. Diese haben also maßgeblichen Einfluss darauf, ob jemand eine Ermessensleistung erhält oder nicht. Hierbei sind nicht nur die Normen aus dem SGB II und III maßgeblich, sondern auch Normen aus dem SGB I und IV als sog. allgemeine Teile, die auf alle SGBer Anwendung finden. Weiter zu berücksichtigen sind Richtlinien, Anordnungen und Durchführungsanweisungen und ermessenslenkende Verwaltungsvorschriften, nach denen die Integrationsfachkraft handeln muss.

4.3.4.2 Ermessenslenkende Normen des SGB II

§ 14 S. 1 SGB II ist bei Ermessensansprüchen als **Optimierungsgebot** zu verstehen. Die Leistungsträger sollen die optimale, aber auch fiskalisch mögliche Leistung erbringen. Das Optimierungsgebot beinhaltet zwar die Pflicht der Leistungsträger zur umfassenden Unterstützung erwerbsfähiger Hilfebedürftiger, allerdings begründet es keinen subjektivrechtlichen Anspruch auf Einhaltung. Ein Anspruch eines erwerbs-

---

456 Brandts in Niesel/Brand (2010): § 7 Rn 5 SGB III.
457 Brandts in Niesel/Brand (2010): § 7 Rn 6 SGB III.
458 Brandts in Niesel/Brand (2010): § 7 Rn 13 SGB III.
459 Brandts in Niesel/Brand (2010): § 7 Rn. 13 SGB III.
460 Brandts in Niesel/Brand (2010): § 7 Rn. 13 SGB III.

4. Leistungen im Rahmen des SGB II

fähigen Hilfebedürftigen ergibt sich – wenn überhaupt – aus den Normen des SGB III, auf die § 14 S. 1 - 3 SGB II Bezug nimmt. Wie oben aufgezeigt, handelt es sich aber auch hierbei vornehmlich um Ermessennormen.[461]

Gem. **§ 14 S. 3 SGB II** (dem sog. **Wirtschaftlichkeitsgrundsatz**) müssen die Leistungsträger alle im Einzelfall für die Eingliederung in Arbeit erforderlichen Leistungen unter Beachtung des Grundsatzes der Wirtschaftlichkeit und Sparsamkeit erbringen.[462] Der Grundsatz der Wirtschaftlichkeit steht in einem Spannungsverhältnis zu dem Ergiebigkeitsprinzip.

Während das Sparsamkeitsprinzip (auch Minimalprinzip genannt) verlangt, dass ein bestimmtes Ziel mit möglichst geringem Mitteleinsatz erbracht werden soll, bestimmt das Ergiebigkeitsprinzip, dass mit einem bestimmten Mitteleinsatz das bestmögliche Ziel erreicht werden soll.[463]

Die **Gleichstellung von Männern und Frauen** ist gem. § 1 Abs. 1 S. 3 SGB II als durchgängiges Prinzip zu verfolgen. Präzisiert wird dieses Gebot durch **§ 1 Abs. 1 S. 4 Nr. 3 SGB II**, der besagt, dass die Leistungen der Grundsicherung insbesondere darauf auszurichten sind, dass **geschlechtsspezifischen Nachteilen entgegengewirkt** wird. Mit § 1 Abs. 1 S. 3 SGB II wird dem verfassungsrechtlichen Gleichstellungsgebot nach Art. 3 Abs. 2 GG Rechnung getragen, welches sich in die „Doppelstrategie" von Förderung der Gleichberechtigung und Ausgleich bestehender Nachteile gliedert.[464] Letzteres wird in § 1 Abs. 1 S. 4 Nr. 3 SGB II noch auf die geschlechtsspezifischen Nachteile von erwerbsfähigen Hilfebedürftigen bezogen.[465] Gleichstellungsgebot bedeutet beispielsweise Frauen nicht aus sog. „typischen Männerberufen" auszuklammern, bzw. Männer nicht aus sog. „Frauenberufen" auszuklammern. Hier dürfen nur Einschränkungen vorgenommen werden, wenn dies nach Art der auszuübenden Tätigkeit unerlässlich ist.[466] Streitig war das Verhältnis der Verweisung in § 16 Abs. 1 Satz 4 SGB II a.F. auf § 8 SGB III zu § 1 Abs. 1 Satz 3 SGB II. § 16 Abs. 1 Satz 4 SGB II a.F. konkretisierte den quantitativen Auftrag durch Verweisung auf § 8 Abs. 2 SGB III in qualitativer Hinsicht und gewährleistet durch eine Soll-Vorschrift, dass Frauen nicht nur entsprechend ihrem (absoluten) Anteil auf die Arbeitslosen insgesamt, sondern auch entsprechend ihrer (relativen) Größe (auf Frauen bezogene Arbeitslosenquote) gefördert werden.[467] Die Diskussion, die über die Frauenförderquote nach § 8 SGB III stattgefunden hat, ist genauso auf das SGB II übertragbar. Die seit langem zu recht stattfindende Diskussion, ob Art und Ausmaß dieser Quote dem Ziel des Gesetzes – namentlich Gleichstellung von Männer und Frauen - Rechnung trägt, kann hier nicht rechtlich vertieft werden.[468] Auch hier bestehen allerdings keine subjektiven Ansprüche auf Förderung.[469]

---

461 Eicher in Eicher/ Spellbrink: § 14 Rn. 3, 4 SGB II.
462 Eicher in Eicher/ Spellbrink: § 14 Rn. 8 SGB II.
463 Eicher in Eicher/ Spellbrink: § 14 Rn. 9 SGB II.
464 Löschau, in Estelmann (2008): § 1 Rn. 26 SGB II.
465 Löschau, in Estelmann (2008): §1 Rn. 27 SGB II.
466 Löschau, in Estelmann (2008): §1 Rn. 28 SGB II.
467 Eicher in Eicher/Spellbrink: § 16 Rn. 48 SGB II.
468 So schon: Winkler 1990.

4. Leistungen im Rahmen des SGB II

Hierbei stellte sich die Frage, ob die Verweisung auf § 8 SGB III für alle Eingliederungsleistungen gelten sollte oder nur für solche nach dem SGB III. Eine Auslegung nach Sinn und Zweck ergab aber, dass die Verweisung sich wohl auf alle Eingliederungsleistungen beziehen soll.[470] Dies ist erst recht auf die neue Gesetzeslage übertragbar, da mit der neuen Position der Regelung diese ja noch mehr hervorgehoben werden sollte.

4.3.4.3   Ermessenslenkende Normen des SGB III

Die **Aufgaben und Ziele** des SGB III sollen bei der Vergabe von Ermessensleistungen Berücksichtigung finden.

§ 1 Abs. 1 SGB III nennt die Ziele der Arbeitsförderung. Die Leistungen der Arbeitsförderung sollen dem Entstehen von Arbeitslosigkeit entgegenwirken, die Dauer der Arbeitslosigkeit verkürzen und den Ausgleich von Angebot und Nachfrage auf dem Ausbildungs- und Arbeitsmarkt unterstützen. Es lassen sich also zwei Hauptaufgaben festhalten, zum einen die Unterstützung des Ausgleichs auf dem Arbeitsmarkt, welche durch Information und Beratung durch die Arbeitsagenturen erfolgen soll,[471] zum anderen eine zügige Stellenbesetzung. Die zügige Stellenbesetzung wiederum soll durch die Instrumente der Vermittlung und Förderung erreicht werden. Die Agenturen für Arbeit haben also einen Vermittlungsauftrag, während der einzelne Arbeitnehmer die Verpflichtung hat, die Arbeitslosigkeit tunlichst zu verkürzen.[472] Durch den Förderungsauftrag soll die Chancengleichheit auf dem Arbeitsmarkt hergestellt und gesichert werden. Hierbei ist aber zu beachten, dass die Aufgabe der BA zwar die Verwaltung des Arbeitsmarktes ist, nicht aber die Schaffung neuer Arbeitsplätze.[473]

Gemäß § 1 Abs. 1 S. 3 SGB III ist die Gleichstellung von Männern und Frauen als durchgängiges Prinzip der Arbeitsförderung zu verfolgen. Neu wurde in § 1 Abs. 2 Nr. 4 SGB III eine weitere Leitlinie für das Handeln der Arbeitsverwaltung zur Überwindung des geschlechtsspezifischen Arbeits- und Ausbildungsmarktes und zur Beseitigung von Benachteiligung von Frauen am Arbeitsmarkt eingefügt (im Wortlaut dem § 8 SGB III a.F. entsprechend). Nach der Gesetzesbegründung muss eine gute Arbeitsmarktpolitik auch den sozialpolitischen Auftrag der Arbeitsförderung im Blick haben. Die Gleichstellung auf dem Arbeitsmarkt durch die Arbeitsförderung soll konsequenter unterstützt werden. Durch das Herausheben dieser Ziele bereits in § 1 SGB III soll das Ziel der Gleichstellung und der Frauenförderung gleichzeitig eindeutiger formuliert werden. Die Gleichstellung von Männern und Frauen soll eindeutiger als bisher als ein in der gesamten Arbeitsförderung zu verfolgendes

---

469   Eicher in Eicher/Spellbrink: § 16 Rn. 49 SGB II.
470   Eicher in Eicher/Spellbrink, § 16 Rn. 28 SGB II.
471   Gagel in Gagel (2010): § 1 Rn. 2 SGB III.
472   Gagel in Gagel (2010), § 1 Rn. 3, 4 SGB III.
473   Gagel in Gagel (2010), § 1 Rn. 5 SGB III.

Prinzip formuliert sein. Durch die neue rechtssystematische Stellung des ehemaligen § 8 SGB III soll klargestellt werden, dass die Förderung von Frauen zur Beseitigung bestehender geschlechtsspezifischer Nachteile zu den übergeordneten Zielen der Arbeitsförderung zählt. Diese neue rechtssystematische Stellung sei deshalb geboten, weil damit die Frauenförderung klar von den bisherigen §§ 8a, 8b SGB III getrennt werde. Hiermit soll unterstrichen werden, dass die Frauenförderung ein eigenständiges gleichstellungspolitisches Ziel im Recht der Arbeitsförderung ist, das sich klar von dem gesetzlichen Auftrag der Agenturen für Arbeit unterscheidet und zu einer besseren Vereinbarkeit von Familie und Beruf beizutragen.

Da § 1 Abs. 2 Nr. 4 SGB III dem § 8 SGB III a.F. wortgleich ist, kann auf die Kommentierungen zu diesem zurückgegriffen werden. Die Leistungen der aktiven Arbeitsförderung sind hiernach dafür einzusetzen, die berufliche Situation der Frauen zu verbessern.[474] Frauen sollen auch hier keine Nachteile gegenüber männlichen Mitbewerbern hinnehmen müssen. So müssen auch Maßnahmen der aktiven Arbeitsförderung (§ 7 SGB III) ausgewählt werden.[475]

Gem. § 8 SGB III sollen Frauen *„mindestens"* angemessen an ihrer relativen Betroffenheit durch Arbeitslosigkeit gefördert werden. Dies war auch die Intention des Gesetzgebers bei der Einfügung dieses Wortes, welches unter anderem auch vom djb gefordert wurde. Hierdurch wird die Förderquote für Frauen nicht nur an der Arbeitslosenquote festgemacht.[476] Es ist auch erforderlich, dass neben dem Anteil an den Arbeitslosen (absolute Größe einer Gruppe) auch die Arbeitslosenquote (relative Betroffenheit einer Gruppe durch Arbeitslosigkeit) und die relative regionale Betroffenheit durch Arbeitslosigkeit berücksichtigt wird, damit die Maßnahmen der Arbeitsförderung die Situation von Frauen auf dem Arbeitsmarkt nachhaltig verbessern.[477] Bei der Einrichtung der Maßnahmen der aktiven Arbeitsförderung sollen diese so ausgestaltet werden, dass Personen mit familiären Verpflichtungen, wie Betreuung und Pflege von Angehörigen an diesen teilnehmen können. Auch hierbei soll die Quote der Beteiligung für Frauen in Maßnahmen der aktiven Arbeitsförderung mit der Arbeitslosenquote in diesem Personenkreis korrespondieren.[478] Die Vorschrift des § 8 Abs. 3 SGB III a.F. konkretisiert somit den quantitativen Ansatz nachhaltig um einen qualitativen. Hierdurch wird zwar das Ermessen gelenkt,[479] ein subjektiv öffentliches Recht auf Förderung kann hieraus allerdings nicht hergeleitet werden.[480]

Gem. **§ 2 Abs. 1 SGB III** unterstützen die Agenturen für Arbeit die **Arbeitsmarktpartner** durch ein umfangreiches allgemeines Informations- und Beratungsangebot bezüglich des Arbeitsmarktes und der Berufe. In § 2 Abs. 2 SGB I findet

---

474 Feckler in Ambs et al (2007): § 8 Rn. 2 SGB III.
475 Feckler in Ambs et al (2007): § 8 Rn. 4 SGB III.
476 Feckler in Ambs et al (2007): § 8 Rn. 4 SGB III; dies entspricht auch einer Forderung des djb in der Stellungnahme vom 10.10.2001.
477 Feckler in Ambs et al (2007): § 8 Rn. 10 SGB III.
478 Feckler in Ambs et al (2007): § 8 Rn. 10 SGB III.
479 Feckler in Ambs et al (2007): § 8 Rn. 10 SGB III.
480 Feckler in Ambs et al (2007): § 8 Rn. 9 SGB III

4. Leistungen im Rahmen des SGB II

eine wichtige Leitlinie und oberster Grundsatz der Verwaltung seinen Ausdruck. Gem. § 2 Abs. 2 SGB I ist bei der Ausübung von Ermessensentscheidungen eine möglichst weitgehende Erfüllung der sozialen Rechte sicherzustellen. Das Ermessen ist so auszuüben, dass die Freiheits- und Persönlichkeitsrechte möglichst weitgehend geschützt werden.[481]

Gem. **§ 4 Abs. 1 SGB III** hat die **Vermittlung** in Arbeit oder Ausbildung **Vorrang gegenüber Entgeltersatzleistungen**. Gem. § 4 Abs. 2 SGB III hat die Vermittlung weiterhin auch Vorrang gegenüber den sonstigen Leistungen der aktiven Arbeitsförderung. Es gibt allerdings eine Ausnahme von dem Vermittlungsvorrang, die dann gelten soll, wenn die Vermittlung in Arbeit nicht in eine dauerhafte Eingliederung in den Arbeitsmarkt führt, dies aber bei der Erbringung einer Maßnahme der aktiven Arbeitsförderung - wie zum Beispiel bei einer befristeten Stelle - der Fall wäre.[482]

Gem. **§ 5 SGB III** sollen die Leistungen der aktiven Arbeitsförderung so eingesetzt werden, dass **Entgeltersatzleistungen** unter Umständen **vermieden** werden können. Zu beachten ist hierbei, dass es sich bei dem Gros der Leistungen der aktiven Arbeitsförderung – wie eingangs schon festgestellt – um Ermessensleistungen handelt. § 5 SGB III kann also als ermessenslenkende Vorschrift bezeichnet werden, was bedeutet, dass die Agenturen für Arbeit bei ihren Ermessensentscheidungen über Leistungen nach dem SGB III die in dieser Vorschrift manifestierten Grundsätze zu beachten und zu berücksichtigen haben. Die AA sollen die Leistungen der aktiven Arbeitsförderung nach deren jeweiligen Sinn und Zweck im Einzelnen vielmehr so ausgestalten, dass durch deren Erbringung vor allem die Zahlung von Entgeltersatzleistungen verringert oder im Idealfall sogar überflüssig wird.[483]

§ 6 SGB III stellt ein weiteres wichtiges Ziel der Arbeitsförderung, namentlich die **Vermeidung von Langzeitarbeitslosigkeit**. Bei der Ausübung des Ermessens ist es wichtig, dass alle Berechtigten in gleicher Weise gefördert werden.[484] Die AA darf eine von dem Berechtigten vorgeschlagene oder gewünschte Leistung nicht einfach nur als ungeeignet bezeichnen, sondern muss vielmehr, wenn die Eingangsvoraussetzungen vorliegen, im positiven Sinne tätig werden und aus den zur Verfügung stehenden Mitteln unter pflichtgemäßem Ermessen die Leistung bzw. Leistungen auswählen und erbringen.[485]

Weiter ist auf gem. § 7 S. 2 SGB III auf die Fähigkeiten der zu fördernden Personen (Nr. 1), die Aufnahmefähigkeit des Arbeitsmarktes (Nr. 2) und den arbeitsmarktpolitischen Handlungsbedarf abzustellen.[486] Bezüglich der allgemeinen Grundsätze des SGB III, die in den §§ 1 - 6 SGB III genannt sind und bei der Ermes-

---

481 Gagel in Gagel (2010) § 1 Rn. 32 SGB III.
482 Bolay/Eisenreich/Isele (2004): Rn. 23.
483 Bolay/Eisenreich/Isele (2004): Rn. 24.
484 Brandts in Niesel/Brand (2010): § 7 Rn. 7 SGB III; BSG SozR 2200 § 1237 Nr. 22.
485 Brandts in Niesel/Brand (2010): § 7 Rn. 7 SGB III; BSG SozR 2200 § 1237 Nr. 23.
486 Brandts in Niesel/Brand (2010) § 7 Rn. 20 SGB III.

sensausübung zu berücksichtigen sind, wird auf die obigen Ausführungen verwiesen.

Zwischen den einzelnen Leistungen der SGB II und III gibt es eine **Hierarchie**, d.h. dass bestimmte Leistungen vorrangig gewährt werden müssen.

Bei der Auswahl der Leistungen ist der Grundsatz der Sparsamkeit und Wirtschaftlichkeit zu beachten und es ist/sind die am besten geeignete/n Maßnahme(n) auswählen, vgl. § 7 S. 1 SGB III.[487] Die Abs. 2 u. 3 des § 7 SGB III betreffen die Auswahl der zu fördernden Personen bei begrenzten Mitteln.[488]

Gem. § 7 Abs. 1 Satz 2 SGB III soll sich die Ermessensausübung nach den Fähigkeiten der zu fördernden Personen und den Erfolgsaussichten der Eingliederungsmaßnahmen richten.[489] Damit dies nicht zu einer bloßen „Eliteförderung" führt, ergänzt S. 2, dass sich das Ermessen auch nach der Förderungsbedürftigkeit richten soll.[490]

§ 8 SGB III regelt die **Vereinbarkeit von Familie** und **Beruf/Berufsrückkehrer/-innen**. Die bisherigen §§ 8a und 8b SGB III gehen in der Neufassung des § 8 auf.[491]

Gem. § 8a SGB III mussten Maßnahmen familiengerecht sein, d.h. Konzeption und Ausgestaltung müssen organisatorisch, inhaltlich und zeitlich auf die Familienpflichten eines Betroffenen abgestellt sein. Die Grundsicherungsträger kann zwar nur in geringem Umfang Kinderbetreuung organisieren, sie kann aber durch organisatorische Maßnahmen und Rücksichtsnahmen auf zeitliche Gegebenheiten und Notwendigkeiten einen wesentlichen Beitrag bei der Einrichtung von entsprechenden Maßnahmen der Arbeitsförderung leisten.[492] Diese sollen alle zur beruflichen Eingliederung notwendigen Leistungen (in § 8b abschließend aufgeführt) der aktiven Arbeitsförderung erhalten. Hierfür müssen sie allerdings alle Tatbestandvoraussetzungen der jeweiligen Maßnahme erfüllen.[493] Berufsrückkehrer/innen „*sollen*" die zu ihrer Rückkehr in die Erwerbstätigkeit notwendige Leistungen der aktiven Arbeitsförderung erhalten.[494] Das Wort „sollen" zeigt ein sog. „intendiertes Ermessen" auf. Die Entscheidung hierüber soll grundsätzlich für eine Maßnahme ausfallen. Nur in begründeten Ausnahmefällen darf hiervon abgewichen werden.

4.3.4.4 Ermessenslenkende Normen des SGB IV

Eine weitere ermessenslenkende Vorschrift stellt § 19a SGB IV dar, der über § 1 Abs. 2 zweiter Halbsatz SGB IV auch auf das SGB II Anwendung findet. § 19a

---
487 Brandts in Niesel/Brand (2010) § 7 Rn. 19 SGB III.
488 Bieback in Gagel (2010), § 7 Rn. 1 SGB II.
489 Bieback in Gagel (2010), § 7 Rn. 2 SGB II.
490 Bieback in Gagel (2010), § 7 Rn. 17 SGB II.
491 BT-Drs. 755/ 08: Winkler FPR 2005 zu Eingliederungsleistungen für Berufsrückkehrerinnen.
492 Feckler in Ambs et al (2007): § 8a Rn. 12 SGB III zur alten Fassung.
493 Feckler in Ambs et al (2007): § 8b Rn. 3 SGB III zur alten Fassung.
494 Feckler in Ambs et al (2007): § 8b Rn. 7 SGB III zur alten Fassung.

4. Leistungen im Rahmen des SGB II

SGB IV verbietet jede Benachteiligung bei der Inanspruchnahme von Leistungen, die den Zugang zu allen Formen und allen Ebenen der Berufsberatung, der beruflichen Weiterbildung, der Umschulung einschließlich der praktischen Berufserfahrung aufgrund der Rasse oder der ethnischen Herkunft, des Geschlechts, der Religion oder Weltanschauung, einer Behinderung, des Alters oder sexuellen Identität. Benachteiligung meint hier die unmittelbare als auch die mittelbare (faktische) Diskriminierung, die Anweisung zur Diskriminierung, sowie Belästigung und sexuelle Belästigung.[495] § 19a SGB IV ist nur bei der tatsächlichen Inanspruchnahme von Leistungen einschlägig.[496] Entsprechende Leistungen hierbei sind jene nach dem SGB III, ggf. über § 16 Abs. 1 SGB II vermittelt, sowie die entsprechenden Leistungen nach dem SGB II.[497] Dabei ist zu beachten, dass der Inhalt und die Voraussetzungen des jeweiligen Leistungsanspruchs nicht modifiziert werden, sondern die Vorgaben des § 19a SGB IV bei der Auslegung von Vorschriften der übrigen Sozialgesetzbücher und bei der Ausübung von Ermessen beachtet werden müssen. § 19a SGB IV erfasst also die Vorgänge, die bei der Inanspruchnahme der Leistungen im Kontakt zwischen Berechtigtem einerseits und Leistungsträger oder –erbringer stattfinden, erfasst sind hierbei alle Ebenen der Leistungserbringung.[498] Dabei ist sicherzustellen, dass das Benachteiligungsverbot möglichst weitgehend verwirklicht wird. Stehen also mehrere Alternativen bei der Gesetzesinterpretation oder bei der Ermessensausübung zur Verfügung, so ist diejenige Variante auszuwählen, bei der am wenigsten Benachteiligungen entstehen.[499] In Bezug auf das Merkmal „Geschlecht" ist zu beachten, dass dadurch auch eine Ungleichbehandlung in Bezugnahme auf Ehe- oder Familienstand verboten ist. Weiterhin ist auch eine Ungleichbehandlung im Zusammenhang mit Schwangerschaft oder Mutterschaftsurlaub eine verbotene Diskriminierung, die im Kontext mit Leistungen nach § 19a SGB IV durchaus vorstellbar sind.[500]

4.3.4.5 Andere ermessenslenkende Vorschriften

Das von den Behörden auszuübende Ermessen kann durch Richtlinien (RiLi), Anordnungen (AO), Durchführungsanweisungen (DA) und ermessenslenkende Verwaltungsvorschriften gesteuert werden. Um den Inhalt analysieren zu können, wäre hierzu erforderlich, dass nicht nur Verordnungen, sondern auch abgeleitete Vorschriften veröffentlicht werden. Für die Erfassung der strukturellen Wirkung solcher Normen und anderer Ziele, die wie die Wirtschaftlichkeit zu beachten sind, ist Grundlagenforschung zur Grundsicherung erforderlich. Über die verhaltenssteuern-

---

495 Seewald in Kasseler Kommentar (2010): §19a Rn. 21 SGB IV.
496 Winkler in Kasseler Kommentar (2010): § 19a Rn. 6 SGB IV.
497 Seewald in Kasseler Kommentare (2010): § 19a Rn. 8 SGB IV.
498 Seewald in Kasseler Kommentarr (2010): § 19a Rn. 7, 15f SGB IV.
499 Winkler in Kasseler Kommentar (2010): § 19a Rn. 11 SGB IV.
500 Seewald in Kasseler Kommentar (2010): § 19a Rn. 20, 23 SGB IV.

de Wirkung der aus dem SGB II abgeleiteten Normen und sich konkretisierenden Regeln kann dies Projekt keine Erkenntnis bringen.[501]

Diese gelten nur behördenintern und haben somit keine unmittelbare Außenwirkung auf den Leistungsempfänger. Es ist jedoch möglich, dass durch das Vorhandensein einer bestimmten Verwaltungsvorschrift in Verbindung mit dem Gleichbehandlungsgrundsatz aus Art. 3 Abs. 1 GG ein Anspruch auf eine oder mehrere ganz bestimmte Leistungen konstruiert werden kann. Deshalb kommt diesen ermessenslenkenden Vorschriften für die Behörde auch eine große Bedeutung zu. Von ihnen hängt letztendlich ab, ob ein/e Leistungs- oder Nichtleistungsbeziehende Ermessensleistungen erhält oder eben nicht (auch unabhängig davon, ob sie/er einen Anspruch auf die Leistung oder nur auf eine fehlerfreie Ermessensentscheidung hat). Verwaltungsvorschriften haben zwar keine Außenwirkung, können aber über den Gleichbehandlungsgrundsatz (Art. 3 Abs. 1 GG) dennoch zu einer Selbstbindung der Verwaltung führen. Verwaltungsvorschriften dürfen nicht so ausgestaltet sein, dass sie keinen Raum mehr für Ermessen lassen.[502]

Anordnungen sind als Rechtsnormen mit Außenwirkung zu beurteilen. Sie dürfen bei Ermessensleistungen der aktiven Arbeitsförderung die Gestaltungsspielräume der Arbeitsagenturen nur aus besonderen Gründen einschränken.[503]

4.3.4.6 Gerichtliche Überprüfbarkeit

Ermessensentscheidungen können von den Gerichten nicht uneingeschränkt überprüft werden. Nur die Eingangsvoraussetzungen, also das „Ob" der Leistung, sind uneingeschränkt überprüfbar.[504] Die Frage des „Ob", also die Tatbestandvoraussetzungen betrifft nämlich nicht den Ermessensbereich, weshalb sie gem. § 54 Abs. 2 Satz 1 SGG der vollen gerichtlichen Kontrolle unterliegt.[505] Die Auswahl der Ermessensleistung, also das „Wie" unterliegt einer eingeschränkten Überprüfbarkeit nach § 39 Abs. 1 SGB I, § 54 Abs. 2 Satz 2 SGG. Die Gerichte sind gem. § 54 Abs. 2 Satz 2 SGB II darauf beschränkt zu kontrollieren, ob einer oder mehrere der oben genannten Ermessensfehler vorliegen. Hierbei ist zu beachten, dass das Gericht keine eigenen Ermessenserwägungen anstellen darf. Die gerichtliche Überprüfung beschränkt sich darauf, ob die Ermessenserwägungen der Agenturen für Arbeit den Rahmen der § 39 Abs. 1 SGB I, § 54 Abs. 2 Satz 2 SGG überschreiten.[506] Ergänzung. falls Fehlerhaftigkeit festgestellt, Rückgabe an Behörde

---

501 Dazu auch in Teil 1.5.2.
502 Brandts in Niesel/Brand (2010): § 7, Rn. 10 SGB III.
503 Hänlein in Gagel (2010): § 3 Rn. 77 SGB III.
504 Brandts in Niesel/ Brand (2010): § 7 Rn. 11 SGB III; BSG SozR 2200 § 1237a Rn. 6; BSG SozR 2200 § 1237 Nr. 15.
505 Brandts in Niesel/Brand (2010): § 7 Rn. 11 SGB III.
506 Brandts in Niesel/Brand (2010): § 7 Rn. 13, 14 SGB III.

4. Leistungen im Rahmen des SGB II

4.3.5   Rechtswissenschaftliches Fazit zu den Eingliederungsleistungen

Für die Leistungen zur Eingliederung liegt das Problem beim Zugang zu den Ermessensleistungen der aktiven Arbeitsförderung.
  Die Eingliederungsvereinbarung nach § 15 Abs.1 SGB II, die gem. § 15 Abs. 2 SGB II auch von dem Haushaltsvorstand für die Bedarfsgemeinschaft abgeschlossen werden kann, kann die Leistungen der aktiven Arbeitsförderung umfassen. Wenn jedoch nur ein Mitglied der Bedarfsgemeinschaft die Eingliederungsvereinbarung abschließt, so ist zu erwarten, dass auch nur für diesen hierin die Ermessensleistungen der aktiven Arbeitsförderung vereinbart werden und die anderen Mitglieder der Bedarfsgemeinschaft, die nicht bei einer Integrationsfachkraft in Erscheinung treten, nicht ausreichend Berücksichtigung finden.
  Dies ist jedoch fatal, da auch andere Mitglieder, die in einer Bedarfsgemeinschaft leben und erwerbslos sind, von den Ermessensleistungen der aktiven Arbeitsförderung profitieren könnten, um selbst eine Chance zu haben, aus dem Leistungsbezug herauszukommen. Es ist kein Grund erkennbar, warum derjenige, der die Eingliederungsvereinbarung abschließt, vorrangig oder ausschließlich Zugang zu den Ermessensleistungen haben sollte, während die anderen Mitglieder der Bedarfsgemeinschaft hierbei keine Aktivierung erfahren.
  Die gesetzliche Regelung, die ein Nicht-Abschließen einer Eingliederungsvereinbarung unter Sanktionen stellt und die nicht abgeschlossene Eingliederungsvereinbarung per Verwaltungsakt durchsetzbar macht, könnte zur Folge haben, dass das Über-Unter-Ordnungsverhältnis, das zwischen Behörde und Bürger besteht und durch den Abschluss eines öffentlich-rechtlichen Vertrages gerade gebrochen werden könnte, wiederhergestellt wird.
  Personen, die arbeitslos gemeldet, aber nicht hilfebedürftig sind, weil sie mit einer erwerbstätigen finanzstärkerer Person in einem Haushalt leben, haben auf die kommunalen Eingliederungsleistungen nach § 16a SGB II, die nach § 7 SGB II nur den Hilfebedürftigen zustehen, keinen Zugriff. Davon sind überwiegend Frauen betroffen. Die erforderlichen Angaben liegen aus der Evaluationsforschung vor. Damit stellt sich die Frage, wie es gerechtfertigt sein könnte, dass auch aktive Leistungen nach § 7 Abs. 1 SGB II nur für finanziell Bedürftige zugänglich sind. Keine Rechtfertigung kann darin liegen, dass die Nichtleistungsbeziehenden keine Kosten verursachen, weil sie eben keine Leistungen beziehen.
  Durch diese mangelnde Aktivierung der in einer Bedarfsgemeinschaft lebenden Personen, bzw. der nicht hilfebedürftigen Erwerbslosen werden konservative Rollenmodelle in unserer Gesellschaft gefördert. Es bietet sich hierdurch in Bedarfsgemeinschaften und Familien das Modell der Hausfrauenehe an, weil vor allem die Erwerbstätigkeit der Frauen zu wenig gefördert wird. Dies ist aus gleichstellungspolitischer Sicht nicht wünschenswert. Eine stärkere Individualisierung der passiven Leistungen sollte auch eine stärkere Individualisierung der aktiven Leistungen nach sich ziehen. Nur hierdurch würde eine Eigenverantwortlichkeit der sozialen Absicherung durch Erwerbstätigkeit nachhaltig gestärkt.

4. Leistungen im Rahmen des SGB II

4.4 Sozialwissenschaftliche Betrachtung der aktiven Leistungen

Im Mittelpunkt des sozialwissenschaftlichen Teils des Forschungsprojektes stand die Kernfrage, wie sich die SGB-II-Regelungen auf die ausgewählten Schlüsselgruppen arbeitsloser Frauen auswirken[507] und inwieweit damit eher das Modell der Ein-Ernährer-Familie oder die gleichberechtigte Erwerbsteilhabe von Frauen und Männern gefördert wird. Bei den drei Schlüsselgruppen handelt es sich um Alleinerziehende mit betreuungspflichtigen Kindern, Partnerinnen von arbeitslosen Arbeitslosengeld-II-Beziehern sowie um arbeitslos gemeldete Frauen ohne Leistungsbezug (Nichtleistungsbezieherinnen).[508]

In diesem Kapitel wird insbesondere die Aktivierung und Förderung dieser drei Schlüsselgruppen arbeitsloser Frauen mit Eingliederungsleistungen untersucht werden.

Dies geschieht im Wesentlichen durch eine quantitativ vergleichende Analyse der Beteiligung von Frauen und Männern an arbeitsmarktpolitischen Maßnahmen. Auf der Grundlage von Anteilswerten wird geprüft, ob Frauen in einem Umfang gefördert werden, der dem gesetzlichen Auftrag des Nachteilsausgleichs entspricht. Zur Bestimmung von Anteilswerten können verschiedene Bezugsgrößen Anwendung finden. In den Statistiken der Bundesagentur für Arbeit (BA) wird in aller Regel für die Bestimmung des Anteils einer Personengruppe an Eingliederungsleistungen auf die Gesamtzahl der Arbeitslosen im SGB II abgestellt. In einigen Evaluationsstudien wird hingegen der wesentlich größere Kreis der erwerbsfähigen Hilfebedürftigen (eHB) betrachtet Beide Bezugsgrößen sind nicht unproblematisch. Sie lassen relevante Gruppen unberücksichtigt. Die zu ‚aktivierenden' nicht arbeitslosen Hilfebedürftigen bzw. die nicht zu ‚aktivierenden' Hilfebedürftigen werden nicht in den Blick genommen.

Im SGB II steht, anders als im SGB III, nicht Arbeitslosigkeit im Vordergrund, sondern die Hilfebedürftigkeit erwerbsfähiger Personen.[509] Es wird zwar ‚aktive Arbeitsuche' als ein wesentliches Merkmal von Arbeitslosigkeit grundsätzlich von allen erwerbsfähigen Hilfebedürftigen verlangt. Es existieren jedoch gesetzlich definierte Ausnahmen, die dazu führen, dass bestimmte Personengruppen nicht als arbeitslos registriert werden, aber dennoch im Sinne des SGB II zu aktivieren und zu fördern sind, um sie bei der Überwindung der Hilfebedürftigkeit durch Erwerbstätigkeit zu unterstützen.[510] Hierzu gehören insbesondere jene, die kleinere Kinder oder pflegebedürftige Angehörige versorgen.[511]

Der Kreis der zu aktivierenden Hilfebedürftigen ist deutlich größer als der Kreis der arbeitslosen Hilfebedürftigen (inklusiv: zu aktivierende nicht-arbeitslose erwerbsfähige Hilfebedürftigen) und kleiner als der Kreis aller Hilfebedürftigen (ex-

---

507 Dazu siehe Teil 1.1.
508 Zu den sozialwissenschaftlichen Fragen siehe Teil 1.7.
509 Dazu siehe Teil 1.7.1.
510 Bundesagentur für Arbeit 2008k: 5ff.
511 § 10 Abs. 1 Nr. 3 SGB II.

4. Leistungen im Rahmen des SGB II

klusiv: nicht zu aktivierende erwerbsfähige Hilfebedürftige). Die Gruppe der erwerbsfähigen Hilfebedürftigen ist also umfassender, weil sie die von der Zumutbarkeit ausgeschlossenen Gruppen, auch Frauen mit Sorgeverpflichtungen, einschließt und insofern insbesondere für die zweite Fragestellung[512] relevanter. Da seitens der BA bisher keine statistischen Daten zur Gruppe der zu aktivierenden erwerbsfähigen Hilfebedürftigen veröffentlicht werden[513], muss bis auf weiteres auf die Gruppen ‚arbeitslose erwerbsfähige Hilfebedürftige' und ‚erwerbsfähige Hilfebedürftige insgesamt' Bezug genommen werden.

Ergänzend zu den quantitativen Daten werden qualitative Befunde (siehe 4.3.2) herangezogen, um weitere Hinweise zur Umsetzung des Gleichstellungsziels bzw. des Nachteilsausgleiches zu erhalten. In den Blick genommen wird insbesondere die Interaktion zwischen Fachkraft und Adressatin als Ort potenziell geschlechtersensibler und gleichstellungsorientierter Beratungs- und Vermittlungsarbeit sowie das subjektive Erleben der Adressatinnen hinsichtlich der Anforderungen und Zumutungen, denen sie hier begegnen sowie ihrer Strategien im Umgang damit.

Die Beschreibung der Datengrundlage erfolgt getrennt für die quantitativen Befunde zur Aktivierung/Förderung mit Beratungs- und Eingliederungsleistungen sowie für die qualitativen Befunde zum Interaktionsprozess und dem subjektiven Erleben der Adressatinnen zu Beginn der jeweiligen Kapitel.

An dieser Stelle sei bereits darauf hingewiesen, dass nach intensiver Recherche und Analyse des verfügbaren quantitativen und qualitativen Materials weiterhin erhebliche Datenlücken festzustellen sind hinsichtlich der Schlüsselgruppen ‚Partnerinnen von arbeitslosen Leistungsbeziehern' sowie ‚arbeitslose Frauen ohne Leistungsbezug', so dass die Beantwortun der Frage inwieweit diese Gruppen „gefordert und gefördert" werden nur unzureichend möglich ist.

4.4.1 Quantitative Befunde zur Arbeitsförderung[514]

Datengrundlage für die in diesem Abschnitt durchgeführte Analyse sind einerseits statistische Daten, die regelmäßig oder in Form von Sonderveröffentlichungen im Online-Statistik-Angebot der BA zugänglich sind, einschließlich der jährlich zu erstellenden Eingliederungsbilanzen 2005 bis 2007. Da die eigene Untersuchung von Primärquellen zum Thema aktivierender Leistungen über den Forschungsauftrag hinausging, konnten die Auswertungen nur in begrenztem Umfang durchgeführt werden. Ergänzend wird auf den Abschlussbericht der vom Bundesministerium für Ar-

---

512 Dazu siehe Teil 1.7.1.
513 Zwar weist die BA darauf hin, dass bis auf weiteres keine Möglichkeit bestehe, die Zahl der zu *aktivierenden* erwerbsfähigen Hilfebedürftigen eindeutig zu bestimmen (Bundesagentur für Arbeit 2008k: 7), dennoch wird in der Zielvereinbarung 2008 zwischen BMAS und BA auf diese Gruppe Bezug genommen, um den Zielindikator „Integrationen" zu definieren (Bundesministerium für Arbeit und Soziales 2008: 6).
514 Als Sammelbegriff sind mit Arbeitsförderung alle ‚aktiven' Leistungen der BA der Beratung, Vermittlung und Förderung mit Eingliederungsleistungen gemeint.

4. Leistungen im Rahmen des SGB II

beit und Soziales (BMAS) nach § 55 SGB II beauftragten gleichstellungspolitischen Evaluation des SGB II Bezug genommen (im Folgenden abgekürzt als Gender-Evaluation).[515]

Insbesondere der im Dezember veröffentlichte Analytikreport speziell zur Gruppe der Alleinerziehenden[516] wurde in Teilen vertieft ausgewertet, da hier erstmals umfassende Registerdaten zu ihrer Arbeitsmarktsituation sowie zu ihrer Beteiligung an arbeitsmarktpolitischen Maßnahmen vorgelegt wurden[517]. Allerdings sind Daten der zugelassenen kommunalen Träger (zkT) nicht enthalten. Zudem sind sie nicht geschlechtsdifferenziert ausgewiesen, da jedoch 95 % der alleinerziehenden ALG-II-Beziehenden weiblich sind, scheint es zulässig, die Daten in ihrer Gesamtheit hinsichtlich der Schlüsselgruppe ‚alleinerziehende Frauen' zu interpretieren. Darüber hinaus handelt es bei den Daten zu alleinerziehenden Teilnehmenden an arbeitsmarktpolitischen Maßnahmen um Bestandsdaten für den Monat Juli 2008 und insofern um eine ‚Momentaufnahme', die keine Rückschlüsse auf das gesamte Fördervolumen im Jahresdurchschnitt zulässt. Im Vergleich zu Teilnahmedaten aller Frauen und Männer an Maßnahmen im Juli 2008[518] lässt sich dennoch eine Einschätzung des Förderumfangs vornehmen.

Neben den Registerdaten der BA stützt sich die Analyse im Wesentlichen auf (teilweise gesetzlich veranlasste) Evaluationsstudien, und hier insbesondere auf die Kundenbefragung[519], die von einem Forschungskonsortium durchgeführt wurde. Befragt wurden rund 25.000 erwerbsfähige Hilfebedürftige mit ALG II- Bezug, darunter rund 3.700 Alleinerziehende, zu ihren subjektiven Erfahrungen mit der Aktivierung und Förderung durch die Grundsicherungsstellen bzw. die Fachkräfte.

Vertieft ausgewertet wurden die Ergebnisse der ersten Befragungswelle, die im Zeitraum Januar bis April 2007 durchgeführt wurde; neben dem veröffentlichten Zwischenbericht stand hierfür auch der bislang nicht veröffentlichte Tabellenanhang zur Verfügung. Um größtmögliche Aktualität zu gewährleisten, wurden die zentra-

---

515 Die Kurzfassung des Jahresberichts 2007 ist unter der Nummer F 364/07 und der Abschlussbericht unter der Nummer F 396/09 mit Anhang auf der Homepage des BMAS eingestellt.
516 Bundesagentur für Arbeit 2008l: 37.
517 In den jährlich zu veröffentlichenden Eingliederungsbilanzen werden Alleinerziehende (bisher) nicht gesondert ausgewiesen, obwohl sie als „besonders förderungswürdige Zielgruppe" gelten. (Bundesagentur für Arbeit 2008j: 45)
518 Bundesagentur für Arbeit 2008m.
519 Die Kundenbefragung wurde vom Forschungskonsortium ZEW, IAQ, TNS Emnid im Rahmen der Evaluation der Experimentierklausel (§ 6c SGB II) durchgeführt. Befragt wurden in der ersten Welle im Zeitraum Januar bis April 2007 rund 25.000 Personen aus 154 ausgewählten Grundsicherungsstellen, die entweder im Oktober 2006 bereits Grundsicherungsleistungen bezogen hatten (Bestandsdaten, 80 Prozent der Grundgesamtheit) oder Neu-Zugänge im Zeitraum August bis Dezember 2006 waren (20 Prozent). In der zweiten Befragungswelle (November 2007 bis März 2008) wurden dieselben Personen bzw. ‚Nachrückende' für Panelausfälle wiederholt befragt. Die hier beschriebenen Befunde beziehen sich ausschließlich auf die Bestandsstichprobe und sind dem Zwischenbericht einschließlich dem nicht veröffentlichten Tabellenanhang sowie dem Abschlussbericht entnommen. (Zentrum für Europäische Wirtschaftsforschung (ZEW) u. a. 2007a; 2007b; 2008)

4. Leistungen im Rahmen des SGB II

len Ergebnisse des kürzlich veröffentlichten Endberichtes, der Ergebnisse der zweiten Befragungswelle enthält (November 2007 bis März 2008), eingearbeitet. Bei der Interpretation der Daten ist zu berücksichtigen, dass es sich um eine retrospektive Erhebung handelt, bei der Erinnerungslücken der Befragten insbesondere hinsichtlich ihrer Teilnahme an Maßnahmen möglich sind, wodurch die Ergebnisse gewisse ‚Unschärfen' beinhalten können.[520]

Darüber hinaus wurden eine Reihe von Evaluationsstudien schlüsselgruppenorientiert ausgewertet und die teilweise in diesem Kapitel Verwendung finden.

4.4.1.1 Arbeitsförderung von Frauen und Männern im Vergleich

4.4.1.1.1 Beratung und Vermittlung / Aktivierung

Die Befunde der zweiten Welle der Kundenbefragung im Winter 2007/2008[521] zeigen, dass die Beratung und Vermittlung erwerbsfähiger Hilfebedürftiger durch die Fachkräfte vielfach geschlechts(rollen)stereotyp erfolgt. Folgende Differenzen hinsichtlich Geschlecht, Elternschaft und Pflegeverantwortung lassen sich beobachten:[522]

Männer erhalten im Durchschnitt häufiger Beratung als Frauen und schließen häufiger Eingliederungsvereinbarungen ab. Sie werden auch öfter mit einer Leistungskürzung sanktioniert als Frauen. Dabei ist zu berücksichtigen, dass die Fachkräfte erhebliche Ermessensspielräume haben im Hinblick auf die an erwerbsfähige Hilfebedürftige gestellten Anforderungen und die Akzeptanz von Gründen ihrer Nichterfüllung.

Männer mit Kind/ern unter 3 Jahren werden deutlich häufiger aktiviert als Frauen: Sie erhalten deutlich häufiger ein Beratungsgespräch, schließen erheblich häufiger eine Eingliederungsvereinbarung ab und machen öfter die Erfahrung von Sanktionen.

Während Männer mit Kind/ern unter drei Jahren eher etwas häufiger aktiviert werden als alle befragten Männer, verhält sich dies bei Frauen spiegelbildlich (ausgenommen Sanktionen) und die Differenzen sind zugleich deutlich ausgeprägter.

Die wenigen alleinerziehenden Männer erhalten häufiger Beratungsgespräche als die zahlenmäßig weit überwiegenden alleinerziehenden Frauen, schließen jedoch etwas seltener eine Eingliederungsvereinbarung ab. Während alleinerziehende Frauen häufiger als alle befragten Frauen Beratungsgespräche haben und Eingliederungsvereinbarungen abschließen, trifft dies unter den alleinerziehenden Männern

---

520 Zentrum für Europäische Wirtschaftsforschung (ZEW) u. a. 2007a: 200.
521 Zentrum für Europäische Wirtschaftsforschung (ZEW) u. a. 2007a: 163ff.
522 Zu den Zahlen siehe anschießende Tabelle : Differenzen in der Aktivierung erwerbsfähiger Hilfebedürftiger nach Geschlecht und Zielgruppen.

4. Leistungen im Rahmen des SGB II

nur auf Beratungsgespräche zu; Eingliederungsvereinbarungen schließen sie hingegen etwas seltener ab im Vergleich zu allen befragten Männern.

Auch unter den Befragten mit Pflegeverpflichtungen zeigen sich die bereits beschriebenen Muster: Männer werden häufiger aktiviert als Frauen. Dabei haben Frauen und Männer mit Pflegeverpflichtungen deutlich häufiger Beratungsgespräche im Vergleich zu allen befragten Frauen und Männern. Sie schließen auch etwas häufiger (Frauen) bzw. genauso häufig (Männer) wie alle befragten Frauen und Männer eine Eingliederungsvereinbarung ab und werden ebenfalls etwas häufiger (Männer) bzw. vergleichbar oft (Frauen) sanktioniert.

Tabelle 11: Differenzen in der Aktivierung erwerbsfähiger Hilfebedürftiger nach Geschlecht und Zielgruppen

	Alle Befragten		Eltern mit jüngstem Kind unter 3 Jahren		Alleinerziehende		Personen mit Pflegeverpflichtungen	
	Frauen	Männer	Frauen	Männer	Frauen	Männer	Frauen	Männer
Anteil Befragte mit einem Beratungsgespräch in den letzten Monaten, in %								
2. Befragungswelle*	60,4	65,7	47,0	68,3	67,6	74,9	70,0	75,3
1. Befragungswelle**	69,7	72,0	55,5	70,4	62,8	74,4	65,5	71,5
Anteil Befragte mit einer gültigen Eingliederungsvereinbarung, in %								
2. Befragungswelle*	34,6	40,2	12,0	40,5	39,5	38,4	36,2	40,0
1. Befragungswelle	43,7	49,5	27,5	48,6	41,1	41,2	47,7	46,4
Anteil Befragte mit Sanktionserfahrung, in %								
2. Befragungswelle*	11,8	15,1	12,5	15,1	11,7	(6,3)	11,4	17,9
1. Befragungswelle	10,4	14,0	12,7	13,2	11,4	(14,0)	5,6	13,6

* Die Fragen beziehen sich auf den Zeitraum seit Januar 2007 bzw. seit dem letzten Interview.
** Die Fragen beziehen sich auf die letzten sechs Monate vor dem Interview.
( ) Zellenbesetzung < 30 Fälle.
Quelle: Zentrum für Europäische Wirtschaftsforschung (ZEW) u. a. 2008: Tab. 5.4.6.

Dargestellt sind in Tab. 11 hochgerechnete Anteile an der Grundgesamtheit aller erwerbsfähigen Hilfebedürftigen mit ALG-II-Leistungen auf der Basis der Kundenbefragung; Ergebnisse nur auf Basis der Bestandsstichprobe (Panelfälle und Panelauffrischer).

Neben den geschlechterbezogenen Differenzen - Männer weisen in allen Gruppen und Kategorien deutlich höhere Anteilswerte auf als Frauen (Ausnahme: Alleinerziehende mit Eingliederungsvereinbarung) - zeigen sich auch zielgruppenbezogene Unterschiede. Männer und Frauen mit Pflegeverpflichtungen gehören zu den am stärksten aktivierten Personengruppen, Frauen mit Kindern unter drei Jahren zu der am wenigsten aktivierten Gruppe.

4. Leistungen im Rahmen des SGB II

Im Vergleich zur ersten Befragungswelle im Frühjahr 2007 zeigen sich bezüglich der Aktivierungsintensität gegenläufige Entwicklungen:[523] Der Anteil der Befragten mit einer Eingliederungsvereinbarung ist in allen hier beschriebenen Gruppen rückläufig.[524] Hinsichtlich der Beratungsgespräche zeigen sich ebenfalls geringere Anteilswerte in der Gruppe aller Befragten sowie jener mit Kind/ern unter drei Jahren, während sie für Alleinerziehende und Personen mit Pflegeverpflichtungen (geringfügig) gestiegen sind. In nahezu allen Gruppen gestiegen ist der Anteil der Personen mit Sanktionserfahrung (Ausnahme: Frauen mit Kind/ern unter drei Jahren), fast verdoppelt hat sich diesbezüglich der Anteil unter den Frauen mit Pflegeverpflichtung.

4.4.1.1.2 Förderung mit Eingliederungsleistungen

Auch ein Blick in die Eingliederungsbilanzen zeigt, dass der gesetzliche Gleichstellungsauftrag mitnichten als erfüllt anzusehen ist.[525] Die Frauenzielförderquoten wurden in 2007 in Westdeutschland insgesamt sowie bei allen ausgewiesenen Instrumenten deutlich verfehlt: Dort waren Frauen gemäß der Definition des Zielförderanteils, entsprechend ihres Anteils an Arbeitslosen und ihrer Arbeitslosenquote (§ 8 SGB III), zu 48,1 % mit Eingliederungsleistungen zu fördern, real wurden jedoch nur 39,3 % insgesamt erreicht (minus 8,8 Pp.) – damit hat sich die Differenz zwischen Ziel und Realisation im Vergleich zu den Vorjahren weiter vergrößert (2006: minus 6,6 Pp., 2005: minus 4,6 Pp.[526]). Besonders große Diskrepanzen zeigen sich bei den betriebsnahen Instrumenten Einstiegsgeld und Eingliederungszuschüssen mit einer ‚Unterförderung' von 15 bzw. 21 Pp.[527] Aber auch bei dem zahlenmäßig bedeutsamsten Instrument, den Arbeitsgelegenheiten in Mehraufwandsvariante (‚Ein-Euro-Jobs'), lag der realisierte Förderanteil um fast 11 Pp. unter dem Zielförderanteil.

Für die Bundesrepublik insgesamt wurde die Quote ‚nur' um 5,4 Pp. verfehlt, da in Ostdeutschland relativ mehr Frauen gefördert wurden, hier lag die tatsächliche

---

523 Daten für 2007: Zentrum für Europäische Wirtschaftsforschung (ZEW) u. a. 2008: Tab. 5.4.6. Vgl. auch Betzelt 2007; 2008a; 2008c..
524 Diese Entwicklung könnte auch mit der Fragestellung zum zweiten Befragungszeitpunkt zusammen hängen („Wurde mit Ihnen seit Januar 2007/dem letzten Interview eine Eingliederungsvereinbarung abgeschlossen?"), da diese Frage mit „nein" zu beantworten war, wenn keine neue Eingliederungsvereinbarung seit dem letzten Interview abgeschlossen wurde und stattdessen eine bereits abgeschlossene fortbestand. Gesetzlich bestimmt ist allerdings der Abschluss einer neuen Eingliederungsvereinbarung alle sechs Monate (§ 15 I SGB II).
525 Beteiligung von Frauen im Rechtskreis SGB II an den häufigsten Maßnahmen, nach Region; Anteile an der Gesamtförderung und Differenz zwischen Ziel- und Bilanzförderanteil, Bestandsdaten Jahresdurchschnitt 2007. (Bundesagentur für Arbeit o.J.-b.)
526 Bundesagentur für Arbeit o.J.-a.
527 Diese wenig arbeitsmarktnahe Förderung von Frauen hat bereits eine längere Tradition. (Bothfeld/Gronbach 2002)

4. Leistungen im Rahmen des SGB II

Förderung um 0,4 Pp. über der Zielförderquote.[528] Die stärkste ‚Unterförderung' mit knapp 5 Pp. besteht auch hier bei den betriebsnahen Eingliederungszuschüssen; im Gegensatz zu Westdeutschland gibt es jedoch auch Instrumente, bei denen der Zielförderanteil (geringfügig) überschritten wurde.

Die ‚Sonstigen weiteren Leistungen' nach § 16 Abs. 2 S. 1 SGB II gehören zu den zahlenmäßig bedeutsamen unter den hier ausgewiesenen Instrumenten und verfehlen mit 45,2 % Frauenanteil die Zielförderquote für die Bundesrepublik insgesamt nur knapp. Inwiefern es sich hierbei (auch) um Leistungen zur Kinderbetreuung bzw. zur Pflege handelt, lässt sich an diesen Daten nicht ablesen. Hierzu finden sich jedoch Informationen in der Statistik speziell zu den ‚flankierenden Leistungen nach § 16 Abs. 2 Satz 2 Nr. 1 bis 4 SGB II'.[529] Danach ist der Anteil der Leistungen zur Kinderbetreuung an allen flankierenden Leistungen kontinuierlich von 3,7 % in 2006 auf 21,5 % in 2008 (Jahressummen, Zugänge) gestiegen, der Anteil der Leistungen zur Pflege hingegen nur von 0,2 auf 0,3 %. Zu berücksichtigen ist jedoch, dass auch in 2008 noch immer nur von knapp drei Viertel (72 %) aller Träger entsprechende Meldungen an die BA ergangen sind und insofern die BA weiterhin von einer deutlichen Untererfassung der erbrachten flankierenden Leistungen ausgeht.

---

528 Jahresdurchschnittliche Bestandsdaten für die Bundesrepublik Deutschland, einschließlich der zugelassenen kommunalen Träger. Die seit 2002 angewandte Art der Berechnung der Frauenförderquoten führt im Übrigen zu relativ niedrigen Zielgrößen, weil sie auch geringfügige Beschäftigung einbezieht und die so genannte stille Reserve unberücksichtigt lässt. (Beckmann 2003)
529 Bundesagentur für Arbeit 2008h.

4. Leistungen im Rahmen des SGB II

Tabelle 12: Beteiligung von Frauen im Rechtskreis SGB II an den häufigsten Maßnahmen, nach Region; Anteile an der Gesamtförderung und Differenz zwischen Ziel- und Bilanzförderanteil, Bestandsdaten Jahresdurchschnitt 2007

	Deutschland			West		Ost	
	absolut	von Gesamt in %	Differenz Ziel-FA zu Bilanz-FA in Pp.	von Gesamt In %	Differenz Ziel-FA zu Bilanz-FA in Pp.	von Gesamt in %	Differenz Ziel-FA zu Bilanz-FA in Pp.
Arbeitslose Frauen im Rechtskreis SGB II	1.194.539	47,3		48,0		46,2	
Zielförderanteil gem. § 8 II SGB III		46,6		48,1		43,5	
alle geförderten arbeitslosen Frauen (absolut und Bilanzförderanteil)	332.576	41,2	-5,4	39,3	-8,8	43,8	0,3
darunter:							
Arbeitsgelegenheiten (§ 16 III SGB II) in der Mehraufwandsvariante	123.450	41,1	-5,5	37,2	-10,9	45,9	2,4
Sonstige weitere Leistungen (§ 16 II Satz 1 SGB II)	70.680	45,2	-1,4	45,3	-2,8	44,9	1,4
Berufliche Weiterbildung	28.364	42,6	-4,0	42,7	-5,4	42,5	-1,0
Eignungsfeststellung/Trainingsmaßnahmen	20.287	44,3	-2,3	43,2	-4,9	46,6	3,1
Eingliederungszuschüsse	18.600	31,3	-15,3	27,1	-21,0	38,6	-4,9
Beauftragung Dritter mit der Vermittlung (§ 37 SGB III)	14.901	44,4	-2,2	43,4	-4,7	46,9	3,4
Arbeitsbeschaffungsmaßnahmen	13.359	41,2	-5,4	34,4	-13,7	42,7	-0,8
Einstiegsgeld (§ 16 II Nr. 5 SGB II)	10.321	36,3	-10,3	33,1	-15,0	40,2	-3,3

Quelle: Bundesagentur für Arbeit o.J.-b, Eingliederungsbilanz 2007 jeweils für Deutschland, West- und Ostdeutschland; teilweise eigene Berechnungen.

4. Leistungen im Rahmen des SGB II

Bezogen auf die Gruppe der arbeitslosen ALG-II-Beziehenden wurden im Jahresdurchschnitt insgesamt nur gut ein Viertel (27,8 %) der Frauen und gut ein Drittel (35,7 %) der Männer mit Eingliederungsleistungen gefördert. Damit hat sich der Anteil geförderter Personen im Vergleich zu 2006 insgesamt erhöht, fiel bei den Männern jedoch deutlich stärker aus (plus 8,2 Pp.) als bei den Frauen (plus 3,3 Pp.).

Für den Monat September 2007 liegen Daten zum Anteil von Teilnehmenden an arbeitsmarktpolitischen Maßnahmen, bezogen sowohl auf die Gruppe der arbeitslosen als auch aller erwerbsfähigen Hilfebedürftigen (Aktivierungsquoten) vor.[530] Dabei wird nur der Anteil der aktuell an Maßnahmen teilnehmenden Personen abgebildet; der Anteil jener, die in einer längeren Periode, beispielsweise im Jahresdurchschnitt, mit arbeitsmarktpolitischen Maßnahmen gefördert wurden, kann (deutlich) größer oder kleiner sein.

Im September 2007 befanden sich 23 % der arbeitslosen und 14 % aller erwerbsfähigen Hilfebedürftigen in einer arbeitsmarktpolitischen Maßnahme (s. Tabelle 13). Beim Vergleich zwischen den Genusgruppen zeigt sich, dass Männer in allen Kategorien, mit Ausnahme der „Beratung und Unterstützung bei der Arbeitsuche", einen höheren Anteilswert als Frauen aufweisen. Besonders groß zeigt sich auch hier die Diskrepanz bei den arbeitsmarktnahen beschäftigungsbegleitenden Leistungen: Die Aktivierungsquoten bei den Frauen sind nur gut (arbeitslose eHB) bzw. knapp (alle eHB) halb so groß im Vergleich zu den Männern.

Tabelle 13: Aktivierungsquoten im Rechtskreis SGB II nach Geschlecht und Kategorien arbeitsmarktpolitischer Maßnahmen, September 2007

	Anteil Teilnehmer/innen an arbeitslosen eHB			Anteil Teilnehmer/innen an allen eHB		
	in %	in %	in %	in %	in %	in %
	Alle	Männer	Frauen	Alle	Männer	Frauen
Insgesamt	23,3	25,7	20,4	14,3	17,2	11,4
darunter:						
Beratung und Unterstützung bei der Arbeitsuche	0,3	0,3	0,3	0,2	0,2	0,2
Qualifizierung	3,7	3,9	3,5	2,3	2,6	1,9
Beschäftigungsbegleitende Leistungen	3,3	4,1	2,3	2,0	2,8	1,3
Beschäftigung schaffende Maßnahmen	11,2	12,5	9,7	6,9	8,3	5,4

Quelle: Bundesagentur für Arbeit 2008k: 25, Tab. 3b.
Ohne Förderinformationen für zwei zugelassene kommunale Träger.

---

530 Bundesagentur für Arbeit 2008k: 25.

4. Leistungen im Rahmen des SGB II

Im Falle der Aktivierungsquote bezogen auf alle erwerbsfähigen Hilfebedürftigen, könnten die geschlechterbezogenen Unterschiede darauf zurückzuführen sein, dass ein Teil der weiblichen erwerbsfähigen Hilfebedürftigen wegen der Betreuung kleiner Kinder als nicht zu aktivieren gilt; mit Bezug allein auf die arbeitslosen erwerbsfähigen Hilfebedürftigen kann dies nicht als Erklärung dienen.

Insgesamt bestätigen diese Befunde, unabhängig von der gewählten Bezugsgruppe (arbeitslose oder alle eHB), die oben bereits beschriebenen Geschlechterdifferenzen in Form einer *unterdurchschnittlichen Förderung der Frauen*.

Bei genauerer Betrachtung der auf dem Arbeitsmarkt *benachteiligten* und von der BA als *'besonders förderungsbedürftige Personengruppen'* eingestuften Arbeitslosen zeigt sich, dass diese generell (weit) unterdurchschnittlich von Eingliederungsleistungen profitieren. Obwohl die Eingliederungsbilanzen Angaben enthalten sollen zur „Beteiligung besonders förderungsbedürftiger Personengruppen an den einzelnen Maßnahmen unter Berücksichtigung ihres Anteils an den Arbeitslosen" (§ 54 SGB II i.V.m. § 11 Abs. 2 Nr. 3 SGB III) sind in der Eingliederungsbilanz 2007 Daten allein für die Gruppe der Älteren (50 Jahre und älter) ausgewiesen: Während unter den arbeitslosen Frauen 21,8 % dieser Gruppe angehörten, waren sie unter den geförderten Frauen nur zu 18,6 % vertreten; das Maß der ‚Unterförderung' hat sich insofern im Vergleich zu 2006 (minus 4,2 Pp.) nicht verändert.

Zu weiteren Zielgruppen finden sich Angaben in der Eingliederungsbilanz 2006. Zur besonders deutlich ‚unterförderten' Gruppe gehören langzeitarbeitslose Frauen; diese stellten mit 50,6 % die größte der ausgewiesenen Gruppen arbeitsloser Frauen, waren aber unter den geförderten Frauen nur zu 30,5 % vertreten. Einen annähernd ihrem Anteil an den Arbeitslosen entsprechenden Wert erreichten Berufsrückkehrerinnen (Anteil an arbeitslosen Frauen: 7,5 %, Anteil an geförderten Frauen: 7,1 %).

Seit 2006 werden keine BA- Daten zu qualifikationsspezifischen Arbeitslosenquoten, den Anteilen gering Qualifizierter an den Arbeitslosen und an den durch Eingliederungsmaßnahmen Geförderten ausgewiesen. Dies hat seinen Grund in Datenübermittlungsproblemen seitens der zugelassenen kommunalen Träger an die Bundesagentur sowie mit einem seit Juni 2006 von allen Arbeitsagenturen genutzten neuen EDV-Programm (VerBis).[531] Im Jahr 2005, in dem die Qualifikationsmerkmale noch mit einem Schätzverfahren der BA erhoben wurden, lag die Quote der geförderten Geringqualifizierten in Westdeutschland unter ihrem Anteil an den registrierten Arbeitslosen, wobei die gering qualifizierten Frauen besonders unterproportional gefördert wurden.[532]

Zwei besonders benachteiligte Gruppen von Frauen tauchen nicht in diesen Statistiken auf: die alleinerziehenden Frauen sowie die arbeitslosen Nichtleistungsbezieherinnen. Auf diese beiden Gruppen wird nachfolgend detaillierter eingegangen.

---

531 Biersack/Schreyer 2008.
532 Der Anteil gering qualifizierter Frauen an allen arbeitslosen Frauen lag 2005 in Westdeutschland bei 63 %, der Anteil Geförderter bei 54 % (Eingliederungsbilanz 2005, ohne zKT; vgl. Betzelt 2007. In Ostdeutschland ist der Anteil gering Qualifizierter in beiden Gruppen deutlich geringer (32 % Anteil an arbeitslosen Frauen, 28 % der geförderten Frauen).

4. Leistungen im Rahmen des SGB II

Insgesamt zeigt dieser Überblick über aktuelle Befunde zur Aktivierungs- und Förderpraxis, dass auch in 2007 zahlreiche geschlechterbezogene Differenzen in der Weise bestehen, dass Frauen, insbesondere in Westdeutschland, seltener mit Eingliederungsmaßnahmen gefördert werden als Männer. Darüber hinaus zeigen sich im Prozess der Beratung und Vermittlung geschlechtsrollenstereotype Aktivierungsmuster.

Betont werden muss an dieser Stelle, dass eine Bewertung dieser ‚Unterförderung' zu berücksichtigen hat, dass der Charakter aktivierender Leistungen grundsätzlich Elemente des „Förderns", aber auch des sanktionsbewehrten Zwangs zur Maßnahmeteilnahme enthält. Von daher beinhaltet eine ‚Unterförderung' von Frauen bzw. bestimmten Teilgruppen im Aktivierungssystem immer auch ein geringeres Maß an ausgeübtem Zwang. Eine tiefer gehende Analyse der Bedeutung der vorgestellten Daten müsste sich stärker auf qualitative Aspekte der Aktivierung - insbesondere inwieweit es sich um passgenaue und bedarfsadäquate Förderungsleistungen handelt - beziehen.

4.4.1.2 Alleinerziehende mit betreuungspflichtigen Kindern

4.4.1.2.1 Förderung mit Eingliederungsleistungen

Für alleinerziehende Frauen (und Männer) sind hinsichtlich ihrer Beteiligung an Eingliederungsleistungen gesetzlich oder untergesetzlich keine spezifischen Zielförderanteile definiert; eine ‚Alleinerziehenden-Förderquote' analog der Frauenförderquote existiert nicht. Als Vergleichsmaßstab für die Feststellung einer ‚Überförderung' oder ‚Unterförderung' wird deshalb im Folgenden ihr Anteil an den erwerbsfähigen Hilfebedürftigen gewählt.

Für die folgende Analyse werden zunächst die Daten aus den *Eingliederungsbilanzen der BA* herangezogen, bevor auf die detaillierten Befunde aus der so genannten ‚Kundenbefragung' im Rahmen der SGB-II-Evaluationsforschung eingegangen wird.

Im Juli 2008 lag der Anteil alleinerziehender an allen erwerbsfähigen Hilfebedürftigen bei 13,2 %. Hinsichtlich ihrer Beteiligung an arbeitsmarktpolitischen Maßnahmen zeigen sich je nach Instrument über- oder unterdurchschnittliche Beteiligungswerte (Zahlen s. Tab. 14):

An den Qualifizierungsmaßnahmen insgesamt waren sie geringfügig überrepräsentiert; an der beruflichen Weiterbildung, dem zahlenmäßig bedeutendsten Instrument dieser Kategorie, waren sie sogar deutlich stärker beteiligt als es ihrem Anteil an den erwerbsfähigen Hilfenbedürftigen entspricht.

An den besonders arbeitsmarktnahen beschäftigungsbegleitenden Leistungen insgesamt sowie an den Eingliederungszuschüssen waren Alleinerziehende deutlich unterdurchschnittlich vertreten. Überproportional gefördert wurden sie hingegen mit dem Instrument ‚Einstiegsgeld'.

4. Leistungen im Rahmen des SGB II

In der Kategorie der Beschäftigung schaffenden Maßnahmen waren Alleinerziehende an allen hier ausgewiesenen Instrumenten unterdurchschnittlich beteiligt. Dies gilt auch für die unter allen Instrumenten am häufigsten eingesetzten Arbeitsgelegenheiten in Mehraufwandsvariante (‚Ein-Euro-Jobs').

An den weiteren Leistungen waren Alleinerziehende weit überdurchschnittlich beteiligt; möglicherweise ist dies auf die Leistungen zur Kinderbetreuung zurückzuführen, die nach § 16 Abs. 2 SGB II erbracht werden können und die Alleinerziehende in besonderem Maße benötigen.

Tabelle 14: Beteiligung an aktiven arbeitsmarktpolitischen Instrumenten der BA im Rechtskreis SGB II (ohne zkT), nach Geschlecht und Zielgruppe, Juli 2008

	Insgesamt	Männer	Frauen	Alleinerziehende		
	absolut	Anteil an Insgesamt	Anteil an Insgesamt	absolut	Anteil an Insgesamt Juli 2008	Anteil an Insgesamt Juli 2007
eHB insgesamt	4.970.750	48,3	51,7	656.940	13,2	12,5
Qualifizierung						
Insgesamt	106.581	58,1	42,1	14.268	13,4	11,1
darunter:						
Berufliche Weiterbildung	69.412	57,2	42,8	10.715	15,4	13,3
Eignungsfeststellungs- und Trainingsmaßnahmen	30.388	58,4	41,6	3.139	10,3	9,2
Beschäftigungsbegleitende Leistungen						
Insgesamt	104.190	66,3	34,0	10.570	10,2	9,6
darunter:						
Förderung abhängiger Beschäftigung	89.405	66,8	34,7	8.658	9,8	9,1
Eingliederungszuschüsse (einschließlich EGZ für Jüngere nach § 421p SGB III)	60.978	66,5	33,5	5.932	9,7	8,8
Einstiegsgeld - Variante: Beschäftigung	10.074	57,0	43,0	1.487	14,8	13,1
Beschäftigungszuschuss nach § 16e SGB II*	10.955	66,6	33,4	862	7,9	x
Förderung der Selbständigkeit	14.785	63,1	36,9	1.912	12,9	11,7

4. Leistungen im Rahmen des SGB II

	Insgesamt	Männer	Frauen	Alleinerziehende		
Beschäftigung schaffende Maßnahmen						
Insgesamt	310.183	58,5	41,5	31.541	10,2	9,7
darunter:						
Arbeitsgelegenheiten nach § 16d SGB II	276.354	58,4	41,6	28.750	10,4	9,9
darunter: Variante Mehraufwand	258.116	/	/	27.035	10,5	10,0
Arbeitsbeschaffungsmaßnahmen	33.829	59,6	40,4	2.791	8,3	8,1
Sonstiges						
Insgesamt	123.040	55,9	45,8	16.576	12,3	11,0
darunter:						
Sonstige Weitere Leistungen nach § 16 I SGB II	/	/	/	14.442	11,4	11,0
Weitere Leistungen	/	/	/	3.102	19,1	15,0

Quellen: Bundesagentur für Arbeit 2008l,2008m; zum Teil eigene Berechnungen.
Anmerkungen:
* Die Hochrechnung am aktuellen Rand ist derzeit aufgrund fehlender Erfahrungswerte oder technisch nicht realisierbar, darum ist der Vergleich mit Vorjahresergebnissen nur eingeschränkt möglich.
x Nachweis nicht sinnvoll
/ kein Nachweis vorhanden

Im Vergleich zum Vorjahr ist der Anteil Alleinerziehender an allen arbeitsmarktpolitischen Instrumenten gestiegen. Da jedoch zugleich auch ihr Anteil an den erwerbsfähigen Hilfebedürftigen gestiegen ist, bleibt es, mit den weiter bestehenden Ausnahmen bei der Beruflichen Weiterbildung, dem Einstiegsgeld sowie den Weiteren Leistungen, bei ihrer generellen und deutlichen Unterförderung.

Ergänzend zur oben dargestellten Momentaufnahme der Beteiligung Alleinerziehender an arbeitsmarktpolitischen Instrumenten im Juli 2008 können die *Ergebnisse aus der ersten Befragungswelle der Kundenbefragung* (Januar bis April 2007) herangezogen werden, um Hinweise über die grundsätzliche Beteiligung alleinerziehender Frauen (und Männer) zu erhalten.[533] Die erwerbsfähigen Hilfebedürftigen, die im Rahmen der Kundenbefragung interviewt wurden, wurden auch danach gefragt, ob sie zum Zeitpunkt des Interviews bereits mindestens einmal an einer Auswahl von etwa 20 einzeln genannten Maßnahmetypen teilgenommen haben. Im Bericht zu den Ergebnissen der Kundenbefragung sind die Maßnahmen zu drei Maßnahmetypen zusammengefasst:

---

533 Zentrum für Europäische Wirtschaftsforschung (ZEW) u. a. 2007a; 2007b.

4. Leistungen im Rahmen des SGB II

Qualifizierungsmaßnahmen (im Folgenden Q-Maßnahmen abgekürzt), zu denen beispielsweise Bewerbungstrainings, Praktika oder berufliche Weiterbildungslehrgänge zählen; Beschäftigung schaffende Maßnahmen (B-Maßnahmen), zu denen Arbeitsgelegenheiten in Mehraufwands- und Entgeltvariante sowie Arbeitsbeschaffungsmaßnahmen zählen; und Maßnahmen zur Unterstützung einer selbstständigen Tätigkeit. Letztere werden auf Grund ihrer insgesamt geringen Bedeutung im Maßnahmespektrum nicht weiter berücksichtigt.

Tabelle 15 zeigt sehr uneinheitliche Teilnahmewerte zwischen allen Personengruppen sowie zwischen West- und Ostdeutschland.[534]

Unter den alleinerziehenden Frauen in Westdeutschland hatten zum Befragungszeitpunkt rund 15 % bereits an mindestens einer B-Maßnahme und 29 Prozent an mindestens einer Q-Maßnahme teilgenommen; in Ostdeutschland lagen die Werte mit 35 bzw. 33 % (deutlich) höher.

Tabelle 15: Teilnahme an Maßnahmegruppen, nach Geschlecht, Zielgruppe und Region

	Alle Befragten		Alleinerziehende	
	Männer	Frauen	Männer	Frauen
	in %	in %	in %	in %
Westdeutschland				
Maßnahmen insgesamt	56,7	41,5	42,2	38,0
B-Maßnahmen	24,5	14,3	26,9	14,5
Q-Maßnahmen	45,8	33,2	26,7	29,4
Ostdeutschland				
Maßnahmen insgesamt	60,3	53,1	(55,1)	55,7
B-Maßnahmen	36,4	30,6	(31,8)	35,4
Q-Maßnahmen	37,7	32,6	(44,2)	32,5

Quelle: Zentrum für Europäische Wirtschaftsforschung (ZEW) u. a. 2007b: 4.01,4.14ff.
Anmerkungen: Dargestellt sind hochgerechnete Anteile an der Grundgesamtheit; Ergebnisse nur auf Basis der Bestandsstichprobe. Zahlen in Klammern: Fallzahl <30.

Im Vergleich zu den übrigen Personengruppen lässt sich feststellen, dass alleinerziehende Frauen in Ostdeutschland tendenziell vergleichbar den übrigen Personengruppen an Maßnahmen teilgenommen haben. In Westdeutschland hingegen gehören sie zu der insgesamt am wenigsten geförderten Gruppe. Ihre Teilnahmewerte sind bei den B-Maßnahmen besonders gering, was allerdings auch auf die Gruppe der befragten Frauen insgesamt zutrifft. Sowohl bei den Q-Maßnahmen als auch bei

---

534 Eine ausführlichere Darstellung der Befunde findet sich im Beitrag von Schwarzkopf auf der Fachtagung in Loccum im September 2008, veröffentlich in Betzelt/Lange/Rust 200i9: 141; siehe auch Schwarzkopf 2009.

4. Leistungen im Rahmen des SGB II

den Maßnahmen insgesamt zeigen sich tendenziell vergleichbare Anteilswerte bei alleinerziehenden Frauen und Männern sowie allen befragten Frauen, wohingegen die Teilnahmewerte in der Gruppe aller befragten Männer wesentlich höher sind.

Inwieweit die regionalen Unterschiede, neben der besseren Betreuungsinfrastruktur, auch Ausdruck einer anderen Erwerbsorientierung ostdeutscher im Vergleich zu westdeutschen alleinerziehenden Frauen ist, die sich in den Erwerbsanforderungen der Fachkräfte spiegelt und in der Förderpraxis niederschlägt, lässt sich anhand dieser Daten nicht bestimmen. Jedoch deuten weitere Ergebnisse der Kundenbefragung darauf hin: Insgesamt (ohne regionale Differenzierung) werden hier Alleinerziehende insofern als erwerbsorientiert beschrieben, als dass sie sich hinsichtlich ihrer aktiven Arbeitssuche nicht vom Durchschnitt der übrigen Befragten unterscheiden, sogar häufiger auch Arbeit zu Niedriglöhnen akzeptieren und auch dann gerne arbeiten würden, wenn sie nicht auf den Lohn angewiesen wären.[535] Auch bei weiteren Indikatoren wie Qualifikation, Gesundheit oder Suchverhalten gibt es keine Unterschiede zum Durchschnitt anderer Hilfebedüftiger.[536] Jedoch zeigt sich aufgrund ihrer besonderen Sorgeverantwortung eine eingeschränkte zeitliche Verfügbarkeit: Lange Wege und ungünstige Arbeitszeiten werden so wenig wie in keiner anderen Zielgruppe akzeptiert und ein überdurchschnittlicher Anteil der Alleinerziehenden kann nach eigenen Angaben weniger als 8 Stunden täglich arbeiten. Dies korrespondiert mit dem hohen Anteil unter den arbeitslosen Alleinerziehenden, die eine zeitlich reduzierte Erwerbsarbeit suchen: 42 % der bei der BA als arbeitslos registrierten Alleinerziehenden suchen eine Teilzeittätigkeit.[537] Dabei zeigen die Ergebnisse der Kundenbefragung, dass die Einschränkung auf eine Teilzeitarbeit bei westdeutschen Frauen deutlicher ausgeprägt ist als bei ostdeutschen: Während sich unter den ostdeutschen Frauen mit Kindern jede zweite (50 %) eine ganztätige Erwerbstätigkeit vorstellen kann, trifft dies nur auf knapp jede fünfte (18 %) der westdeutschen Frauen zu[538]; möglicherweise verhält es sich bei alleinerziehenden Frauen ähnlich. Dabei reflektiert die stärkere Nachfrage westdeutscher Frauen nach einer Teilzeitarbeit sowohl die bestehenden größeren Betreuungslücken als auch möglicherweise andere kulturelle Orientierungen.

Unabhängig vom tatsächlichen Motiv führt diese Einschätzung offensichtlich zu einer stärkeren Freistellung der (alleinerziehenden) Frauen von der Arbeitsuche sowie zu einem entsprechenden Ausschluss von Fördermaßnahmen. Seitens der BA werden jedenfalls die geschlechtsspezifischen Unterschiede in der Aktivierung und Förderung (ohne regionale Differenzierung) regelmäßig darauf zurückgeführt, dass ein Teil der weiblichen Hilfebedürftigen wegen der Betreuung kleiner Kinder nicht aktiviert werden könne.[539] Dabei wird übersehen, dass Sorgeverantwortung für Kinder, auch für solche unter drei Jahren, nicht zwangsläufig dazu führen muss, dass

---

535 Zentrum für Europäische Wirtschaftsforschung (ZEW) u. a. 2007a: 153f.
536 Siehe auch IAQ/ FIA/ GendA 2009: 246ff.
537 Bundesagentur für Arbeit 2008l.
538 Zentrum für Europäische Wirtschaftsforschung (ZEW) u. a. 2007b: Tab. 1.07
539 Bundesagentur für Arbeit 2008j: 16.

4. Leistungen im Rahmen des SGB II

Hilfebedürftige nicht gefördert werden können. Eine Strategie der Grundsicherungsstellen bzw. Fachkräfte könnte auch darin bestehen, zunächst Hemmnisse in Form fehlender Kinderbetreuung zu beseitigen, um anschließend eine Arbeitsaufnahme anzustreben und zu ermöglichen. Dies entspräche auch dem gesetzlichen Auftrag zur Erbringung von Leistungen zur Kinderbetreuung, ist jedoch (noch) nicht regelmäßige Praxis, wie sowohl die Ergebnisse der Befragung der Geschäftsleitungen der Grundsicherungsstellen (s. Kap. VII. 2.1) als auch die Ergebnisse der Kundenbefragung zeigen.

4.4.1.2.2 Leistungen zur Kinderbetreuung[540]

Im Interview der Kundenbefragung hatten 40 % der Eltern mit Kindern unter 15 Jahren und 55 % der Alleinerziehenden mit Kindern in diesem Alter ein Problem bei der Kinderbetreuung angegeben. Bei nur 17 % dieser Eltern wurde dies im Beratungsgespräch mit der Fachkraft thematisiert, knapp ein Drittel dieser Eltern erhielt nachfolgend seitens der Fachkräfte Unterstützung bei der Lösung des Problems. Bei Alleinerziehenden wurde das Thema Kinderbetreuung „etwas öfter" in den Beratungsgesprächen diskutiert, gleichwohl wurden den Alleinerziehenden „*nicht* öfter" unterstützende Maßnahmen gewährt.[541] Konkret bedeutet dies, dass, bezogen auf jeweils alle Eltern bzw. Alleinerziehenden, die im Interview ein Betreuungsproblem angegeben hatten, nur knapp 6 % von den Fachkräften bei der Lösung des Problems unterstützt wurden. Besonders auffallend ist, dass in Beratungsgesprächen mit unter 25-jährigen Alleinerziehenden Kinderbetreuungsprobleme nicht häufiger angesprochen wurden als bei anderen Alleinerziehenden, obwohl gerade bei ihnen der Unterstützungsbedarf zur Durchführung einer Ausbildung oder zur Integration in das Berufsleben besonders groß sein dürfte.

Welcher Art die Unterstützungsleistung war, lässt sich den Daten und Ausführungen nicht entnehmen. Wie jedoch die Befragung der Geschäftsleitungen der Grundsicherungsstellen zeigt, ist es überwiegende Praxis, an eine andere Dienststelle oder an eine Einrichtung direkt zu verweisen; seltener kümmern sich die Fachkräfte selbst darum (s. Kap. 6.2.2.1).

Bemerkenswert ist nicht nur die geringe Thematisierung der Kinderbetreuung in den Beratungsgesprächen, obwohl dies regelmäßig als potenzielles Vermittlungshemmnis nicht nur bei alleinerziehenden Eltern vermutet werden kann, sondern auch die Tatsache, dass nach Bekanntwerden eines Betreuungsproblems Eltern nur selten Unterstützung bei der Lösung eines so fundamentalen und offensichtlichen Vermittlungshemmnisses erhalten, und Alleinerziehende im Vergleich zu allen Eltern auch nicht häufiger, obwohl ihr Bedarf weitaus dringender ist, da kein Partner/keine Partnerin zur Verfügung steht, der/die die Kinderbetreuung in Abwesenheitszeiten übernehmen könnte.

---

540 Vgl. ausführlicher dazu auch IAQ/ FIA/ GendA 2009: 112-136.
541 Zentrum für Europäische Wirtschaftsforschung (ZEW) u. a. 2007a: 183.

4. Leistungen im Rahmen des SGB II

Auf der Grundlage der bisherigen Befunde lässt sich nicht eindeutig bestimmen, inwieweit eine fehlende Problemwahrnehmung, die mangelnde Bereitschaft seitens der Fachkräfte oder, vor dem Hintergrund der gegebenen Betreuungsinfrastruktur insbesondere in Westdeutschland, die unzureichende Möglichkeit, Leistungen hinsichtlich der Kinderbetreuung anbieten zu können, zu dem geringen Unterstützungsgrad führen. Die Befunde aus der Befragung der Geschäftsleitungen der Grundsicherungsstellen sind diesbezüglich widersprüchlich:[542] Einerseits schreiben mehr als die Hälfte der Grundsicherungsstellen der Sicherstellung der Kinderbetreuung einen hohen bis sehr hohen Stellenwert zu, andererseits haben Hilfen zur Betreuung von Kindern/Angehörigen unter verschiedenen arbeitsmarktpolitischen Instrumenten den geringsten Stellenwert.

Insgesamt zeigen die Befunde, dass alleinerziehende Frauen unterdurchschnittlich mit arbeitsmarktpolitischen Maßnahmen gefördert werden, insbesondere im Bereich der arbeitsmarktnahen beschäftigungsbegleitenden Instrumente. Soweit entsprechend differenzierte Daten vorliegen, lassen sich unabhängig von einzelnen Förderinstrumenten erhebliche Unterschiede in den Landesteilen erkennen. Während sich die Teilnahmewerte alleinerziehender Frauen in Ostdeutschland nur geringfügig von denen der übrigen Hilfebedürftigen unterscheiden, gehören sie in Westdeutschland zu der am wenigsten geförderten Personengruppe.

Einer zentraler Grund hierfür könnte in der Freistellung von bzw. Einschränkung der Erwerbspflicht für Personen, die kleinere Kinder betreuen, liegen. Immerhin lebten im Jahresdurchschnitt 2007 in einem Viertel (24 %) der Bedarfsgemeinschaften Alleinerziehender Kinder unter drei Jahren, in mehr als der Hälfte (56 %) Kinder unter sieben Jahren.[543] Möglicherweise machen die Fachkräfte hier verstärkt von ihrem Ermessensspielraum in der Weise Gebrauch, dass alleinerziehende Frauen, insbesondere vor dem Hintergrund der unzureichenden Betreuungsinfrastruktur, als ‚nicht aktivierbar' eingestuft und ‚ausgesteuert' werden, solange sie nicht selbst mit Nachdruck Eingliederungsleistungen einfordern.

Dies würde auch die unterschiedlichen Befunde in den Landesteilen erklären. Die Betreuungsinfrastruktur ist in Ostdeutschland noch immer wesentlich besser ausgebaut als in Westdeutschland. In Verbindung mit einer traditionell stärkeren Erwerbsorientierung ostdeutscher Frauen, die auch eine Vollzeittätigkeit von Müttern einschließt, und entsprechenden Familienleitbildern bei den Fachkräften trägt dies hier möglicherweise zu einer den übrigen Hilfebedürftigen vergleichbare Förderpraxis bei.

---

542 Institut für Angewandte Wirtschaftsforschung (IAW) / Zentrum für Europäische Wirtschaftsforschung (ZEW) 2008.
543 Bundesagentur für Arbeit 2008l: Tab. 5.4.

4. Leistungen im Rahmen des SGB II

4.4.1.3 Partnerinnen von Arbeitslosengeld-II-Beziehern[544]

Grundsätzlich sind gemäß SGB II Partnerinnen arbeitsloser hilfebedürftiger Leistungsbezieher zu umfassender Erwerbsteilhabe verpflichtet, um den Hilfebedarf der Bedarfsgemeinschaft zu reduzieren, auch wenn sie vorher nicht oder nur teilzeitig erwerbstätig waren und möglicherweise bereits seit vielen Jahren das Modell der traditionellen oder modernisierten ‚Hausfrauenehe' leben. Dies stellt einen starken Eingriff in die private Lebensführung und das Rollenverständnis eines Paares dar, der mit bisherigen, langjährig institutionell gestützten Sicherheitserwartungen bricht. Inwieweit damit auch reale Chancen auf eine erweiterte gesellschaftliche Teilhabe durch eine stärkere bzw. bessere Erwerbsintegration verbunden sind, hängt von verschiedenen Faktoren ab, wie z. B. den konkreten Hilfeangeboten, der Ausgestaltung des Beratungsprozesses und den Mitsprachemöglichkeiten der Adressatinnen, und nicht zuletzt der lokalen Arbeitsmarktsituation. Zur tatsächlich geübten Anwendungspraxis der gesetzlichen Regelung wie auch zur Förderung dieser Frauen mit Eingliederungsleistungen sind allerdings keinerlei quantitative Daten verfügbar, da im statistischen Angebot der BA keine diesbezüglichen Verknüpfungen der Personendaten mit dem Haushaltskontext erfolgen.

Behelfsweise wird im Folgenden die Praxis der ‚gemeinsamen Einbestellung der Bedarfsgemeinschaft' dargestellt. Sie ist ein Indikator für eine ‚Aktivierung' der bisher nicht oder nur geringfügig erwerbstätigen Partnerin eines arbeitslosen Leistungsbeziehers. Zu berücksichtigen ist jedoch zum einen, dass bei der Einbestellung weiterer Mitglieder der Bedarfsgemeinschaft nicht nur Partner/innen, sondern beispielsweise auch erwerbsfähige hilfebedürftige Kinder eingeladen werden können. Zum anderen kann die ‚Aktivierung' der Partnerin auch im Rahmen von getrennt durchgeführten Beratungsgesprächen erfolgen.

Die Ergebnisse der Befragung der Geschäftsstellenleitungen der Grundsicherungsstellen zeigen, dass die gemeinsame Einbestellung von Bedarfsgemeinschaften in 2007, wie bereits in 2006, kein regelmäßiges Verfahren war.[545] In über 80 % der

---

544 Nach SGB II ist die gesamte Bedarfsgemeinschaft Leistungsbezieher, nicht Individuen. Doch Individuen stellen den Antrag auf Arbeitslosengeld II aufgrund ihrer persönlichen Arbeitslosigkeit bzw. eingetretener Hilfebedürftigkeit aufgrund nicht existenzsichernden Einkommens. Die Schlüsselgruppe von Frauen, um die es hier geht, sind die Ehe- oder Lebenspartnerinnen von (SGB-II-) Arbeitslosen, die selbst nicht arbeitslos sind, weil sie entweder in einer traditionellen Ernährerehe die Hausfrauen- und Mutterrolle lebten und nicht oder nicht durchgängig erwerbstätig oder als Zuverdienerin Teilzeit erwerbstätig waren. Möglich, wenn auch vermutlich in Westdeutschland weniger verbreitet, ist aber auch die Konstellation einer Vollzeit erwerbstätigen Partnerin, die für sich individuell nicht hilfebedürftig wäre, sondern erst durch die Arbeitslosigkeit und Hilfebedürftigkeit ihres Partners unter die Geltung des SGB II fällt (sog. fiktive Hilfebedürftigkeit, vgl. Teil 3.2.1.2). Auch in dieser Konstellation wäre die Partnerin nach SGB II zu „aktivieren", um die Hilfebedürftigkeit z. B. durch eine besser bezahlte Stelle zu reduzieren.

545 Institut für Angewandte Wirtschaftsforschung (IAW)/Zentrum für Europäische Wirtschaftsforschung (ZEW) 2008: 91ff; Institut für Angewandte Wirtschaftsforschung (IAW) 2007: 74ff.

Grundsicherungsstellen wurden Bedarfsgemeinschaften nur in Einzelfällen bzw. gar nicht zu einem gemeinsamen Beratungsgespräch gebeten. Entsprechend selten erfolgte die gemeinsame Einbestellung als überwiegendes oder regelmäßiges Verfahren. Dabei zeigen sich auffällige Unterschiede zwischen Bedarfsgemeinschaften mit und ohne Migrationshintergrund (Daten nur für 2007[546]). Bedarfsgemeinschaften mit Migrationshintergrund wurden in 17 % der Grundsicherungsstellen regelmäßig gemeinsam zu einem Beratungsgespräch eingeladen, bei Bedarfsgemeinschaften ohne Migrationshintergrund war dies nur in 12 % der Grundsicherungsstellen ein regelmäßiges Verfahren. Noch deutlicher werden die Unterschiede hinsichtlich der Gründe für die Einbestellung: Denn die Erörterung von Problemen durch geschlechtsspezifische Rollenerwartungen war bei einem Drittel (33 %) der Grundsicherungsstellen der vorrangige Grund zur gemeinsamen Einbestellung von Bedarfsgemeinschaften mit Migrationshintergrund, bei jenen ohne Migrationshintergrund stand dies nur in einem Viertel (25 %) der Grundsicherungsstellen im Vordergrund. Dies kann als Hinweis darauf interpretiert werden, dass die Fachkräfte bei Familien mit Migrationshintergrund Konflikte mit geschlechtsspezifischen Rollenerwartungen verstärkt wahrnehmen und thematisieren im Vergleich zu deutschen Adressat/inn/en, was möglicherweise einen realen Hintergrund hat, da Migrantinnen im Haupterwerbsalter seltener als deutsche Frauen in den Arbeitsmarkt integriert sind und von daher der gesetzlichen Rollenvorgabe der Erwerbsbürgerin seltener entsprechen.[547] Möglicherweise spiegeln sich darin aber auch Vorurteilsstrukturen wider bzw. werden traditionelle Rollenverteilungen bei Migrantinnen und Migrantinnen weniger toleriert als bei deutschen Paaren. Diese subjektiven handlungsleitenden Annahmen wären in tiefergehenden Analysen näher zu prüfen.

Die Ergebnisse der 1. Welle der Kundenbefragung (Frühjahr 2007) bestätigen grundsätzlich diese Befunde: Nur 16,5 % aller Befragten gaben an, dass mindestens ein Beratungsgespräch gemeinsam mit anderen Haushaltmitgliedern stattgefunden hatte, wobei dies „von Frauen deutlich öfter als von Männern genannt wurde".[548]

Eindeutigere Befunde qualitativer Art liegen für Paar-Bedarfsgemeinschaften mit (kleineren) Kindern vor. Bei Fallbeobachtungen zeigte sich, dass in diesen Bedarfsgemeinschaften seitens der Fachkräfte eine traditionelle Rollenverteilung unausgesprochen angenommen oder in einigen Fällen auch explizit angesprochen und erwartet und in Folge auf eine ‚Aktivierung' der Frauen (zumindest vorübergehend) verzichtet wurde, selbst wenn deren Chancen auf Integration in den Arbeitsmarkt besser waren als die ihrer Männer.[549] Auch die Fallstudien in zehn Grundssicherungsstellen im Rahmen der Gender-Evaluation stützen diese Befunde.[550]

---

546 Nur in 2007 wurde diese Strategie separat für Bedarfsgemeinschaften mit und ohne Migrationshintergrund abgefragt.
547 Dressel/Cornelißen/Wolf. 2005.
548 Zentrum für Europäische Wirtschaftsforschung (ZEW) u. a. 2007a: 175
549 Bartelheimer/Henke 2007: 34ff; s. auch Loccumer Protokolle 89/08, 167.
550 IAQ/ FIA/ GendA 2009: 216ff.

4. Leistungen im Rahmen des SGB II

Insgesamt lassen sich auf der Grundlage der wenigen Daten und ihrer eingeschränkten Aussagekraft die forschungsleitenden Fragen – Werden Partnerinnen arbeitsloser Leistungsbezieher verstärkt aktiviert, erhalten sie Eingliederungsleistungen und haben diese Angebots- oder Zwangscharakter? – nicht eindeutig beantworten; grundsätzlich scheint die Aktivierung der Partnerinnen jedoch keine regelmäßige Praxis der Grundsicherungsstellen zu sein. Fachkräfte unterstellen z.T. recht pauschal und bereits vor dem ersten Kontakt eine traditionelle innerfamiliäre Arbeitsteilung und scheinen von dieser Haltung auch im weiteren Verlauf der Interaktion selten abzuweichen. Damit wird das tradierte Ernährermodell auch bei denjenigen Bedarfsgemeinschaften unterstützt, die sich noch nicht eindeutig auf dieses Modell festgelegt hatten.[551] Zugleich zeigt sich eine selektive Anwendung in Bezug auf Personen mit Migrationshintergrund. Es bedarf weiterer Forschung, insbesondere auf qualitativer und längsschnittlicher Datenbasis, um belastbare Ergebnisse zur Praxis der Aktivierung und Förderung von Partnerinnen arbeitsloser Leistungsbezieher zu erhalten.

4.4.1.4 Arbeitslos gemeldete Frauen ohne Leistungsbezug

Eine der beiden Hauptfragestellungen des Forschungsprojektes ist, ob arbeitslos gemeldete Frauen ohne Leistungsbezug (Nichtleistungsbezieherinnen) mit arbeitsmarktpolitischen Maßnahmen gefördert werden. Grundsätzlich können Nichtleistungsbeziehende wie Arbeitslosengeldbeziehende mit allen Eingliederungsleistungen des SGB III gefördert werden, da im SGB III die grundlegende Voraussetzung für eine Förderung Arbeitslosigkeit und nicht Leistungsbezug ist. Gesetzlich definierte Förderquoten für Nichtleistungsbezieherinnen, analog der Frauenförderquote, existieren nicht. Die BA hat jedoch die Förderung von Nichtleistungsbeziehenden als eines von mehreren strategischen Geschäftsfeldern festgelegt und Zielförderanteile definiert. Bis einschließlich 2007 galt, dass Nichtleistungsbeziehende grundsätzlich mit einem Anteil von 10 % an allen Eintritten in Fördermaßnahmen vertreten sein sollten.[552] Vor dem Hintergrund eines drohenden Fachkräftemangels wurde auf Initiative des BA-Verwaltungsrates in der Zielplanung für 2008 der Mindestförderanteil von 10% auf 30% erhöht.[553] Da Nichtleistungsbeziehende in den Eingliederungsbilanzen nach § 11 SGB III nicht gesondert ausgewiesen werden, liegen jedoch keinerlei statistische Daten zu ihrer tatsächlichen Beteiligung an arbeitsmarktpolitischen Maßnahmen vor. Zwar antwortete im Februar 2007 die Bundesregierung auf eine Große Anfrage zur Förderung von Nichtleistungsbeziehenden, dass nach Angaben der BA der ‚Zielförderanteil' im Zeitraum Januar bis Juli 2006 mit einem Anteil von 16 % deutlich übertroffen worden sei.[554] Weitere Ausführungen, bei-

---

551 IAQ/ FIA/ GendA 2009: 254.
552 BT-Drs. 16/2211 S. 6.
553 Bundesagentur für Arbeit 2008i: 18.
554 BT-Drs. 16/2211 S. 6.

4. Leistungen im Rahmen des SGB II

spielsweise zu den Förderanteilen - differenziert nach verschiedenen arbeitsmarktpolitischen Instrumenten oder nach Geschlecht - wurden jedoch nicht vorgenommen. Auch im Geschäftsbericht der BA ist nur davon die Rede, dass die „Beschäftigungspotenziale von Nichtleistungsempfänger/-innen durch verstärkte *Aktivierung und Förderung* weiter erschlossen (wurden)"[555] und „die Quote der weiblichen Maßnahmeteilnehmer deutlich gesteigert werden (konnte)".[556] Im Eingliederungstitel 2008 wurden zwar 175 Mio Euro zur Förderung von NLB bereit gestellt (dies entspricht rechnerisch rund 400 € pro Kopf), wieviel davon allerdings tatsächlich ausgegeben wurde (und wofür), wird nicht beziffert. Zwar ist offenbar geplant, in der BA-Förderstatistik das Merkmal „Nichtleistungsbezug" zu berücksichtigen; bislang liefern jedoch die jährlichen Eingliederungsbilanzen keinen Aufschluss über die Förderung Arbeitsloser ohne Leistungsbezug.[557]

Es besteht allerdings dringender Bedarf an solchen differenzierten statistischen Daten der BA. Denn inwieweit Arbeitslose ohne Leistungsbezug die nötige Unterstützung tatsächlich erhalten, ist vor dem Hintergrund der gängigen Praktiken bei der Steuerung des Mitteleinsatzes fraglich. Die Steuerung des Mitteleinsatzes erfolgt laut Geschäftspolitik der BA nach (vermuteter) Wirkung und Wirtschaftlichkeit. Das heißt, die Dienstleistungen (Vermittlereinsatz und Produkteinsatz) sind primär auf jene „Kunden" zu konzentrieren, bei denen „eine wirtschaftlich vertretbare Steigerung der Integrationschancen zu erwarten ist"[558], oberste Maxime sind dabei die möglichst *schnelle* Integration in den Arbeitsmarkt sowie die *Senkung passiver Leistungen*. „Kunden", bei denen der Mitteleinsatz keine schnelle Integration verspricht, die die BA finanziell entlasten würde, sollen gemäß der internen formalisierten Handlungsprogramme der Kundensegmentierung keine Eingliederungsleistungen erhalten. Nach dieser Steuerungslogik hat die BA keine Anreize zur aktiven Förderung von Nichtleistungsbeziehenden, da sie die BA ohnehin keinen Cent kosten (siehe auch folgenden Abschnitt)

---

555 Bundesagentur für Arbeit 2009c: 40; Hervorh. d. Verfasserin.
556 Bundesagentur für Arbeit 2009c: 20.
557 Nach Auskunft der BA-Statistik soll künftig in der Arbeitslosenstatistik das Merkmal Nichtleistungsbezug (ja/nein) ausgewiesen werden (E-mail Auskunft der BA-Statistik an die Autorin, 13.01.10). Die Verknüpfung von Leistungs- und Fördermerkmalen, die unterschiedlichen Erhebungsverfahren entstammen, wird damit allerdings nicht geleistet. Zu dieser und anderen bestehenden Datenlücken vgl. Betzelt 2009c.
558 Hielscher/Ochs 2009: 23.

4. Leistungen im Rahmen des SGB II

4.4.2 Qualitative Befunde zum Interaktionsprozess und dem subjektiven Erleben der Adressatinnen

Für die Untersuchung der Aktivierungs- und Förderpraxis wurden außer Studien auf quantitativer Datengrundlage auch Studien auf qualitativer Datenbasis (Fallbeobachtungen, qualitative Interviews u. ä.) ausgewertet, deren zentrale Befunde hinsichtlich der Fragestellungen im Folgenden dargestellt werden. Die Grundlage bilden Studien des SOFI Göttingen e.V., des Hamburger Instituts für Sozialforschung sowie die im Rahmen der Gender-Evaluation durchgeführten zehn Fallstudien bei Grundsicherungsstellen.

Diese qualitativen Studien sind naturgemäß nicht statistisch repräsentativ, geben aber durch ihre größere methodische ‚Tiefenschärfe' wertvollen Aufschluss über das konkrete Interaktionsgeschehen zwischen Fachkräften und Adressatinnen und Adressaten und damit auf Handlungszwänge und –möglichkeiten sowie subjektive Orientierungen, die das Handeln anleiten. Dieser tiefere Einblick ist insbesondere hinsichtlich gendersensibler Fragestellungen höchst relevant, da subjektive Vorstellungen über Geschlechterrollen und Familienbilder häufig weniger bewusst reflektiert werden, sondern vielmehr als für die/den Einzelne/n selbstverständliche Grundannahmen das Handeln anleiten. Insofern werfen die Befunde ein Schlaglicht auf gängige Praxen in den Grundsicherungsstellen, die gleichwohl nicht überall genau gleich verlaufen dürften.

4.4.2.1 Interaktionsprozess zwischen Fachkräften und AdressatInnen

Wie die oben dargestellten Befunde zeigen, werden Frauen und Männer, Mütter und Väter unterschiedlich intensiv aktiviert und gefördert. Die Entscheidung, wer aktiviert oder ‚freigestellt' wird, welche Eigenleistungen erwerbsfähige Hilfebedürftige zu erbringen haben und welche Eingliederungsleistungen sie erhalten, treffen die Fachkräfte im Rahmen der gesetzlichen und untergesetzlichen Vorgaben im Beratungsprozess, wobei sie vom Gesetzgeber mit umfangreichen Ermessensspielräumen ausgestattet worden sind. Die bisher dargestellten Evaluationsergebnisse lassen vermuten, dass hierbei auch geschlechtsrollenstereotype Vorstellungen das Handeln der Fachkräfte maßgeblich beeinflussen. In diese Richtung weisen die Ergebnisse einer qualitativen Evaluationsstudie des Soziologischen Forschungsinstituts Göttingen (SOFI), in der die Interaktionsprozesse zwischen Fachkräften und Adressatinnen und Adressaten der SGB-II-Fallbearbeitung in insgesamt 20 Fällen über einen Zeitraum von sechs Monaten untersucht wurden.[559] Hier zeigt sich, dass die Fachkräfte

---

559 Vom Soziologischen Forschungsinstitut Göttingen (SOFI) (2006) wurde im Auftrag des IAB die Konzeptstudie „Neue soziale Dienstleistungen nach SGB II" durchgeführt. Bei drei Trägern der Grundsicherung (je 1 ARGE in West und Ost sowie 1 Optionskommune) wurde die Fallbearbeitung in insgesamt 20 Fällen (9 Adressatinnen, 11 Adressaten in Bedarfsgemeinschaften mit insgesamt 40 Personen; 21 einbezogene Fachkräfte) über einen Zeitraum von 6

4. Leistungen im Rahmen des SGB II

im Beratungsprozess nicht selten traditionellen Rollenbildern folgen – und dies, obgleich sie selbst ihre Vermittlungsarbeit mehrheitlich als geschlechtsneutral einschätzen. Insbesondere das Wissen um familiäre Lebensverhältnisse sowie Annahmen über die innerfamiliäre Arbeitsteilung beeinflussen die Entscheidung der Fachkräfte, welche Person wann und in welchem Umfang aktiviert wird. Die Folgen des jeweils eingeschlagenen Beratungswegs für die Einzelnen und ihre Angehörigen können also höchst unterschiedlich ausfallen.

Eine systematische Berücksichtigung der Haushalts- oder Familienkonstellation erfolgt jedoch offenbar nicht, wie die SOFI-Fallbeobachtungen und ähnlich auch die ZEW-Kundenbefragung und die Gender-Evaluation des SGB II zeigen. Es hängt offenbar mehr oder weniger von zufälligen Konstellationen ab, auf welche konkrete Fachkraft ein/e Adressat/in mit seinen/ihren jeweiligen Problemlagen trifft und wie im Einzelnen mit diesen umgegangen wird. Es gibt kaum verbindliche Regelungen: Inwieweit den gleichstellungspolitischen Zielen wie auch der Berücksichtigung der familiären Lebensverhältnisse Rechnung getragen wird, ist den Fachkräften weitgehend selbst überlassen.[560] Die Fachkräfte haben hier erhebliche Handlungsspielräume und der Verlauf des Interaktionsprozesses hängt nicht zuletzt ab von der Sensiblität der Fachkräfte für Geschlechterfragen und von ihren persönlichen Einstellungen. Auch die beruflichen Erfahrungen und Qualifikationen spielen eine wichtige Rolle, wie die qualitativen Studien zeigen. Unterschiede in Beratungs- und Aktivierungspraxis erklären sich z.T. auch dadurch, dass die Fachkräfte aus sehr unterschiedlichen Arbeitsbereichen kommen und sich auch hinsichtlich ihrer Berufserfahrung unterscheiden bzw. z.T. noch über kaum Berufserfahrung verfügen. Die Art und Weise der Beratung und ‚Aktivierung' kann traditionellen Rollen- und Familienbildern folgen, was offenbar vielfach der Fall ist – wie in einem Fallbeispiel der SOFI-Studie, in dem die Fachkraft automatisch annimmt, dass sich um das kleine Kind eines zu beratenden Arbeitslosen die Ehefrau kümmere. Es kann aber auch umgekehrt so sein, dass eine Fachkraft im selben Fall die Ehefrau ‚aktiviert' und von ihr die vollzeitige Verfügbarkeit am Arbeitsmarkt verlangt; auch diese Konstellation taucht in den qualitativen Studien auf.

Die Fachkräfte können allerdings nur innerhalb des institutionell gegebenen Rahmens und mit den vorhandenen Ressourcen

agieren. So wird angesichts vielfach fehlender Kinderbetreuungsmöglichkeiten anscheinend häufig von einer eingeschränkten Verfügbarkeit alleinerziehender Frauen ausgegangen, was oftmals zu einer weniger intensiven Betreuung bzw. ‚Aktivierung' führt.

Monaten (1. Halbjahr 2006) untersucht. Dabei wurden die Interaktionsprozesse zwischen Fachkräften und Adressatinnen/Adressaten beobachtet und im Anschluss jeweils getrennte Interviews geführt sowie Fallakten ausgewertet. (Soziologisches Forschungsinstitut (SOFI) 2006) Zentrale genderrelevante Ergebnisse wurden auf der Fachtagung in Loccum vorgestellt; s. Loccumer Protokolle 79/08, 167.

560   IAQ/ FIA/ GendA 2009: 94ff.

4. Leistungen im Rahmen des SGB II

Die SOFI-Studie zeigt des weiteren, dass sich die Rollenbilder der Fachkräfte in Ost- und Westdeutschland deutlich von einander unterscheiden: Die Fachkräfte in den ostdeutschen Grundsicherungsstellen schrieben Frauen mehrheitlich eine starke Erwerbsorientierung zu bzw. beklagten die Entwicklung, dass gegenwärtig eine Frauengeneration heranwachse, die nur wenig Interesse an einer Integration in den Arbeitsmarkt habe und stattdessen eine traditionelle private Arbeitsteilung praktiziere. Auch wenn dieser Rückzug bzw. diese Flucht angesichts der fehlenden Perspektiven für eine gelingende Arbeitsmarktintegration in Teilen verständlich sei, so wird sie doch von den Fachkräften als inakzeptabel bewertet.

Geschlechtsspezifische Unterschiede hinsichtlich der Arbeitsmarktintegration berichtet die SOFI-Studie auch insofern, als dass Männer doppelt so häufig ‚aktivierende' Leistungen erhielten als Frauen (16 Männer, 8 Frauen) und die verlangten Eigenbemühungen bei Männern stärker kontrolliert wurden. Auf traditionelle Familienbilder seitens der Fachkräfte verweist auch der Befund, dass der Wunsch nach einer Teilzeitarbeit nur bei Frauen anerkannt wurde, nicht aber bei Männern. Andererseits erhielten deutlich mehr Frauen (5 Fälle) als Männer (2 Fälle) schriftliche Vermittlungsvorschläge; dies wird in der Studie jedoch eher als ‚zufälliges' Ergebnis und nicht als bevorzugte Förderung der Frauen interpretiert.[561]

Auch das Wissen um Gewalterfahrungen seitens der Frauen kann die Aktivierungsstrategie verändern, wobei keine Regelungen existieren, wie damit umzugehen ist (z. B. Recht auf Beratung von Frauen durch Frauen). Berichtet wurde von einem Fall, in dem nach bekannt gewordener Gewalterfahrung die Arbeitsvermittlung zunächst zurückgestellt und zur Bearbeitung der Traumatisierung an eine spezialisierte Beratungseinrichtung verwiesen wurde. Allerdings war in zwei von drei beobachteten Fällen von Frauen mit Gewalterfahrungen diese Problemlage den SGB-II-Trägern nicht bekannt.

Die SOFI-Studie zieht drei zentrale Schlussfolgerungen hinsichtlich ihrer Gender-Befunde. Zum einen wird ein verbesserter Zugang der Grundsicherungsträger zu Kinderbetreuungseinrichtungen gefordert, da ihnen derzeit die Ressourcen fehlten, um ihren gesetzlichen Auftrag zu erfüllen. Zum zweiten wird der Mangel an gendersensiblen Leitlinien und Schulungen als ein wesentlicher Faktor für die geschlechtsrollenstereotype Beratungspraxis erkannt, ohne die eine gendersensible Arbeit kaum möglich sei. Den allgemeinen SGB-II-Auftrag, erwerbsfähige Hilfebedürftige bei ihrer Integration in Arbeit zu unterstützen, so in die Praxis umzusetzen, dass zugleich die gleichstellungspolitischen Zielvorgaben erfüllt werden, ist vor dem Hintergrund geschlechtsspezifisch geprägter Strukturen und Handlungsorientierungen sowohl auf Seiten der Fachkräfte, als auch auf Seiten der Hilfebedürftigen und potenzieller ArbeitgeberInnen, ein komplexes und herausforderndes Unterfangen, dessen Bewältigung entsprechende Kompetenzen verlangt. Dazu gehört beispielsweise auch die Anleitung zur bewussten Reflexion der eigenen Rollenmuster und Familienbilder. Drittens werden gesetzliche Änderungen gefordert, die den Adressatinnen und Adressaten mehr Wunsch- und Wahlrechte einräumen, um die tatsächli-

---

561 Bartelheimer / Henke 2007: 50.

che Berücksichtigung familiärer Lebensverhältnisse und Sorgeverpflichtungen zu verbessern, die bislang lediglich an starre Kindesaltersgrenzen geknüpft ist, während die Aktivierung im Prinzip keine Grenzen kennt.

Aus den anderen ausgewerteten qualitativen Studien konnten weitere Faktoren identifiziert werden, die zu geschlechtsrollenstereotyper Beratungs- und Vermittlungspraxis und einer ‚Unterförderung' von Frauen wesentlich beitragen, insbesondere von jenen mit – tatsächlicher oder seitens der Fachkräfte angenommener – eingeschränkter zeitlicher Verfügbarkeit.

Als wichtiger Einflussfaktor werden sowohl in der qualitativen als auch quantitativen Forschung die bestehenden Defizite in der Infrastruktur für Kinderbetreuung betrachtet, die die ‚Aktivierung' von Müttern erschwert. Allerdings wurde auch deutlich, dass die Bearbeitung von Betreuungsproblemen in den meisten Grundsicherungsstellen nur einen geringen Stellenwert genießt[562] und außerdem nur die Aktivierung von Müttern zu behindern scheint, nicht jedoch die der Väter und insofern teils als Legitimation für das Nichthandeln von Fachkräften erscheint.

Als weiterer wichtiger Einflussfaktor, der die Teilnahme insbesondere von Frauen mit Kindern behindert, wird in der Literatur die oftmals wenig zielgruppenadäquate Ausgestaltung von Qualifizierungs- und Beschäftigungsmaßnahmen beschrieben. So fehlen beispielsweise Teilzeitangebote, die eine Teilnahme gerade auch jenen Gruppen ermöglichen.[563]

Ein weiterer Einflussfaktor für das ‚Aktivierungshandeln' der Fachkräfte ist ihre Einschätzung hinsichtlich der Chancen von Frauen mit betreuungsbedürftigen Kindern auf Integration in den Arbeitsmarkt. So sehen manche Fachkräfte insbesondere in den frauendominierten Dienstleistungsbereichen mit ihren hohen Flexibilitätsanforderungen einerseits und der gegebenen Betreuungsinfrastruktur andererseits kaum Chancen auf eine Arbeitsmarktintegration für Frauen mit Kindern.[564] Aber auch der unterstellte (und möglicherweise tatsächliche) Wunsch mancher Frauen, zu Gunsten ihrer betreuungsbedürftigen Kinder nur in Teilzeit erwerbstätig sein zu wollen[565], wirkt sich auf die ‚Aktivierungspraxis' aus. Teilzeit-Wünsche in Verbindung mit weiteren ‚Vermittlungshemmnissen' wie der Situation als Alleinerziehende führen in einer Grundsicherungsstelle beispielsweise zur Einstellung der ‚Aktivierungsaktivitäten'.[566]

Ein Ergebnis der Studien ist aber auch, dass Gender-Kompetenz nicht notwendigerweise zu einer gendersensiblen Betreuung der Hilfebedürftigen führen muss. Selbst wenn sich Fachkräfte der geschlechtsspezifischen Probleme in der Vermittlungsarbeit bewusst sind und ihre eigenen Rollenmuster reflektieren, so bleiben doch die institutionellen Grenzen einer gendersensiblen Vermittlungsarbeit beste-

---

562 Institut für Angewandte Wirtschaftsforschung (IAW)/Zentrum für Europäische Wirtschaftsforschung (ZEW) 2008.
563 Ames 2008: 177; Lenhart 2007: 173; Bröhling 2006: 34.
564 Ames 2008: 32,128,130.
565 Ames 2008: 157; Bundesagentur für Arbeit 2008l: 13.
566 Bartelheimer/Henke 2007: 22.

4. Leistungen im Rahmen des SGB II

hen. Das individuelle Wissen um Geschlecht und die damit verbundenen Handlungsorientierungen sind hochgradig widersprüchlich: einem modernen Verständnis von Geschlecht stehen im Alltag häufig nur wenige passende Handlungsoptionen gegenüber.[567] Dies unterstreicht noch einmal die Notwendigkeit, dass die Entwicklung von Gender-Kompetenz bei den Fachkräften und der Wandel von gesetzlichen Regelungen, die eine bessere Berücksichtigung von familiären Lebensverhältnissen erlauben, Hand in Hand gehen müssen.

Darüber hinaus zeigt beispielsweise die qualitative Studie von Hielscher und Ochs (2009), dass sich in der Praxis die *betriebswirtschaftliche Steuerungslogik* im Beratungsprozess vielfach durchsetzt, was insbesondere zu Lasten Arbeitsloser ohne Leistungsbezug geht – trotz politischer Vorgaben wie der oben beschriebenen Erhöhung des Zielförderanteils von NLB auf 30 %. Auch wenn in der Literatur nur sehr vereinzelt Hinweise auf den Umgang der Fachkräfte mit Nichtleistungsbeziehenden zu finden sind, fällt auf, dass zumeist von Fällen berichtet wird, in denen diese *nicht* mit Eingliederungsleistungen gefördert werden, teils explizit mit der Begründung des Nichtleistungsbezugs.[568] Die HIS-Studie enthält allerdings Hinweise auf eine verstärkte *Aktivierung* Nichtleistungsbeziehender, also dem Einfordern aktiver „Eigenbemühungen" wie Bewerbungen oder zeitliche und örtliche Mobilität.[569] Dies entspricht auch der offiziellen Praxis der BA, den Arbeitslosenstatus verstärkt zu überprüfen, wozu ihr der Gesetzgeber seit 2009 Sanktionsmöglichkeiten gegenüber NLB verschafft hat.

4.4.2.2 Subjektives Erleben und Strategien der Adressatinnen

Zum subjektiven Erleben des ‚Aktivierungsprozesses' seitens der Adressatinnen und Adressaten, die Hinweise auf Geschlechtsspezifiken geben, liegen bislang nur wenige qualitative Befunde vor. Insgesamt wird in vielen Studien die Asymmetrie der Interaktion zwischen den mit großen Ermessensspielräumen und Machtbefugnissen ausgestatteten Fachkräften einerseits und den nur über wenige Anspruchs- und Wahlrechte verfügenden Adressatinnen und Adressaten andererseits betont.[570]

Auch wenn die Ergebnisse der von Karin Lenhart[571] durchgeführten qualitativen Studie nicht geschlechtsspezifisch interpretiert werden können, illustrieren sie, wie belastend der Kontakt zu den Grundsicherungsstellen teilweise erlebt wird. Die von ihr befragten ALG-II-Bezieherinnen nehmen offensichtlich die Asymmetrie in der

---

567 IQA/FIA/GendA 2009: 150.
568 Siehe Hielscher/Ochs 2009: 148.
569 Siehe Grimm 2009.
570 Zum Mix aus individuellen Rechten und Pflichten im Sicherungsregime des SGB II s. Betzelt 2008c; 2009b.
571 In der von Karin Lenhart durchgeführten Studie stehen die Erfahrungen von Frauen mit Beratungs- und Vermittlungsleistungen im JobCenter Berlin-Mitte im Mittelpunkt. Es wurden leitfadengestützte Interviews in 2005 (30 Frauen) sowie in 2006 (25 Frauen) durchgeführt. (s. auch Loccumer Protokolle 79/08, 197.

Beziehung zu den Fachkräften deutlich wahr und erleben starke Gefühle der Rechtlosigkeit und des Ausgeliefertseins. Insgesamt wird der Kontakt zur Grundsicherungsstelle als belastend und beängstigend erlebt, da diese als unberechenbar und allmächtig wahrgenommen wird. Insbesondere die Zuweisung zu einem so genannten Ein-Euro-Job wird als (drohende) Zwangsmaßnahme erlebt. Aus diesen Gründen wird eine Kontaktaufnahme von einem Teil der Frauen bewusst vermieden.

Bei der Frage der *Zumutbarkeit* zeigen sich sehr deutliche Unterschiede zwischen den einzelen Grundsicherungsstellen. Die Entscheidung der Fachkräfte, ob und in welchem Umfang und welchem Elternteil Erwerbsarbeit zumutbar ist, hängt von mehreren Faktoren ab: Das Alter der Kinder spielt dabei ebenso eine Rolle, wie die vorhandene Kinderbetreuungsinfrastruktur, die in der Region typischen Erwerbsmuster, aber auch die Biographie der jeweiligen Fachkräfte. Es gibt kaum organisationsweite, gar organisationsübergreifende einheitliche Regelungen. Die Fachkräfte interpretieren ihren Ermessensspielraum eigenhändig. Dabei werden in der Umsetzungspraxis insbesondere Ost-West-Unterschiede deutlich: In Westdeutschland wird der Ermessensspielraum in der Regel so ausgelegt, dass die Verfügbarkeit von Müttern (auch älterer Kinder) nur am Vormittag verlangt wird; bei Bedarfsgemeinschaften konzentrieren die Fachkräfte ihre Integrationsmaßnahmen häufig auch nur auf eine Personen ohne Sorgeverantwortung (welche in der Mehrzahl der Fälle der Mann ist).[572] Das Rollenverständnis, das der Mutter die Verantwortung für die Kinderbetreuung zuschreibt, findet seine Entsprechung in der Rollenzuschreibung an den Vater, der dem Arbeitsmarkt ohne zeitliche Einschränkung zur Verfügung stehen soll: Eine Einschränkung der Verfügbarkeit bei Vätern, die Zeit für ihre Kinder reklamieren, wird nur bedingt akzeptiert.[573]

Die Ergebnisse einer qualitativen Studie des Hamburger Instituts für Sozialforschung[574] zeigen allerdings, dass nicht nur bei den Fachkräften, sondern auch bei den Hilfebedürftigen traditionelle Muster der privaten Arbeitsteilung noch stark verwurzelt sind. Die Studie berichtet von massiven Konflikten zwischen Fachkräften und Hilfebedürftigen in Fällen, in denen sich die Interaktion der Fachkraft *nicht* am Muster der tradierten privaten Arbeitsteilung orientiert hatte. Die Anforderung zur Aufnahme einer vollzeitigen Erwerbsarbeit unter verheirateten Frauen hat zum Teil zu Auseinandersetzungen mit den Fachkräften geführt, wenn die Frauen nach der Geburt ihrer Kinder aus dem Erwerbsleben ausgeschieden waren und seither die gesellschaftlich langjährig allgemein anerkannte Rolle als nicht oder nur in geringem Umfang berufstätige Mutter erfüllten. Die plötzlich an sie gestellte Anforderung als

---

572 IAQ/ FIA/ GendA 2009: 235ff.
573 IAQ/ FIA/ GendA 2009: 241.
574 Das Projekt ‚Prekarisierte Erwerbsbiografien' des Hamburger Instituts für Sozialforschung läuft seit Herbst 2006 und ist als qualitatives Panel angelegt. In bisher zwei Befragungswellen (2007 und 2008) wurden jährlich je zwei ausführliche narrative Interviews mit 106 Personen, davon knapp zur Hälfte Frauen, geführt, die entweder zum ersten Befragungszeitpunkt vollständig oder teilweise im Hilfebezug waren oder in der Vergangenheit schon einmal Erfahrungen mit wohlfahrtsstaatlichen Grundsicherungsleistungen gemacht hatten (s.Betzelt/Lange/Rust (Hg) (2009) 197).

4. Leistungen im Rahmen des SGB II

‚Erwerbsbürgerin' steht im krassen Gegensatz zu den vielfach institutionell gestützten Sicherheitserwartungen dieser Frauen an das Ernährermodell. Folgerichtig empfinden viele dieser befragten Frauen die Anforderung zur vollen Erwerbsbeteiligung als Zumutung, da sie im Gegensatz zum eigenen Lebensentwurf und Rollenverständnis steht. Der Widerspruch zwischen äußeren Anforderungen und eigener Identität führt teilweise dazu, dass ihnen auferlegte Melde- und Mitwirkungspflichten gar nicht als persönliche Obliegenheiten wahrgenommen werden, da sich diese Frauen selbst nicht als ‚arbeitslos' und arbeitsuchend sehen. Die Nichteinhaltung dieser Pflichten hat allerdings entsprechende Sanktionierungen zur Folge, was für die Betroffenen dann oftmals nicht nachvollziehbar und transparent ist. Dabei zeigen die Interviews der HIS-Studie, dass diese Frauen keineswegs ‚passiv' sind, sondern vielmehr häufig ihre Ehemänner intensiv bei der Stellensuche unterstützen, um das bisher gelebte (traditionelle oder modernisierte) Ernährermodell wiederherzustellen.

Sowohl in der SOFI-Studie als auch in der HIS-Studie wurde die *Problematik verstärkter Abhängigkeit vom Partner durch den Verlust eigener Leistungsansprüche* deutlich. Die in der Hamburger Studie befragten arbeitslosen Frauen jüngeren Alters, deren Partnerschaft noch nicht sehr lange besteht, befürchten bzw. empfinden finanzielle Abhängigkeit in Folge des drohenden bzw. eingetretenen Verlustes ihrer Leistungsansprüche auf Grund der Anrechnung des Partnereinkommens; alleinerziehende Frauen scheuen insbesondere die Verpflichtung des Partners, auch für den Lebensunterhalt des ‚Stiefkindes' aufkommen zu müssen. Um der ‚Zwangsvergemeinschaftung' zu entgehen und den individuellen Leistungsbezug aufrechtzuerhalten, an den auch der Zugang zu Eingliederungsleistungen gekoppelt ist, entscheidet sich ein Teil der Frauen dafür, für die Dauer des Leistungsbezuges keine gemeinsame Wohnung mit dem (neuen) Partner zu beziehen oder eine bestehende aufzulösen.

Unter arbeitslosen verheirateten Frauen wird der Verlust der Leistungsansprüche ambivalent erlebt. Einerseits sehen sich die betroffenen Frauen ausgeschlossen von Eingliederungsleistungen und vermissen insbesondere hochwertige Maßnahmeangebote sowie die Möglichkeit, einen so genannten Ein-Euro-Job zu erhalten. Andererseits empfinden sie das Herausfallen aus dem Leistungsbezug als Erleichterung, da sie sich nun nicht mehr den bürokratischen Anforderungen unterziehen und beispielsweise keine Anträge mehr stellen und als sinnlos empfundene Termine einhalten müssen. Es ist sehr wahrscheinlich, dass sich diese Frauen nicht bei der BA als Nichtleistungsbezieherin im Sinne des SGB III registrieren lassen, sondern in die ‚Stille Reserve' abwandern, da sie andernfalls weiterhin (zunehmende) Melde- und andere Mitwirkungspflichten zu erfüllen hätten.

Die hier beschriebenen (Gegen-)Strategien der Adressatinnen im Umgang mit den Anforderungen und Zumutungen des SGB-II-Aktivierungsregimes sind sicherlich nur ein Ausschnitt aus der vielfältigen Praxis. Die qualitativen Befunde legen dabei nahe, dass Umfang und Qualität der Aktivierung und Förderung von ALG-II-Bezieherinnen auch von ihren individuellen Verhandlungskompetenzen und ihrer Durchsetzungsfähigkeit abhängen und auch insofern ‚Creaming' stattfindet. Damit setzen sich bestehende Ungleichheiten auch innerhalb der Genusgruppen weiter fort.

5. Die Bedarfsgemeinschaft im Sozialverwaltungsverfahren

Zur Bedarfsgemeinschaft wird meist zur Kenntnis genommen, dass der Anspruch der Mitglieder der Bedarfsgemeinschaft über die Vermutungsregelung des § 38 SGB II realisiert wird, also die grundsätzliche Vertretung durch den erwerbsfähigen Hilfebedürftigen.[575] Die Vorgeschichte des Hartz- Berichts hat Sensibilität für eine mögliche Bevorzugung von Familienvätern bewirkt.[576] Indem die Bedarfsgemeinschaft als Zwitter kollektiven Einsatzes von Einkommen usw. und individuellen Rechten Einzelner konstruiert wurde, ist die Stellung der Bedarfsgemeinschaft höchst komplex.[577] Hierin kann das Risiko für Grundsicherungsträger liegen, fehlerhaft zu handeln. Für den Fall, dass künftig zwei Träger zuständig werden sollten, würde sich das Problem potenzieren und damit auch die Belastung der Gerichtsbarkeit ansteigen[578]

5.1 Anwendbare Verwaltungsvorschriften

Das SGB II ist Bestandteil der zwölf Sozialgesetzbücher, sodass grundsätzlich gemäß § 1 Abs. 1 S. 1 SGB X die Vorschriften des ersten Kapitels SGB X über das Verwaltungsverfahren Anwendung finden. Es gilt nach § 1 Abs.1 S. 2 SGB X für die öffentlich-rechtliche Verwaltungstätigkeit der Behörden der Länder, der Gemeinden und Gemeindeverbände, der sonstigen der Aufsicht des Landes unterstehenden juristischen Personen des öffentlichen Rechts zur Ausführung von besonderen Teilen dieses Gesetzbuches, die nach In-Kraft-Treten der Vorschriften dieses Kapitels Bestandteil des Sozialgesetzbuches werden, jedoch nur, soweit diese besonderen Teile mit Zustimmung des Bundesrates die Vorschriften dieses Kapitels für anwendbar erklären. Da das SGB II erst am 01.01.2005 in Kraft getreten ist, bedurfte es einer solchen Vorschrift im Sinne des S. 2, um die kommunalen Träger den Verwaltungsverfahrensvorschriften des SGB X zu unterwerfen. Diese Vorschrift findet sich in *§ 40 Abs. 1 S. 1 SGB II*, der auf die Verfahrensvorschriften des SGB X verweist und somit die Einheitlichkeit des Verfahrens garantiert.

Der Verweis des § 40 Abs. 1 SGB II beschränkt sich jedoch nicht nur auf die Vorschriften des SGB X; er erklärt auch einige Vorschriften des SGB III für entsprechend anwendbar. Dies gilt z. B. auch für die *Aufhebungsvorschrift des § 330 Abs. 1, 2, 3 S. 1 und 4 SGB III*, der die §§ 44 – 48 SGB X modifiziert. Liegen dem-

---

575 BT-Drs. 15/1516, S.52.
576 Siehe Teil 1.5.3. und Fn 100.
577 Dies war der Grund, dem Verfahrensrecht bei der rechtswissenschaftliche Fachtagung einen eigenen Themenblock zu widmen: Teil 2.1. und Fn 181.
578 Zur Situation seit 2005 Höland 2007: im Vergleich SGB II und SGB XII Gerlach ZfF 2010.

5. Die Bedarfsgemeinschaft im Sozialverwaltungsverfahren

nach die Voraussetzungen für eine Aufhebung eines Verwaltungsaktes für die Vergangenheit vor, so steht die Entscheidung hierüber, abweichend von den §§ 45 und 48 SGB X, nicht mehr im Ermessen der Behörde. Die Bescheide sind vielmehr verbindlich aufzuheben.

5.2 Beteiligte am Verwaltungsverfahren

§ 7 Abs. 3 SGB II verbindet mehrere natürliche Personen zu einer Bedarfsgemeinschaft. In dieser Bedarfgemeinschaft gilt nach § 9 Abs. 2 S. 3 SGB II jede Person als hilfebedürftig, wenn der Gesamtbedarf dieser Gemeinschaft nicht vollständig gedeckt ist. Dieses Konstrukt der Bedarfsgemeinschaft führt zu der Frage, wer am Verwaltungsverfahren beteiligt ist - die Bedarfsgemeinschaft als eigenständiger Träger von Rechten und Pflichten oder die einzelnen Mitglieder der Bedarfsgemeinschaft.

Die Beteiligung am Verwaltungsverfahren setzt *Beteiligungsfähigkeit i. S. d. § 10 SGB X* voraus. Fähig am Verfahren beteiligt zu sein sind natürliche und juristische Personen (Nr.1), Vereinigungen, soweit ihnen ein Recht zustehen kann (Nr.2) und Behörden (Nr.3).

Bei der Bedarfsgemeinschaft handelt es sich nicht um eine juristische Person nach § 10 S. 1 Nr. 1 SGB X.[579] Ob es sich bei der Bedarfsgemeinschaft um eine Vereinigung i.S.d. Nr. 2 handelt, hängt davon ab, ob ihr selbst Rechte zustehen. Dies ergibt sich aus dem materiellen Recht.[580] Nach inzwischen einhelliger Meinung in Literatur und Rechtsprechung ist jedoch nicht die Bedarfsgemeinschaft Anspruchsinhaberin der Grundsicherungsleistungen nach dem SGB II, sondern jeweils die einzelnen Mitglieder der Bedarfsgemeinschaft.[581] Demnach stehen der Bedarfsgemeinschaft keine Rechte zu, so dass ihr die Beteilungsfähigkeit fehlt. Beteiligt am Verfahren sind vielmehr die einzelnen Mitglieder der Bedarfsgemeinschaft als natürliche Personen i.S.d. § 10 S. 1 Nr. 1 SGB X.

Die Neuschaffung der Bedarfsgemeinschaft und zusätzlich die Praxis der Arbeitsgemeinschaften, die in ihren Bewilligungsbescheiden häufig nicht hat klar werden lassen, dass das einzelne Mitglied Inhaber des entsprechenden Anspruchs ist, haben zu Unsicherheit bei den Betroffenen geführt. Daher ist es in der Vergangenheit immer wieder zu Fällen gekommen, in denen die Betroffenen es als ausreichend angesehen haben, wenn der erwerbsfähige Hilfebedürftige lediglich in seinem Namen Rechtsmittel gegen den Bewilligungsbescheid eingelegt hat, um die Rechte

---

579 BSG, U. v. 07.11.2006, BSGE 97, 217.
580 Von Wulffen in Wulffen von (2009): § 10 Rn. 4 SGB X.
581 BSG, U. v. 07.11.2006, BSGE 97, 217; SG Schleswig, U. v. 17.01.2007, Az.: S 5 375/06; SG Gießen, U. v. 13.11.2006, Az.: S 9AS 834/05; Hengelhaupt in Hauck/Noftz/Voelzke (2010): § 9 Rn 99; Hänlein in Gagel (2010): § 7 SGB II Rn. 9 SGB II; Brühl in Münder (2009): § 7 Rn. 37 SGB II; Hörder in Radüge (2007): § 7 Rn. 26 und § 9 Rn. 52 SGB II; Peters in Estelmann (2008): § 7 Rz 26 und § 9 Rz 48 SGB II; Reinhard in Kruse/Reinhard/Winkler (2005): § 7 Rn. 10 SGB II.

5. Die Bedarfsgemeinschaft im Sozialverwaltungsverfahren

sämtlicher Mitglieder der Bedarfsgemeinschaft geltend zu machen.[582] Diese Vorgehensweise ist nicht mit der nunmehr einhelligen Meinung vereinbar, dass der Grundsicherungs- oder Sozialgeldanspruch jedem einzelnen Mitglied der Bedarfsgemeinschaft zusteht. Das Bundessozialgericht hat dieses Problem insoweit erkannt und den beteiligten Behörden und Gerichten für eine Übergangszeit bis zum 30. Juni 2007 aufgegeben, die entsprechenden Rechtsmittel „in Erweiterung der üblichen Auslegungskriterien danach zu beurteilen, in welcher Weise die an einer Bedarfsgemeinschaft beteiligten Personen die Klage hätten erheben müssen, um die für die Bedarfsgemeinschaft insgesamt gewünschten höheren Leistungen zu erhalten, es sei denn, einer solchen Auslegung wird durch die betroffenen Personen widersprochen bzw. eine Bedarfsgemeinschaft bestritten oder einzelne Mitglieder der Bedarfsgemeinschaft sind offensichtlich vom Leistungsbezug nach dem SGB II ausgeschlossen."[583]

Diese Übergangszeit ist inzwischen abgelaufen. Ob die danach ergangenen Bewilligungsbescheide der tatsächlichen Rechtslage nunmehr ausreichend Rechnung tragen, kann nicht im Rahmen dieses Forschungsprojekt geklärt werden.

5.3 Stellvertretung innerhalb der Bedarfsgemeinschaft

5.3.1 Bevollmächtigung und gesetzliche Vertretung

Den Beteiligten am Verfahren steht es grundsätzlich frei, sich in jeder Lage des Verfahrens von einer anderen Person vertreten zu lassen; § 13 Abs. 1 SGB X. Dieses Recht findet seine Grenzen lediglich in Verfahrenshandlungen mit höchstpersönlichem Charakter.[584] Ist für das Verfahren ein Bevollmächtigter bestellt, so muss sich die Behörde an ihn wenden, § 13 Abs. 3 S. SGB X. Die *Bevollmächtigung nach § 13 SGB X* erfasst jedoch lediglich die sog. gewillkürte Vertretung i.S.v. §§ 164 ff. BGB.[585] Für die gesetzliche Vertretung, wie dies innerhalb der Bedarfsgemeinschaft z. B. nach § 1629 BGB für die Eltern gegenüber ihren minderjährigen Kindern gilt, findet § 13 SGB X daher keine Anwendung. Die Bevollmächtigung kann innerhalb der Bedarfsgemeinschaft immer dann bedeutsam werden, wenn keine gesetzliche Stellvertretung wie z. B. durch § 1629 BGB vorliegt. Dies gilt also für die Verhältnisse zwischen den Eltern und ihren volljährigen Kindern, den Partnern untereinander und den volljährigen Kindern zu ihren Eltern bzw. ihrem Elternteil und dessen Partner.

---

582 Dieser Fall liegt dem BSG, U. v. 07.11.2006, BSGE 97, 217 zu Grunde.
583 BSG, U. v. 07.11.2006, BSGE 97, 217
584 Rixen in Diering/Timme/Waschull (2007): § 13 Rn. 13 SGB X.
585 Von Wulffen in Wulffen von (2009): § 13 Rn. 3 SGB X.

5. Die Bedarfsgemeinschaft im Sozialverwaltungsverfahren

Im Sozialverwaltungsverfahren sind weiterhin sowohl die *Duldungs-* als auch die *Anscheinsvollmacht* anerkannt.[586] Diese Rechtsscheintatbestände erfassen jeweils Fälle, in denen der Vertretene dem Vertreter zwar keine Vertretungsmacht erteilt hat[587], er jedoch das Handeln des Vertreters ohne Vertretungsmacht kannte und pflichtwidrig duldet oder dieses Verhalten zwar nicht kennt, jedoch bei Einhaltung der im Verkehr erforderlichen Sorgfalt hätte kennen können. In beiden Fällen wird dem Vertretenen das Verhalten des vermeintlichen Vertreters zugerechnet. Auch innerhalb der Bedarfsgemeinschaft können diese Institute durchaus Bedeutung erlangen. Inwieweit dies der Fall ist, hängt jedoch von der Funktion und Reichweite des § 38 SGB II ab.

5.3.2   Vermutung der Vertretungsmacht

§ 38 S. 1 SGB II normiert eine gesetzliche Vermutung, wonach der erwerbsfähige Hilfebedürftige bevollmächtigt ist, für die Mitglieder seiner Bedarfsgemeinschaft, die auch andere erwerbsfähige Hilfebedürftige umfassen kann, Leistungen nach dem SGB II zu beantragen und entgegenzunehmen. Dies gilt jedoch nur, soweit Anhaltspunkte dem nicht entgegenstehen. Die Vorschrift ist keiner anderen sozialrechtlichen Norm nachgebildet und hat auch keinerlei Entsprechungen im SGB III oder im SGB XII. Nach dem Willen des Gesetzgebers sollen die einzelnen Ansprüche der Mitglieder der Bedarfsgemeinschaft mit Hilfe der Vermutungswirkung des § 38 SGB II realisiert werden.[588] Die Vorschrift dient somit der Verwaltungspraktikabilität und Verwaltungsökonomie. „Hiermit soll im Regelfall verhindert werden, dass dem Grundsicherungsträger eine Vielzahl von Ansprechpartnern einer Bedarfsgemeinschaft gegenüber steht und dadurch überflüssiger Verwaltungsaufwand anfällt."[589] Es wird vermutet[590], dass durch diese Vorschrift die Rechtsprechung des Bundesverwaltungsgerichts zum BSHG berücksichtigt werden sollte. Demnach konnte nicht von einer wirksamen Zustellung eines Verwaltungsaktes nach § 39 Abs. 1 SGB X ausgegangen werden, wenn der Bescheid lediglich dem Ehegatten übergeben worden ist. Es könne nämlich nicht im Allgemeinen davon ausgegangen werden, dass dieser stets hinsichtlich der Zustellung empfangsbevollmächtigt ist.[591]

§ 38 SGB II begründet keine gesetzliche Vertretungsmacht des erwerbsfähigen Hilfebedürftigen gegenüber den anderen Mitglieder der Bedarfsgemeinschaft; es handelt sich lediglich um eine *gesetzliche Vermutung einer gewillkürten Stellvertretung* i.S.d. § 13 Abs. 1 SGB X, so dass diese Vorschrift ergänzend heranzuziehen

---

586 BSGE 52, 245; kritisch zur Anscheinsvollmacht Rixen in Diering/Timme/Waschull (2007): § 13 Rn. 15 SGB X.
587 Für die Duldungsvollmacht ist dies umstritten, da in der Duldung auch eine konkludente Bevollmächtigung erblickt werden könnte; siehe hierzu Medicus (2007/: 100 f.
588 BT- Drs. 15/1516, S. 63.
589 BT- Drs. 15/1516, S. 63.
590 Schoch in Münder (2009): § 38 Rn.4 SGB II.
591 BVerwG, U. v. 22.10.1992, Az.: 5 C 65/88.

5. Die Bedarfsgemeinschaft im Sozialverwaltungsverfahren

ist.[592] Bei der vermuteten Vertretungsvollmacht handelt es sich jedoch nur um eine beschränkte Vollmacht i.S.d. § 13 Abs. 1 S. 1 2. HS SGB X, da § 38 S. 1 SGB II die Vermutungswirkung lediglich auf die Antragsstellung und Entgegennahme der Grundsicherungsleistung erstreckt; andere Verfahrenshandlungen sind durch diese Vorschrift nicht erfasst.

§ 38 S. 2 SGB II behandelt das Konkurrenzverhältnis, wenn mehrere erwerbsfähige Hilfebedürftige in der Bedarfsgemeinschaft vorhanden sind. Die Vermutungswirkung gilt in diesem Fall zu Gunsten desjenigen erwerbsfähigen Hilfebedürftige, der die Leistungen zuerst beantragt hat. Es gilt demnach der Prioritätsgrundsatz.

Die Vermutungswirkung gilt jedoch nur, soweit objektiv keine entgegenstehenden Anhaltspunkte ersichtlich sind. Dies ist immer dann der Fall, wenn die vertretenen Mitglieder der Bedarfsgemeinschaft gegenüber dem Leistungsträger erklären, dass sie ihre Interessen selbst wahrnehmen wollen[593] oder einen Dritten bevollmächtigen.[594] Die Vermutungswirkung des § 38 SGB II endet dann mit Kenntnis des Grundsicherungsträgers von den entgegenstehenden Anhaltspunkten. Die Wirkung der Bevollmächtigung erlischt damit ex nunc.[595] Eine andere Frage dürfte sein, ob die Vermutung auch rückwirkend entkräftet werden kann, sprich der aus § 38 SGB II vermutete Vertreter sich nachträglich als Vertreter ohne Vertretungsmacht herausstellen kann. Link spricht zwar in seiner Kommentierung zu § 38 SGB II davon, dass die Vermutung widerlegt werden kann, jedoch verweist er hierbei auf seine Ausführungen zu den entgegenstehenden Anhaltspunkten, bei denen er diesbezüglich davon ausgeht, dass diese die Vermutungswirkung nur ex nunc[596] entfallen lassen.[597] Diesen Ausführungen ist zwar zuzustimmen, da der Wortlaut der Vorschrift bezüglich der entgegenstehenden Anhaltspunkte von „soweit" spricht, jedoch gibt dies keine Antwort auf die eben aufgeworfene Frage, ob die Vermutung, dass eine gewillkürte Vertretungsmacht vorliegt, entkräftet werden kann. Die Antwort auf diese Frage kann nur lauten, dass eine ex- tunc[598]-Widerlegung möglich sein muss. Es spricht nämlich wenig dafür, dass es sich bei der in § 38 S. 1 SGB II aufgestellten Vermutung um eine unwiderlegbare Vermutung handelt. Um eine unwiderlegbare Vermutung annehmen zu können, bedurfte es entweder einer ausdrücklichen Verankerung im Wortlaut der Vorschrift oder zumindest eines Hinweises in der Gesetzesbegründung. Beides ist nicht ersichtlich. Wollte man die gegenteilige Auffassung vertreten, dann dürfte man wohl auch nicht von der Vermutung einer gewillkürten Vollmacht durch § 38 SGB II ausgehen, sondern sollte vielmehr von einer Schaffung einer gesetzlichen Vertretungsmacht durch diese Vorschrift ausgehen; nichts anderes wäre nämlich die Folge einer solchen Auslegung. Weiterhin müsste sich eine Vorschrift, die dem Vertretenen einen Vertreter aufdrängt, dessen er sich nur für

---

592 Link in Eicher/Spellbrink, § 38 Rn.8 SGB II.
593 BT- Drs. 15/1516, S. 63.
594 Link in Eicher/Spellbrink, § 38 Rn.14 SGB II.
595 Link in Eicher/Spellbrink, § 38 Rn.14 SGB II.
596 also mit Wirkung ab diesem Zeitpunkt.
597 Link in Eicher/Spellbrink, § 38 Rn.3 und 14 SGB II.
598 also mit rückwirkender Wirkung.

5. Die Bedarfsgemeinschaft im Sozialverwaltungsverfahren

die Zukunft entledigen kann, erheblichen verfassungsrechtlichen Bedenken ausgesetzt sehen.

Beteiligter am Verwaltungsverfahren bleibt weiterhin der Vertretene.[599] Sie oder er ist nicht daran gehindert, sich selbst an den Grundsicherungsträger zu wenden oder eine dritte natürliche Person zum Stellvertreter zu bevollmächtigen. Die gesetzliche Vermutung einer rechtsgeschäftlichen Bevollmächtigung kann durchaus widerlegt werden; dies gilt auch für die Vergangenheit. § 38 SGB II führt lediglich zu einer diesbezüglichen Beweislastumkehr. Der vermeintlich Vertretene trägt die Darlegungslast dafür, dass eine Bevollmächtigung (hierzu zählen auch die Anschein- und Duldungsvollmacht), nicht vorgelegen hat. Gelingt ihm dies nicht, erlischt die Vermutungswirkung des § 38 SGB II lediglich ex nunc.

Zu dem vertretenen Personenkreis zählen sämtliche Mitglieder der Bedarfsgemeinschaft und zwar auch die anderen erwerbsfähigen Hilfebedürftigen der Bedarfsgemeinschaft; dies ergibt sich bereits aus dem Wortlaut des § 38 S. 1 und S. 2 SGB II. Die Vertretungsmacht beschränkt sich lediglich auf die Antragsstellung und Entgegennahme der Leistungen nach dem SGB II. Anträge anderer Art sind nicht von der Vorschrift erfasst. Zu der Antragsstellung zählen alle Verfahrenshandlungen, die mit der Antragsstellung im Zusammenhang stehen. Hierzu zählen die Rücknahme, Widerruf, Anfechtung oder die Konkretisierung des Antrages.[600] Die Vermutung der Vertretungsmacht gilt jedoch nur für das Verwaltungsverfahren. Das Klageverfahren wird hingegen von § 38 SGB II nicht mehr erfasst. Diesbezüglich kann aber auf § 73 Abs. 2 S. 2 SGG verwiesen werden. Diese Vorschrift unterstellt bei Ehegatten, Lebenspartnern und Verwandten in gerader Linie die Bevollmächtigung auch für das sozialgerichtliche Verfahren. Dem Verwaltungsverfahren zuzurechnen[601], und damit von § 38 SGB II noch erfasst, ist auch das Widerspruchsverfahren, wenn es im Zusammenhang mit der Bewilligung steht.[602]

5.3.3 Bekanntgabe im Bewilligungsverfahren

Ein Verwaltungsakt wird gegenüber demjenigen, für den er bestimmt ist oder der von ihm betroffen wird, in dem Zeitpunkt wirksam, in dem er ihm bekannt gegeben wird, *§ 39 Abs. 1 SGB X*. Die Bekanntgabe richtet sich nach *§ 37 SGB X*. Durch die Zusammenlegung mehrerer Personen zu einer Bedarfsgemeinschaft kann es im Zusammenhang mit der Bekanntgabe von Verwaltungsakten zu Problemen kommen. Ausgehend von dem Grundsatz, dass es sich bei den Ansprüchen des SGB II um Einzelansprüche der Mitglieder der Bedarfsgemeinschaft handelt, dürfte es verwundern, dass die Bescheide weiterhin nur an ein einziges Mitglied der Bedarfsgemeinschaft gerichtet sind. Dem kann jedoch der § 38 SGB II und seine Rechtswirkung

---

599 Link in Eicher/Spellbrink: § 38 Rn.10 SGB II.
600 Link, in Eicher/Spellbrink: § 38 Rn.18 SGB II.
601 Behn 1984: 171.
602 BSG, Urt. v. 7.11.2006, Az.: B 7b AS 8/06 R.

5. Die Bedarfsgemeinschaft im Sozialverwaltungsverfahren

entgegengehalten werden. § 37 Abs. 1 S. 2 SGB X stellt es nämlich ins Ermessen der Behörde, wem gegenüber sie einen Verwaltungsakt bekannt gibt, wenn ein Bevollmächtigter bestellt wurde.[603] In diesem Fall entfaltet der Bescheid gegenüber allen Mitgliedern Rechtswirkung, wenn er dem erwerbsfähigen Hilfebedürftigen, dem die Vertretungsmacht des § 38 SGB II zugute kommt, zugegangen ist.[604] Bei minderjährigen Kindern verändert auch § 38 SGB II nichts an der Rechtlage, dass eine wirksame Bekanntgabe gegenüber nicht voll Geschäftsfähigen[605] ohnehin die Bekanntgabe an den gesetzlichen Vertreter voraussetzt.[606] Bei Bekanntgabe an den nicht voll Geschäftsfähigen tritt jedoch die Heilung ex nunc ab Kenntniserlangung des gesetzlichen Vertreter vom Inhalt des Verwaltungsaktes ein; diese Folge wird aus § 8 VwZG abgeleitet.[607] In der Rechtsfolge entspricht dies dem § 131 Abs. 1 und Abs. 2 BGB.

5.4 Bestimmtheit des Bewilligungsbescheid

Gemäß *§ 33 I SGB X* muss ein Verwaltungsakt inhaltlich hinreichend bestimmt sein. Aus dem Verwaltungsakt soll klar hervorgehen, was die Behörde verfügt hat und welche Leistungen dem Empfänger des Verwaltungsaktes zugebilligt bzw. was ihm auferlegt wird.[608] Das Erfordernis der hinreichenden Bestimmtheit bezieht sich auf den Verwaltungsakt als Regelung, also auf Verfügungssatz des Verwaltungsaktes, nicht auf die Begründung.[609]

Abzustellen ist auf die Erkenntnismöglichkeit eines verständigen, objektiven Erklärungsempfängers.[610] Ist der Verwaltungsakt nicht hinreichend bestimmt, so ist der Verwaltungsakt rechtswidrig.[611] Dieser Bestimmtheitsmangel kann nicht nach § 41 Abs. 2 SGB X geheilt werden, da diese Vorschrift diesen Fehler nicht erfasst.[612] Der Bestimmtheitsmangel ist auch nicht nach § 42 SGB X unbeachtlich; es handelt sich nämlich nicht um einen Formfehler.[613]

Da jedem Mitglied der Bedarfsgemeinschaft ein eigener Anspruch auf Grundsicherungsleistungen zusteht, muss der Bewilligungsbescheid den Regelungsinhalt hinreichend deutlich machen, andernfalls wäre er zu unbestimmt.[614] Jedoch wird an-

---

603 Link in Eicher/Spellbrink: § 38 Rn.23 SGB II.
604 LSG Berlin-Brandenburg, Urt. v. 9.05.2006, Az.: L 10 AS 102706.
605 § 36 Abs.1 S.1 SGB I ermächtigt den minderj. ab Vollendung des 15.Lebensjahres lediglich dazu Anträge zu stellen, zu verfolgen und zur Entgegennahme der Leistungen.
606 BSGE 80, 283 (283); OVG Schleswig-Holstein, Urt. v. 7.05. 1993, Az.: 3 L 184/92.
607 BSGE 80, 283 (283); OVG Schleswig-Holstein, Urt. v. 7.05. 1993, Az.: 3 L 184/92.
608 Engelmann in Wulffen von (2009): § 33 Rn.2 SGB X.
609 BSG, Urt. v. 6. 2. 2007, Az.: B 8 KN 3/06 R.
610 BSGE 89, 90 (100).
611 Luthe 2006.
612 BSG v 13. 7. 2006, SozR 4,1200 § 48 Nr 2 Rn. 18/19.
613 BSG v 13. 7. 2006, SozR 4,1200 § 48 Nr 2 Rn 18/19.
614 Udsching/Link 2007: 514.

5. Die Bedarfsgemeinschaft im Sozialverwaltungsverfahren

genommen, dass durch eine entsprechende Auslegung dem Bewilligungsbescheid vor allem im Zusammenhang mit dem Berechnungsanhang, in dem die Bedarfe und Einkommen der einzelnen Mitglieder aufgeschlüsselt sind, i.d.R. entnommen werden kann, dass er mehrere Einzelverfügungen enthält.[615]

Berechnungsfehler innerhalb des Bewilligungsbescheides durch fehlerhafte Anrechnung machen dagegen den Bescheid materiell rechtswidrig, ändern aber nichts an der hinreichenden Bestimmtheit i.S.d. § 33 SGB X. An der Bestimmtheit mangelt es aber, wenn der Bescheid lediglich einen Gesamtbetrag ausweist und diesen nicht weiter konkretisiert, sprich den Gesamtbetrag nicht den einzelnen Mitgliedern zuweist. In diesem Fall ist einem objektiven Erklärungsempfänger nicht hinreichend erkennbar, in welcher Höhe dem einzelnen Mitglied Leistungen durch den Verfügungssatz zugewiesen werden.

5.5 Anhörung im Bewilligungsverfahren

Nach *§ 24 Abs. 1 SGB X* bedarf es vor Erlass eines Verwaltungsakts, der in die Rechte eines Beteiligten eingreift, der Durchführung eines Anhörungsverfahrens, in dem die Beteiligten Gelegenheit haben, sich zu den für die Entscheidung erheblichen Tatsachen zu äußern.

Diese sollen also die Möglichkeit erhalten, durch ihr Vorbringen die Entscheidung der Verwaltung zu beeinflussen.[616]

Eine Anhörung im Rahmen der Bewilligungsentscheidung über Grundsicherungsleistungen nach dem SGB II ist jedoch nur erforderlich, wenn durch den Bewilligungsbescheid in die Rechte der Beteiligten eingriffen wird. Wird dem Antrag der Bedarfsgemeinschaft vollumfänglich entsprochen, bedarf es offensichtlich keiner Anhörung i.S.v. § 24 SGB X.

Umstritten ist hingegen, ob ein nur teilweise stattgebender Bescheid auch in die Rechte des Betroffenen eingreift und die Anhörungspflicht auslöst.

Nach Ansicht von Schellhorn[617] bedarf es in diesem Fall der Durchführung eines Anhörungsverfahrens, obwohl nicht in eine bestehende Rechtsposition eingegriffen wird, sondern eine Rechtsposition gewährt werden soll. Grund hierfür sei, dass andernfalls die Anhörung im Sozialrecht weitestgehend leer laufen würde, da es in diesem Rechtsgebiet schwerpunktmäßig darum gehe, über Leistungsanträge der Beteiligten zu entscheiden.[618] Nach herrschender Anschauung bedarf es hingegen in diesen Fällen grundsätzlich keiner Anhörung i.S.d. § 24 Abs. 1 SGB X.[619] Der Wortlaut beschränke das Anhörungserfordernis auf Verwaltungsakte, die in die Rechte der

---

615 Udsching/Link 2007: 514.
616 BSG, SozR 1300 § 24 Nr 10.
617 Schellhorn in Burdenski et al (1981): § 34 SGB I Rn.16 SGB I.
618 Schellhorn, wie Fn 617.
619 BSG, SozR 1200 § 34 Nr 8 mwN; BSGE 94, 50 (57); von Wulffen inWulffen von (2009), § 24 Rn. 4 SGB X.

5. Die Bedarfsgemeinschaft im Sozialverwaltungsverfahren

Beteiligten eingreifen, nicht ihn lediglich beschweren.[620] Dies entspreche auch dem Willen des Gesetzgebers, der bei der Schaffung der Anhörungspflicht an den Fall gedacht hat, dass unanfechtbar zuerkannte Rechte auf Grund späterer Veränderungen wieder entzogen werden sollen.[621]

Mit der vorzugswürdigeren h. M. bedarf es demnach im Bewilligungsverfahren keiner Anhörung nach § 24 Abs. 1 SGB X. Dies gilt auch dann, wenn den Anträgen ganz oder teilweise nicht entsprochen wird.

5.6 Aufhebung der Bewilligungsbescheide

5.6.1 Rückabwicklungsverhältnis

Das Erstattungsverhältnis ist das „Spiegelbild" des Leistungsverhältnisses.[622] Die Rückabwicklung kann daher nur im jeweiligen individuellen Leistungsverhältnis erfolgen.[623] Eine Aufhebung macht bereits auch nur in diesem Verhältnis Sinn. Beabsichtigter Zweck der Aufhebung ist es, den Rechtsgrund für die Leistungserbringung zu Fall zu bringen, um den Grund für das Behaltendürfen der Leistung rechtlich aus dem Weg zu räumen. Nur in diesem Verhältnis besteht jedoch auch dieser Rechtsgrund; nichts anderes regelt nämlich der Bewilligungsbescheid. Dies wurde oben bereits festgestellt, da das SGB II nach einhelliger Auffassung von Individualansprüchen der Mitglieder der Bedarfsgemeinschaft ausgeht und einen Gesamtanspruch der Bedarfsgemeinschaft nicht begründet.[624]

Im Fall der Bedarfsgemeinschaft bedeutet dies notwendigerweise, dass die Aufhebung den jeweiligen Rechtsgrund für jedes einzelne Mitglied erfassen muss. Eine Ermächtigungsgrundlage, die es gestattet, auch die an die anderen Mitglieder der Bedarfsgemeinschaft erbrachten Leistungen von dem erwerbsfähigen Hilfebedürftigen zurückzufordern, existiert nicht. Hieran ändert auch § 38 SGB II nichts.[625] Das heißt, dass die Mitglieder der Bedarfsgemeinschaft nicht als Gesamtschuldner für die an ein Mitglied unrechtmäßigerweise erbrachten Leistungen haften.[626]

Zusammenfassend lässt sich demnach also sagen, dass durch die §§ 45 und 48 i.V.m. § 50 SGB X von einem Mitglied nur das zurückgefordert werden kann, was dieses Mitglied durch den Bewilligungsbescheid auch tatsächlich zugesprochen bekommen hat.[627]

---

620 BSG, SozR 1200 § 34 Nr 8 mwN; BSGE 94, 50 (57).
621 BSG, SozR 1200 § 34 Nr 8 mwN.
622 BSG, Urt. v. 07.11.2006, BSGE 97, 217; SG Schleswig, Urt. v. 17.01.2007, Az.: S 5 375/06; SG Gießen, Urt. v. 13.11.2006, Az.: S 9AS 834/05; BVerwG, NDV 1993, S. 239 zum BSHG.
623 Udsching/Link 2007: 514.
624 siehe S. 76 zu Fn 235.
625 Udsching/Link, SGb 2007, S. 513 (514); Spellbrink, NZS 2007a: 124.
626 SG Gießen, U. v. 13.11.2006, Az.: S 9AS 834/05.
627 SG Schleswig, U. v. 17.01.2007, Az.: S 5 375/06.

5. Die Bedarfsgemeinschaft im Sozialverwaltungsverfahren

5.6.2 Bekanntgabe des Aufhebungs- und Erstattungsbescheides

Um eine wirksame Aufhebung des Bewilligungsbescheides zu erreichen, bedarf es in formeller Hinsicht einer Bekanntgabe des Aufhebungsbescheides nach *§ 37 I SGB X* an den richtigen Adressaten. Wird er der betreffenden Person, deren Leistungsbescheid aufgehoben werden soll, nicht bekannt gegeben, wird ihr gegenüber die Aufhebungsentscheidung nicht wirksam.[628] Adressat des Aufhebungsbescheides ist der Adressat des Ursprungsbescheides.[629]

In der Praxis besteht die Tendenz, die Aufhebungs- und Erstattungsbescheide ebenfalls an den nach § 38 SGB II vertretungsberechtigten erwerbsfähigen Hilfebedürftigen zu richten.[630]

Im Gegensatz zum Bewilligungsverfahren besteht jedoch ein entscheidender Unterschied: Während dort nämlich der § 38 SGB II schon vom Wortlaut her offensichtlich anwendbar ist und somit dazu führt, dass eine Bekanntgabe an den vermuteten Vertreter nach § 37 Abs. 1 S. 2 SGB X erfolgen kann, wird die Anwendbarkeit des § 38 SGB II im Aufhebungs- und Erstattungsverfahren weitestgehend abgelehnt.[631] Daraus folgt, dass eine Bekanntgabe an den erwerbsfähigen Hilfebedürftigen nicht ausreicht. Der Aufhebungsbescheid ist in diesem Fall nur ihm gegenüber wirksam, da er auch nur ihm gegenüber bekannt gegeben wurde, § 39 Abs. 1 SGB X. Dies gilt jedoch auch nur für den ihn betreffenden Teil der Aufhebungsentscheidung. Trennt der an den erwerbsfähigen Hilfebedürftigen gerichtete Aufhebungs- und Erstattungsbescheid nicht zwischen den an die einzelnen Mitglieder erbrachten Leistungen, sondern verlangt den Gesamtbetrag vom erwerbsfähigen Hilfebedürftigen erstattet, liegt ihm gegenüber zwar eine wirksame Bekanntgabe vor, jedoch ist der Bescheid in jedem Fall materiell rechtswidrig.

Um eine wirksame Bekanntgabe gegenüber allen Mitgliedern der Bedarfsgemeinschaft herbeizuführen, wäre dem Leistungsträger entweder anzuraten, jedem einzelnen Mitglied der Bedarfsgemeinschaft einen separaten Bescheid zuzusenden oder zumindest alle Mitglieder in die Adressatenzeile aufzunehmen. Verfährt die zuständige Behörde nicht dementsprechend, dann kommt es für die wirksame Bekanntgabe darauf an, ob der Leistungsträger dem jeweiligen Beteiligten willentlich und zielgerichtet vom Inhalt des Bescheides in Kenntnis setzen wollte.[632] Ist dies der Fall und lässt sich dem Aufhebungs- und Erstattungsbescheid offenkundig entnehmen, wer Inhaltsadressat dieses Bescheides sein soll, so tritt nachträglich die Bekanntgabe ein, wenn das betreffende Mitglied der Bedarfsgemeinschaft tatsächlich Kenntnis vom Inhalt des Bescheides erhält.[633]

---

628 Udsching/Link 2007: 515.
629 Udsching/Link 2007: 515.
630 Udsching/Link 2007: 515.
631 Link in Eicher/ Spellbrink: § 38 Rn. 17 SGB II.
632 Eingelmann in Wulffen von (2009), § 37 Rn.3 SGB X; Waschull in Diering/Timme/Waschull (2oo7): § 37 Rn.3 SGB X.
633 Udsching/Link 2007: 515.

5. Die Bedarfsgemeinschaft im Sozialverwaltungsverfahren

Für eine wirksame Bekanntgabe gegenüber minderjährigen Leistungsempfängern kann auf die obigen Ausführungen bezüglich der Bekanntgabe im Bewilligungsverfahren verwiesen werden.[634]

5.6.3   Anhörung im Aufhebungs- und Erstattungsverfahren

Anders als im Bewilligungsverfahren bedarf es, bevor die Aufhebungs- und Erstattungsbescheide ergehen dürfen, einer Anhörung. Diese Entscheidungen stellen nämlich offenkundig einen Eingriff in die Rechte der Beteiligten dar. Grundsätzlich muss daher jedes Mitglied, welches von der Aufhebungsentscheidung betroffen ist, persönlich angehört werden, soweit keine Ausnahme vom Anhörungserfordernis nach § 24 Abs. 2 SGB X vorliegt. Bei den bedürftigkeitsabhängigen Leistungen des SGB II könnte der § 24 Abs. 2 Nr. 5 SGB X diesbezüglich Bedeutung erlangen.

Sind nicht voll Geschäftsfähige am Aufhebungs- und Erstattungsverfahren beteiligt, so bedarf es einer Anhörung des gesetzlichen Vertreters.[635] Die Anhörung ist zwar keine höchstpersönliche Verfahrenshandlung[636], sodass grundsätzlich, wenn ein Bevollmächtigter i.S.v. § 13 SGB X vom Beteiligten bestellt worden wäre, der Vertreter angehört werden müsste. Jedoch greift im Aufhebungs- und Erstattungsverfahren die vermutete Bevollmächtigung durch § 38 SGB II nicht, da die Aufhebung eindeutig nicht mehr im Zusammenhang mit der Antragsstellung oder Leistungsentgegennahme steht.[637] Daher bedarf es immer einer Einzelfallprüfung, ob nicht im konkreten Fall eine tatsächliche Bevollmächtigung i.S.d. § 13 SGB X vorliegt. Andernfalls gilt das Gesagte; jeweils das individuell betroffene Mitglied der Bedarfsgemeinschaft muss angehört werden.

5.6.4   Bestimmtheit des Aufhebungs- und Erstattungsbescheides

Auch aus dem Aufhebungs- bzw. Erstattungsbescheid muss nach *§ 33 SGB X* klar hervorgehen, was die Behörde verfügt hat und was dem Empfänger des Verwaltungsaktes zugebilligt bzw. was ihm auferlegt wird.[638] Hier kann teilweise auf die obigen Ausführungen verwiesen werden.[639]

Dem Aufhebungs- und Erstattungsbescheid muss entnommen werden können, welche Mitglieder von ihm betroffen sind. Ist dies nicht der Fall, weil beispielsweise der Bescheid an den erwerbsfähigen Hilfebedürftigen lediglich einen Gesamtbetrag

---

634 siehe Teil 5.3.3.
635 OVG Nordrhein-Westfalen, U. v. 28.03.1990, Az.: 16 A 2103/88.
636 von Wulffen in Wulffen von (2009), § 13 Rn.3 SGB X; Krasney in Kasseler Kommentar (2010): § 13 Rn.4 SGB X.
637 Link, in Eicher/Spellbrink, § 38 Rn. 22 SGB II; Udsching/Link 2007: 515.
638 Engelmann in Wulffen von (2009): § 33 Rn.2 SGB X.
639 siehe Teil 5.4.

5. Die Bedarfsgemeinschaft im Sozialverwaltungsverfahren

aufweist, dann ist dieser Bescheid, soweit er die anderen Mitglieder der Bedarfsgemeinschaft betrifft, diesen nicht nur nicht bekannt gegeben worden, sondern ihnen gegenüber auch zu unbestimmt.[640]

Die mangelnde Bestimmtheit betrifft jedoch nur die Verwaltungsakte bezüglich der anderen Mitglieder der Bedarfsgemeinschaft; hingegen ist der Verfügungssatz gegenüber dem erwerbsfähigen Hilfeempfänger nicht zu unbestimmt.[641] Der Aufhebungs- und Erstattungsbescheid macht dem erwerbsfähigen Hilfebedürftigen ausdrücklich deutlich, was von ihm zurückverlangt wird; auf die materielle Rechtmäßigkeit des Rückforderungsanspruch kommt es für die Einhaltung des Bestimmtheitserfordernisses i.S.d. § 33 SGB X nicht an.

Ein rechtswidriger begünstigender Verwaltungsakt darf nach *§ 45 Abs. 1, 2 SGB X* nicht zurückgenommen werden, soweit der Betroffene auf den Bestand des Verwaltungsaktes vertraut hat und sein Vertrauen unter Abwägung mit dem öffentlichen Interesse an einer Rücknahme schutzwürdig ist. Das Vertrauen ist grundsätzlich schutzwürdig, wenn der Betroffene die erbrachten Leistungen verbraucht hat oder Dispositionen getroffen hat, die er nicht mehr oder nur unter unzumutbaren Nachteilen rückgängig machen kann; § 45 Abs. 2 S. 2 SGB X. Auf Vertrauen kann sich der Betroffene in den in § 45 Abs. 2 S. 3 Nr. 1 - 3 genannten Fällen nicht berufen.

Einen ähnlichen Vertrauensschutz gewährt § 48 Abs. 1 S. 2 SGB X dem Betroffenen, soweit es um die rückwirkende Aufhebung eines zunächst rechtmäßig ergangenen Dauerverwaltungsaktes geht, wenn nachträglich - sprich nach dem Ergehen des Verwaltungsaktes - eine wesentliche Veränderung in den rechtlichen oder tatsächlichen Verhältnissen eingetreten ist.

Beide Vorschriften enthalten Vertrauensausschlusstatbestände, die auf das Verhalten oder auf die Kenntnis des Begünstigten bzw. Betroffenen abstellen.[642]

An dieser Stelle muss der Frage nachgegangen werden, wie es sich auswirkt, dass es innerhalb einer Bedarfsgemeinschaft häufig zu Fällen kommt, in denen der durch den Bewilligungsbescheid Begünstigte selbst keinen unmittelbaren Kontakt zum Leistungsträger aufgenommen hat, sondern vielmehr durch einen Vertreter gehandelt hat, wobei die Vertretungsmacht entweder auf § 38 SGB X beruht oder kraft Rechtsgeschäft bzw. Gesetz besteht. Hier stellt sich die Frage, ob dem Vertretenen das Verhalten oder die Kenntnis des Vertreters zugerechnet werden kann, sodass das Vertrauen in bestimmten Fällen nicht schutzwürdig ist.

Für die Bevollmächtigung nach § 13 SGB X und die gesetzliche Vertretungsmacht wird dies von der h. M. angenommen.[643] In diesen Fällen soll eine Zurech-

---

640 Udsching/Link 2007: 516; Link in Eicher/Spellbrink: § 38 Rn. 23 SGB II.
641 SG Schleswig, Urt. v. 17.01.2007, Az.: S 5 375/06; Link in Eicher/Spellbrink, § 38 Rn. 23 SGB II; Hänlein in jurisPR-Soz 19/2006, Anm. 2; a. M. SG Dortmund, Beschluss v. 28.08.2006, S. 31 AS 340/06 ER.
642 § 45 Abs.2 S.3 Nr.1, 2 und 3; § 48 Abs. 1 S.2 Nr.2 und 4 SGB X.
643 BSGE 28, 258 (258ff.); 42, 184 (186); 57, 274 (279); Steinwedel in Kasseler Kommentar (2010) § 45 Rn.36 SGB X; Vogelgesang in Hauck/Noftz/Vogelgesang (2010), § 45 Rn.40 SGB II; Mrozynski SGb 1993:18; zu entsprechenden Vorschriften in der VwVfG: Sachs, in Stelkens/Bonk/Sachs, § 45 Rn. 156 SGB X.

5. Die Bedarfsgemeinschaft im Sozialverwaltungsverfahren

nung des Vertreterverhaltens unmittelbar über die Zurechnungsnormen des BGB erfolgen.[644] Dabei regelt § 166 Abs. 1 BGB die Wissenszurechnung und § 278 BGB die Verhaltenszurechnung.

Diese Zurechnung wird wohl hauptsächlich im Fall der Vertretung der minderjährigen Kinder durch den erwerbsfähigen hilfebedürftigen Elternteil in Betracht kommen. Begeht der erwerbsfähige Hilfebedürftige beispielsweise eine leistungsrelevante Täuschung im Zusammenhang mit der Antragsstellung, so findet nach h. M. eine Verhaltenszurechnung statt, so dass das minderjährige Kind sich nicht auf schutzwürdiges Vertrauen berufen kann. Der Bewilligungsbescheid kann gegenüber dem eigentlich gutgläubigen Kind aufgehoben werden. Nach § 40 Abs. 1 S. 2 Nr. 1 SGB II i.V.m. § 330 Abs. 2 und 3 SGB III steht die Aufhebung nicht einmal im Ermessen der Behörde. Das Kind ist damit Alleinschuldner des Erstattungsanspruchs bezüglich der ihm zu Unrecht erbrachten Leistungen. Dieselben Rechtsfolgen können alle anderen Mitglieder der Bedarfsgemeinschaft treffen, wenn sie den erwerbsfähigen Hilfebedürftigen tatsächlich bevollmächtigt haben oder eine Vollmacht kraft Rechtsscheins (Duldungs- und Anscheinsvollmacht) unterstellt wird.

Spannender ist hingegen die Frage, wie es mit einer Verhaltens- und Kenntniszurechnung im Falle der nur vermuteten Vertretung i.S.d. § 38 SGB II aussieht. Anders als in den zuvor dargestellten Konstellationen wird eine Bevollmächtigung hier lediglich vermutet. Diese Frage könnte vor allem für die Zurechnung des Partnerverhaltens und bei volljährigen Kindern, für die die gesetzliche Vertretungsmacht nach § 1629 BGB nicht mehr greift, bedeutsam sein. Die Zurechnung im Zusammenhang mit der Vorschrift des § 38 SGB II ist strittig.[645] Die Entscheidung, ob eine Zurechnung des Vertreterverhaltens in Betracht kommt, hängt davon ab, ob auch in diesem Fall die §§ 166 Abs.1, 2 und § 278 BGB Anwendung finden. Die Gegner einer Zurechnung des Vertreterverhaltens führen diesbezüglich ins Feld, dass eine Zurechnung schon dem Wortlaut des § 38 S. 1 SGB II widerspreche und ohnehin nicht dem Sinn und Zweck der Regelung entspreche.[646] Die Vermutung beschränke sich nach dem ausdrücklichen Wortlaut lediglich auf die Antragsstellung und die Entgegennahme der Leistungen; eine weitergehende Wirkung sei hingegen in dieser Vorschrift nicht normiert.[647] Vom Sinn und Zeck diene die Vorschrift vielmehr alleinig der Verwaltungspraktikabilität und Verwaltungsökonomie.[648]

Das beabsichtigte Ergebnis dieser Ansicht ist zwar durchaus wünschenswert, jedoch kann die Argumentation der wohl herrschenden Ansicht kaum überzeugen. Zunächst einmal widerspricht eine Zurechnung des Vertreterverhaltens nicht dem Wortlaut der Vorschrift. Dieser beschränkt sich zwar lediglich auf die Vermutung

---

644 Udsching/Link 2007: 517.
645 gegen eine Zurechnung: Link in Eicher/Spellbrink (2008): § 38 Rn. 19 SGB II; Eicher in Eicher/Spellbrink: § 40 Rn. 40 SGB II; Schoch in Münder (2009): § 38 Rn. 17 SGB II; Udsching/Link 2007: 517; für eine Zurechnung: Link, in Eicher/Spellbrink: § 38 Rn. 19; Müller in Hauck/Nofts/Voelzke (2010): § 38 Rn.7 SGB II
646 Udsching/Link 2007: 517; Link in Eicher/Spellbrink (2008): § 38 Rn. 19 SGB II.
647 Udsching/Link, SGb 2007, S. 513 (517); Link, in Eicher/Spellbrink, § 38 Rn. 19 (2. Auflage).
648 Udsching/Link, SGb 2007, S. 513 (517); Link, in Eicher/Spellbrink, § 38 Rn. 19 (2. Auflage).

197

5. Die Bedarfsgemeinschaft im Sozialverwaltungsverfahren

einer Bevollmächtigung bezüglich der Antragsstellung und Entgegennahme von Leistungen; jedoch widerspricht dies nicht einer Zurechnung des Vertreterverhaltens. Die Angaben, die der Vertreter im Antrag bzw. mündlich gegenüber dem Sachbearbeiter macht, stehen zumindest im unmittelbaren Zusammenhang mit der Antragsstellung. Eigentlich handelt es sich sogar gerade um die Antragsstellung i.S.v. § 38 SGB II. Das Verhalten, das zugerechnet werden soll, wird demnach also offenkundig vom Wortlaut der Vorschrift erfasst. Andernfalls müsste man sich wohl fragen, welche Handlungen überhaupt von § 38 SGB II erfasst sind. Sind die Angaben des Vertreters bei der Antragsstellung wahrheitsgemäß, wird wohl keiner der Gegner einer Zurechnung des Vertreterverhaltens der Ansicht sein, dass dieses Verhalten nicht von § 38 SGB II erfasst wird. Wieso sollten aber beispielsweise unwahre oder unvollständige Angaben nicht von § 38 SGB II gedeckt sein? Versteht man hingegen das Wortlautargument der h. M. so, dass der Wortlaut keinerlei Anhaltspunkte für eine Zurechnung des Vertreterverhaltens gibt, so muss diesem Argument entgegengehalten werden, dass solche Anhaltspunkte im Wortlaut auch nicht erforderlich sind. Die Zurechnung des Vertreterverhaltens ergibt sich vielmehr aus §§ 166 und 278 BGB und nicht aus § 38 SGB II. § 1629, der die gesetzliche Vertretungsmacht der Eltern gegenüber ihrem minderjährigen Kind normiert, enthält ebenfalls keinerlei Anhaltspunkte dafür, dass das Verhalten der Eltern dem Kind zuzurechnen ist, dies ergibt sich ebenfalls nur aus der Tatsache, dass eine Vertretungsmacht durch diese Vorschrift statuiert wird, sodass dadurch die §§ 166 und 278 BGB anwendbar sind. Dies gilt ebenfalls für eine Bevollmächtigung nach § 13 Abs. 1 SGB X. In diesen Fällen wird von der h. M. auch nicht an einer Zurechnung über §§ 166 und 278 BGB gezweifelt.

Das weitere Argument, dass der § 38 SGB II alleinig der Verwaltungspraktikabilität und Verwaltungsökonomie diene, kann ebenfalls nicht überzeugen. Widerspricht eine Verhaltens- und Kenntniszurechnung diesem vom Gesetzgeber ausdrücklich formulierten Zweck? Dies kann nicht angenommen werden. Eine Zurechnung des Vertreterverhaltens ist vielmehr praktikabler und ökonomischer, da sie dem Sachbearbeiter erspart zu prüfen, ob in der Person des Vertretenen ebenfalls die subjektiven Merkmale der Aufhebungstatbestände vorliegen. Eine solche Prüfung wäre so gut wie unmöglich und damit gerade das Gegenteil von praktikabel und ökonomisch.

Wie bereits oben ausgeführt, führt § 38 SGB II dazu, dass eine partielle Bevollmächtigung des erwerbsfähigen Hilfebedürftigen für die weiteren Mitglieder der Bedarfsgemeinschaft vermutet wird. Rechtsfolge einer Vermutung ist, dass solange der Betroffene das Gegenteilige des Vermuteten nicht beweisen kann, diese Vermutung gilt. Demnach muss solange von einer Bevollmächtigung ausgegangen werden, bis das Gegenteil vom Beweispflichtigen bewiesen ist.

Nimmt man die durch § 38 SGB II geschaffene Vermutung ernst, dann besteht nun mal eine Bevollmächtigung i.S.d. § 13 SGB X - auch wenn diese mit ex tunc Wirkung widerlegt werden kann. Soweit dies dem Betroffenen nicht gelingt, muss die vermutete Vollmacht dieselben Rechtsfolgen herbeiführen wie eine tatsächlich

5. Die Bedarfsgemeinschaft im Sozialverwaltungsverfahren

erteilte Vollmacht i.S.d. § 13 Abs. 1 S. 2 SGB X; denn diese wird ja gerade vermutet. Dabei ist von einer Vollmacht auszugehen, die sich nur auf die Antragsstellung und Leistungsentgegennahme erstreckt. Zwingende Wirkung einer Bevollmächtigung, auch wenn diese nur vermutet wird, ist die Anwendung der sie betreffenden Vorschriften. Dazu gehören unter anderem die §§ 166 Abs. 1 und 278 BGB; dies wird von der h. M. bei einer nicht nur vermuteten Bevollmächtigung auch nicht bestritten.[649] Wenn der Gesetzgeber anderes gewollt hätte, dann wäre es erforderlich gewesen, eine diesbezügliche Beschränkung der Wirkung der durch § 38 SGB II bewirkten Bevollmächtigung aufzunehmen. Der in der Gesetzesbegründung genannte Sinn und Zweck der Vorschrift, dass die Vorschrift der Verwaltungspraktikabilität und Verwaltungsökonomie dienen soll, deutet aus den oben genannten Gründen in keiner Weise auf einen solchen Einschränkungswillen hin.

Diejenigen Autoren, die eine Zurechnung innerhalb des § 38 SGB II ablehnen, bleiben bei der Rechtsanwendung auf halber Strecke stehen und missachten eindeutig, auch wenn das Ergebnis der h. M. durchaus nicht unbillig erscheint, den Willen des Gesetzgebers.

Damit ist auch im Falle einer nur vermuteten Vertretung auf Grund des § 38 SGB II von einer Verhaltens- und Kenntniszurechnung des Vertreters auszugehen. Diese beruht ebenfalls auf einer unmittelbaren Anwendung der zivilrechtlichen Zurechnungsnormen, §§ 166 Abs. 1, 278 BGB.

Der Vertretene behält jedoch die Möglichkeit, die Vermutung des § 38 SGB II zu widerlegen. Gelingt ihm dies, sind ihm das Verhalten und die Kenntnis des Vertreters mangels Vertretungsmacht nicht zuzurechnen.

Auch im praktischen Bereich ist die Vertretung der Bedarfsgemeinschaft in der jüngeren Vergangenheit in den Fokus gerückt worden. So erarbeitete eine Länder-Arbeitsgruppe von Richtern zum Thema „Maßnahmen zur Verminderung der Belastung und zur Effizienzsteigerung der Sozialgerichte"Empfehlungen zur Optimierung[650]. Die Richter kamen hierbei zu dem Schluss, dass die derzeitige Vertretung der Bedarfsgemeinschaft in der Praxis zu zunehmenden Problemen führe, zumal die ordnungsgemäße Vertretung stets zunächst geprüft werden müsse. Die Richter sprechen sich grundsätzlich für die Notwendigkeit einer Vertretungsvermutung aus, da dies die Praxis vereinfache. Da bei einer Wiedereinführung des § 73 Absatz 2 Satz 2 SGG a.F. die Vollmacht unterstellt werden „könne", hätte das Gericht die Möglichkeit, bei Missbrauchsverdacht auf der Vorlage einer Vollmacht zu bestehen. Die in § 73 Absatz 2 Satz 2 SGG a.F. postulierte Vermutung der Vertretungsberechtigung von Verwandten in gerader Linie sei widerlegt, wenn der vertretene Familienangehörige oder Lebenspartner oder der ebenfalls sorgeberechtigte andere Elternteil der

---

649 BSGE 28, 258 (258ff.); 42, 184 (186); 57, 274 (279); Udsching/Link 2007: 517; Steinwedel in Kasseler Kommentar (2010): § 45 Rn.36 SGB X; Vogelgesang in Hauck/Noftz/Vogelgesang (2010): § 45 Rn.40 SGB X; Mrozynski 1993: 18; zu entsprechenden Vorschriften in der VwVfG: Sachs in Stelkens/Bonk/Sachs (2001): § 45 Rn.156 SGB X.
650 „Maßnahmen zur Verminderung der Belastung und zur Effizienzsteigerung der Sozialgerichte" vom 19. Oktober 2009, siehe auch Fn. 266.

5. Die Bedarfsgemeinschaft im Sozialverwaltungsverfahren

Bevollmächtigung, gegebenenfalls konkludent, zum Beispiel durch Klageerhebung ausdrücklich widerspräche oder die Vollmacht widerrufen würde[651].

5.7 Inanspruchnahme des bösgläubig handelnden Vertreters

Es stellt sich die Frage, ob es nicht eine Möglichkeit gibt, die zu Unrecht an den Vertretenen erbrachten Leistungen auch vom bösgläubig handelnden Vertreter erstattet zu bekommen.

Hierfür könnte § 34 Abs.1 S. 1 Nr. 2 SGB II die passende Ermächtigungsgrundlage bieten. Nach dieser Vorschrift heißt es, dass wer nach Vollendung des 18. Lebensjahres vorsätzlich oder grob fahrlässig die Zahlung von Leistungen zur Sicherung des Lebensunterhaltes an sich oder an Personen, die mit ihm in einer Bedarfsgemeinschaft leben, ohne wichtigen Grund herbeigeführt hat, zum Ersatz der deswegen gezahlten Leistungen verpflichtet ist.

§ 34 SGB II entspricht im Wesentlichen dem früheren § 92a BSHG und den jetzigen §§ 103, 104 SGB XII. Während jedoch der § 104 SGB XII vom Wortlaut her ausdrücklich auch den Fall erfasst, dass die Leistungen zu Unrecht erbracht worden sind, ist dies für § 34 Abs. 1 S. 1 Nr. 2 SGB II umstritten.[652] Derzeit geht die Verwaltungspraxis davon aus, dass § 34 Abs.1 SGB II für zu Unrecht erbrachte Leistungen keine Anwendung findet. In den Durchführungshinweisen der BA zu § 34 heißt es in Ziffer 34.2.: „§ 34 findet keine Anwendung, soweit Leistungen der Grundsicherung für Arbeitsuchende zu Unrecht erbracht worden sind; hierüber ist nach den Vorschriften über die Aufhebung von Verwaltungsakten zu entscheiden (§ 40 SGB II i. V. m. §§ 44 ff. SGB X)."[653] Dieser wichtige Hinweis wird jedoch in keiner Weise begründet. Auch die Gesetzesbegründung hilft an dieser Stelle nicht weiter, da sich die Ausführungen des Gesetzgebers ersichtlich nur auf § 34 Abs.1 S.1 Nr.1 SGB II beziehen.[654]

Die Vertreter der Ansicht, dass Nr. 2 auch den Fall der unrechtmäßigen Leistungserbringung erfasst (wohl h. M.), berufen sich darauf, dass andernfalls der Anwendungsbereich des Nr. 2 sehr eingeschränkt wäre.[655] Die rechtmäßige Leistungserbringung sei bereits vollumfänglich von § 34 Abs. 1 S. 1 Nr. 1 abgedeckt, so dass in Nr. 2 nur rechtswidrige Leistungserbringung gemeint sein könne.[656] Diesem Argument ist vollumfänglich zuzustimmen. Andernfalls müsste man sich wohl die Frage entgegenhalten lassen, weshalb der Gesetzgeber mit dem § 34 SGB II soweit

---

651 Siehe auf S. 32 f. der richterlichen Empfehlungen vom 19. Oktober 2009.
652 Anwendbarkeit auch bei zu Unrecht erbrachten Leistungen: Gerlach 2007: 129; Link in Eicher/ Spellbrink: § 38 Rn. 19 SGB II; Udsching/ Link 2007: 517; a.A: Schwabe 2007: ohne jegliche Begründung.
653 http://www.arbeitsagentur.de/nn_166486/Navigation/zentral/Veroeffentlichungen/Weisungen/Arbeitslosengeld-II/Arbeitslosengeld-II-Nav.html.
654 Siehe hierzu: Gerlach 2007: 129.
655 Gerlach 2007: 129.
656 Gerlach 2007: 129.

5. Die Bedarfsgemeinschaft im Sozialverwaltungsverfahren

hinter dem § 92a BSHG bzw. den §§ 103, 104 SGB XII zurückbleiben wollte. Auf diese Frage findet sich keine Antwort. Auch der Wortlaut des § 34 Abs. 1 S. 1 Nr. 2 SGB II spricht für die Einbeziehung des Falles der unrechtmäßigen Leitungserbringung; ein Grund weshalb die Vorschrift teleologisch reduziert werden sollte, ist nicht ersichtlich.

Demnach kann auch vom Vertreter des zu Unrecht im Leistungsbezug stehenden Mitglieds der Bedarfsgemeinschaft Leistungserstattung nach § 34 Abs. 1 S.1 Nr. 2 SGB II verlangt werden. Wird von beiden Mitgliedern der Bedarfsgemeinschaft Erstattung verlangt, so haften sie als Gesamtschuldner.[657] Jedoch ist die Aufhebung des Bewilligungsbescheides gegenüber dem Vertretenen keine Voraussetzung für die Geltendmachung des Erstattungsanspruchs nach § 34 SGB II gegenüber dem Vertreter.[658]

5.8 Fazit zu den Folgen des Bedarfsgemeinschaft im Verfahrensrecht

Die Schaffung der Bedarfsgemeinschaft bringt nicht nur in materiell-rechtlicher Hinsicht erhebliche Probleme mit sich. Sie hat, wie gezeigt, auch erhebliche Auswirkungen auf das Verwaltungsverfahren. Gerade die Einbeziehung der Nichthilfebedürftigen in die Bedarfsgemeinschaft durch § 9 Abs. 2 S. 3 SGB II trägt zu erheblichen Schwierigkeiten bei. § 38 SGB II sollte diese Schwierigkeiten ausgleichen. Insgesamt ist der Anwendungsbereich dieser Vorschrift jedoch zur Recht begrenzt. Diese Begrenzung schafft jedoch selbst wieder Verwirrung. Gerade im Aufhebungsverfahren stellen sich viele noch ungeklärte Fragen: Schon bei der Bekanntgabe treten erhebliche Probleme auf. Diese treten erst recht zutage, wenn bereits der Bewilligungsbescheid in materiell- rechtlicher Hinsicht, z. B. weil die Einkommensanrechnung fehlerhaft durchgeführt worden ist, rechtswidrig war. Welche Leistungen dürfen dann von welchem Mitglied der Bedarfsgemeinschaft zurückgefordert werden, wie sieht es mit der Zurechnung hinsichtlich der Kenntnis und Verschuldens aus und kann das zu unrecht Geleistete auch von dem bösgläubigen Vertreter zurückgefordert werden?

Eine Individualisierung der Leistungen nach dem SGB II vermag zwar nicht sämtliche genannten Probleme, die im Zusammenhang mit dem Verwaltungsverfahren auftreten, zu lösen; jedoch würde bereits der Wegfall der sog. Horizontalberechnungsmethode erhebliche Vereinfachungen mit sich bringen. § 9 Abs. 2 S.3 i.V.m. § 38 SGB II kann nach derzeitiger Rechtslage sogar dazu führen, dass eine Person ohne ihre Mitwirkung zum SGB-II-Empfänger werden kann. § 38 SGB II schafft die hierfür notwendige Vertretungsmacht hinsichtlich der Antragsstellung und der Bekanntgabe des Bewilligungsbescheides zugunsten des erwerbsfähigen Hilfebedürftigen.

---

657 Link in Eicher/Spellbrink: § 34 Rn. 11 SGB II.
658 Gerlach 2007: 130; Link in Eicher/Spellbrink: § 38 Rn. 19 SGB II.

6. Institutionalisierung von Gleichstellungspolitik

Zentrales Ziel des Forschungsprojekts ist, die Rechtsgrundlagen als auch die Praxis der Leistungsgewährung hinsichtlich des Ziels zu untersuchen, die Gleichstellung von Männern und Frauen als durchgängiges Prinzip zu verfolgen, also dem Prinzip des Gender Mainstreaming Rechnung zu tragen. An die Grundsicherungsträger sind außerdem die Anforderungen gerichtet, geschlechtsspezifischen Nachteilen entgegenzuwirken und familienspezifische Familienverhältnisse zu berücksichtigen. Um hierzu eine realistische Einschätzung bekommen zu können, hat es sich als erforderlich gezeigt, auch den Blick darauf zu richten, welchen Stand die institutionelle Gleichstellungspolitik bei den Grundsicherungsträgern derzeit hat.

6.1 Rechtswissenschaftliche Analyse

Im Vergleich zum Rechtszustand vor In-Kraft-Treten des SGB II ist für Langzeitarbeitslose mit der Grundsicherung für hilfebedürftige Arbeitssuchende auf der gesetzlichen Ebene eine Verschlechterung erfolgt. Dies geschah, indem das SGB II anders als das SGB III nicht anordnet hat, eine hauptamtliche Chancengleichheitsbeauftragte zu bestellen. Im Gesetzgebungsverfahren zum SGB II ist nicht erkennbar, dass diese Einschränkung der institutionellen Gleichstellungsarbeit am Arbeitsmarkt überhaupt problematisiert worden ist.

6.1.1 Grundlagen der institutionellen Gleichstellungs- und Frauenpolitik

Die institutionalisierte Frauenpolitik hat wie das Gender Mainstreaming ihre Grundlage im Völkerrecht, bei CEDAW.[659] Entscheidender Impuls für das Gender Mainstreaming war die Weltfrauenkonferenz 1995 in Peking. Der Startpunkt der institutionellen Gleichstellungs- und Frauenpolitik war zuvor nach der ersten Hälfte der Frauendekade die Weltfrauenkonferenz am 30.07.1980 in Kopenhagen gewesen. Dort wurde für die zweite Hälfte der Frauendekade ein Aktionsprogramm angenommen. Als eine nationale Strategie zur beschleunigten Verwirklichung der vollen Beteiligung der Frau an der wirtschaftlichen und sozialen Entwicklung wurde in Ziffer 52 des Aktionsprogramms die Institutionalisierung der Frauenpolitik empfohlen.[660] Das Aktionsprogramm wurde von der Generalversammlung im selben Jahr

---

659 Dazu Teil 1.5.1.2.
660 „Soweit sie noch nicht vorhanden sind, sollten nach Bedarf nationale Einrichtungen, vorzugsweise auf höchster Regierungsebene, geschaffen werden. Darunter fällt nicht nur die Gründung zentraler Institutionen auf nationaler Ebene, sondern außerdem nach Bedarf die

6. Institutionalisierung von Gleichstellungspolitik

gebilligt. Die Ergebnisse wurden 1985 auf der Weltkonferenz in Nairobi überprüft und bewertet.

Die institutionelle Frauenpolitik in Deutschland ist heute vernetzt. Auf der Ebene der Bundesländer ist es die *Konferenz der Gleichstellungs- und Frauenministerinnen und -minister, Senatorinnen und Senatoren der Länder (GFMK)*. Dies ist das frauenpolitische Gremium auf Ebene der Bundesländer. Die GFMK begleitet u. a. das Gesetzgebungsverfahren des Bundes und legt Grundlinien für eine gemeinsame Gleichstellungs- und Frauenpolitik fest. 2009 hatte Nordrhein-Westfalen die Geschäftsführung der GFMK und damit nach 1993 das zweite Mal. Die zweite Netzwerkstruktur hat sich ausgehend von den kommunalen Frauenbeauftragten entwickelt. Dies sind in allen Bundesländern die *Landesarbeitsgemeinschaften der kommunalen Frauenbeauftragten*, meist der Zusammenschluss der hauptamtlich tätigen kommunalen Frauenbeauftragten der Städte und Landkreise. Sie haben teils eine gesetzliche Grundlage. Das professionelle Netzwerk der institutionalisierten Gleichstellungspolitik und Frauenbewegung ist die *Bundesarbeitsgemeinschaft der kommunalen Frauenbüros und Gleichstellungsstellen*. Hier sind heute ca. 1900 kommunale Frauen- und Gleichstellungsbeauftragte in Deutschland vertreten.

6.1.2   Grundlagen in der Arbeitsmarktpolitik

Für die Arbeitsmarktpolitik hat sich unabhängig vom Anstoß der 3. Weltfrauenkonferenz schon viel früher eine spezifische Art der Institutionalisierung entwickelt, die besondere Frauenbelange berücksichtigen sollte. Der Runderlass 357/70 war Grundlage der „Arbeitshilfe Frauen", die seit 1970 für die Arbeitsvermittlung und die Berufsberatung vorsah, dass in jedem Arbeitsamt eine geeignete Führungs- oder Fachkraft - nach Möglichkeit eine Frau - mit der Federführung in der Behandlung von Frauenfragen für den Arbeitsamtsbezirk zu beauftragen war. Für diese Aufgabe war sie dem Abteilungsleiter unmittelbar zu unterstellen. Zur Vermittlung von Frauen wurde festgehalten, dass es keine gesonderte Beratung und Vermittlung von diesen

> Schaffung eines umfassenden Systems von Untergliederungen in Form von Kommissionen, Büros und Ämtern auf verschiedenen Ebenen einschließlich der örtlichen Verwaltungsebene, da diese besser in der Lage sind, bestimmte lokale Situationen zu bewältigen, sowie Arbeitseinheiten in den zuständigen Verwaltungszweigen, um die wirksame Durchführung von Aktionsprogrammen zur Gewährleistung der Gleichstellung von Mann und Frau sicherzustellen, mit dem Ziel die Leistungsfähigkeit und die Rolle dieser Einrichtungen im Rahmen der nationalen Entwicklungsplanung zu verstärken; für eine zentralere Stellung innerhalb der bestehenden institutionellen Regelungen zur Ausarbeitung, Planung und strikten Einhaltung der Politik und der Programme sowie zur Überwachung ihrer Durchführung und Auswertung zu sorgen; integrierte Konzepte für die Probleme der Frauen innerhalb der einzelnen Entwicklungssektoren festzulegen und gleichzeitig wirksame Methoden, Grundsatzregelungen und Mechanismen für positive Aktionen zur Gewährleistung eines integrierten Lösungsansatzes auszuarbeiten, soweit dies angezeigt ist; die volle Beteiligung der Frau an Maßnahmen der Regierung oder sonstiger Stellen sicherzustellen"; abgedruckt in Bertelsmann et al (1993), F II 1.6, S. 19.

6. Institutionalisierung von Gleichstellungspolitik

gebe. Auf Verlangen einer Frau wäre aber eine weibliche Rat- und Arbeitssuchende, die nicht von einem Mann beraten werden wolle, von einer Frau zu beraten.

Die Bundesanstalt für Arbeit hat sich nach der Neufassung von § 2 Nr. 5 AFG im Rahmen der 7. AFG-Novelle in dem Runderlass 103/88 auch offiziell für einen Informationsaustausch auf Landesarbeitsamtsebene ausgesprochen, an dem Fach- und Führungskräfte und Frauenbeauftragte, insbesondere der Kommunen und Länder, teilnehmen sollten. Mit der 7. AFG-Novelle war erstmals hervorgehoben worden, dass sich die Maßnahmen der Bundesanstalt für Arbeit insbesondere dazu beizutragen haben, dass der geschlechtsspezifische Ausbildungsstellen- und Arbeitsmarkt überwunden wird, Frauen, deren Unterbringung unter den üblichen Bedingungen des Arbeitsmarktes erschwert ist, sollten beruflich eingegliedert und gefördert werden. Der Runderlass 103/88 v. 3. August 1988 hob den Runderlass 357/70 auf. Der Erlass wies auf die besondere Bedeutung der Mitwirkungspflicht der Bundesanstalt für Arbeit bei der Verwirklichung der Gleichbehandlung von Männern und Frauen im Arbeitsleben hin und stellte fest, dass sich die bisherige Organisationsstruktur sich bewährt habe. Also gab es in jedem Arbeitsamt eine geeignete Führungs- oder Fachkraft der Abteilung Arbeitsvermittlung und Arbeitsberatung, die nach Möglichkeit eine Frau sein sollte, die mit der Wahrnehmung von Frauenbelangen beauftragt werden und dem Leiter der Abteilung unmittelbar unterstellt werden sollte. Die Beauftragung würde keine unmittelbare fachliche Weisungsbefugnis begründen.

Seit der Einordnung des Arbeitsförderungsgesetzes in das SGB und damit seit 1998[661] gibt es bei den Arbeitsämtern, den Landesarbeitsämtern und bei der Hauptstelle hauptamtliche Beauftragte für Frauenbelange. Sie waren mit zwei Ämtern beauftragt: Zum einen hatten sie, wie andere betriebliche Gleichstellungsbeauftragte, sich nach innen um die Belange der Beschäftigten zu kümmern. Zum anderen hatten sie nach außen hin den Arbeitsmarkt zu beobachten.

Mit dem JOB-AQTIV-Gesetz sind aus dem Beauftragten für Frauenbelange hauptamtliche Beauftragte für Chancengleichheit am Arbeitsmarkt geworden,[662] die ohne inhaltliche Änderung seit dem Dritten Hartz- Gesetz bei den Agenturen für Arbeit, bei den Regionaldirektionen und bei der Zentrale zu bestellen sind[663]. Die Beauftragten für Chancengleichheit haben nur die nach außen gerichtete Tätigkeit wahrzunehmen. Der Aufgabenkatalog ist so gestaltet, dass dem Anliegen des Gender- Mainstreaming Rechnung getragen werden kann.

Bis zum Harz-Vier-Gesetz waren Beauftragte für Chancengleichheit am Arbeitsmarkt auch für die Arbeitslosenhilfe zuständig. Seit der Zusammenlegung der Sozialhilfe und der Arbeitslosenhilfe im SGB II ist ein entsprechendes Amt für die Grundsicherung Arbeitsuchender nicht mehr vorgesehen worden. Es ist aber auch

---

661 § 397 SGB III i.d.F. Arbeitsförderungs-Reformgesetz vom 24.3.1997 (BGBl. I S. 594) mit Gesetzesbegründung in BT Drs. 13/4941, S. 220f.
662 § 397 SGB III i.d.F des Gesetzes vom 30.11.2001 (BGBl. I S. 3443) mit Gesetzesbegründung in BT Drs. 14/6944.
663 § 385 SGB III i.d.F seit dem Gesetz 31.12.2003 (BGBl. I S. 2848).

6. Institutionalisierung von Gleichstellungspolitik

nicht ausgeschlossen, dass bei Grundsicherungsträgern eine entsprechende Stelle einzurichten und ist vereinzelt auch erfolgt.[664]

6.1.3   Gleichstellungsbeauftragte auch im SGB II

Eine institutionelle Begleitung zur Umsetzung des Gleichstellungsziels könnte fachlich geboten sein. So wird die Benennung eines „special equal opportunities officer" im Handbuch der Kommission (Auszug bei 10.2 abgedruckt) als effektive Methode bewertet. Die Bundeskonferenz der Bundesarbeitsgemeinschaft der kommunalen Frauenbüros und Gleichstellungsstellen hat sich bei ihrer Bundeskonferenz auch für die Einsetzung einer Gleichstellungsbeauftragten bei den Grundsicherungsträgern ausgesprochen. Mit der Neuordnung der Jobcenter ist die Einführung einer Chancengleichheitsbeauftragten vorgesehen[665]
Rechtlich ist aus Sicht des CEDAW- Übereinkommens zu bedenken, dass die institutionelle Frauenpolitik wie das Gender Mainstreaming ihren Ursprung im UN-Frauenrechtsübereinkommen hat. 2004 äußerte sich der CEDAW-Ausschuss „anerkennend über das umfassende Netzwerk von Einrichtungen und Systemen für die Gleichstellung der Geschlechter auf allen Ebenen von Regierungen und über die Vielzahl der politischen Maßnahmen und Programme zu vielen Bereichen des Übereinkommens." In Ziffer 14 wird als weiteren positiven Aspekt auf den integrierten Ansatz für das Gender-Mainstreaming und die kürzliche Einrichtung des Gender-KompetenzZentrums hingewiesen. 2009 wird Gender- Mainstreaming nur noch in Ziffer 10 zur Entwicklungshilfepolitik positiv hervorgehoben. Die institutionelle Seite der Frauenpolitik wird in diesen Bemerkungen nicht erwähnt. Hierzu war im 6. Staatenbericht auch nur der Hinweis auf nationale und internationale Kooperationen zu finden, die u. a. finanziell unterstützt wurden.[666] Konzeptionell ist die institutionelle Gleichstellungspolitik damit nicht präsent. Sie ist in der Arbeitsmarktpolitik für die Langzeitarbeitslosen und Personen, die mit ihnen in einer Bedarfsgemeinschaft leben, als gesetzliche Pflichtaufgabe entfallen.

6.2 Sozialwissenschaftliche Befunde

Die Umsetzung der gleichstellungspolitischen Ziele durch die Grundsicherungsstellen kann nicht losgelöst von den dafür geschaffenen institutionellen Bedingungen bei den Trägern gesehen werden. Die organisationsinterne Relevanz der Gleichstellungsziele und die Art und Weise ihrer Verankerung und Umsetzung bildet einen wesentlichen Hintergrund für die Beantwortung der Kernfragestellung des For-

---

664   Siehe 6.2.2.3.
665   BT Drs. 17/5801, S. 7.
666   BT Drs. 16/5801, S. 7.

schungsauftrages, die Untersuchung der Wirkungen des SGB II auf bestimmte Schlüsselgruppen von Frauen. Dazu wird in diesem Abschnitt dargestellt, ob und inwiefern die gleichstellungspolitischen Ziele innerhalb der Grundsicherungsstellen verankert sind. Dabei wird im Sinne eines umfassenden Gleichstellungsverständnisses auf personelle, konzeptionelle und organisatorische Umsetzungen und Strategien bei den Grundsicherungsstellen fokussiert.

6.2.1 Datengrundlage

Die Deskription des Institutionalisierungsstandes geschieht zum einen an Hand von Sekundäranalysen gesetzlich veranlasster Evaluationen. Hierfür werden zwei Quellen herangezogen.

Die erste Quelle ist eine flächendeckende Email- Befragung der *Geschäftsleitungen* der Grundsicherungsstellen zur organisatorischen Umsetzung des SGB II, die das Institut für Angewandte Wirtschaftsforschung (IAW) in drei Wellen (2006, 2007, 2007/2008) durchgeführt hat.[667] Auf Anregung der vom Bundesministerium für Arbeit und Soziales (BMAS) nach § 55 SGB II beauftragten SGB II- Gender-Evaluation wurden zusätzlich spezifische Fragen zu gleichstellungspolitisch relevanten Themen aufgenommen.[668] Um größtmögliche Aktualität der Daten zu gewährleisten, bildet die Grundlage der in diesem Bericht referierten Ergebnisse die dritte Befragungswelle, die zwischen Oktober 2007 und März 2008 durchgeführt wurde und den Institutionalisierungsstand in 2007 (bis 31. Oktober 2007) abbildet. Mit einer Rücklaufquote der Fragebögen aus 95 % aller Grundsicherungsstellen (421 von 442) sind die Daten repräsentativ für alle Grundsicherungsstellen.

Die zweite Quelle ist eine Online-Befragung von für *Gleichstellung zuständigen Personen*, die von der Gender-Evaluation, ergänzend und vertiefend zur IAW-Befragung, zwischen Mai und August 2007 durchgeführt wurde.[669] Befragt wurden ausschließlich jene Personen, die in der zweiten Welle der IAW-Befragung als für Gleichstellung zuständig benannt worden waren und sich im Zuge der Online-Befragung als tatsächlich zuständig und auskunftsfähig erwiesen. Bezogen auf jene Grundsicherungsstellen, die eine für Gleichstellung zuständige Person haben, sind die Ergebnisse repräsentativ (Rücklauf n=116, Rücklaufquote 73 %), bezogen auf die Gesamtheit der Grundsicherungsstellen jedoch nicht, da mit der Befragung nur ein Viertel (26 %) aller Grundsicherungsstellen erreicht wurde.

---

667 Institut für Angewandte Wirtschaftsforschung (IAW) / Zentrum für Europäische Wirtschaftsforschung (ZEW) 2008. Die Befragung der Grundsicherungsstellen durch das IAW ist Teil der Evaluation zur Experimentierklausel nach § 6c SGB II.
668 IAQ/ FIA/ GendA 2009: 24. Die Gender-Evaluation führte zudem 10 qualitative Fallstudien bei Grundsicherungsstellen durch, um die quantitativen Ergebnisse zu plausibilisieren (IAQ/ FIA/ GendA 2009: 29). Auf diese wird hier nicht im Einzelnen eingegangen, sie bestätigen jedoch in illustrativer Weise die zuvor gewonnenen Ergebnisse (IAQ/ FIA/ GendA 2009: 89ff).
669 IAQ/ FIA/ GendA 2007

6. Institutionalisierung von Gleichstellungspolitik

Zur Deskription des Institutionalisierungsstandes und insbesondere seiner Auswirkungen auf die Praxis werden zum anderen Erfahrungen zweier für die Gleichstellung im SGB II zuständigen Personen skizziert; Grundlage sind ihre Vorträge auf der zweiten Fachtagung des Forschungsprojektes im September 2008.[670]

6.2.2   Ergebnisse aus den SGB II- Evaluationsstudien

6.2.2.1   Ergebnisse der Befragung der Grundsicherungsstellen durch das IAW

Die Situation hinsichtlich der personellen Verankerung stellte sich in 2007 als sehr uneinheitlich dar. In fast zwei Drittel (63 %) der Grundsicherungsstellen existierten eine oder mehrere für Gleichstellung zuständige Person/en, die in sehr unterschiedlicher Form institutionalisiert war/en:[671] Mehrheitlich bestanden informelle Kooperationen mit der/ dem Beauftragten für Chancengleichheit am Arbeitsmarkt (BCA) der örtlichen Arbeitsagentur (31 %) oder das Thema wurde informell innerhalb der Grundsicherungsstelle betreut (21 %); seltener war die Geschäftsführung der Grundsicherungsstelle (17 %) oder die kommunale Gleichstellungs-/ Frauenbeauftragte (11 %) zuständig (Mehrfachantworten möglich). Nicht einmal in jeder zwanzigsten Grundsicherungsstelle (4 %) gab es eine/n BCA speziell für diese Grundsicherungsstelle. Auch wenn der Anteil der Grundsicherungsstellen, in denen es in 2007 *keine* für Gleichstellung zuständige Person gab, im Vergleich zu 2006 gesunken ist (in ARGEn: von 63 auf 44 %, in zugelassenen kommunalen Trägern: von 33 auf 14 %[672]), so war dies insgesamt doch noch immer in gut einem Drittel (37 %) der Grundsicherungsstellen der Fall.

Die personelle Verankerung ist jedoch noch kein Garant für die tatsächliche Einbindung der zuständigen Person bei der Entwicklung arbeitsmarktpolitischer Strategien. Zwar hat sich der Anteil der Grundsicherungsstellen, in denen die für Gleichstellung zuständige Person in hohem bis sehr hohem Maße an der Ausgestaltung arbeitsmarktpolitischer Maßnahmen beteiligt war, in 2007 auf ein Drittel erhöht, jedoch war ein größerer Teil (39 Prozent) weiterhin überhaupt nicht oder nur in geringem Maße eingebunden.[673]

Ein weiterer wichtiger Aspekt ist der Stellenwert, den gleichstellungspolitische Anliegen im Bereich arbeitsmarktpolitischer Strategien und der Ausgestaltung der Leistungserbringung genießen.

Hinsichtlich ausgewählter übergeordneter Ziele für die Geschäftspolitik war 2007 die „Gleichstellung von Frauen und Männern bei Arbeitsmarktintegration und Maß-

---

670 Siehe Betzelt/ Lange/ Rust (Hg) 2009.
671 Institut für Angewandte Wirtschaftsforschung (IAW)/Zentrum für Europäische Wirtschaftsforschung (ZEW) 2008: 177.
672 Institut für Angewandte Wirtschaftsforschung (IAW) 2007:83.
673 Institut für Angewandte Wirtschaftsforschung (IAW)/Zentrum für Europäische Wirtschaftsforschung (ZEW) 2008: 178; Institut für Angewandte Wirtschaftsforschung (IAW) 2007: 84.

6. Institutionalisierung von Gleichstellungspolitik

nahmezuweisung" mit einem mittleren Stellenwert von 3,1 (auf einer Skala von 1 = sehr niedrig bis 5 = sehr hoch) zwar nicht unwichtig, jedoch wie schon in 2006 von nachrangiger Bedeutung.[674] In der Hierarchie arbeitsmarktpolitischer Ziele lag Gleichstellung so wieder auf dem vorletzten Platz, vor der Reduktion der Kosten je Integration.

Bezogen auf den Stellenwert verschiedener arbeitsmarktpolitischer Instrumente standen Hilfen zur Betreuung von Kindern oder anderen Angehörigen auch in 2007 an letzter Stelle. Jedoch ist der Anteil der Grundsicherungsstellen, die diesem Instrument einen hohen bis sehr hohen Stellenwert einräumten, auf knapp ein Drittel (31 %) gestiegen.[675] Während die Sicherstellung der Kinderbetreuung sogar in mehr als jeder zweiten Grundsicherungsstelle (53 %) diese hohe Bedeutung hatte, galt dies hinsichtlich der Unterstützung von Personen bei der häusliche Pflege Angehöriger nur für knapp jede zehnte (9 %).[676]

Bei konkretem Bedarf an einem Kinderbetreuungsplatz war in 2007 für mehr als die Hälfte der Grundsicherungsstellen sehr häufige bis häufige Praxis, dass die Fachkräfte an die zuständige kommunale Stelle verweisen; diese Vorgehensweise hat im Vergleich zu 2006 noch an Bedeutung gewonnen.[677] Deutlich geringer war der Anteil der Grundsicherungsstellen, die (sehr) häufig direkt an eine Einrichtung verweisen und in nur wenigen kümmern sich die Fachkräfte (sehr) häufig selbst darum.

Grundsicherungsstellen verfügen über gewisse Spielräume, ob und inwieweit sie Personen ‚aktivieren', die nach § 10 SGB II nicht zur Aufnahme einer Erwerbstätigkeit verpflichtet sind, da sie Kinder erziehen oder Angehörige pflegen. Eine Strategie könnte sein, diese Personen bei ihrer Arbeitsmarktintegration zu unterstützen, beispielsweise durch Hilfe bei der Suche nach einem geeigneten Betreuungsplatz oder die Vermittlung in eine Teilzeitstelle, um den Zeitraum der Erwerbslosigkeit möglichst kurz zu halten und die Chancen auf Integration in den Arbeitsmarkt zu erhöhen.

In der Praxis wurde dieser Personenkreis jedoch nur selten ‚aktiviert'. In 2007 betrug der Mittelwert 2,2 (auf einer Skala von 1 = nie bis 5 = immer).[678]

Trotz des noch durchaus entwicklungsfähigen Gehalts von Gleichstellung im Prozess der Beratung, Betreuung und Eingliederung erwerbsfähiger Hilfebedürftiger bewertete 2007 etwas weniger als die Hälfte (43 %) der befragten Geschäftsstellenleitungen die Etablierung und Umsetzung von Gleichstellung in diesem Bereich als

---

674 Institut für Angewandte Wirtschaftsforschung (IAW)/Zentrum für Europäische Wirtschaftsforschung (ZEW) 2008: 71.
675 Institut für Angewandte Wirtschaftsforschung (IAW)/Zentrum für Europäische Wirtschaftsforschung (ZEW) 2008: 75.
676 Institut für Angewandte Wirtschaftsforschung (IAW)/Zentrum für Europäische Wirtschaftsforschung (ZEW) 2008: 79.
677 Institut für Angewandte Wirtschaftsforschung (IAW)/Zentrum für Europäische Wirtschaftsforschung (ZEW) 2008: 144.
678 Institut für Angewandte Wirtschaftsforschung (IAW)/Zentrum für Europäische Wirtschaftsforschung (ZEW) 2008: 86f.

6. Institutionalisierung von Gleichstellungspolitik

gut oder sehr gut und nur etwas mehr als jede zehnte (12 %) dies als ausreichend oder mangelhaft.[679]

Die Berücksichtigung gleichstellungspolitisch relevanter Anliegen bei der Entwicklung arbeitsmarktpolitischer Strategien sowie bei der Ausgestaltung von Leistungen einschließlich des Aktivierungsprozesses setzt entsprechende Kompetenzen bei den beteiligten Führungs- und Fachkräften voraus. Die Vermittlung von Gender-Kompetenz ist deshalb ein wichtiger Bestandteil von Gleichstellungsprozessen.

Zur Bedeutung von Gender-Schulungen liegen nur Daten aus der zweiten Befragungswelle für 2006 vor.

Gender-Schulungen spielten im Verhältnis zu anderen Schulungsthemen die geringste Rolle: Der Mittelwert lag bei 1,8 (für Führungskräfte) bzw. 1,9 (für Fachkräfte) (auf einer Skala von 1 = gar keine Bedeutung bis 5 = sehr hohe Bedeutung).[680] Diesem niedrigen Mittelwert entspricht die geringe Bedeutung von Gender-Schulungen in der weit überwiegenden Zahl der Grundsicherungsstellen: In mehr als 70 % der Grundsicherungsstellen wurde Gender-Schulungen keine oder nur eine geringe Bedeutung beigemessen, in maximal 10 % eine hohe bis sehr hohe Bedeutung.[681]

6.2.2.2 Ergebnisse der Befragung im Rahmen der Gender- Evaluation

Über die vom IAW abgefragten Aspekte zur Institutionalisierung von Gleichstellung in den Grundsicherungsstellen hinaus werden im Folgenden die zentralen Ergebnisse der von der Gender-Evaluation im 1. Halbjahr 2007 durchgeführten Online-Befragung der Grundsicherungsstellen zu weiteren Aspekten bzw. deren Vertiefung skizziert.[682]

Die Etablierung und Umsetzung von Gleichstellung in den Grundsicherungsstellen ist, neben der personellen Verankerung, in hohem Maße abhängig davon, ob gleichstellungspolitische Konzepte und Ziele explizit formuliert werden.

Wie die Ergebnisse der von der Gender-Evaluation durchgeführten Online- Befragung der für Gleichstellung zuständigen Personen zeigen, hat eine umfassende konzeptionelle Verankerung von Gleichstellung in den Grundsicherungsstellen bisher nicht stattgefunden. Nicht einmal jede fünfte (15 %) der befragten Grundsicherungsstellen verfügte über ein Gleichstellungskonzept für den Bereich Fallmanagement/Aktivierungsprozess; nur in Einzelfällen bestanden Konzepte für Gender Controlling (5 %) oder Gender Budgeting (2 %).[683] Hierbei ist relativierend zu berücksichtigen, dass sich hinter den gemeldeten Gleichstellungskonzepten sehr unter-

---

679 Institut für Angewandte Wirtschaftsforschung (IAW)/Zentrum für Europäische Wirtschaftsforschung (ZEW) 2008: 184.
680 IAQ/ FIA/ GendA 2007: 37.
681 Institut für Angewandte Wirtschaftsforschung (IAW) 2007: 85f.
682 IAQ/ FIA/ GendA 2009: 24; Brand/Rudolph 2009.
683 IAQ/ FIA/ GendA 2007: 30ff.

6. Institutionalisierung von Gleichstellungspolitik

schiedlich differenzierte und verbindliche Vereinbarungen verbergen können; das Spektrum reichte von Positionspapieren bis hin zu einer losen Verständigung über den Umgang mit ‚Gender'. Schriftlich fixierte Konzepte, beispielsweise in Form von Richtlinien, waren zum Befragungszeitpunkt nur in Einzelfällen vorhanden.

Befragt nach der Intensität der Verfolgung gleichstellungspolitischer Ziele im Beratungs- und Betreuungsprozess gaben 43 % der für Gleichstellung Zuständigen an, dass das Ziel ‚geschlechtsspezifischer Angebote und Maßnahmen' stark bis eher stark verfolgt werde.[684] In mehr als der Hälfte (58 %) der befragten Grundsicherungsstellen existierten keine Zielvorgaben für die Beteiligung von Frauen und Männern an Maßnahmen, nur in jeder fünften (21 %) bestanden entsprechende Quotierungen.[685] Dabei wurde vom größten Teil der Befragten als Zielvorgabe die Beteiligung der Frauen gemäß ihrem Anteil an den Arbeitslosen genannt, mehrfach wurde auch auf den Zielförderanteil gem. § 8 Abs. 2 SGB III verwiesen.[686]

Der ‚Ausbau des Angebotes an Kinderbetreuung' wurde in 41 % der Grundsicherungsstellen ebenfalls stark bis eher stark verfolgt, jedoch in fast einem Viertel (23 %) kaum verfolgt bzw. war explizit kein Ziel der Grundsicherungsstelle.

Deutlich seltener stark bis eher stark verfolgt wurde die ‚Etablierung eines geschlechtergerechten Fallmanagements' (16 %), der ‚Ausbau der Unterstützungsangebote bei der Pflege Angehöriger' (11 %) und ‚geschlechtsspezifische Quoten bei der Vermittlung in Erwerbstätigkeit' (10 %). Entsprechend häufig wurden diese Ziele kaum verfolgt oder waren explizit kein Ziel.

Zur Integration von Gender in Aus-, Fort- und Weiterbildungen der Führungs- und Fachkräfte liegen aus der Befragung der Gender- Evaluation aktuellere und weiter ausdifferenzierte Ergebnisse im Vergleich zur IAW-Befragung vor; aus diesem Grund wird an dieser Stelle noch einmal kurz darauf eingegangen. In der Ausbildung der Fachkräfte spielen Gender-Aspekte bisher keine große Rolle; lediglich 10 % gaben an, dass dies Teil der Ausbildung sei, fast die Hälfte (47 %) verneinte dies hingegen.[687]

Im Rahmen von Fortbildungen der Fach- bzw. der Führungskräfte spielen Gender- Aspekte eine etwas größere Rolle; ein Viertel bzw. ein Fünftel der Befragten gab an, dass Gleichstellung Bestandteil der Fortbildungen sei. Explizite Gender-Schulungen in zeitlich unterschiedlichem Umfang (ein bis fünfzehn Stunden) hatten in jeder zehnten der befragten Grundsicherungsstellen stattgefunden.

Insgesamt zeigt sich, dass, trotz aller Institutionalisierungsfortschritte, Gleichstellungspolitik weiterhin überwiegend *nicht* integraler Bestandteil bei der Umsetzung des SGB II ist: Weder hat sie eine relevante Bedeutung für die Grundsicherungsstellen, noch liegt eine maßgebliche Zahl von schriftlich fixierten Konzepten vor. Fachkräfte müssen vielmehr auf *eigene* Ideen und *individuell* entwickelte Ansätze zu-

---

684 IAQ/ FIA/ GendA 2007: 35.
685 IAQ/ FIA/ GendA 2007: 56.
686 IAQ/ FIA/ GendA 2007: 35.
687 IAQ/ FIA/ GendA 2007: 39f.

6. Institutionalisierung von Gleichstellungspolitik

rückgreifen, um das Thema Gleichstellung in den Grundssicherungsstellen voranzutreiben.[688]

Zwar sind zwischenzeitlich in der Mehrheit der Grundsicherungsstellen Zuständige für Gleichstellung benannt, diese haben die Aufgabe jedoch weit überwiegend informell bzw. zusätzlich zu ihrer bisherigen Tätigkeit übernommen. Nur in wenigen Fällen gibt es formell Beauftragte für Gleichstellung.[689] Zudem werden sie selten an der Entwicklung und/oder Umsetzung arbeitsmarktpolitischer Strategien und Maßnahmen beteiligt.

Zu berücksichtigen ist weiter, dass sich hinter den referierten Durchschnittwerten ein breites Spektrum an Einzelkonstellationen verbirgt. So gibt es Grundsicherungsstellen, für die Frauenfragen weiterhin nur zusätzliche ‚Kür' neben den vorrangig betrachteten anderen Aufgaben und Problemen sind.[690] In anderen Grundsicherungsstellen werden Gender-Fragen zwar für wichtig erachtet. Es wird dort aber von den Fachkräften ganz offensiv in Frage gestellt, ob konkrete Vorgaben und schriftlich fixierte Konzepte für einen gendersensiblen Interaktionsprozess überhaupt von Nutzen sein können. So betonte eine Fallmanagerin in einem Interview, dass gerade das *Fehlen* von detaillierten Vorgaben die Voraussetzung für eine an individuellen Bedürfnissen ausgerichtete Beratung sei.[691] Obgleich bestimmte Problemlagen auf strukturelle Konflikte verweisen (Alleinerziehende, Kinderbetreuung), geht man dort davon aus, dass sich diese Problemlagen mit eigenem intuitivem Handeln bewältigen lassen. Zum dritten gibt es einige wenige Grundsicherungsstellen, die der Gleichstellung hohe Priorität beimessen *und* sie bereits institutionell verankert haben.

6.2.2.3 Erfahrungen aus der Praxis

Wie Erfahrungen aus der Praxis von zwei für Gleichstellung (auch) im Bereich des SGB II zuständigen Personen aus Offenbach (kommunale Gleichstellungsbeauftragte) und Hannover (BCA für den Rechtskreis SGB II) zeigen, die im Rahmen der in unserem Projekt durchgeführten Fachtagung referierten,[692] führt die *systematische* Berücksichtigung gleichstellungspolitischer Anliegen bei der Umsetzung des SGB II zu nachhaltigen strukturellen Veränderungen und zu entsprechenden Wirkungen insbesondere im Bereich der Beratung und Vermittlung, aber auch auf den Leistungsbereich und die Geschäftspolitik insgesamt.[693]

Besonders seitens der kommunalen Gleichstellungsbeauftragten aus Offenbach wurde die Unterstützung bei der Betreuung von Kindern als zentrales Thema identi-

---

688 IAQ/ FIA/ GendA 2009: 93.
689 IAQ/ FIA/ GendA 2009: 110.
690 IAQ/ FIA/ GendA 2009: 89; Lenhart 2007: 164.
691 Institut Arbeit und Qualifikation (IAQ) u. a. 2009: 95.
692 Vgl. die Beiträge von Lünnemann (2009) und Dörr (2009) in Betzelt/Lange/Rust (Hg) 2009.
693 Betzelt/Lange/Rust (Hg) 2009.

6. Institutionalisierung von Gleichstellungspolitik

fiziert, um Frauen die Aufnahme einer Erwerbsarbeit und den Ausstieg aus dem ALG-II-Bezug zu ermöglichen. Neben dem forcierten Ausbau der Betreuungsinfrastruktur, insbesondere auch mit Angeboten in Randzeiten, die individuelle und passgenaue Betreuungsarrangements erlauben, wurde in Offenbach ein Paradigmenwechsel in der Beratungs- und Vermittlungspraxis initiiert und erfolgreich umgesetzt: *Zunächst* wird die Kinderbetreuung geregelt, damit AdressatInnen und Fachkräfte sich *anschließend* der Arbeitsplatzvermittlung widmen können - und nicht umgekehrt.

Unabhängig von der Institutionalisierungsform waren vielfältige Aktivitäten, Vernetzungen und Kooperationen notwendig, um die gleichstellungspolitischen Ziele verfolgen zu können. Auch wenn bei beiden Institutionalisierungsformen gleichermaßen der Erfolg davon abhängt, die Unterstützung aller Beteiligten zu gewinnen, so dürften die Ziele für *ausschließlich* für diese Aufgabe bestellte BCAs einfacher und umfassender zu realisieren sein als für kommunale Gleichstellungsbeauftragte. Letztere haben diese Aufgabe in der Regel *zusätzlich,* ohne Erweiterung des Stellenumfangs zu ihren bisherigen Aufgaben übernommen und verfügen insofern über sehr beschränkte zeitliche Ressourcen.[694] Außerdem haben kommunale Gleichstellungsbeauftragte keinen Einfluss auf die organisationsinterne Umsetzung in den Grundsicherungsstellen. Betont wurde seitens der kommunalen Frauenbeauftragten die Wichtigkeit der Unterstützung für die vielfältigen frauenpolitischen Initiativen seitens der politisch Verantwortlichen vor Ort. Als wichtiger Erfolgsfaktor der Initiativen in Offenbach wurde benannt, dass zunächst die Interessenlagen und Bedarfe seitens der betroffenen Frauen erhoben wurden, um zu eruieren, welche qualitative und quantitative Unterstützung tatsächlich zur Arbeitsmarktintegration erwerbsloser Frauen beitragen kann.

Eine genaue Erhebung der Bedarfslage vor Ort wurde auch seitens der BCA aus Hannover als erforderlich benannt, wobei sich im konkreten Fall besonders benachteiligte Zielgruppen wie Alleinerziehende, Frauen und Männer nach längerer Erziehungs- oder Betreuungszeit, inkl. Berufsrückkehrende, junge Mütter (und Väter), Frauen über 50 Jahre, Personen mit Migrationshintergrund und Migrantinnen, Prostituierte (Ausstiegsberatung), Frauen mit Gewalterfahrung, Obdachlose (besonders Frauen und Kinder) herauskristallisierten.

Als zentrale Schwerpunkte der Arbeit wurden benannt: a) Die Initiierung und Konzeptsteuerung von Maßnahmen der aktiven Arbeitsförderung für Frauen, besonders unter dem Gesichtspunkt der Vereinbarkeit von Beruf und Familie. Hier wurde besonders die Notwendigkeit eines ausreichenden Teilzeit- Angebotes an Eingliederungsmaßnahmen und die notwendige Akzeptanz der teilweise nur teilzeitigen Arbeitsmarktverfügbarkeit der Zielgruppen betont. b) Die Mitwirkung bei Planung und Steuerungsprozessen zur Geschäftspolitik der regionalen JobCenter und das Aufzeigen von Handlungsbedarfen zum Abbau von Benachteiligungen. c) Interne und externe Beratung über rechtliche Grundlagen und übergeordnete Fragen der Frauenförderung, Gleichstellung am Arbeitsmarkt, Vereinbarkeit von Familie und Beruf,

---

694 IAQ/ FIA/ GendA 2007: 30.

6. Institutionalisierung von Gleichstellungspolitik

regelmäßige Gespräche („Routinen") mit der Geschäftsführung und den anderen Führungsebenen sowie den operativen Referaten für Eingliederungsleistungen.

Zudem wurde auch hier der oben beschriebene Paradigmenwechsel – erst Kinderbetreuung, dann Arbeitsvermittlung – erfolgreich eingeleitet.

Problematisiert wurde seitens der auf der Fachtagung anwesenden gleichstellungspolitischen Akteurinnen und Akteure, dass aufgrund der Rahmenbedingungen im Rechtskreis SGB II (Ressourcensteuerung) die Entwicklung und Bereitstellung zielgruppenspezifischer, passgenauer Angebote schwierig und teilweise nicht mehr (wie vormals im Rechtskreis SGB III) in ausreichendem Maße möglich sei.

6.3 Fazit

Die institutionelle Frauenpolitik ist völkerrechtlich geboten. Es ist ein Abbau entstandener Rechte gewesen, als für die Grundsicherung arbeitssuchender Hilfebedürftiger auf die gesetzliche Pflicht verzichtet wurde, eine BCA zu bestellen.

Der CEDAW-Ausschuss hat zum 6. Staatenbericht in seinen abschließenden Bemerkungen vom 10. Februar 2009 Deutschland gebeten, September 2014 einen kombinierten 7. und 8. Bericht vorzulegen, der auf die mitgeteilten Bedenken antwortet. Deutschland ist vom CEDAW-Ausschuss zum 5. Staatenbericht gebeten worden, auf die mitgeteilten Bedenken zu einigen Aspekten der „Agenda 2010" Stellung zu nehmen und der Empfehlung zu folgen, „die Auswirkungen seiner Wirtschafts- und Sozialreformen in allen Phasen der Planung, Umsetzung und Bewertung zu prüfen und sorgfältig zu überwachen, um gegebenenfalls nötige Änderungen vorzunehmen, um möglichen negativen Folgen entgegenzuwirken".[695] Auf diese Empfehlungen dürfte der CEDAW- Ausschuss in Ziffer 13 seiner abschließenden Bemerkungen vom 10. Februar 2009 zum 6. Staatenbericht auch Bezug genommen haben, als er in den „previous concluding observations" auf die unzureichenden Antworten hinsichtlich der Situation von Frauen auf dem Arbeitsmarkt hinweist, in den Ziffern 35 - 38 das Thema wieder aufruft und konkret zum Hartz-IV-Gesetz eine Überprüfung nahe legt. Die Aufforderung in Ziffer 14 der abschließenden Bemerkungen des CEDAW-Ausschusses vom 10. Februar 2009, Empfehlungen zu vorangegangenen Berichten „to make every effort to address the previous recommendations that had not yet been implemented"[696] schließt aus, eine Umsetzung für den Zeitpunkt der Vorlage des kombinierten 7. und 8. Staatenberichts September 2014 als rechtzeitig bewerten zu können.

Die vorliegenden Erfahrungen mit den freiwillig bestellten Beauftragten zur Chancengleichheit bestätigen, dass dies Instrument auch fachlich sehr geeignet und wünschenswert ist.

---

695 Nr. 28 zur Besorgnis und Nr. 29 die Handlungsempfehlung, siehe Teil 1.5.1.2.2.
696 Zu CEDAW siehe Teil 1.5.1.2.

7. Weiterer Forschungsbedarf

Wie in den rechts- und sozialwissenschaftlichen Teilen des Berichts mehrfach detailliert aufgezeigt, bestehen noch Forschungs- und Datenlücken, um die Frage nach der Umsetzung der gleichstellungspolitischen Ziele des SGB II insgesamt und in Bezug auf die drei untersuchten Schlüsselgruppen befriedigend beantworten zu können.

An dieser Stelle soll nur noch auf einige der grundlegenden Lücken für die Rechts- und die Sozialwissenschaften hingewiesen werden.[697]

Die Sicherung der Kinder hilfebedürftige Eltern zwischen dem SGB II und SGB XII, die nicht Thema dieses Projekts gewesen ist, bedarf grundlegender Forschung.[698]

Bzgl. der Geschäftsanweisungen, Durchführungsanweisungen, Arbeitshilfen und weiteren untergesetzlichen Vorschriften sind ihre Auswirkungen auf die Umsetzungspraxis auszuwerten.[699]

Bei der Erstellung der amtlichen Statistiken wird von seiten der BA angeführt, dass eine Kreuzung mehrerer Merkmale zu datenschutzrechtlichen Problemen führen könnte. Dazu existiert aber bisher keine detaillierte rechtswissenschaftliche Analyse. Eine solche wäre daher unbedingt erforderlich, um für die sozialwissenschaftliche Forschung weitere wichtige Daten zur Verfügung stellen zu können. Daher müsste die Datenschutzproblematik dahingehend aufgearbeitet werden, inwieweit eine solche überhaupt auftritt und wie sie dann ggf. aufgefangen werden kann.

Im Bezug auf die Bedarfsgemeinschaft mit den statuierten sozialrechtlichen Einstandspflichten, die keine Kongruenz mit dem Unterhaltsrecht aufweisen, besteht ebenfalls noch erheblicher Forschungsbedarf. Zum einen ist fraglich, ob und inwieweit es in der Bedarfsgemeinschaft überhaupt zu einer Weiterleitung von Einkommen und Vermögen kommt, wie dies vom Gesetzgeber erwartet wird.[700] Weiterhin ist fraglich, inwieweit eine völlige Loslösung der sozialrechtlichen Einstandspflichten vom Unterhaltsrecht überhaupt zulässig sein kann und wo die sonstigen Grenzen der sozialrechtlichen Einstandspflicht liegen.

Es bedarf intensiver weiterer Forschung, um geeignetere Indikatoren zu entwickeln, die Aufschluss über gleichstellungsrelevante Aspekte geben. Die im Bericht und der Evaluation allgemein verwendeten quantitativen Indikatoren, beispielsweise zur Beteiligung von Zielgruppen an aktiven Eingliederungsleistungen, sind nur ein sehr ‚grobes' Messinstrument, das keinen Aufschluss über Wirkungszusammenhän-

---

697 Siehe auch die jeweiligen Beiträge in Betzelt/Lange/Rust (Hg) 2009.
698 Siehe Teil 1.5.3 mit Fn 96.
699 Siehe dazu Teil 1.5.2 mit Fn 95.
700 Siehe dazu Teil 3.4.6 mit Fn360.

7. Weiterer Forschungsbedarf

ge und Ursachen geben kann. Insbesondere qualitative Forschung sowie Befragungen im Längsschnitt könnten hierfür hilfreiches Material liefern.

Die Verwendung von Längsschnittdaten wäre insbesondere auch notwendig, um Prozesse und Qualität der Arbeitsmarktintegration im Erwerbsverlauf von Frauen und Männern zu untersuchen. Dies würde näheren Aufschluss geben über kumulierende Erwerbsrisiken bestimmter Gruppen wie z. B. (phasenweise) Alleinerziehende

Eine differenziertere Untersuchung der Wirkungen des SGB II innerhalb der Genusgruppen – wie Migrantinnen oder formal gering Qualifizierte – wäre erforderlich, um die hier bestehenden Blindstellen der Forschung zu beseitigen.

Die Verknüpfung und Publikation von personen- und haushaltsbezogenen Daten der Bundesagentur für Arbeit besonders hinsichtlich der Förderung mit Eingliederungsleistungen bleibt ein Desiderat, sofern das Konstrukt der Bedarfsgemeinschaft hinsichtlich der aktiven Förderung weiterhin Bestand haben wird. Damit wären Untersuchungen zur tatsächlichen Förderung von Individuen innerhalb von Bedarfsgemeinschaftstypen möglich, wie zu den Partnerinnen von ALG-II-Beziehenden.

8. Rechts- und sozialwissenschaftliches Fazit

8.1 Fazit zur Bedarfsgemeinschaft im Sinne des SGB II

Seit 2005 ist mit dem Vierten Gesetz für moderne Dienstleistungen am Arbeitsmarkt die Dreiteilung in Arbeitslosengeld, Arbeitslosenhilfe und Sozialhilfe aufgehoben.

Für erwerbsfähige Arbeitslose und Geringverdienende findet das gestufte System mit dem Arbeitslosengeld I und II sowie den aktivierenden Leistungen nach dem SGB III und dem SGB II Anwendung.

Die gesetzliche Grundlage der Grundsicherung für Nichterwerbsfähige sowie im Alter befindet sich im SGB XII.

Ein Kind wird über das Merkmal „Bedarfsgemeinschaft mit einem erwerbsfähigen Hilfebedürftigen" dem SGB II zugeordnet. Erhalten Eltern oder der Elternteil bei Erwerbsminderung oder im Alter die Grundsicherung des SGB XII, ist auch das Kind im SGB XII Leistungsbezug.

Ziel des SGB II ist, die Eigenverantwortung Hilfebedürftiger *und*, wenn sie nicht allein leben, der anderen Mitglieder der Bedarfsgemeinschaft zu stärken. Der Grundsicherungsträger ist für die Bedarfsgemeinschaft im Sinne des SGB II insgesamt zuständig. Ausgangspunkt der Bedarfsgemeinschaft ist der oder die erwerbsfähige Hilfebedürftige. Zusätzlich gehören zur Bedarfsgemeinschaft der **im Haushalt lebende Partner oder die im Haushalt lebende Partnerin**[701] **und unverheiratete Kinder unter 25 Jahre.**[702] Die Erwerbsfähigen Mitglieder der Bedarfsgemeinschaft sollen bei der Aufnahme und Beibehaltung einer Erwerbstätigkeit unterstützt werden.

Die Grundsicherung für Erwerbsfähige und die anderen Mitglieder der Bedarfsgemeinschaft sichert den Lebensunterhalt, der anders nicht zu bestreiten ist. Die Leistungen der Grundsicherung sind darauf auszurichten, **geschlechtsspezifischen Nachteilen entgegenzuwirken** und **familienspezifische Lebensverhältnisse zu berücksichtigen.**[703]

Das **sozialrechtliche Konstrukt der Bedarfsgemeinschaft** ist erstmals mit dem und nur für das SGB II eingeführt worden. Mit der Bedarfsgemeinschaft ist nicht mehr die individuelle Situation jedes einzelnen Mitglieds entscheidend, um die Hilfebedürftigkeit festzustellen. Vielmehr muss die **Hilfebedürftigkeit insgesamt für**

---

701 Im Haushalt des erwerbsfähigen Hilfebedürftigen lebende Eltern und Elternteile eines unverheirateten, erwerbsfähigen Kindes gehören nach § 7 Abs. 3 Nr. 2 SGB II zur Bedarfsgemeinschaft.
702 Berechtigte nach § 7 Abs. 3 Nr. 1, 3, 4 SGB II.
703 Nach § 1 Abs. 1 SGB II.

8. Rechts- und sozialwissenschaftliches Fazit

die **Bedarfsgemeinschaft** vorliegen.[704] Damit ist ein neues Institut geschaffen. Der Einzelne wird beim Zugang zu den Leistungen der Grundsicherung für Erwerbsfähige als Teil eines Ganzen betrachtet. Wenn der Gesamtbedarf der Bedarfsgemeinschaft aus eigenem Einkommen und Vermögen nicht mehr gedeckt werden kann, stehen ihren Mitgliedern, unabhängig von der individuellen Hilfebedürftigkeit, Grundsicherungsansprüche zu.

Um die Hilfebedürftigkeit festzustellen, wird eigenes Einkommen und Vermögen von Mitgliedern der Bedarfsgemeinschaft nach der Bedarfsanteilsmethode[705] bzw. horizontal berechnet[706] und nicht vertikal wie im SGB XII von Mitgliedern einer Einsatzgemeinschaft. Es wird alles Einkommen/ Vermögen angerechnet und im Rahmen der Bedarfsgemeinschaft verteilt. Es wird nicht nur der Anteil berücksichtigt, der über den individuellen Grundsicherungsbedarf hinausgeht und damit nicht nur der überschießende Bedarf des individuellen Einkommens/ Vermögens. Mit der Sozialhilfe wurde bis 2005 derjenige, der von seinem Einkommen/ Vermögen für andere etwas einsetzen konnte, selbst nicht sozialhilfebedürftig. Für die Bedarfsgemeinschaft des SGB II sind infolge der Bedarfsanteilsberechnung der Leistungstyp des „**fiktiv Hilfebedürftigen**" und der Typ „**fiktiv Nichthilfebedürftiger**" entstanden.[707]

Erwerbsfähige sind **fiktiv hilfebedürftig** und erhalten Grundsicherungsleistungen des SGB II sobald sie im Haushalt einer hilfebedürftigen Bedarfsgemeinschaft des SGB II leben, obwohl sie individuell nicht hilfebedürftig wären, da sie ihren persönlichen Bedarf aus eigenen Mitteln decken können.

Erwerbsfähige sind **fiktiv nicht hilfebedürftig** und beziehen keine Leistungen des SGB II, wenn sie in einem insgesamt nicht bedürftigen Haushalt leben, obwohl sie individuell hilfebedürftig wären, da ihr Bedarf nicht aus eigenen Mitteln zu decken ist.

Erwerbsfähige Mitglieder der Bedarfsgemeinschaft können zu (fiktiv) Hilfebedürftigen werden. In finanziell nicht hilfebedürftigen Bedarfsgemeinschaften werden Erwerbsfähige zu fiktiv Nichthilfebedürftigen. Es werden Beziehungen gefährdet, wenn die einzige Möglichkeit, nicht hilfebedürftig zur werden oder einen Hilfebedarf realisieren zu können darin besteht, den gemeinsamen Haushalt zu verlassen.

Fiktiv Hilfebedürftige sind häufiger Männer (die erwerbstätig sind, aber weniger verdienen als für den Lebensunterhalt aller Mitglieder der Bedarfsgemeinschaft erforderlich). Dieser Regelung hat zur Folge, dass es mit den fiktiv Hilfebedürftigen zusätzliche Leistungsempfänger gibt.

Fiktiv Nichthilfebedürftige sind auf Grund eines zu berücksichtigenden Partnereinkommens Frauen häufiger als Männer. Sie erhalten kein ALG II und damit keine Eingliederungsleistungen des SGB II. Diese Konstellation gibt es auch für Männer, aber deutlich seltener als für Frauen.

---

704 Hilfebedürftigkeit der Bedarfsgemeinschaft nach § 9 Abs. 1 SGB II.
705 Diese Bezeichnung verwendet das BMAS und die Bundesagentur.
706 Diese Bezeichnung wird in der Gerichtsbarkeit und der Rechtswissenschaft verwendet.
707 Dazu Teil 3.2.

8. Rechts- und sozialwissenschaftliches Fazit

Die fürsorgerechtlichen Einstandspflichten des SGB II finden nicht grundsätzlich eine Übereinstimmung im Unterhaltsrecht. Dies ist besonders gravierend für Kinder und hilfebedürftige Alleinerziehende sowie für Unverheiratete. Mit der Bedarfsgemeinschaft hat sich das SGB II- Grundsicherungsrecht in einer zuvor nicht bekannten Art und Weise von der Individualisierung der Grundsicherung gelöst. Zeitgleich findet eine immer intensiver werdende Loslösung vom Zivilrecht statt. Das Grundsicherungsrecht statuiert Pflichten, die in Zivilrecht keine Entsprechung finden. Im neuen Scheidungsrecht sind zum nachehelichen Betreuungsunterhalt für Erwerbsobliegenheiten von der Rechtsprechung Standards eingeführt worden, die im Widerspruch zum Grundsicherungsrecht stehen können.[708]

Die sozialrechtliche Inanspruchnahme und die Lösung vom Zivilrecht haben in der Praxis zu erheblichen Problemen geführt. Nur ein Teil hiervon konnte von der Rechtsprechung gelöst werden. Nachteilig ist, dass auch die Klarheit des Verwaltungsverfahrens mit der Einführung der Bedarfsgemeinschaft deutlich gelitten hat. Das Verwaltungsverfahren ist mit dem „Zwitter" der Bedarfsgemeinschaft strukturell fehleranfällig. Selbst die zuständigen Grundsicherungsträger hatten erhebliche Probleme mit der Umsetzung im Verwaltungsverfahren, so dass die Rechtswidrigkeit vieler Leistungsbescheide bereits auf formellen Fehlern beruht. Im Auftrag der Justizministerkonferenz hat 2009 eine Länder-Arbeitsgruppe „Maßnahmen zur Verminderung der Belastung und zur Effizienzsteigerung der Sozialgerichte" u.a. zur Bedarfsgemeinschaft in ihren Empfehlungen vom 19. Oktober 2009 u.a. zur Bedarfsgemeinschaft auf der Seite 71 wie folgt Stellung genommen: „Nach einhelliger Meinung der gerichtlichen Praxis sollte die horizontale Einkommensanrechnung, die ein Spitzenreiter bei der Schaffung praktischer Probleme ist, durch eine andere Art der Einkommensanrechnung ersetzt werden."[709]

In den folgenden drei Abschnitten werden weitere sich aus dem Konstrukt der Bedarfsgemeinschaft ergebende kritisch zu bewertenden Folgen behandelt. Teil 8 endet mit einer Zusammenfassung der Handlungsempfehlungen.

8.2 Fazit zur Umsetzung des Gleichstellungsziels

Die *erste Fragestellung des Projekts* war es, zu untersuchen, welche Konsequenzen der Bezugspunkt der Bedarfsgemeinschaft für die Möglichkeiten der Leistungserbringer hat, die Gleichstellung von Männern und Frauen auch tatsächlich als durch-

---

708 Dazu Teil 3.4.
709 http://www.berlin.de/imperia/md/content/senatsverwaltungen/justiz/aktuell/ empfehlungen_der_arbeitsgruppe_endfassung.pdf?start&ts=1257943272&file=empfehlungen_der_arbeitsgruppe_endfassung.pdf (letzter Zugriff 26.08.2010). Die Debatte ist mit der Diskussion über die Gebührenfreiheit des sozialgerichtlichen Verfahrens verbunden. Die Konferenz der Justizministerinnen und Justizminister hat am 5. November 2009 die Einrichtung einer paritätisch besetzten Kommission aus Vertretern der Arbeits- und Sozialministerkonferenz und der Justizministerkonferenz mit dem Ziel beschlossen worden, ggf. gemeinsame Empfehlungen zu erarbeiten (Landtag Mecklenburg-Vorpommern Drucksache 5/3322)

8. Rechts- und sozialwissenschaftliches Fazit

gängiges Prinzip verfolgen zu können. Die rechts- und sozialwissenschaftlichen Ergebnisse zeigen, dass hier ein entscheidendes Hindernis liegt. Der CEDAW-Ausschuss hat in seinen abschließenden Bemerkungen vom 10. Februar 2009 zu Recht seine Besorgnis zur Einführung der „needs units" mitgeteilt und Deutschland aufgefordert, das „needs unit construct" zu überprüfen.

8.2.1 Anteiliger Verlust von Ansprüchen auf passive Leistungen

Partner einer *eheähnlichen* Gemeinschaft gehören zur Bedarfsgemeinschaft des erwerbsfähigen, hilfebedürftigen Partners[710]. Anders als zwischen nicht dauernd getrennt lebenden Ehegatten oder Lebenspartnern[711] bestehen in eheähnlichen Partnerschaften *keine familienrechtlichen Unterhaltsver*pflichtungen nach dem BGB, mit drei (möglichen) Ausnahmen:

Für die **ersten drei Jahre nach Geburt des Kindes** besteht ein Unterhaltsanspruch des erziehenden Elternteils nach § 1615l BGB, sofern der oder die Hilfebedürftige die Betreuung eines gemeinsamen Kindes übernommen hat.

Nach dem Zeitraum von drei Jahren besteht ein Unterhaltsanspruch des erziehenden Elternteils nur, soweit es der **Billigkeit** entspricht (§ 1615l Abs. 2 S. 4 BGB).

Partnern einer eheähnlichen Gemeinschaft steht es frei, im Rahmen ihrer Privatautonomie einen sog. Kooperationsvertrag zu schließen und sich ggf. hierdurch Unterhaltsansprüche gegen den anderen Partner zuzusichern. Diese Konstellation dürfte nur selten vorliegen.

Mit der Zuordnung eines hilfebedürftigen Partners zur Bedarfsgemeinschaft wird deren oder dessen Einkommen beim anderen Partner oder der Partnerin angerechnet, wenn die Hilfebedürftigkeit festgestellt wird[712]. Der darin zum Ausdruck kommende **„wechselseitige Wille, Verantwortung füreinander zu tragen und füreinander einzustehen"** wird vermutet, wenn Partner **länger als ein Jahr** zusammenleben.[713] Die Berücksichtigung des Einkommens für die Hilfebedürftigkeit begründet keinen einklagbaren Anspruch des Hilfebedürftigen gegen den Partner oder die Partnerin. Wird vom unterhaltsrechtlich nicht Verpflichteten freiwillig Unterhalt gezahlt, ergeben sich keine Probleme. Ist dies nicht der Fall, hat der Bedürftige keine Möglichkeit, einen Anspruch in der Partnerschaft gerichtlich durchzusetzen. Letztlich bleibt

---

710 Grundlage ist § 7 Abs. 3 Nr. 3c SGB II.
711 Im Sinne des § 7 Abs. 3 Nr. 3a, b SGB II, für die Unterhaltspflichten und –ansprüche nach §§ 1360, 1361 BGB bestehen (Teil 3.4.2). Da nach Expertenschätzung unter 10% der Verheirateten einen Ehevertrag haben, kommen in der Regel die gesetzlichen Unterhaltsregeln zur Anwendung, die auch während einer bestehenden Ehe durchsetzbar wären. Vgl. hierzu Dethloff 2008: A 20.
712 Hilfebedürftig nach § 9 Abs. 2 Satz 1 SGB II.
713 Vermutung nach § 7 Abs. 3a Nr. 1 SGB II, die eine Beweislastumkehr bedeutet.

8. Rechts- und sozialwissenschaftliches Fazit

dann nur die Möglichkeit[714], zur Sicherung des Lebensunterhalts den gemeinsamen Haushalt zu verlassen.

Partnereinkommen wird angerechnet, auch wenn kein Unterhaltsanspruch besteht, wie er für erziehende Elternteile möglich ist. Zudem wird für die **Hilfebedürftigkeit Parntereinkommen ohne Selbstbehalt** angerechnet. Der Selbstbehalt wird im Familienrecht bei der Unterhaltsberechnung als Erwerbsanreiz verwendet.[715]

Das Recht der Grundsicherung für Erwerbsfähige führt infolge der Berücksichtigung des Partnereinkommens über die Konstruktion der Bedarfsgemeinschaft mit der Bedarfsanteilsmethode zu weiterreichenden Konsequenzen als bei der Anrechnung des Partnereinkommens nach altem Recht.

8.2.2 Negative Folge der Anrechnung von Arbeitspotenzial Dritter

Die fiktive Hilfebedürftigkeit bewirkt unter Umständen, dass die oder der fiktiv Hilfebedürftige gezwungen wird, eine andere Arbeit aufzunehmen, die ein höheres Einkommen erzielt und den Gesamtbedarf der Bedarfsgemeinschaft im Sinne des SGB II zu decken geeignet ist. Dies kann insbesondere dann zur Anwendung kommen, wenn das Einkommen (häufig der Frau) aus einer teilzeitigen Erwerbsarbeit erzielt wird, das bei Arbeitslosigkeit des Partners nicht für den Unterhalt der ganzen Familie ausreicht und durch die Ausweitung des Arbeitsvolumens (theoretisch) erhöht werden könnte. So z. B. ein Fall aus Berlin: Der Grundsicherungsträger fordert eine teilzeitbeschäftigte Rechtsanwaltsgehilfin auf, in eine auf dem Berliner Arbeitsmarkt für sie vorhandene Vollzeittätigkeit zu wechseln, nachdem ihr Ehemann nach Arbeitsplatzverlust hilfebedürftig im Sinne des SGB II geworden war und Arbeitslosengeld II erhielt. Die Kanzlei hatte keinen Bedarf an einer Vollzeitkraft. Ob die Anforderung des Grundsicherungsträgers rechtmäßig gewesen ist, wäre erst dann zu klären gewesen, wenn das Arbeitslosengeld II abgesenkt worden wäre und die Rechtmäßigkeit der Absenkung hätte überprüft werden können[716].

Es findet im SGB II, anders als noch im BSHG oder der Arbeitslosenhilfe, über die Bedarfsgemeinschaft nicht nur eine Anrechnung von Einkommen und Vermögen, sondern auch eine **Anrechnung von „Arbeitspotenzial"** statt. Der oder die Bedürftige muss nicht nur die eigene Arbeitskraft einsetzen, um den eigenen Lebensunterhalts zu sichern und Unterhaltspflichten erfüllen zu können. Wer in einer Bedarfsgemeinschaft lebt, muss nach geltendem Recht möglichst eine Tätigkeit auf-

---

714 Der Weg über § 48 SGB I, der für laufende Geldleistungen die Auszahlung an Familienangehörige ermöglicht, greift nicht, da die Voraussetzung der Verletzung einer Unterhaltspflicht nicht vorliegt, da eine solche gerade nicht besteht.
715 Unterhalt Leistende können an bedürftigen Partner bzw. die Partnerin geleisteten Unterhaltszahlungen nur als außergewöhnliche Belastungen gemäß § 33a EStG steuerlich absetzen.
716 Es fehlt im Stadium vor der Absenkung nach § 31 SGB II bis zum Wegfall des Arbeitslosengeldes im SGB II die Möglichkeit, das Verwaltungshandeln und auch den Inhalt einer Eingliederungsvereinbarung zu überprüfen.

8. Rechts- und sozialwissenschaftliches Fazit

nehmen, die die Hilfebedürftigkeit aller Mitglieder der Bedarfsgemeinschaft beendet[717].

Es ist der Gesetzgeber und nicht nur die Rechtsprechung gefordert, damit nur Einkommen und Vermögen angerechnet wird und nicht in der geschilderten Weise in bestehende Arbeitsverhältnisse eingegriffen werden kann.

8.2.3 Fehlende Vereinbarkeit von Familie und Beruf

Von allen erwerbsfähigen Hilfebedürftigen wird verlangt, jede zumutbare Arbeit anzunehmen[718].

8.2.3.1 Zumutbarkeit: Festgelegte Kindesaltersgrenze von 3 Jahren

Mögliche Unzumutbarkeitsgründe sind im Gesetz konkretisiert. Dazu gehört die Erziehungsgefährdung. Das Gesetz unterscheidet hierzu die Erziehung für Kinder unter und über drei Jahren.

Personen mit Betreuungspflichten für Kinder unter drei Jahren sind von der Erwerbspflicht befreit. Für Kinder über drei Jahre gilt das Regel-Ausnahme-Verhältnis. Wenn die Betreuung des Kindes sichergestellt ist, wird bei einem über drei Jahre alten Kind die Arbeit in der Regel zumutbar. Nach dem Gesetz haben die zuständigen kommunalen Träger darauf hinzuwirken, „dass erwerbsfähigen Erziehenden vorrangig ein Platz zur Tagesbetreuung des Kindes angeboten wird." (§ 10 Abs. 1 Nr. 3 dritter Halbsatz SGB II). Ist ein Kind unter drei Jahren zu betreuen, wird die/der sorgeverantwortliche Hilfebedürftige nicht als arbeitslos registriert. Sie ist aber trotzdem im Sinne des SGB II zu aktivieren oder zu fördern, um sie bei der Überwindung der Hilfebedürftigkeit durch Erwerbstätigkeit zu unterstützen. Nach dem neuen Leitfaden der Bundesagentur soll frühzeitige Beratung und ggf. auch Förderung schon vor Ablauf der Altersgrenze des § 10 Abs. 1 Nr. 3 SGB II erfolgen. Mütter von Kindern unter drei Jahren gehören bisher zu den am wenigsten geförderten Gruppen.

Die Regelgrenze von drei Jahren führt zu Problemen bei der Unterstützung von Eltern mit Kindern über drei Jahren. Im SGB II ist anders als im SGB III nicht im Gesetz vorgesehen, dass die Verfügbarkeit von Eltern mit Kindern über drei Jahren zeitlich beschränkt werden kann. Die Anforderung der Grundsicherungsträger, eine vollzeitige Erwerbsarbeit aufzunehmen, führt besonders für verheiratete Frauen zu massiven Konflikten mit den Fachkräften, soweit sie bislang nicht oder wenig erwerbstätig waren. Wenn Frauen nach Geburt ihres Kindes aus dem Erwerbsleben ausgeschieden waren, stößt die von den Grundsicherungsträgern an sie gestellte Anforderung zur vollen Erwerbsarbeit auf Widerspruch, da sie im Gegensatz zum eige-

---

717 Dazu Teil 3.4.5 u.a. zu Fn 344.
718 Zumutbar im Sinne von § 10 Abs. 1 SGB II. Ebenso ist die Teilnahme an Maßnahmen zur Eingliederung verlangt, die damit im Sinne von § 10 Abs. 2 SGB II zumutbar ist.

8. Rechts- und sozialwissenschaftliches Fazit

nen Lebensentwurf und Rollenverständnis steht. Daraus folgt in der Praxis, dass Frauen mit Kindern über drei Jahren teilweise die für sie geltenden sozialrechtlichen Melde- und Mitwirkungspflichten nicht als persönliche Obliegenheiten wahrnehmen, sie sich selbst nicht als „arbeitslos" und Arbeitsuchende sehen. Sie unterstützen häufig ihre Ehemänner intensiv bei der Stellensuche, sind also nicht passiv. Wenn sie nicht aktiv für sich selbst Arbeit suchen, verletzen sie aber sozialrechtliche Mitwirkungspflichten. Dies hat entsprechende Sanktionierungen zur Folge. Deren Berechtigung ist erst nach der Absenkung des Arbeitslosengeldes überprüfbar, und damit zu spät für ein gedeihliches Zusammenwirken von Hilfebedürftigen und Grundsicherungsträger.

Die gesetzliche Regelung der starren Altersgrenze ist defizitär; sie sollte zur Verbesserung der Vereinbarkeit von Familie und Beruf gestrichen werden.

8.2.3.2 Teilzeitansprüche

Die Zumutbarkeitsregel des § 10 Abs. 1 Nr. 3 SGB II mit der Voraussetzung der Gefährdung der Erziehung des Kindes bestimmt zudem Standards, die es nicht erlauben, familienspezifische Lebensverhältnisse mit einer Verringerung der Arbeitszeit (nicht nur als Ausnahme) zu berücksichtigen. Nach der Wirkungsforschung werden Teilzeitwünsche häufig nur von Seiten der Mütter, nicht aber von Seiten der Väter durch die Fachkräfte akzeptiert. In der Rechtsprechung wird die gesetzliche Vorgabe des § 10 Abs. 1 Nr. 3 SGB II dahingehend modifiziert, dass geschiedene Frauen mit Kindern ab Vollendung des dritten Lebensjahres nicht generell eine Vollzeittätigkeit zuzumuten ist.

Die Vermutungswirkung des § 10 Abs. 1 Nr. 3, 2. HS SGB II führt dazu, dass der Leistungsträger, soweit ihm keine gegenteiligen Angaben über die konkrete Situation die die Vermutung entkräften können vorliegen, von der Zumutbarkeit ausgehen kann.[719] Dies kann sich insbesondere im Hinblick auf die Sanktion der Absenkung des ALG II gemäß § 31 Abs. 1 Nr. 1 SGB II nachteilig für den Hilfebedürftigen auswirken.[720]

Es entspricht nicht dem gesellschaftlichen Umfeld, wie es mit dem Teilzeit- und Befristungsgesetz sowie mit der im SGB III geregelten Teilzeitarbeitslosigkeit zum Ausdruck kommt, bei der Grundsicherung die Vollzeitarbeit für Personen mit Kindern ab drei zur Regel zu machen. Die daraus entstehenden Konflikte belasten – unnötig – die Gerichtsbarkeit.

---

719 Rixen in Eicher/ Spellbrink (2008): § 10 Rn. 61 SGB II spricht von einer Entlastung der Sachverhaltsermittlung der Leistungsträger.
720 So im Fall des LSG Berlin-Brandenburg U. v. 16.10.2008, L 5 AS 449/08.

8. Rechts- und sozialwissenschaftliches Fazit

8.2.4   Gleichstellung hinsichtlich aktivierender Leistungen

Nach aktuellen sozialwissenschaftlichen Erkenntnissen werden Frauen deutlich seltener als Männer, Mütter seltener als Väter mit Eingliederungsleistungen gefördert, analog werden über Frauen und Mütter seltener Sanktionen verhängt als über Männer und Väter. Diese Praxis gilt hauptsächlich für Westdeutschland. Hier wird die Frauenzielförderquote deutlich verfehlt und hat sich die Differenz zwischen Soll- und Ist- Förderung seit Jahren sogar vergrößert. Eine Förderung von Frauen mit betriebsnahen, ausgesprochen erfolgreichen Eingliederungsinstrumenten findet insbesondere dabei besonders selten statt.

Die Evaluationsforschung weist vielfach auf eine geschlechtsrollenstereotype Beratungs- und Vermittlungspraxis in den Grundsicherungsstellen hin. Aufgrund weiter Ermessensspielräume der Fachkräfte und fehlender Gender- Leitlinien besteht zugleich die Gefahr, dass es weitgehend dem Zufall überlassen bleibt, nach welchen subjektiven Vorstellungen über Geschlechtsrollen und Familienbilder der Fachkräfte arbeitslose Frauen und Männer beraten werden.

8.2.4.1   Eingliederungsvereinbarungen

Über die für die Eingliederung erforderlichen Leistungen ist mit Hilfebedürftigen eine Eingliederungsvereinbarung abzuschließen.[721] Die Vereinbarung kann auch die Mitglieder der Bedarfsgemeinschaft umfassen, die daran dann zu beteiligen sind. Sie haben aber keinen Anspruch, dass für sie in einer Eingliederungsvereinbarung gegenseitige Pflichten festgehalten werden.[722]

Aus der Evaluationsforschung ist bekannt, dass das Instrument der Eingliederungsvereinbarung mehr im Sinne der Gleichberechtigung genutzt werden könnte. Die Eingliederungsvereinbarung ist grundsätzlich als ein Förderinstrument geeignet, um Leistungen zur Vereinbarkeit von Familie und Beruf zu berücksichtigen. In der Praxis wird die Eingliederungsvereinbarung aber so nicht genutzt.

Vertragsverhandlungen finden über die Inhalte von Eingliederungsvereinbarungen kaum statt. Die getroffenen Vereinbarungen sollten außerdem nicht erst anlässlich der Herabsetzung des Arbeitslosengeldes II nach § 31 SGB II auf ihre Rechtmäßigkeit hin überprüft werden können.

---

721   Grundlage ist § 15 Abs. 1 SGB II. Kommt eine Vereinbarung nicht zustande, soll die Regelung durch Verwaltungsakt erfolgen.
722   Grundlage ist § 15 Abs. 2 SGB II.

8.2.4.2 Folgen für Alleinerziehende

Problematisch für die **Alleinerziehenden** stellt es sich dar, dass sie nach § 16a Nr. 1 SGB II nur einen Anspruch auf fehlerfreie Ermessensentscheidung über Kinderbetreuung haben und nach § 83 SGB III nur einen Anspruch auf fehlerfreie Entscheidung der Kostenübernahme. Alleinerziehende sind auf öffentliche Kinderbetreuungseinrichtungen angewiesen, um einer Erwerbstätigkeit nachgehen zu können. Nur wenn eine ausreichende Betreuungsinfrastruktur vorhanden ist, sind sie faktisch erwerbsfähig und können in den Arbeitsmarkt eingegliedert werden. Die sozialwissenschaftliche Evaluation zeigt aber, dass Alleinerziehende in Westdeutschland zu den am wenigsten geförderten Gruppen Arbeitsloser zählen. Alleinerziehende sind zudem von allen Bedarfsgemeinschaftstypen am längsten auf Hilfeleistungen angewiesen sind, obwohl repräsentative Befragungen ihre besonders hohe Erwerbsorientierung aufzeigen. Gleichzeitig können Alleinerziehende aufgrund ihrer alleinigen Sorgeverantwortung in der Regel nur in Teilzeit erwerbstätig sein oder an Teilzeit-Eingliederungsmaßnahmen teilnehmen. Diese eingeschränkte Verfügbarkeit und der besondere Unterstützungsbedarf bei der Sicherstellung der Kinderbetreuung führt fataler weise in der Praxis oftmals zum Ausschluss Alleinerziehender von aktiver Förderung anstatt zu einer bedarfsgerechten Beseitigung der Hemmnisse ihrer Arbeitsmarktintegration. Erfolgreiche Praxisbeispiele zeigen, dass ein sinnvolles Vorgehen zur Arbeitsmarktintegration von Müttern darin besteht, als erstes für bedarfsgerechte lokale Kinderbetreuungsmöglichkeiten zu sorgen und erst im zweiten Schritt die Arbeitsvermittlung bzw. -beratung erfolgen kann. Vielfältige lokale Vernetzungen und Kooperationen und politische Unterstützung vor Ort haben sich hierfür allerdings als notwendig erwiesen. Allerdings erschwert die Art der Ressourcensteuerung im SGB II- Bereich die Entwicklung zielgruppenspezifischer Angebote.[723]

Weiter stellt die Befreiung von der Erwerbspflicht nach § 10 Abs. 1 Nr. 3 SGB II für Sorgeverantwortliche von Kindern unter drei Jahren oder pflegebedürftigen Angehörigen eine Erschwerung der Eingliederung in den Arbeitsmarkt dar. Die Vorschrift ist nach jetzigen Erkenntnissen aus der Evaluationsforschung mit dem faktischen Ausschluss aus aktiven Fördermaßnahmen verbunden.

Der Wiedereinstieg ist nach einer dreijährigen Unterbrechung der Erwerbstätigkeit deutlich erschwert. Hier stellt die Regelung, die eigentlich den Alleinerziehenden wie auch den gemeinsam Erziehenden nützen soll, ein Signal in die falsche Richtung dar und perpetuiert die schwierige Lage besonders von Müttern, da diese besonders häufig Erziehungsaufgaben übernehmen. Väter in der gleichen Lage stehen ebenfalls vor dieser Problematik.

---

723 Dazu Teil 4.4.2.1 und 6.2.2.3.

8. Rechts- und sozialwissenschaftliches Fazit

8.2.4.3 Stiefkinderregelung als Fehlsteuerung insbesondere für Alleinerziehende

Die Bedarfsgemeinschaft hat Folgen auch für Kinder. Anders als in der Sozialhilfe wird der wechselseitige Wille füreinander einzustehen im **Verhältnis von Eltern und Kindern** beim **Zusammenleben mit einem gemeinsamen Kind** oder der **Versorgung des Kindes** im Haushalt vermutet[724]. Gleichzeitig begründet die Anrechnung bei der Hilfebedürftigkeit[725] - anders als für die ehelichen Kinder - **keinen einklagbaren Anspruch des hilfebedürftigen Kindes.** Kinder haben, anders als Erwachsene, nicht die Handlungsoption, den gemeinsamen Haushalt mit dem leiblichen Elternteil und dessen neuen Partner zu verlassen. Partnereinkommen wird bei der Hilfebedürftigkeit des Kindes angerechnet, auch wenn unverheiratete Eltern keinen Selbstbehalt bei der Anrechnung von Erwerbseinkommen[726] geltend machen. Im Gegensatz zum zivilrechtlichen Unterhaltsrecht werden Eltern bei der Hilfebedürftigkeit selbst dann herangezogen, wenn das bereits erwachsene Kind keiner Erwerbstätigkeit nachgeht und weder eine Ausbildung absolviert noch diese bereits abgeschlossen hat (bis zum Alter von 25 Jahren), die Eltern also familienrechtlich nicht mehr zur Unterhaltszahlung verpflichtet wären.

Die Einstandspflicht des Partners oder der Partnerin im Rahmen des SGB II für das Stiefkind berücksichtigt nicht, dass auch der leibliche Vater oder die leibliche Mutter, für die der unterhaltsrechtliche Selbstbehalt gilt, in Anspruch genommen werden könnten. Die Stiefeltern sollten erst nachrangig in Anspruch genommen werden müssen. Diese Hierarchie von Ansprüchen ist mit dem Übergang von Ansprüchen[727] zu realisieren.

Die sozialrechtliche Verpflichtung von Stiefvater oder -mutter stellt insbesondere für **Alleinerziehende eine Fehlsteuerung**[728] dar. Das geltende Recht macht Berichte verständlich, dass Arbeitslosengeld-II-Empfänger bei Beratungsstellen nachfragen, ob sie sich das Zusammenleben mit der neuen Partnerin leisten können, die ein Kind hat. Die Bedarfsgemeinschaft des SGB II kann demnach ein Hemmnis für Alleinerziehende sein, wieder in einer Partnerschaft zu leben.

---

724 Vermutung mit der Folge der Beweislastumkehr nach § 7 Abs. 3a Nr. 2 und 3 SGB II.
725 Einkommen wird für unverheiratete Kinder nach § 9 Abs. 2 Satz 2 SGB II angerechnet.
726 Die Freibeträge bei Erwerbstätigkeit nach § 30 SGB II haben eine Funktion im Rahmen des SGB II und können den familienrechtlichen Selbstbehalt nach BGB nicht ersetzen.
727 Grundlage ist § 33 SGB II. Bei Vorliegen der Voraussetzungen ist die Unterhaltsvorschusskasse vorleistend in Anspruch zu nehmen.
728 Das BSG hat in seinem Urteil v. 13.11.2008, Az. B 14 AS 2/08 R diese „Stiefkinderregelung" als nicht verfassungswidrig eingestuft, dazu zuvor Teil 3.4.5, S. 70. Gleichzeitig hat das BSG die Folgen der Regelung zutreffend beschrieben: *„Aufgrund solcher Konflikte zwischen den Mitgliedern der Bedarfsgemeinschaft kann es zwar zur Auflösung der Partnerschaft und damit der Bedarfsgemeinschaft kommen."*

8.2.4.4 Verlust des Zugangs zu kommunalen Eingliederungsleistungen

Eine weitere Folge der Bedarfsgemeinschaft ist, dass insbesondere Frauen, die als Individuen hilfebedürftig wären und damit Anspruch auf die kommunalen Eingliederungsleistungen hätten, durch das Zusammenleben mit einem Partner, dessen Einkommen den Gesamtbedarf der Bedarfsgemeinschaft nach dem SGB II deckt, den Zugang zu den kommunalen Eingliederungsleistungen verlieren. Für Nichtleistungsbeziehende können diese kommunalen Leistungen - wie die Kinderbetreuung - eine wichtige Basis für die Suche nach einem Erwerbsarbeitsplatz sein. Die mangelnde Bedürftigkeit bei passiven Leistungen (finanzielle Sicherung des Lebensunterhalts) nach dem SGB II kann es nicht rechtfertigen, damit zugleich eine mangelnde Hilfebedürftigkeit bezüglich der aktiven Leistungen zu konstatieren[729].

Die Nichtleistungsbeziehenden werden nicht ausreichend durch aktive Leistungen des SGB III gefördert. Die zur Lösung dieses Problems von der Bundesagentur und von anderen ergriffenen Maßnahmen wie Fortbildung von Fallmanagern stellen eine „End-of-the-pipe"-Lösung dar, nicht aber eine systematische Überwindung der Fehlanreize, die im Gesetz selber liegen. Diese sind dadurch entstanden, dass an die Stelle eines Individualanspruchs auf Geld- und Förderleistungen dem Grunde nach, wie er aus vielen Sozialgesetzen bekannt ist und der zunächst einmal nichts über die Höhe des Anspruchs aussagt, der für den Anspruch der Bedarfsgemeinschaft auf Geldleistungen gesetzt wurde. Ein Gesamtanspruch kann systematisch nur unzureichend mit einem individuellen Anspruch auf Fördermaßnahmen verknüpft werden.

Die Nichtleistungsbeziehenden, die überwiegend weiblich sind, zeichnen sich durch eine sehr hohe Erwerbsorientierung und mehrjährige Berufserfahrung aus. Trotz aktiver Bemühungen finden sie aber nur selten einen Arbeitsplatz. Sie sind damit wirtschaftlich vollständig abhängig von ihrem in der Regel nicht finanzstarken Partner; sie benötigen dringend professionelle Unterstützung bei der Arbeitsmarkteingliederung. Es entstehen damit Anreize, die Bedarfsgemeinschaft zu verlassen, um als individuell hilfebedürftig anerkannt zu werden und den Zugang zu aktiven Eingliederungsleistungen zu erhalten[730].

8.2.4.5 Fehlanreize für kommunale Eingliederungsleistungen

Die Folgen der Horizontalberechnung könnten im Zusammenhang mit der Anrechnungsregelung des § 19 Satz 3 SGB II zusätzlich geeignet sein, die kommunalen Träger von der Erbringung **kommunaler Eingliederungsleistungen** - wie Kinderbetreuung und Schuldnerberatung - nach § 16a SGB II abzuhalten, wenn sich die Erbringung der Eingliederungshilfen für sie wirtschaftlich nicht lohnt. Kann beispielsweise mit Hilfe einer Eingliederungsleistung nach § 16a Nr. 1 SGB II erreicht

---

729 Dazu Teil 4.3.5.
730 Dazu Teil 4.4.2.2..

8. Rechts- und sozialwissenschaftliches Fazit

werden, dass eine alleinerziehende Mutter zumindest einer Teilzeitstelle nachgehen kann, mindern sich vorrangig die Leistungen der Agentur für Arbeit.

Infolge der Horizontalberechnung „lohnen" sich kommunale Eingliederungsleistungen erst ab dem Schwellenwert eines Einkommens oberhalb des Regelbedarfs für die gesamte Bedarfsgemeinschaft. Damit setzt die geltende Rechtslage **Fehlanreize für die kommunalen Eingliederungsleistungen**.

Insbesondere außerhalb von Städten sind die Kinderbetreuungsangebote unverändert nicht ausreichend. Die kommunale Eingliederungsleistung der Kinderbetreuung ist insbesondere für Alleinerziehende das passende Angebot zur Eingliederung in Arbeit. Zur Verbesserung der Situation **Alleinerziehender** wäre es zunächst vorrangig, im SGB II diesen Fehlanreiz abzuschaffen. Die Praxis zeigt, dass erst die Lösung der Betreuungsprobleme andere Fördermaßnahmen für diese Zielgruppe wirksam werden lässt.

Eine Abschaffung der Horizontalberechnungsmethode und der Ersatz durch die Vertikalmethode könnten die bestehenden Fehlanreize bei kommunalen Eingliederungsleistungen beseitigen.

8.2.5 Handlungsempfehlungen zur Bedarfsgemeinschaft

Hinsichtlich der Erwerbsfähigen und der Partnerinnen oder Partner wird zu den Auswirkungen der Bedarfsgemeinschaft bei den Geld- bzw. passiven Leistungen empfohlen,

- für die Feststellung der Bedürftigkeit von der Bedarfsanteilsberechnung zur Vertikalmethode zu wechseln,
- zur Zumutbarkeit die starre Altersgrenze durch flexiblere Formen abzulösen,
- die Eingliederungsvereinbarungen auch als Instrument zur Vereinbarkeit von Familie und Beruf zu nutzen.
- die sozialrechtliche Inpflichtnahme von Stiefvater oder Stiefmutter zu streichen und durch kindgerechte Lösungen zu ersetzen.

8.3 Fazit zur aktiven Arbeitsförderung nach SGB III

Die *zweite Fragestellung des Projekts* bestand darin zu untersuchen, ob Arbeitslose, die dem Grunde nach Anspruch auf Leistungen zur Sicherung des Lebensunterhalts haben, diese aber mangels Bedürftigkeit nach dem SGB II nicht von den Jobcentern erhalten, durch aktive Arbeitsförderungsmaßnahmen zur Arbeitsmarktintegration nach SGB III gefördert werden.

8.3.1 Verlust an Leistungsansprüchen betrifft überwiegend Frauen

Frauen in Paarbeziehungen zählen überwiegend zu den Verliererinnen des Systemwechsels von Arbeitslosen- und Sozialhilfe zu Arbeitslosengeld II, sie haben überdurchschnittlich ihre Leistungsansprüche aufgrund der verschärften Einstandspflichten in der Bedarfsgemeinschaft verloren. Demzufolge stellen Frauen den Großteil der Nichtleistungsbeziehenden (NLB), sie machen fast zwei Drittel dieser dem Grunde nach Leistungsberechtigten aus, in absoluten Zahlen sind dies rund 320.000 Frauen. Sie verlieren damit nicht nur ihren Anspruch auf Geldleistungen, sondern auch auf soziale Absicherung in den gesetzlichen Sozialversicherungen, da die BA keine Sozialbeiträge für NLB übernimmt. Nicht verheiratete Frauen ohne ausreichende Mittel zur eigenständigen Absicherung verlieren so ihren Krankenversicherungsschutz und verstoßen überdies gegen die seit 2009 nach § 193 Versicherungsvertragsgesetz geltende Krankenversicherungs*pflicht*,[731] außer ihr Partner ist bereit und in der Lage, den Versicherungsbeitrag für sie zu übernehmen. Hierauf besteht jedoch kein zivilrechtlicher Anspruch.

Zwar ist die Anzahl dieser Nichtleistungsbeziehenden nach Daten der BA seit 2005 rückläufig. Es deutet aber nichts darauf hin, dass dieser Rückgang auf eine verbesserte Arbeitsmarktintegration dieser Gruppe zurückzuführen wäre. Vielmehr ist die Arbeitslosigkeit von Männern in den letzten Jahren stärker zurückgegangen als die der Frauen, was wesentlich durch die geschlechtsspezifische Segregation von Arbeitsmärkten bedingt ist. Als wesentlicher Grund für den zahlenmäßigen Rückgang der bei der BA registrierten Nichtleistungsbeziehenden ist vielmehr die seit Jahren und seit Januar 2009 nochmals erfolgte Verschärfung der Mitwirkungspflichten der NLB zu vermuten, denen zwar keine Ansprüche auf Geld- allerdings auf fehlerfreie Ermessensentscheidung bezüglich Beratungs- und Eingliederungsleistungen gegenüber stehen. Die individuellen Vorteile einer Registrierung bei der BA sind damit als äußerst gering zu betrachten, so dass anzunehmen ist, dass sich dieser überwiegend weibliche Personenkreis in die sog. Stille Reserve zurückzieht. Diese Entwicklung läuft jedoch den Zielen der verstärkten Arbeitsmarktintegration und des gleichstellungspolitischen Nachteilsausgleichs zuwider.

Dabei zeigt die eigene Forschung auf Basis von SOEP- Daten, dass sich Nichtleistungsbeziehende durch eine sehr hohe Erwerbsorientierung auszeichnen und trotz schlechter Arbeitsmarktaussichten hieran überwiegend festhalten. Der Personenkreis verfügt mehrheitlich über eine abgeschlossene Schul- und Berufsausbildung und mehrjährige Erwerbserfahrung und ist daher nicht pauschal als „arbeitsmarktfern" zu charakterisieren. So genannte Vermittlungshemmnisse bestehen jedoch teilweise aufgrund längerer Arbeitslosigkeit sowie teils eingeschränkter Verfügbarkeit wegen Sorgeverantwortung für – allerdings überwiegend bereits schulpflichtiger – Kinder. Es ist also von einem Bedarf an Unterstützung und Beratung

---

731 Ein Verstoß gegen die Krankenversicherungspflicht wird mit hohem Bußgeld, einem Prämienzuschlag sowie ggf. maximal 5 Jahre rückwirkenden Prämienzahlungen geahndet (§ 193 VVG).

8. Rechts- und sozialwissenschaftliches Fazit

dieser arbeitslosen Frauen seitens der Bundesagentur auszugehen, wodurch sich vermutlich die Arbeitsmarktchancen verbessern ließen (siehe auch nächsten Abschnitt).

8.3.2 Zugang zu Leistungen der Arbeitsförderung nach SGB III

Eine rechtliche Öffnung des Zugangs zu aktiven Leistungen besteht dagegen für Nichtleistungsbeziehende nach SGB III. Es ergeben sich allerdings begründete Zweifel, inwieweit sie auf dieser Grundlage tatsächlich gefördert werden. Ein Rechtsanspruch besteht nur auf allgemeine Beratung und Vermittlung durch die BA, während die Förderung durch aktive Leistungen wie Qualifizierungs- oder Beschäftigungsmaßnahmen generell im Ermessen der Fachkräfte steht. Diese sind an die geschäftspolitischen Zielvorgaben der BA gebunden, die einer Förderung von Nichtleistungsbeziehenden systematisch entgegenwirken: Die Steuerung des Mitteleinsatzes erfolgt laut Geschäftspolitik der BA nach (vermuteter) Wirkung und Wirtschaftlichkeit. Das heißt, die Dienstleistungen (Vermittlereinsatz und Produkteinsatz) sind primär auf jene Kunden zu konzentrieren, bei denen eine schnelle Arbeitsmarktintegration zu erwarten ist, die überdies zu einer Senkung passiver Leistungen führt. Kunden, bei denen der Mitteleinsatz keine schnelle Integration verspricht, die die BA finanziell entlasten würde, sollen gemäß der internen formalisierten Handlungsprogramme der Kundensegmentierung keine Eingliederungsleistungen erhalten. Nach dieser Steuerungslogik hat die BA keine Anreize zur aktiven Förderung von Nichtleistungsbeziehenden, da sie keine Kosten für die BA verursachen.

In der Literatur sind nur sehr vereinzelt Nachweise über den Umgang der Fachkräfte mit Nichtleistungsbeziehenden zu finden. Zumeist wird von Fällen berichtet, in denen diese *nicht* mit Eingliederungsleistungen gefördert werden, teils explizit mit der Begründung des Nichtleistungsbezugs. Berichtet wird allerdings von einer verstärkten *Aktivierung* Nichtleistungsbeziehender, also dem Einfordern aktiver Eigenbemühungen wie Bewerbungen oder zeitliche und örtliche Mobilität. Dies entspricht auch der offiziellen Praxis der BA, den Arbeitslosenstatus verstärkt zu überprüfen, wozu ihr der Gesetzgeber seit 2009 Sanktionsmöglichkeiten gegenüber Nichtleistungsbeziehenden verschafft hat (dreimonatige Vermittlungssperre).

Bislang existieren in den BA-Statistiken zur Förderung mit Eingliederungleistungen keine Informationen bezüglich Nichtleistungsbeziehenden, so dass die Forschungsfrage letztlich nicht befriedigend beantwortet werden kann. In der Förderstatistik der BA fehlt bislang das Merkmal „Nichtleistungsbezug". Generell fehlt in den Statistiken die Verknüpfung von Leistungs- und Fördermerkmalen, die unterschiedlichen Erhebungsverfahren entstammen. Um die für statistische Zwecke erforderlichen Angaben zur Bedarfsgemeinschaft zu erhalten, bietet das SGB II rechtlich umfassende Grundlagen für im Einzelnen von dem BMAS bzw. von der Bundesagentur (ggf. im Benehmen mit den kommunalen Spitzenverbänden) zu konkretisierende Statistiken.

8.3.3 Hilfebedürftigkeit nach § 7 Abs. 1 Nr. 3 SGB II als Voraussetzung von Eingliederungsleistungen mittelbar diskriminierend

Zunächst ist die Art der Einkommensanrechnung, die zu einem Verlust von Geldleistungsansprüchen überdurchschnittlich häufig bei Frauen führt, rechtlich zu begründen. Zu rechtfertigen wäre, Einkommen bei den finanziellen, also den passiven Leistungen der Grundsicherung für Arbeitssuchende zu berücksichtigen, obwohl die Grundsicherung in ihrer einkommensabhängigen Ausgestaltung überwiegend nachteilig für Frauen wirkt. Die Rechtfertigung, eine Sozialleistung sichere das Existenzminimum, ist vom Europäischen Gerichtshof in ständiger Rechtsprechung akzeptiert worden. Dieser Grundsatz dürfte auch für eine Prüfung des Verbots der mittelbaren Benachteiligung nach Art. 3 Abs. 3 GG zum Tragen kommen. Die Grundsicherung rechtfertigt aber auf keinen Fall die Art der Einkommensanrechnung bei den aktivierenden Leistungen.[732] Sie belässt arbeitslose, finanziell nicht im Sinne des SGB II hilfebedürftige Frauen ohne jede öffentliche Unterstützung, womit sie allein auf ihre Privatinitiative der Arbeitssuche angewiesen sind. Die damit verbundenen Rollenstereotype tragen nicht den Anforderungen von Art. 9 und 10 des UN-Frauenrechtsübereinkommens Rechnung. Die Anspruchsvoraussetzung der Hilfebedürftigkeit nach § 7 Abs. 1 Nr. 3 SGB II ist mit dem verfassungsrechtlichen Verbot der mittelbaren Benachteiligung wegen des Geschlechts nach Art. 3 Abs. 3 GG unvereinbar.

Wie bei jeder tatsächlichen mittelbaren Ungleichbehandlung, die nicht zu rechtfertigen ist, kommt das Prinzip des einzig gültigen Bezugspunkts für Gleichbehandlung[733] zum Tragen. Solange der Zugang zu den aktivierenden Leistungen des SGB II nicht diskriminierungsfrei gestaltet ist, entfällt die diskriminierende Anspruchsvoraussetzung der Bedürftigkeit für die Leistungen zur Eingliederung in Arbeit, bis eine benachteiligungsfreie Regelung getroffen worden ist. § 7 Abs. 1 Nr. 3 SGB II verletzt außerdem den staatlichen Auftrag nach Art. 3 Abs. 2 GG und nach Artikel 5 lit. a CEDAW- Übereinkommen.

8.3.4 Handlungsempfehlungen zu den Nichtleistungsbeziehenden

Hinsichtlich der Nichtleistungsbeziehenden wird zu den Auswirkungen der Bedarfsgemeinschaft empfohlen,

- als Einkommen in der Grundsicherung die familienrechtlich bestehenden Unterhaltsansprüche bei Erwachsenen und Kindern anzurechnen, statt fiktive Ansprüche zugrundezulegen,

---

732 Dazu näher Teil 4.3.5.
733 Dazu Teil 1.5.1.4.1.

8. Rechts- und sozialwissenschaftliches Fazit

- auf die bestehenden Unterhaltspflichten der mit dem Kind nicht zusammenlebenden Eltern Bedürftige ausdrücklich hinzuweisen, soweit damit nicht das Kindeswohl gefährdet wird,
- bei kommunalen Eingliederungsleistungen auf die individuelle Hilfebedürftigkeit abzustellen, auch um zu ermöglichen, dass erwerbsfähigen Erziehenden vorrangig ein Platz zur Kinderbetreuung angeboten wird,
- hinsichtlich der Eingliederungsleistungen nach SGB III das Merkmal Leistungsbezug / Nichtleistungsbezug der Geförderten in den Statistiken (Eingliederungsbilanzen) auszuweisen. Dies gilt im Übrigen auch hinsichtlich Alleinerziehender, zu deren aktiver Förderung die BA-Statistik ebenfalls keine Daten enthält.[734]

Um einen effektiven Zugang Nichtleistungsbeziehender zu aktiven Förderleistungen nach SGB III sicherzustellen, sollten analog der allgemeinen Zielförderanteile für Frauen auch solche für NLB festgelegt und deren Erfüllung regelmäßig dem Controlling unterzogen werden.

8.4 Fazit und Handlungsempfehlung zur Verankerung einer Chancengleichheitsbeauftragten

Als *dritte Fragestellung des Projekts* war, zu klären, ob und wie sich eine institutionelle Verankerung einer Beauftragten für Chancengleichheit positiv auswirken könnte, die Gleichstellung von Männern und Frauen als durchgängiges Prinzip verfolgen zu können.

Die Ergebnisse zeigen, dass der Aspekt der institutionellen Gleichstellungspolitik rechtlich erforderlich ist und ihm für die aktivierende Grundsicherung unzureichend Rechnung getragen wird. In der Mehrzahl der Grundsicherungsstellen ist die Institutionalisierung der Gleichstellungsziele sehr unzureichend umgesetzt und genießt auf Leitungsebene nur nachrangige Bedeutung. Nur sehr selten wurde für den SGB II-Bereich eine Beauftragte für Chancengleichheit installiert, mehrheitlich bestehen lediglich informelle Kooperationen zwischen nebenamtlich für Gleichstellung Zuständige in den Grundsicherungsstellen und anderen lokalen gleichstellungspolitischen Akteuren. So wichtig und, abhängig von den jeweiligen personellen Konstellationen vor Ort, im Einzelfall ertragreich diese Kooperationen auch sind, können sie doch keine systematische und flächendeckende Umsetzung der Gleichstellungsziele des SGB II gewährleisten. Und selbst in jenen Grundsicherungsstellen, die eine personelle Verankerung der gleichstellungspolitischen Ziele vorgenommen haben, führt dies überwiegend nicht dazu, dass die Zuständigen auch bei der Entwicklung arbeitsmarktpolitischer Strategien und Programme beteiligt sind und damit programmatischen Einfluss im Sinne gleichstellungspolitischer Ziele nehmen könnten.

---

734 Die o.g. Befunde stützen sich ausschließlich auf die abgeschlossene Wirkungsforschung. Daher ist eine fortlaufende Berichterstattung über die Förderung Alleinerziehender seitens der BA nicht gewährleistet.

8. Rechts- und sozialwissenschaftliches Fazit

Zu empfehlen ist,

- eine personelle hauptamtliche Zuständigkeit sowie Kompetenz eines Gleichstellungsbeauftragten bei den Grundsicherungsträgern und
- eine *konzeptionelle* Verankerung der Gleichstellungsziele im gesamten Geschäftsprozess der Bundesagentur für Arbeit bzw. der Grundsicherungsstelle.

8.5 Zusammenfassung der Handlungsempfehlungen

Die Studie hat zur Neuordnung der Arbeitsmarktpolitik und zu den gleichstellungs- und familienspezifischen Zielen des SGB II Fehlanreize und Defizite einiger Regelungen des SGB II und sich mittelbar ergebende für das SGB III festgestellt.

Klarstellungs- und Änderungsbedarfe betreffen unmittelbar:

- die Definition der Bedarfsgemeinschaft im SGB II,
- die Festlegung sozialrechtlicher Pflichten ohne Basis im familienrechtlichen Unterhaltsrecht des BGB und damit ohne Selbstbehalt,
- bei wirtschaftlicher Kalkulation entstandene Fehlanreize beim Zugang zu kommunalen Eingliederungsleistungen,
- die Bedarfsanteils- oder Horizontalberechnung der Hilfebedürftigkeit für die Bedarfsgemeinschaft,
- den Ausschluss von Nichtleistungsbeziehenden von kommunalen Eingliederungsleistungen,
- die fehlende Förderung der Vereinbarkeit von Familie und Beruf in der Grundsicherung,
- die mit der Bedarfsgemeinschaft verbundene Fehleranfälligkeit des Verwaltungsverfahrens,
- die fehlende verbindliche Einführung einer Gleichstellungsbeauftragten
- fehlende statistische Daten zur Förderung von Nichtleistungsbeziehenden mit Eingliederungsleistungen nach SGB III in den Statistiken der BA und eine wahrscheinlich unzureichende Förderung dieser Gruppe auch nach SGB III.

Empfohlen wird deshalb mit der nächsten Änderung des SGB II:

1. Den Begriff der Hilfebedürftigkeit, der nach § 9 Abs. 1 SGB III nicht individuell sondern im Rahmen der Bedarfsgemeinschaft bestimmt wird, wie im SGB XII individuell ohne den Bezug zur Bedarfsgemeinschaft für den oder die Erwerbsfähige zu definieren
2. Als Einkommen in der Grundsicherung die familienrechtlich bestehenden Unterhaltsansprüche bei Erwachsenen und Kindern anzurechnen statt der fiktiven Ansprüche.

8. Rechts- und sozialwissenschaftliches Fazit

3. Den Zugang zu kommunalen Eingliederungsleistungen bei individueller Hilfebedürftigkeit öffnen.
4. Von der Horizontal- zur Vertikalberechnung wechseln.
5. Mit der Vertikalmethode die finanziellen Fehlanreize bei kommunalen Eingliederungsleistungen abschaffen.
6. Die starre Altersgrenze von drei Jahren als Maßstab der Zumutbarkeit durch eine Regelung zur Vereinbarkeit von Familien und Beruf abzulösen und die besonders benachteiligte Gruppe Alleinerziehender verstärkt aktiv zu fördern (Kinderbetreuungsangebote, Arbeitsförderung).
7. Mit den Änderungen die Fehleranfälligkeit des Verwaltungsverfahren zu reduzieren.
8. Das Gleichstellungsziel institutionell und personell zu verankern und seine Zielerreichung zu kontrollieren.

Unabhängig von gesetzlichen Änderungen:

9. Die aktive Arbeitsförderung von Nichtleistungsbeziehenden mit Eingliederungsleistungen nach SGB III durch festgelegte und kontrollierte Zielförderanteile zu verbessern.
10. Die statistische Datenbasis seitens der BA noch weiter zu verbessern (siehe oben).

Mittelfristig ist die bislang nicht vom Gesetzgeber, sondern seitens der Verwaltung festgelegte Ausrichtung der Geschäftspolitik der BA an betriebswirtschaftlichen statt sozialpolitischen Zielvorgaben (Primat der schnellen Integration der arbeitsmarktnahen Kunden, Senkung passiver Leistungen) politisch zu diskutieren und ggf. zu revidieren, um wieder eine stärkere Zielgruppenförderung zu ermöglichen.

9. Literaturverzeichnis[1]

Achatz, Juliane (2005): „Geschlechtersegregation am Arbeitsmarkt", in: Martin Abraham/Thomas Hinz (Hg): Arbeitsmarktsoziologie. Probleme, Theorien, empirische Befunde. Wiesbaden: VS Verlag für Sozialwissenschaften, 263 - 301.

Alda, Holger/Bartelheimer, Peter (2008): „Ungleiche Erwerbsbeteiligung - Messkonzepte für ein segmentiertes Beschäftigungssystem", in: Sabine Gensior/Lothar Lappe/Hans Gerhard Mendius (Hg): Im Dickicht der Reformen - Folgen und Nebenwirkungen für Arbeitsmarkt, Arbeitsverhältnis und Beruf (Dokumentation der gleichnamigen Tagung). Cottbus: Deutsche Vereinigung für sozialwissenschaftliche Arbeitsmarktforschung (SAMF) e.V., Arbeitspapier 2008-1, 49 - 78.

Ambs, Friedrich u. a. (2007): Gemeinschaftskommentar zum Arbeitsförderungsrecht (GK-SGB III). Stand: 12/2009, 148. Ergänzungslieferung. Neuwied: Luchterhand.

Ames, Anne (2008): Arbeitssituation und Rollenverständnis der persönlichen Ansprechpartner/-innen nach § 14 SGB II. Eine Studie im Auftrag der Hans-Böckler-Stiftung. Düsseldorf.

Arntz, Melanie/Clauss, Markus/Kraus, Margit/Schnabel, Reinhold/Spermann, Alexander/Wiemers, Jürgen (2007): Arbeitsangebotseffekte und Verteilungswirkungen der Hartz-IV-Reform. IAB Forschungsbericht Nr. 10/2007. Nürnberg: Institut für Arbeitsmarkt- und Berufsforschung.

Axer, Peter (2000): Normsetzung der Exekutive in der Sozialversicherung. Tübingen: Mohrk.

Baethge-Kinsky, Volker/Wagner, Alexandra (2007): „Zur Umsetzung des "Gender Mainstreaming" in der wissenschaftlichen Evaluation der Hartz-Gesetze I bis III", in: Rudolph/Niekant (Hg): Hartz IV - Zwischenbilanz und Perspektiven. Münster: Westfälisches Dampfboot, 94 - 109.

Bartelheimer, Peter/Henke, Jutta (2007): Eher ein Randbereich. Sicherlich auch ganz wichtig. Gender-Fragen in der Fallbearbeitung nach dem SGB II. Bielefeld/Göttingen: SOFI Göttingen.

Bartelheimer, Peter/Wieck, Markus (2005): „Arbeitslosigkeit und Unterbeschäftigung", in: Soziologisches Forschungsinstitut (SOFI)/Institut für Arbeitsmarkt- und Berufsforschung (I-AB)/Institut für sozialwissenschaftliche Forschung (ISF)/Internationales Institut für empirische Sozialökonomie (INIFES) (Hg.): Berichterstattung zur sozioökonomischen Entwicklung in Deutschland. Arbeit und Lebensweisen. Wiesbaden: Verlag für Sozialwissenschaften, 271 - 302.

Becker, Irene (2009): „Von Arbeitslosen- und Sozialhilfe zum ALG II: Verteilungswirkungen des Systemwechsels". In: Betzelt, Sigrid/ Lange, Joachim/ Rust, Ursula (Hg) (2009), 69-86.

Becker, Irene/Hauser, Richard (2006): Verteilungseffekte der Hartz-IV-Reform. Ergebnisse von Simulationsanalysen. Berlin: edition sigma.

Beckmann, Petra (2003): Frauenförderquote: Gute Absichten führen nicht immer zum gewünschten Ziel. IAB Kurzbericht Nr. 22. Nürnberg: Institut für Arbeitsmarkt- und Berufsforschung.

Berghahn, Sabine (2006): Ehegattenunterhalt und sozialrechtliches Subsidiaritätsprinzip als Hindernisse für eine konsequente Gleichstellung von Frauen in der Existenzsicherung, geleitet wurde das Projekt von PD Sabine Berghahn, vgl. www.fu-berlin.de/ernaehrermodell (Zugriff am 08.02.2009).

Berghahn, Sabine (2007a): „Das Versprechen der Existenzsicherung durch die Ehe als 'double bind'", in: Scheiwe, Kirsten (Hg) (2008), 67 - 83.

Berghahn, Sabine (2007b) (Hg): Unterhalt und Existenzsicherung. Baden-Baden: Nomos.

---

1 Verzeichnis der zitierten Literatur.

9. Literatur

Bertelsmann, Klaus/ Colneric, Ninon/ Pfarr, Heide/ Rust, Ursula (1993): Handbuch zur Frauenerwerbstätigkeit: Arbeitsrecht/Sozialrecht, Frauenförderung. Loseblatt (Stand: 21. Ergänzungslieferung). Neuwied. Luchterhand.

Bertelsmann, Klaus/ Rust, Ursula (1986): "Equal opportunity regulations for employed women and men in the Federal Republic of Germany", in: Verwilghen, Michel (Ed), Equality in Law between men and women in the European Community. Louvain-La-Neuve, 83 – 114.

Betzelt, Sigrid (2007): „Hartz IV aus Gender-Sicht: Einige Befunde und viele offene Fragen", in: WSI Mitteilungen 60, 298 - 304.

Betzelt, Sigrid (2008a): Activating labour market policies and their impact on the welfare triangle - conceptual framework for systematic comparative analysis and first empirical results. Paper presented at the International Conference "Activation policies on the fringes of society: a challenge for European welfare states", hosted by DGS and IAB, Nuernberg, May 15 - 16, 2008. Download unter: http://doku.iab.de/veranstaltungen/2008/activation_2008_betzelt.pdf (accessed on July 25, 2008).

Betzelt, Sigrid (2008b): Activation policies from a gender-sensible citizenship perspective: a tentative conceptual framework. ZeS-Arbeitspapier Nr. 3/2008. Bremen: Centre for Social Policy Research, University of Bremen.

Betzelt, Sigrid (2008c): „Universelle Erwerbsbürgerschaft und Geschlechter(un)gleichheit - Einblicke in das deutsche Aktivierungsregime unter ‚Hartz IV'", in: Zeitschrift für Sozialreform 54, 305 - 327.

Betzelt, Sigrid (2009)a: „Strukturelle Armutsrisiken von Frauen im Erwerbsalter - Arbeitslosigkeit, Erwerbsarbeit und ihre politische Regulierung", in: Bremische Zentralstelle zur Förderung der Gleichberechtigung der Frau (ZGF) (Hg.): Programmierte Frauenarmut? Armutsrisiken von Frauen im Lebensverlauf: Problemanalysen und Lösungsstrategien. Dokumentation der Fachtagung am 17.06.2008 in Bremen. Bremen: Bremische Zentralstelle zur Förderung der Gleichberechtigung der Frau (ZGF), 54-67.

Betzelt, Sigrid (2009b):"Universelle Erwerbsbürgerschaft und Geschlechter(un)gleichheit: Grundsatzfragen, in: Betzelt, Sigrid/ Lange, Joachim/ Rust, Ursula (Hg) (2009), 9-28.

Betzelt, Sigrid (2009c): „Was braucht die Forschung? Was bietet die Statistik", in: Betzelt, Sigrid/ Lange, Joachim/ Rust, Ursula (Hg), 43-50.

Betzelt, Sigrid/ Lange, Joachim/ Rust, Ursula (Hg) (2009): Wer wird aktivert und warum (nicht)? Erste Erkenntnisse zur Realisierung der gleichstellungspolitischen Ziele des SGB II, Loccumer Protokolle 79/08, Rehburg-Loccum: Evangelische Akademie.

Betzelt, Sigrid/Schmidt, Tanja (2010): „Die Fallstricke der „Bedarfsgemeinschaft": Arbeitslose ohne Leistungsbezug", in: Karen Jaehrling/Clarissa Rudolph (Hg): Grundsicherung und Geschlecht. Gleichstellungspolitische Befunde zu den Wirkungen von ‚Hartz IV'. Münster: Westfälisches Dampfboot (im Erscheinen).

Bieback, Karl-Jürgen (1997): Die mittelbare Diskriminierung wegen des Geschlechts. Baden-Baden: Nomos.

Bieback, Karl-Jürgen (2003): Schutz vor Diskriminierung gegenüber Systemen der sozialen Sicherheit. Altes und neues Diskriminierungsrecht der Richtlinie 79/7/EWG und der Richtlinie 2000/43/EG und das deutsche Sozialrecht. In: Rust et al (2003), 93-117.

Bieback, Karl-Jürgen (2004): „Umbau der Arbeitsförderung nach den Vorschlägen der Hartz-Kommission - Analyse und Würdigung der Reformen", in: SDSRV: Aktivierung und Prävention - Chancen für Effizienzsteigerung in den Sozialleistungsbereichen. Berlin: Schmidt, 59 - 83.

Bieback, Karl-Jürgen (2007): „Das Verbot der mittelbaren Diskriminierung aufgrund des Geschlechts – Potential und Grenzen aus Gender-Perspektive", in: Scheiwe, Kirsten (2007), 19 – 37.

9. Literatur

Biersack, Wolfgang/Schreyer, Franziska (2008): Berufe im Spiegel der Statistik. Beschäftigung und Arbeitslosigkeit 1999-2007. IAB - Institut für Arbeitsmarkt- und Berufsforschung. Download unter: www.pallas.iab.de (Zugriff am 30.12.2008)

Bolay, Martin/Eisenreich, Albrecht/Isele, Markus (2004): Die neue Arbeitsförderung. 2. Auflage. Baden-Baden: Nomos.

Bothfeld, Silke (2006a): „Arbeitsmarkt", in: Bothfeld, Silke et al (2005), 109 - 186.

Bothfeld, Silke (2006b): „Das Elterngeld - Einige Anmerkungen zum Unbehagen mit der Neuregelung", in: femina politica 15: 102 – 107.

Bothfeld, Silke (2008): Under (Re-) Construction - Die Fragmentierung des deutschen Geschlechterregimes durch die neue Familienpolitik. ZeS-Arbeitspapier Nr 1/2008. Bremen: Zentrum für Sozialpolitik, Universität Bremen.

Bothfeld, Silke/Gronbach, Sigrid (2002): „Autonomie und Wahlfreiheit - neue Leitbilder für die Arbeitsmarktpolitik?", in: WSI Mitteilungen 55, 220 - 226.

Bothfeld, Silke/Klammer, Ute/Klenner, Christina/Leiber, Simone/Thiel, Anke/Ziegler, Astrid (2005): WSI-FrauenDatenReport 2005. Handbuch zur wirtschaftlichen und sozialen Situation von Frauen. Berlin: edition sigma.

Brand, Ortrun/Rudolph, Clarissa (2009): Gleichstellung als Luxus? Bedingungen der Institutionalisierung von Geschlechterpolitik in der Umsetzung des SGB II, in: Betzelt, Sigrid/ Lange, Joachim/ Rust, Ursula (Hg) (2009), 223-246.

Brehmer, Wolfram/Seifert, Hartmut (2008): Sind atypische Beschäftigungsverhältnisse prekär? Eine empirische Analyse sozialer Risiken. In: Zeitschrift für Arbeitsmarktforschung 41: 501-531.

Breithaupt, Marianne (2010): „Tatsächlicher versus standardisierter Bedarf – Reformbedarf Kindesunterhaltsrecht, in: Scheiwe/ Wersig (2010) (Hg), 167-213.

Bröhling, Rüdiger (2006): Der Einsatz so genannter Zusatzjobs nach Hartz IV in zwei hessischen Kommunen. Arbeitspapier 117. Düsseldorf: Hans-Böckler-Stiftung.

Bruckmeier, Kerstin/Schnitzlein, Daniel (2007): Was wurde aus den Arbeitslosenhilfempfängern? Eine empirische Analyse des Übergangs und Verbleibs von Arbeitslosenhilfempfängern nach der Hartz-IV-Reform. IAB Discussion Paper No. 24/2007. Nürnberg: Institut für Arbeitsmarkt- und Berufsforschung.

Bundesagentur für Arbeit (2004): Arbeitsmarkt in Zahlen. Leistungsempfänger. Oktober 2004. Nürnberg.

Bundesagentur für Arbeit (2005): Arbeitsmarkt 2004. Amtliche Nachrichten der Bundesagentur für Arbeit. 53. Jahrgang, Sondernummer, 30. August 2005. Nürnberg.

Bundesagentur für Arbeit (2007a): Analyse des Arbeitsmarktes für Frauen und Männer. Juni 2007.

Bundesagentur für Arbeit (2007b): Arbeitslose im Rechtskreis SGB III: Leistungs- und Nichtleistungsempfänger. November 2007. Nürnberg.

Bundesagentur für Arbeit (2007c): Situation von Frauen und Männern auf dem Arbeits- und Ausbildungsmarkt. Lage und Entwicklung 2000 - 2007. Nürnberg.

Bundesagentur für Arbeit, RD Bayern (2007d): Arbeitslos/arbeitsuchend ohne Leistungsbezug. Informationen, Antworten, Tipps.

Bundesagentur für Arbeit (2008a): Analyse des Arbeitsmarktes für Frauen und Männer. April 2008. Nürnberg.

Bundesagentur für Arbeit (2008b): Analyse des Arbeitsmarktes für Frauen und Männer. November 2008. Nürnberg.

Bundesagentur für Arbeit (2008c): Arbeitsmarkt 2007. Amtliche Nachrichten der Bundesagentur für Arbeit. 56. Jahrgang, Sondernummer 2. Datenstand Juni 2008. Nürnberg.

9. Literatur

Bundesagentur für Arbeit (2008d): Arbeitsmarkt in Zahlen - Jahreszahlen. Arbeitslose nach Rechtskreisen. Stand Dezember 2007. Nürnberg. Bundesagentur für Arbeit (2008e): Grundsicherung für Arbeitsuchende: Bedarfe, Leistungen und Haushaltsbudget. Juli 2008. Nürnberg.

Bundesagentur für Arbeit (2008e): Grundsicherung für Arbeitsuchende: Bedarfe, Leistungen und Haushaltsbudget. Juli 2008. Nürnberg.

Bundesagentur für Arbeit (2008f): Merkblatt 1 - Merkblatt für Arbeitslose. Stand: März 2008.

Bundesagentur für Arbeit (2008g): Situation von Frauen und Männern auf dem Arbeits- und Ausbildungsmarkt. Lage und Entwicklung 2000 - 2008. Nürnberg.

Bundesagentur für Arbeit (2008h): "Flankierende Leistungen" nach § 16 Abs. 2 Satz 2 Nr. 1 bis 4 SGB II in Deutschland. Datenstand: Dezember 2008. Nürnberg.

Bundesagentur für Arbeit (2008i): Geschäftsbericht 2007. Sechsundfünfzigster Geschäftsbericht der Bundesagentur für Arbeit. Nürnberg.

Bundesagentur für Arbeit (2008j): SGB II - Sozialgesetzbuch Zweites Buch - Grundsicherung für Arbeitsuchende: Jahresbericht 2007. Nürnberg.

Bundesagentur für Arbeit (2008k): Aktivierung im Rechtskreis SGB II. April 2008. Nürnberg.

Bundesagentur für Arbeit (2008l): Analyse des Arbeitsmarktes für Alleinerziehende. Oktober 2008. Nürnberg.

Bundesagentur für Arbeit (2008m): Analyse des Arbeitsmarktes für Frauen und Männer. Oktober 2008. Nürnberg.

Bundesagentur für Arbeit (2009a): Handlungsempfehlung/Geschäftsanweisung: HEGA 01/09-06 - Gesetzliche Änderungen zu den §§ 35, 37 und 38 SGB III. Gültig ab 01.01.2009. Bundesagentur für Arbeit (o. J.): Arbeitsmarkt in Zahlen. Leistungsempfänger. Oktober 2004. Nürnberg.

Bundesagentur für Arbeit (2009b): Arbeitslose im Rechtskreis SGB III: Leistungs- und Nichtleistungsempfänger. März 2009. Nürnberg.

Bundesagentur für Arbeit (2009c): Geschäftsbericht 2008. Nürnberg.

Bundesagentur für Arbeit (2010a): Analyse des Arbeitsmarktes für Frauen und Männer. Januar 2010. Nürnberg.

Bundesagentur für Arbeit (2010b): Arbeitsmarkt in Zahlen. Arbeitslose nach Strukturmerkmalen. Bestand, Bewegung und regionaler Vergleich Deutschland. März 2010. Nürnberg.

Bundesagentur für Arbeit (o. J.-a): Eingliederungsbilanz nach § 54 SGB II. Berichtsjahr 2006. Nürnberg.

Bundesagentur für Arbeit (o. J.-b): Eingliederungsbilanz nach § 54 SGB II. Berichtsjahr 2007. Nürnberg.

Bundesministerium für Arbeit und Soziales (2008): Zielvereinbarung zwischen dem Bundesministerium für Arbeit und Soziales und der Bundesagentur für Arbeit zur Erreichung der Ziele der Grundsicherung für Arbeitsuchende im Jahr 2008 (SGB II-ZielVbg 2008). BMAS. http://www.bmas.de/coremedia/generator/27524/property=pdf/2008__09__16__zielvereinbarung__bmas__ba__alg__II__2008.pdf (Zugriff am 08.10.2008).

Bundesministerium für Familie Senioren Frauen und Jugend (2005a): 1. Datenreport zur Gleichstellung von Frauen und Männern in der Bundesrepublik Deutschland. Berlin.

Bundesministerium für Familie Senioren Frauen und Jugend (2005b): Zukunft: Familie. Ergebnisse aus dem 7. Familienbericht. Berlin.

Bundesministerium für Familie Senioren Frauen und Jugend (2008a.) (Hg): Forschungsreihe Band 3: Dokumentation der Tagung "Eigenverantwortung, private und öffentliche Solidarität - Rollenleitbilder im Familien- und Sozialrecht im europäischen Vergleich", 4. - 6.10.2007, Villa Vigoni, Como, Italien. Baden-Baden: Nomos.

9. Literatur

Bundesministerium für Familie Senioren Frauen und Jugend (2008b) (Hg): Arbeitsbericht Zukunft für Familie.

Burdenski, Wolfhart/Maydell, Bernd von/Schellhorn, Walter (1981): Gemeinschaftskommentar zum Sozialgesetzbuch Allgemeiner Teil (GK - SGB I). Allgemeiner Teil, 2. Aufl., Neuwied: Luchterhand

Busch, Anne/Holst, Elke (2008): „Verdienstdifferenzen zwischen Frauen und Männern nur teilweise durch Strukturmerkmale zu erklären", in: Wochenbericht des DIW Berlin, 184-190.

Degen, Christel;/Fuchsloch, Christine/Kirschner, Katrin (2003): „Die Frauen nicht vergessen", in: Frankfurter Rundschau 26.11.2003.

Derleder, Peter (1980): „Vermögenskonflikte zwischen Lebensgefährten bei Auflösung ihrer Gemeinschaft", in: NJW 1980, 545-552.

Derleder, Peter (2009): Grundsicherung, Familienunterhalt und Berufsarbeit,in: Erd/ Fabian/ Kocher/ Schmidt (Hg), Passion Arbeitsrecht – Erfahrungen einer unruhigen Generation. Liber amicorum Thomas Blanke, Baden-Baden: Nomos, 183-202.

Dethloff, Nina (2008): Unterhalt, Zugewinn, Versorgungsausgleich - Sind unsere familienrechtlichen Ausgleichssysteme noch zeitgemäß? Gutachten A zum 67. Deutschen Juristentag Erfurt 2008. München: C. H. Beck.

Detterbeck, Steffen (2009): Allgemeines Verwaltungsrecht. München: Beck.

Deutscher Juristinnenbund (2001): Stellungnahme St 01-24 zum Entwurf eines Gesetzes zur Reform der arbeitsmarktpolitischen Instrumente ("JOB-AQTIV-Gesetz" BT-Drs. 14/6944) - Öffentliche Anhörung des Ausschusses für Arbeit und Sozialordnung des Deutschen Bundestages am 15.10.2001. http://www.djb.de/Kommissionen/kommission-recht-der-sozialen-sicherung-familienlastenausgleich/2001.html (Zugriff am 15.02.2009).

Deutscher Juristinnenbund (2002): Stellungnahme St 02-14. Deutscher Frauenrat/Deutscher Juristinnenbund/Bundesarbeitsgemeinschaft berufliche Perspektiven für Frauen e.V. : Offener Brief. Arbeitslose Frauen werden erste Verliererinnen der Wahl.

Deutscher Juristinnenbund (Hg) (2003): Juristinnen in Deutschland. Die Zeit von 1900 bis 2003. Baden-Baden: Nomos.

Deutscher Verein für öffentliche und private Fürsorge (Hg) (1980): Fachlexikon der sozialen Arbeit, 1. Auflage.

Deutscher Verein für öffentliche und private Fürsorge (Hg.) (2007): Fachlexikon der sozialen Arbeit, 6. Auflage.

Deutscher Verein für öffentliche und private Fürsorge (2007): Erstes Positionspapier des Deutschen Vereins zur Neuausrichtung der Bedarfsgemeinschaft im SGB II.

Deutsches Institut für Menschenrechte (Hg) (2005), Frauenrechte in Deutschland: Follow-Up-Prozess CEDAW 2004. Berlin.

Deutsches Jugendinstitut (2008): Zahlenspiegel 2007 - Kindertagesbetreuung im Spiegel der Statistik. München. Download unter: http://www.bmfsfj.de/bmfsfj/generator/Publikationen/zahlenspiegel2007/root.html (Zugriff am 07.10.2008)

Diederichsen, Uwe (1983): „Die nichteheliche Lebensgemeinschaft im Zivilrecht", in: NJW 1983, 1017-1026.

Dietz, Martin/ Müller, Gerrit/ Trappmann, Mark (2009): Bedarfsgemeinschaften im SGB II - Warum Aufstocker trotz Arbeit bedürftig bleiben, in: IAB-Kurzbericht 2/2009.

Diering, Björn/Timme,Hinnerk/Waschull,Dirk (Hg) (2007): Sozialgesetzbuch X, Sozialverwaltungsverfahren und Sozialdatenschutz – Lehr- und Praxiskommentar (LPK-X). 2. Auflage, Baden-Baden: Nomos.

9. Literatur

Dingeldey, Irene (2002): „Das deutsche System der Ehegattenbesteuerung im europäischen Vergleich", in: WSI-Mitteilungen 55, 154-161.

Dingeldey, Irene (2003): „Politikfeldübergreifende Koordination als neue Steuerungsform im Aktivierenden Sozialstaat? Eine Analyse der Employability Politik in Dänemark, Deutschland und Großbritannien am Beispiel der Beschäftigungsfähigkeit von Müttern", in: Österreichische Zeitschrift für Politikwissenschaft 37, 97-107.

Dingeldey, Irene (2006a): „Aktivierender Wohlfahrtsstaat und sozialpolitische Steuerung", in: Aus Politik und Zeitgeschichte (APuZ) 56, 3 - 9.

Dingeldey, Irene (2006b): „"Holistic Governance": zur Notwendigkeit reflexiver Gestaltung von Familien- und Arbeitsmarktpolitik. Diskutiert am Beispiel familialer Erwerbsmuster in Dänemark, Großbritannien und der Bundesrepublik", in: Hans Bertram/Helga Krüger/Katharina Spieß (Hg.): Wem gehört die Familie der Zukunft? Expertisen zum 7. Familienbericht der Bundesregierung. Opladen: Barbara Budrich, 359 - 383.

Dingeldey, Irene (2007): „Wohlfahrtsstaatlicher Wandel zwischen "Arbeitszwang" und "Befähigung". Eine vergleichende Analyse aktivierender Arbeitsmarktpolitik in Deutschland, Dänemark und Großbritannien", in: Berliner Journal für Soziologie 17, 189 - 209.

Dörr, Karin (2009): Was bringt die institutionelle Verankerung der Gleichstellungspolitik im SGB II: Einflussgröße für Prozesse und Ergebnisse? Erfahrungen aus der Praxis der Kommunalen Frauenbeauftragten in der Stadt Offenbach, in: Betzelt, Sigrid/ Lange, Joachim/ Rust, Ursula (2009), 247-254.

Dressel, Christian/Cornelißen, Waltraud/Wolf, Karin (2005): „Kapitel 5: Vereinbarkeit von Familie und Beruf", in: Bundesministerium für Familie Senioren Frauen und Jugend (Hg.): 1. Datenreport zur Gleichstellung von Frauen und Männern in der Bundesrepublik Deutschland. Berlin: Bundesministerium für Familie, Senioren, Frauen und Jugend, 266 - 341.

Eichenhofer, Eberhard (2004): Sozialrechtliches Teilgutachten B für den 64. Deutschen Juristentag, Empfiehlt es sich, die rechtliche Ordnung finanzieller Solidarität zwischen Verwandten in den Bereichen des Unterhaltsrechts, des Pflichtteilsrechts, des Sozialhilferechts und des Sozialversicherungsrechts neu zu gestalten?, München: Beck.

Eichenhofer, Eberhard (2007): Sozialrecht (§ 2 Abs. 1 Nr. 5 und 6, Abs. 2 Satz 1, in: Wolfgang Däubler/Martin Bertzbach (Hg.): Allgemeines Gleichbehandlungsgesetz – Handkommentar, 2007, § 2 Rn. 61-126.

Eicher, Wolfgang/Spellbrink, Wolfgang (Hg) (2005): SGB II - Grundsicherung für Arbeitssuchende. 1. Auflage, München: Beck.

Eicher, Wolfgang/Spellbrink, Wolfgang (Hg) (2008): SGB II- Grundsicherung für Arbeitsuchende, 2. Auflage, München: Beck.

Estelmann, Martin (Hg) (2008): Kommentar zum SGB II, Loseblatt (Stand: 20. Ergänzungslieferung). Köln: Luchterhand.

Fichtner, Otto/ Wenzel, Gerd (Hg) (2009): Kommentar zum SGB XII- Sozialhilfe, Asylbewerberleistungsgesetz, 4. Auflage, München: Vahlen.

Fuchs, Maximilian (1994): Welche Maßnahmen empfehlen sich, um die Vereinbarkeit von Berufstätigkeit und Familie zu verbessern? Gutachten F zum 60. Deutschen Juristentag Münster 1994. München: Beck.

Fuchsloch, Christine (1995): Das Verbot der mittelbaren Geschlechtsdiskriminierung. Baden-Baden: Nomos.

Fuchsloch, Christine (2005). Frauen als Verliererinnen der Hartz-Reformen - Eine innenpolitische Kommentierung der Forderungen des UN-CEDAW-Ausschusses zur aktuellen Arbeitsmarktpolitik, in: Deutsches Institut für Menschenrechte (Hg) (2005), 29 - 31.

9. Literatur

Fuchsloch, Christine/Scheiwe, Kirsten (2007): Leitfaden Elterngeld. München: C. H. Beck.

Gagel, Alexander (Hg) (2010): SGB II/ SG III. Grundsicherung und Arbeitsförderung. Loseblatt (Stand:.38. Auflage) Munchen: Beck.

Gerenkamp, Martin (2007): „Anrechnung von Einkommen und Vermögen auf das Arbeitslosengeld II - Verteilung der Geldleistungen im SGB II auf die Bundesagentur und die kommunalen Träger", in: ZfF 2007, 106 – 109.

Gerhard, Ute/Schwarzer, Alice/Slupik, Vera (Hg) (1988): Auf Kosten der Frauen. Weinheim, Basel: Beltz.

Gerlach, Stefan (2007): "Eltern haften für ihre Kinder!" Möglichkeit und Notwendigkeit der Inanspruchnahme Dritter für die Rückzahlung rechtswidrig erbrachter Leistungen nach § 34 Abs. 1 S. 1 Nr. 2 SGB II - Konsequenzen aus den Beschränkungen des Verfahrensrechts nach dem SGB X", in: ZfF 2007, .121-132.

Gerlach, Stefan (2010): „Die Schwierigkeiten bei der Bestimmung des Umfangs der Überprüfung eines Bescheids über Leistungen der Grundsicherung für Arbeitsuchende nach dem SGB II und der Sozialhilfe nach dem SGB XII im sozialgerichtlichen (Vor-)Verfahren und die Einbeziehung von Änderungsbescheiden", in: ZfF 2010, 1-22

Giegerich, Thomas (2007): „Völkerrechtliche Grundlagen des europäischen und deutschen Antidiskriminierungsrechts", in: Rust, Ursula/ Falke, Josef (Hg) (2007) 33 – 60, 71 – 87.

Gitter, Wolfgang (1974): „Welche rechtlichen Maßnahmen sind vordringlich, um die tatsächliche Gleichstellung der Frauen mit den Männern im Arbeitsleben zu gewährleisten? Sozialrechtliches Teilgutachten", in: Verhandlungen des 50. Deutschen Juristentages, Bd. 1 Gutachten. München: Beck, D 105 – 161.

Goch, Walter (2006): „Unterkunftskosten im Rahmen des ALG II", in: Wohnungswirtschaft und Mietrecht, 599 - 603.

Gottfried, Heidi/O'Reilly, Jacqueline (2002): „Der Geschlechtervertrag in Deutschland und Japan: Die Schwäche eines starken Ernährermodells", in: Karin Gottschall/Birgit Pfau-Effinger (Hg.): Zukunft der Arbeit und Geschlecht. Diskurse, Entwicklungspfade und Reformoptionen im internationalen Vergleich. Opladen: Leske+Budrich, 29 - 58.

Gottschall, Karin (2002): „Auf dem Weg zur flexiblen Erwerbsbürgerschaft? Herausforderungen für die Arbeitsmarkt-, Familien- und Bildungspolitik in Deutschland", in: forum EB, 4 -12.

Gottschall, Karin (2009): „Arbeitsmarktsegmentation und Geschlechterungleichheit", in: Brigitte Aulenbacher/ Angelika Wetterer (Hg): Arbeit. Perspektiven und Diagnosen der Geschlechterforschung. Münster: Westfälisches Dampfboot .

Grimm, Natalie, „Geschlechtsspezifische Verteilungswirkungen des SGB II beim Zugang zu Leistungen, in: Betzelt, Sigrid/ Lange, Joachim/ Rust, Ursula (Hg) (2009), 99-108

Grube, Christian/ Wahrendorf, Volker (Hg) (2010): SGB XII, 3. Aufl., München: Beck.

Grühn, Corinna (2008): „Verfahrensrecht, Bedarfsgemeinschaft und Individualanspruch nach dem SGB II", in: SGb 2008, 513 – 515.

Hänlein, Andreas (2001): Rechtsquellen im Sozialversicherungsrecht. Berlin/ Heidelberg/New York: Springer-Verlag.

Hase, Friedhelm (1993): „Familienunterhalt und subsidiäre Sozialleistungen", in: SGb 1993, 345-352.

Hauck, Karl/Noftz, Wolfgang/ Voelzke, Thomas (Hg) (2010): Sozialgesetzbuch (SGB) II: Grundsicherung für Arbeitsuchende. Loseblatt und digital. (Stand: 2010) Berlin: Erich Schmidt.

Hauck, Karl/Noftz, Wolfgang/Vogelgesang, Klaus (Hg) (2010): Sozialgesetzbuch (SGB) X: Verwaltungsverfahren, Schutz der Sozialdaten, Zusammenarbeit der Leistungsträger und ihre Beziehungen zu Dritten. Loseblatt. Berlin: Erich Schmidt.

9. Literatur

Haug, Frigga (2004): „Gender - Karriere eines Begriffs und was dahintersteckt", in: Hella Hertzfeld/Katrin Schäfgen/Silke Veth (Hg): GeschlechterVerhältnisse: Analysen aus Wirtschaft Politik und Praxis. Berlin: Dietz, 15 - 32.

Hielscher, Volker/Ochs, Peter (2009): Arbeitslose als Kunden? Beratungsgespräche in der Arbeitsvermittlung zwischen Druck und Dialog. Berlin, edition sigma

Hohm, Karl-Heinz (Hg) (2010): „Gemeinschaftskommentar zum Sozialgesetzbuch Zweites Buch (GK-SGB II), Loseblatt (Stand: 16 Ergänzungslieferung). Neuwied: Luchterhand.

Husmann, Manfred (2003): „Kommentar: Diskriminierungsschutz bei Systemen Sozialer Sicherheit nach der Richtlinie 2000/43/EG und der Richtlinie 79/7/EWG", in: Rust, Ursula et al (Hg) (2003)119-127.

Husmann, Manfred (2005): „Die EG-Gleichbehandlungs-Richtlinien 2000/2002 und ihre Umsetzung in das deutsche, englische und französische Recht", in: ZESAR 2005, 107 - 114 und 167 – 175.

Hausmann, Rainer/Hohloch, Gerhard (2004): Das Recht der nichtehelichen Lebensgemeinschaft. Berlin: Erich Schmidt.

Höland, Armin/Welti, Felix/Braun, Bernhard/Buhr, Petra (2008). Gutachten zu den Auswirkungen der Einführung einer allgemeinen Gebührenpflicht im sozialgerichtlichen Verfahren im Vergleich zur geltenden Rechtslage. Halle (Saale), Neubrandenburg, Bremen, Hamburg.

Holst, Elke/Maier, Friederike (1998): „Normalarbeitsverhältnis und Geschlechterordnung", in: Mitteilungen aus der Arbeitsmarkt- und Berufsforschung (MittAB), 506 - 518.

Institut Arbeit und Qualifikation (IAQ)/Forschungsteam Internationaler Arbeitsmarkt (FIA)/GendA - Forschungs- und Kooperationsstelle Arbeit, Demokratie, Geschlecht (2007): Bewertung der SGB II-Umsetzung aus gleichstellungspolitischer Sicht. Jahresbericht 2007 des Gender-Projekts - Kurzfassung.

Institut für Angewandte Wirtschaftsforschung (IAW) (2007): Jahresbericht 2007 an das Bundesministerium für Arbeit und Soziales. Evaluation der Experimentierklausel nach § 6c SGB II – Vergleichende Evaluation des arbeitsmarktpolitischen Erfolgs der Modelle der Aufgabenwahrnehmung „zugelassene kommunale Träger" und „Arbeitsgemeinschaft". Untersuchungsfeld I: „Deskriptive Analyse und Matching". Projekt-Nr.: 42/05. Tübingen: Download unter: http://www.bmas.de/coremedia/generator/18638/property=pdf/evaluation_der_experimentier klausel__2007.pdf (Zugriff am 05.04.2008).

Institut für Angewandte Wirtschaftsforschung (IAW)/Zentrum für Europäische Wirtschaftsforschung (ZEW) (2008): Endbericht an das Bundesministerium für Arbeit und Soziales. Evaluation der Experimentierklausel nach § 6c SGB II – Vergleichende Evaluation des arbeitsmarktpolitischen Erfolgs der Modelle der Aufgabenwahrnehmung „zugelassene kommunale Träger" und „Arbeitsgemeinschaft". Untersuchungsfeld I: „Deskriptive Analyse und Matching". Projekt-Nr.: 42/05. Tübingen, Mannheim.

Institut für Arbeitsmarkt- und Berufsforschung (IAB) (Hg.) (2006): Evaluation aktiver Arbeitsmarktpolitik in Deutschland. Zeitschrift für Arbeitsmarktforschung, Themenheft 3/4-2006. Nürnberg.

Jaeger, Renate (1994): „Welche Maßnahmen empfehlen sich, um die Vereinbarkeit von Berufstätigkeit und Familie zu verbessern", Referat zum 60. Deutschen Juristentag Münster 1994. München: Beck.

Jansen, Mechthild (2005): „Hartz IV - Paradoxien und Herausforderungen für Frauen- und Geschlechterpolitik", in: AG Hartz (Hg.): Deutsche Politik und ihre Auswirkung auf Lebensentwürfe von Frauen im europäischen Vergleich. Berlin, 57 - 75.

9. Literatur

Juris Praxiskommentar – SGB II.Grundsicherung für Arbeitssuchende, 2. Auflage und Online-Kommentar (2007). Herausgegeben von Radüge, Astrid; Herausgeber der Reihe: Schlegel, Rainer Schlegel/ Voelzke, Thomas

Kalina, Thorsten/Weinkopf, Claudia (2008): „Weitere Zunahme der Niedriglohnbeschäftigung: 2006 bereits rund 6,5 Millionen Beschäftigte betroffen", in: IAQ-Report 2, 1 - 11.

Kasseler Kommentar Sozialversicherungsrecht (2010): Leitherer, Stephan (Hg.). Loseblatt (Stand: 65. Aufl.). München: Beck.

Kievel, Winfried (2005): „Die Bedeutung des § 9 Abs. 2 S. 3 SGB II und die Frage, ob das Berechnungsprogramm der Bundesagentur für Arbeit das Gesetz richtig umsetzt – Gleichzeitig ein Beitrag zur Frage der Verteilung der Geldleistungen auf die Bundesagentur für Arbeit und die kommunalen Träger", in: ZfF 2005, 217-227.

Kingreen, Thorsten (2004): „Rechtliche Gehalte sozialpolitischer Schlüsselbegriffe: Vom daseinsvorsorgenden zum aktivierenden Sozialstaat", in: (SDSRV), Deutscher Sozialrechtsverband: Aktivierung und Prävention - Chancen für Effizienzsteigerung in den Sozialleistungsbereichen. Berlin: Erich Schmidt Verlag, 7 - 47.

Klammer, Ute/Klenner, Christina/Ochs, Christiane/Radke, Petra/Ziegler, Astrid (2000): WSI FrauenDatenRepot. Berlin: edition sigma (Forschung aus der Hans-Böckler-Stiftung/26)

Klammer, Ute (2005): „Soziale Sicherung", in: Bothfeld, Silke et al (Hg) (2005), 307 - 382.

Klammer, Ute (2008): „Eigenständige und abgeleitete Existenzsicherung von Frauen in Deutschland - empirische Befunde", in: Bundesministerium für Familie Senioren Frauen und Jugend (Hg) (2008a), 133 - 160.

Knapp, Ulla (2004): Die neuen Gesetze am Arbeitsmarkt aus frauenpolitischer Sicht. http://www.hwp-amburg.de/fach/fg_vwl/discussionpapers/Knapp/HartzIV_aus_Frauensicht.pdf. (Zugriff am 19.06.2007)

Knickrehm, Sabine in Knickrehm/Rust (2010): „Moderne" Instrumente zur Krisenbewältigung – aus rechtlicher Sicht, 27-50.

Knickrehm, Sabine/ Spellbrink, Wolfgang (2008): „Grundsicherung für Arbeitssuchende" ,in: Bernd Baron von Maydell/Franz Ruland/ Ulrich Becker (Hg): Sozialrechtshandbuch. 4. Auflage 2008. Baden-Baden: Nomos, § 24, S. 1069 – 1108.

Knickrehm, Sabine/Rust, Ursula (Hg.) (2010): „Arbeitsmarktpolitik in der Krise- Festschrift für Karl-Jürgen Bieback", Baden-Baden: Nomos.

Koch, Angelika/Bäcker, Gerhard (2004): „Mini- und Midi-Jobs - Frauenerwerbstätigkeit und Niedrigeinkommensstrategien in der Arbeitsmarktpolitik", in: Dagmar Baatz/Clarissa Rudolph/Ayla Satilmis (Hg.): Hauptsache Arbeit. Feministische Perspektiven auf den Wandel von Arbeit. Münster: Westfälisches Dampfboot, 85 - 103.

König, Doris (2003): „Die Diskriminierungsverbote im Übereinkommen der Vereinten Nationen zur Beseitigung jeder Form der Diskriminierung der Frau (CEDAW)", in: König, et al (2003) 21 - 36.

König, Doris (2005): „Handlungsbedarf bei der Umsetzung des Alterdiskriminierungsverbots?", in: Rust et al (Hg) (2006) 63 – 79.

König, Doris (2007): „Umsetzungsberichte", in: Ursula Rust/Josef Falke (Hg) (2007) Einleitung Rn 313-350.

König, Doris./ Lange, Joachim/ Rust, Ursula/ Schöpp-Schilling, Hanna Beate (Hg) (2003): Gleiches Recht – gleiche Realität? Welche Instrumente bieten Völkerrecht, Europarecht und nationales Recht für die Gleichstellung von Frauen? Loccumer Protokolle Nr. 71/03.

Kommission (2002): Kommission zum Abbau der Arbeitslosigkeit und zur Umstrukturierung der Bundesanstalt für Arbeit - Moderne Dienstleistungen am Arbeitsmarkt. Berlin.

9. Literatur

Kruse, Jürgen (2003): „Zusammenlegung von Arbeitslosenhilfe und Sozialhilfe - ausgewählte (Rechts)fragen zu möglichen Konsequenzen", in: ZIAS 2003, 300.

Kruse, Jürgen/Reinhard, Hans-Joachim/Winkler, Jürgen (2005): SGB II Grundsicherung für Arbeitsuchende. 1. Auflage. München: Beck.

Kull, Silke/Riedmüller, Barbara (2007): Auf dem Weg zur Arbeitsmarktbürgerin? Neue Konzepte der Arbeitsmarktpolitik am Beispiel allein erziehender Frauen. Berlin: edition sigma.

Leitner, Sigrid/ Ostner, Ilona/ Schratzenstaller, Margit (Hg) (2004): Wohlfahrtsstaat und Geschlechterverhältnis im Umbruch. Was kommt nach dem Ernährermodell? Wiesbaden: VS Verlag für Sozialwissenschaften.

Lenhart, Karin (2007): „Ein "spanisches Fenster". Erkundungen zu Frauenförderung und Hartz IV in einem großstädtischen Jobcenter", in: Clarissa Rudolph/Renate Niekant (Hg): Hartz IV - Zwischenbilanz und Perspektiven. Münster: Westfälisches Dampfboot, 156 - 175.

Lorenz, Helga (2003): Hartz ohne Frauen - oder die Folgen einer strikt geschlechtsneutralen Betrachtungsweise im Zeitalter des Gender-Mainstreamings. Landesarbeitsamt Hessen.

Löns, Martin/ Herold-Tews, Heike (2009): „Kommentar zum SGB II- Grundsicherung für Arbeitsuchende", 2. Auflage, München: Vahlen.

Lucke, Doris/Berghahn, Sabine (Hg.) (1990): Rechtsratgeber Frauen. Reinbek: Rowohlt.

Luthe, Ernst-Wilhelm (2006): Aufteilung des Gesamtabzweigungsbetrages bei mehreren Kindern, jurisPR-SozR 21/2006 Anm. 3.

Luthin, Horst/ Koch, Elisabeth (Hg.) (2010): Handbuch des Unterhaltsrechts, 11. Auflage, München: Vahlen.

Lünnemann, Gisela (2009): ARGE Osnabrück, Betzelt, Sigrid/ Lange, Joachim/ Rust, Ursula (Hg) (2009) 217-219.

Martinek, Hanne (2006). Schweden: Vorbild für die Förderung individueller Existenzsicherung von Frauen.

Martiny, Dieter/Eichenhofer, Eberhard (2002): Empfiehlt es sich, die rechtliche Ordnung finanzieller Solidarität zwischen Verwandten in den Bereichen des Unterhaltsrechts, des Pflichtteilsrechts, des Sozialhilferechts und des Sozialversicherungsrechts neu zu gestalten? Gutachten A + B zum 64. Deutschen Juristentag. München: Beck.

Meder, Stephan (2008): „Eigenverantwortung und Solidarität im Familienrecht am Beispiel des Geschiedenenunterhalts", in: Bundesministerium für Familie Senioren Frauen und Jugend (Hg.) (2008a) 79 - 96.

Medicus, Dieter (2007): Bürgerliches Recht, 21. Auflage. Köln: Heymanns.

Michel, Irmgard (1990): „Leistungen nach dem Bundessozialhilfegesetz bei Arbeitslosigkeit", in: Doris Lucke/Sabine Berghahn (Hg.): Rechtsratgeber Frauen. Reinbek: Rowohlt, 216 - 235.

Mrozynski, Peter (1993): „Die Zurechnung des Vertreterverhaltens im Sozialrecht", in: SGb 1993, 13 -19.

Müller, Petra/Kurtz, Beate (2002): „Aktive Arbeitsmarktpolitik und Gender Mainstreaming: Strukturen von Teilnahme und Verbleib bei ausgewählten Instrumenten der Bundesanstalt für Arbeit", in: Gerhard Engelbrech (Hg.): Arbeitsmarktchancen für Frauen. Beiträge zur Arbeitsmarkt- und Berufsforschung (BeitrAB 258). Nürnberg: IAB, 207 - 260.

Müller, Petra/Kurtz, Beate (2004): „Chancen und Hemmnisse bei der Umsetzung von Gender Mainstreaming durch die Bundesagentur für Arbeit", in: ibv - Informationen für die Beratungs- und Vermittlungsdienste der BA, o.Jg., 1 - 10.

Münchener Kommentar zum Bürgerlichen Gesetzbuch (2000) Rebmann, Kurt (Hg): Band 7, Familienrecht I, Koch, Elisabeth/ Dörr, Claus (Bearb), 4. Auflage. München: Beck.

9. Literatur

Münder, Johannes (1986): „Die eheähnliche Gemeinschaft in der Sozialhilfe", in: ZfSH/ SGB 1986, 193-200.

Münder, Johannes (Hg) (2009): Sozialgesetzbuch II, Grundsicherung für Arbeitsuchende - Lehr- und Praxiskommentar (LPK). 3. Aufl.. Baden-Baden: Nomos.

Münder, Johannes/ Geiger, Udo (2009): „Die generelle Einstandspflicht für Partnerinkinder in der Bedarfsgemeinschaft nacj § 9 Abs 2 Satz 2 SGB 2", in: NZS 2009, 593-599.

Neuhold, Brita/Pirstner, Renate/Ulrich, Silvia (2003): Menschenrechte - Frauenrechte. Innsbruck Wien München Bozen: Studien Verlag.

Niesel, Klaus/ Brand, Jürgen (Hg) (2010): SGB III - Kommentar. 5. Auflage, München: Beck.

Oestreicher, Ernst/ Decker, Andreas (Hg), Grundsicherung für Arbeitsuchende und Sozialhilfe, Kommentar, Loseblatt (59. Ergänzungslieferung). München: Verlag.

Oppermann, Dagmar (2007) in Rust, Ursula/ Falke, Josef (Hg) (2007) § 2 Rn. 71 - 96, § 19 Rn. 61 - 77.

O. V. (2008): Familie und Sozialleistungssystem. Berlin: Erich Schmidt Verlag.

O'Sullivan, Daniel (2005): „Verfassungsrechtliche Fragen des Leistungsrechts der Grundsicherung für Arbeitsuchende", in: SGb 2005, 369.

Palandt, Otto (2010): Bürgerliches Gesetzbuch, Kommentar. München: Beck.

Peschel- Gutzeit, Lore Maria (2008): „Unterhaltrecht aktuell- Die Auswirkungen der Unterhaltsreform auf die Beratungspraxis", Baden-Baden: Nomos.

Radüge, Astrid (2007) (Hg.): juris Praxiskommentar – SGB II.Grundsicherung für Arbeitsuchende, 2. Auflage und Online-Kommentar.

Rauch, Tobias/Zellner, Frank (2008): Die Eingliederungsvereinbarung nach § 15 SGB II. Deutscher Sozialgerichtstag Praktikerleitfaden. Boorberg, Stuttgart u. a.

Richter, Dagmar (2010): „Mittelbare Diskriminierung im Bereich der Bildung" in Knickrehm, Sabine/ Rust, Ursula Hg) (2010), 232 - 236.

Rosenow, Roland (2008): „Bedürftigkeitsfiktion und Verteilung von Einkommen innerhalb der Bedarfsgemeinschaft im SGB II", in: SGb 2008, 282 - 290.

Rostock, Petra/Wersig, Maria/Künzel, Annegret (2007): „Frauen diskriminierend oder geschlechterpolitisch konzeptionslos? Geschlechtsspezifische Auswirkungen von Hartz IV", in: Berghahn, Sabine (Hg) (2007), 305 - 322.

Rothkegel, Ralf (2005): Sozialhilferecht: Existenzsicherung und Grundsicherung. Baden-Baden: Nomos.

Roth-Stielow, Klaus (1978): „Rechtsfragen des ehelosen Zusammenlebens von Mann und Frau", in: JR 1978, 233 - 236.

Rudolph, Helmut/Blos, Kerstin (2005): Schätzung der Auswirkungen des Hartz-IV-Gesetzes auf Arbeitslosenhilfe-Bezieher. Projektbericht. BMWA-Projekt Nr. 60/04. Nürnberg: Institut für Arbeitsmarkt- und Berufsforschung.

Rüling, Anneli (2008): „Ein Jahr Elterngeld - Geschlechterrevolution oder Leistung für Besserverdienende?", in: femina politica 17, 115-118.

Rust, Ursula (1997): „Nadelöhr und Einschätzungsprärogative - die Rechtsprechung des Europäischen Gerichtshofes zur (un-)mittelbaren Geschlechterdiskriminierung im Sozialrecht", Streit 1997, 147 - 188.

Rust, Ursula (2003): „Gender Mainstreaming - auch ein rechtliches Konzept?", in: Kathrin Heinz/Barbara Thiessen (Hg.): Feministische Forschung - Nachhaltige Einsprüche. Opladen: Leske + Budrich, 111 - 121.

9. Literatur

Rust, Ursula (2004): „Kommentierung Art. 138 EG, Art. 139 EG, Art. 141 EG", in: Hans von der Groeben/Jürgen Schwarze (Hg.): Vertrag über die Europäische Union und Vertrag zur Gründung der Europäischen Gemeinschaft. Kommentar. Baden-Baden: Nomos, 820 – 870 (Art. 138), 874 – 891 (Art. 139), 897 – 1050 (Art. 141).

Rust, Ursula (2009): „Frauen im Sozialrecht – fehlende finanzielle Selbständigkeit als Abweichung von der männlichen Norm?", in: Querelles. Jahrbuch für Frauen- und Geschlechterforschung. Bd. 14. Geschlecht im Recht. Eine fortbestehende Herausforderung, 247-272.

Rust, Ursula (2010): „ Entlastung des Staates oder Entlastung der Familie?, in: Knickrehmm Sabine/ Rust, Ursula (Hg) (2010), 141-162.

Rust, Ursula/ Däubler, Wolfgang/ Falke, Josef/ Lange, Joachim/ Plett, Konstanze/ Scheiwe, Kirsten/ Sieveking, Klaus (Hg) (2003): Die Gleichbehandlungsrichtlinien der EU und ihre Umsetzung in Deutschland. Loccumer Protokolle 40/038, Rehburg-Loccum: Evangelische Akademie.

Rust, Ursula/Falke, Josef (2007) (Hg): AGG Allgemeines Gleichbehandlungsgesetz mit weiterführenden Vorschriften. Kommentar. Berlin: Erich Schmidt.

Sacksofsky, Ute (2009): „Das Frauenbild des Bundesverfassungsgerichts", in: Querelles. Jahrbuch für Frauen- und Geschlechterforschung. Bd. 14. Geschlecht im Recht. Eine fortbestehende Herausforderung, 191-215.

Scheiwe, Kirsten (2007) (Hg): Soziale Sicherungsmodelle revisited. Baden-Baden: Nomos.

Scheiwe, Kirsten (2008): „Auf den Spuren der Rollenleitbilder im deutschen Familien- und Sozialrecht - über Normen, die egalitäre Rollenteilung immer noch benachteiligen", in: Bundesministerium für Familie Senioren Frauen und Jugend 2008a: 51 - 62.

Schellhorn, Walter/Schellhorn, Helmut (Hg) (2002): Das Bundessozialhilfegesetz: Ein Kommentar für Ausbildung, Praxis und Wissenschaft. 16. Aufl. Neuwied: Luchterhand.

Schellhorn, Walter/Schellhorn, Helmut/ Hohm, Karl-Heinz (Hg) (2006): Kommentar zum SGB XII. 17. Aufl. Neuwied: Luchterhand.

Schlegel, Rainer (2007): Verpflichtungen der Mitgliedstaaten aus EuGH-Urteilen im Vorabentscheidungsverfahren („Jonkmann/ Vercheval"), jurisPR-SozR 20/2007 Anm. 1.

Schlegel, Rainer/ Voelzke, Schlegel / Voelzke / Radüge (2007): jurisPraxisKommentar SGB II.

Schlüter, Wilfried (2006): BGB-Familienrecht, 2. Auflage. Heidelberg: C. F. Müller.

Schnapp, Friedrich E. (2010): „Der Anspruch auf Sozialhilfe im System der subjektiven öffentlichen Rechte im Sozialrecht", in: SGb 2010, 61 - 64.

Schnath, Matthias (2009): „Zwischen Eltern- und Partnerliebe – Die arme Mutter", in: NDV 2009, 205-210

Schoch, Dietrich (1984): „Die Bedarfsgemeinschaft bei der Hilfe zum Lebensunterhalt", in: NDV, 431 - 436.

Schoch, Dietrich (2004): „Die Bedarfsgemeinschaft, die Einsatzgemeinschaft und die Haushaltsgemeinschaft nach dem SGB II und SGB XII",in: ZfF 2004, 169 – 177.

Schoch, Dietrich/Armborst, Christian (2003): Lehr- und Praxiskommentar BSHG, Baden-Baden: Nomos.

Schulte, Jan (2004): Arbeitslosengeld II und Arbeitslosenhilfe: Gewinner und Verlierer. Eine Schätzung der Nettoeinkommenseffekte von Hartz IV. Diskussionsbeiträge des Fachbereichs Wirtschaftswissenschaften der Freien Universität Berlin, Volkswirtschaftliche Reihe Nr. 2004/29. Berlin.

Schürmann, Heinrich (2009a): „Kindesunterhalt im Spannungsfeld von Familien-und Sozialrecht" in: SGb 2009, 200-206.

Schürmann, Heinrich (2009b): „Grundsicherung für Arbeitssuchende – Hilfebedürftigkeit – Berücksichtigung des Einkommens des Partners in der Bedarfsgemeinschaft zugunsten der nicht leiblichen Kinder ab 1.8.2006 – Verfassungsmäßigkeit, in: SGb 2009, 741-743.

Schwabe, Bernd-Günter (2007): „Rückzahlungspflichten gegenüber Leistungsträgern bei rechtswidrigem Leistungsbezug nach dem SGB II", in: fur, 359.

Schwabe, Dieter (2008): Münchener Kommentar zum BGB. Ort, Verlag.

Schwarzkopf, Manuela (2009): Doppelt gefordert, wenig gefördert. Alleinerziehende Frauen in der Grundsicherung für Arbeitsuchende. Berlin: edition sigma.

SINUS SOCIOVISION (2009): Einstellungen, Motive, Erfahrungen von alleinerziehenden Frauen. Repräsentativbefragung von SINUS für das Bundesministerium für Familie, Senioren, Frauen und Jugend. Heidelberg.

Soria, Martinez (2005): "Das Recht auf Sicherung des Existenzminimums" in: JZ 2005, 644-651.

Soziologisches Forschungsinstitut (SOFI) (2006): Neue soziale Dienstleistungen nach SGB II (Konzeptstudie) - nsDL-Kon. Forschungsbericht. IAB-Projekt Nr. 823. Göttingen.

Spellbrink, Wolfgang (2007a): „Die Bedarfsgemeinschaft gemäß § 7 SGB II eine Fehlkonstruktion?" in: NZS 2007, 121 - 127.

Spellbrink, Wolfgang (2007b): „Viel Verwirrung um Hartz IV" in: JZ 2007, 28 – 34.

Spellbrink, Wolfgang (2008): „Die Bedarfsgemeinschaft gemäß § 7 SGB II eine Fehlkonstruktion?" in: Deutscher Sozialrechtstag, 1. Deutscher Sozialrechtstag. Baden-Baden: Nomos, 85 - 101.

Spindler, Helga (2004): „Alleinerziehende und die Arbeitsmarktreform 2004", in: Streit 2004, 147 - 156.

Spindler, Helga (2007a): „§ 9 Abs. 2 Satz 2 SGB II/Art. 1 Abs. 1 i. V. m. Art. 20 und Art. 6 GG Verfassungswidrigkeit der Anrechnung von Stiefpartnereinkommen", in: info also 2007, 121 - 125.

Spindler, Helga (2007b): „Abhängig oder unabhängig? Ansprüche auf Fürsorgeleistungen nach dem SGB II, eheliche Unterhaltsleistungen und Erwerbseinkommen und ihre geschlechtsspezifische Wirkung", in: Kirsten Scheiwe (Hg.): Soziale Sicherungsmodelle revisited. Baden-Baden: Nomos, 85 - 94.

Statistisches Bundesamt (2006): Statistik der Sozialhilfe. Erwerbsstatus der Sozialhilfeempfänger/-innen 2004. Wiesbaden.

Stelkens, Paul/Bonk, Heinz J./Sachs, Michael (2008): Verwaltungsverfahrensgesetz, Kommentar (7. Auflage). München: Beck.

Stephan, Karola (2008): „Die Ansprüche zusammenlebender Personen nach SGB II und SGB XII" (Diss.), Schriften zum Sozial-und Arbeitsrecht, Band 270, Berlin: Duncker&Humblot.

Stephan, Karola (2009): „SGB II und SGB XII - Rechtliche Konflikte um die Bedarfsgemeinschaft", in: SozSich 2009, 434-438

Tegethoff, Carsten (2001): „Die Feststellung einer eheähnlichen Gemeinschaft im

Sozialrecht – Die Entwicklung der Rechtsprechung zu § 122 S 1 BSHG seit BverwG, Urteil vom 17.5.1995, BVerwGE 98, S 195ff", in: ZfSH/SGB 2001, 643 - 647.

Udsching, Peter/Link, Christian (2007): „Aufhebung von Leistungsbescheiden nach dem SGB II", in: SGb 2007, 513 - 521.

Wahrendorf, Volker (2007): „Grundsicherung für Arbeitsuchende – Arbeitslosengeld - sozialgerichtliches Verfahren", in: SGb 2007, 314 - 316.

Welti, Felix (2007): Änderungen im Sozialgesetzbuch, § 33c SGBI, in: Schiek, Dagmar (Hg), Allgemeines Gleichbehandlungsgesetz. Ein Kommentar aus europäischer Perspektive, Sellier 2007.

9. Literatur

Wendt, Kirsten/Nowak, Iris (2004): Aktivierung im trauten Heim. Hartz IV Gesetze flexibilisieren auch die Geschlechterverhältnisse. Download unter: http://www.linksnet.deartikel.php?id=1222 (Zugriff am 01.07.2006).

Wenner, Ulrich (2006): „Geplante Hartz-IV-Änderungen: Verfassungsrechtlich problematische Regelungen für eheähnliche Gemeinschaften und Stiefeltern", in: Soziale Sicherheit, 146 - 152.

Wenner, Ulrich (2008): „Neue Hartz-IV-Urteile des BSG – Erfolg für Schüler - Kosten für Klassenfahrten sind voll zu erstatten", in: SozSich 2008, 391-394.

Wersig, Maria (2007): „Gleichstellungspolitischer Durchbruch oder Kompromisspaket? Die Einführung des Elterngeldes",in: Kirsten Scheiwe (Hg.) (Hg.): Soziale Sicherungsmodelle revisited. Baden-Baden: Nomos, 131 – 142.

Winkler, Jürgen (Hg.) (2006): Lehr- und Praxiskommentar. Sozialgesetzbuch IV. Baden-Baden: Nomos.

Winkler, Ute (1990): „Leistungen nach dem Arbeitsförderungsgesetz bei Arbeitslosigkeit", in: Lucke/ Berghahn (Hg): Rechtsratgeber Frauen, 186 - 213.

Winkler, Ute (2000): „Die Reform des SGB III aus Sicht der arbeitslosen Frauen", in: info also 2000, 194 – 204.

Winkler, Ute (2005): „Leistungen zur Eingliederung in Arbeit nach dem SGB II und SGB III unter besonderer Berücksichtigung der Hilfen für Frauen, die nach der Familienpause wieder in den Beruf einsteigen wollen", in: FPR 2005, 456 - 461.

Winter, Regine (2007): Diskriminierungen im Rentensystem, in: jurisPR-ArbR 45/2007 Anm. 2.

Wittling-Vogel, Almut (2003): „Was sind Schattenberichte für die Bundesregierung?", in: Doris König et al (2003), 91-93.

Wolf, Andreas (2007). Bundessozialgericht: Konstrukt der Bedarfsgemeinschaft überprüfen! Www.monitor-arbeitsmarktpolitik.de/Konstrukt_Bedarsfsgemeinschaft_ueberpruefen.pdf (Zugriff am 07.04.2009).

Wulffen, Matthias von (Hg) (2009): SGB X, Kommentar (6. Auflage), München: Beck.

Zentrum für Europäische Wirtschaftsforschung (ZEW)/Institut Arbeit und Qualifikation (I-AQ)/TNS Emnid (2007a): Evaluation der Experimentierklausel nach § 6c SGB II - Vergleichende Evaluation des arbeitsmarktpolitischen Erfolgs der Modelle der Aufgabenwahrnehmung "Optierende Kommune" und "Arbeitsgemeinschaft". Untersuchungsfeld 3: "Wirkungs- und Effizienzanalyse". Erster Zwischenbericht des Forschungsverbundes. Mannheim, Gelsenkirchen, Bielefeld.

Zentrum für Europäische Wirtschaftsforschung (ZEW)/Institut Arbeit und Qualifikation (I-AQ)/TNS Emnid (2007b): Evaluation der Experimentierklausel nach § 6c SGB II - Vergleichende Evaluation des arbeitsmarktpolitischen Erfolgs der Modelle der Aufgabenwahrnehmung "Optierende Kommune" und "Arbeitsgemeinschaft". Untersuchungsfeld 3: "Wirkungs- und Effizienzanalyse". Erster Zwischenbericht des Forschungsverbundes. Unveröff. Tabellenanhang. Mannheim, Gelsenkirchen, Bielefeld.

Zentrum für Europäische Wirtschaftsforschung (ZEW)/Institut Arbeit und Qualifikation (I-AQ)/TNS Emnid (2008): Evaluation der Experimentierklausel nach § 6c SGB II - Vergleichende Evaluation des arbeitsmarktpolitischen Erfolgs der Modelle der Aufgabenwahrnehmung "Zugelassener kommunaler Träger" und "Arbeitsgemeinschaft". Untersuchungsfeld 3: "Wirkungs- und Effizienzanalyse". Abschlussbericht. Mannheim, Gelsenkirchen, Bielefeld.

Zöller, Thomas (1996): „Die eheähnliche Gemeinschaft im Sozialhilferecht - Zugleich eine Besprechung der Entscheidung des BVerwG vom 17.05.1995 - 5 C 16/93", in: ZfSH/SGB 1996, 302-306.

10. Anhang

10.1 Tabellenteil

Arbeitslose ohne Leistungsbezug nach Daten der Bundesagentur für Arbeit

Tabelle 1: Nichtleistungsbeziehende im Juni 2007 (Daten der BA)

	NLB insgesamt			NLB Männer			NLB Frauen			Frauenanteil
	absolut	Anteil an allen NLB in %	Anteil in jew. Kateg. %	absolut	Anteil männl. NLB in %	Anteil in jew. Kateg. in %	absolut	Anteil weibl. NLB in %	Anteil in jew. Kateg. in %	in %
NLB insgesamt	546.147	100,0		199.509	100,0		346.638	100,0		63,5
nach Region										
West-D	348.206	63,8		134.648	67,5		213.558	61,6		61,3
Ost-D	197.941	36,2		64.861	32,5		133.080	38,4		67,2
nach Nationalität										
Deutsche	498.356	91,2		178.894	89,7		319.462	92,2		64,1
AusländerInnen	47.580	8,7		20.480	10,3		27.100	7,8		57,0
nach Altersgruppen										
unter 20	16.548	3,0		9.468	4,7		7.080	2,0		42,8
20 bis unter 25	52.400	9,6		31.562	15,8		20.838	6,0		39,8
25 bis unter 30	36.451	6,7		18.610	9,3		17.841	5,1		48,9
30 bis unter 35	33.454	6,1		13.074	6,6		20.380	5,9		60,9
35 bis unter 40	49.295	9,0		14.201	7,1		35.094	10,1		71,2
40 bis unter 45	67.311	12,3		17.665	8,9		49.646	14,3		73,8
45 bis unter 50	77.064	14,1		21.221	10,6		55.843	16,1		72,5
50 bis unter 55	95.338	17,5		28.969	14,5		66.369	19,1		69,6
55 bis unter 60	112.483	20,6		41.653	20,9		70.830	20,4		63,0
60 bis unter 65	5.803	1,1		3.086	1,5		2.717	0,8		46,8

10.1 Tabellenteil

	NLB insgesamt			NLB Männer			NLB Frauen			Frauen-anteil
	absolut	Anteil an allen NLB in %	Anteil in jew. Kateg. %	absolut	Anteil männl. NLB in %	Anteil in jew. Kateg. in %	absolut	Anteil weibl. NLB in %	Anteil in jew. Kateg. in %	in %
nach Status vor der Arbeitslosmeldung										
Erwerbstätigkeit (ohne Ausbildung)	239.143	43,8	100,0	104.613	52,4	100,0	134.530	38,8	100,0	56,3
..darunter:										
Beschäftigungsverhältnis	221.949	40,6	92,8	92.624	46,4	88,5	129.325	37,3	96,1	58,3
Ausbildung	56.732	10,4	100,0	23.066	11,6	100,0	33.666	9,7	100,0	59,3
..darunter:										
betriebliche Ausbildung	15.522	2,8	27,4	8.212	4,1	35,6	7.310	2,1	21,7	47,1
schulische Ausbildung	33.862	6,2	59,7	11.702	5,9	50,7	22.160	6,4	65,8	65,4
Nichterwerbstätigkeit	217.647	39,9		61.713	30,9		155.934	45,0		71,6
Sonstiges	32.625	6,0		10.117	5,1		22.508	6,5		69,0
nach bisheriger Dauer der Arbeitslosigkeit										
unter 1 Monat	54.861	10,0		30.255	15,2		24.606	7,1		44,9
1 bis unter 3 Monate	79.047	14,5		39.076	19,6		39.971	11,5		50,6
3 bis unter 6 Monate	73.937	13,5		31.557	15,8		42.380	12,2		57,3
6 bis unter 12 Monate	89.086	16,3		33.014	16,5		56.072	16,2		62,9
1 bis unter 2 Jahre	92.160	16,9		25.906	13,0		66.254	19,1		71,9
2 Jahre und länger	157.056	28,8		39.701	19,9		117.355	33,9		74,7

10.1 Tabellenteil

	NLB insgesamt			NLB Männer			NLB Frauen			Frauenanteil
	absolut	Anteil an allen NLB in %	Anteil in jew. Kateg. %	absolut	Anteil männl. NLB in %	Anteil in jew. Kateg. in %	absolut	Anteil weibl. NLB in %	Anteil in jew. Kateg. in %	in %
nach vorherigem Bezug von Lohnersatzleistungen (ALG/Eghi/Uhg/Alhi) im Recherche-Zeitraum Mai 2007 bis Januar 2004)										
mit früherem Leistungsbezug	311.274	57,0	100,0	117.881	59,1	100,0	193.393	55,8	100,0	62,1
..darunter:										
Ende des Leistungsbezugs in den letzten 6 Monaten	98.973	18,1	31,8	46.333	23,2	39,3	52.640	15,2	27,2	53,2

251

10.1 Tabellenteil

	NLB insgesamt			NLB Männer			NLB Frauen			Frauenanteil
	absolut	Anteil an allen NLB in %	Anteil in jew. Kateg. %	absolut	Anteil männl. NLB in %	Anteil in jew. Kateg. in %	absolut	Anteil weibl. NLB in %	Anteil in jew. Kateg. in %	in %
letzter Leistungsbezug im Dez. 2004	60.463	11,1	19,4	16.159	8,1	13,7	44.304	12,8	22,9	73,3
ohne früheren Leistungsbezug	234.873	43,0		81.628	40,9		153.245	44,2		65,2
nach BerufsrückkehrerInnen-Status										
insgesamt	38.011	7,0		396	0,2		37.615	10,9		99,0
nach gesundheitlichen Einschränkungen mit Auswirkung auf Vermittlung										
mit Einschränkung	88.223	16,2		39.432	19,8		48.791	14,1		55,3
ohne Einschränkung	457.924	83,8		160.077	80,2		297.847	85,9		65,0

Angaben in **Fett** unter Frauenanteil: Abweichungen von mindestens 10 Prozentpunkten zum Durchschnittswert.

Quelle: Bundesagentur für Arbeit 2007b, teilweise eigene Berechnungen.

10.1 Tabellenteil

Tabelle 2: Nichtleistungsbeziehende im Juni 2008 (Daten der BA)

	NLB insgesamt			NLB Männer			NLB Frauen			Frauenanteil
	absolut	Anteil an NLB in %	Anteil in jew. Kat. in %	absolut	Anteil männl. NLB in %	Anteil in jew. Kateg. in %	absolut	Anteil weibl. NLB in %	Anteil an jew. Kateg. in %	in %
NLB insgesamt	364.227	100,0		148.368			215.859			
nach Region										
West-D	220.062	100		98.140			121.922			
Ost-D	144.165	100		50.228			93.937			
nach Nationalität										
Deutsche	333.368	91,5		133.937			199.395			
AusländerInnen	30.697	8,4		14.298			16.399			
nach Altersgruppen										
unter 20	11.677	3,2		6.857	4,6		4.820	2,2		
20 bis unter 25	40.359	11,1		24.525	16,5		15.834	7,3		
25 bis unter 30	27.670	7,6		15.015	10,1		12.655	5,9		
30 bis unter 35	22.065	6,1		10.182	6,9		11.883	5,5		
35 bis unter 40	28.187	7,7		9.681	6,5		18.506	8,6		
40 bis unter 45	39.966	11,0		11.951	8,1		28.015	13,0		
45 bis unter 50	49.186	13,5		14.466	9,8		34.720	16,1		
50 bis unter 55	60.294	16,6		19.422	13,1		40.872	18,9		
55 bis unter 60	80.883	22,2		33.805	22,8		47.078	21,8		
60 bis unter 65	3.940	1,1		2.464	1,7		1.476	0,7		
Dauer der Arbeitslosigkeit										
unter 1 Monat	63.667	17,5		34.774	23,4		28.893	13,4		
1 bis unter 3 Monate	58.930	16,2		29.508	19,9		29.422	13,6		
3 bis unter 6 Monate	47.450	13,0		20.770	14,0		26.680	12,4		
6 bis unter 12 Monate	47.909	13,2		19.193	12,9		28.716	13,3		
1 bis unter 2 Jahre	52.772	14,5		16.754	11,3		36.018	16,7		
2 Jahre und länger	93.499	25,7		27.369	18,4		66.130	30,6		

10.1 Tabellenteil

	NLB insgesamt			NLB Männer			NLB Frauen			Frauenanteil
	absolut	Anteil an NLB in %	Anteil in jew. Kat. in %	absolut	Anteil männl. NLB in %	Anteil in jew. Kateg. in %	absolut	Anteil weibl. NLB in %	Anteil an jew. Kateg. in %	in %
BerufsrückkehrerInnen-										
	19.835	5,4		268	0,2		19.567	9,1		
Alleinerziehende										
	7.439	2,0		684	0,5		6.755	3,1		
Schulbildung										
Kein Schulabschluss	24.404	6,7		13.350	9,0		11.054	5,1		
Hauptschulabschluss	125.423	34,4		59.104	39,8		66.319	30,7		
Mittlere Reife	134.194	36,8		40.958	27,6		93.236	43,2		
Fachhochschulreife	19.179	5,3		8.836	6,0		10.343	4,8		
Abitur/Hochschulreife	57.367	15,8		24.145	16,3		33.222	15,4		
Keine Angabe	3.660	1,0		1.975	1,3		1.685	0,8		
nach vorherigem Bezug von Lohnersatzleistungen (ALG/Eghi/Uhg/Alhi) (im Recherche-Zeitraum Mai 2008 bis Januar 2004)										
mit früherem Leistungsbezug	216.262	59,0	100,0	91.814	61,9	100,0	124.448	57,7	100,0	
..darunter:										
Ende des Leistungsbezugs in den letzten 6 Monaten	65.665	18,0		34.322	23,1		28.104	13,0		
letzter Leistungsbezug im Dez. 2004	38.464	10,6		10.747	7,2		27.717	12,8		
ohne früheren Leistungsbezug	147.965	40,6		56.554	38,1		91.411	42,3		

Quelle: Bundesagentur für Arbeit 2009b, teilweise eigene Berechnungen.

10.1 Tabellenteil

Arbeitslose ohne Leistungsbezug: SOEP-Auswertung

Tabelle 1: Nichtleistungsbeziehende 2004, 2006 und 2008 (eigene SOEP-Analyse, durchgeführt von Tanja Schmidt, empirische Sozialforschung Berlin)

NLB nach verschiedenen Merkmalen				
	2004	2006	2008	Entwicklung 2008-2004
	in %	in %	in %	In Pp.
Anteil NLB an arbeitslos Gemeldeten	22,8	19,6	17,2	-5,6
Anteil geringfügig erwerbstätiger an allen NLB	8,6	19,3	14,4	5,8
Anteil Frauen an allen NLB	64,2	65,7	67,2	3
Anteil Männer an allen NLB	35,8	34,3	32,8	-3
N, absolut	340	314	246	-94
NLB nach Region				
	2004	2006	2008	Entwicklung 2008 zu 2004
	in %	in %	in %	in Pp.
NLB insgesamt	100,0	100,0	100,0	
Westdeutschland	76,4	62,4	69,5	-6,9
Ostdeutschland	23,6	37,7	30,5	6,9
N, absolut	340	314	246	
NLB nach Altersgruppen				
	2004	2006	2008	
	in %	in %	in %	
NLB insgesamt	100,0	100,0	100,0	
15 - u25 Jahre	20,9	23,8	24,1	
25 - u35 Jahre	19,8	12,6	12,9	
35 - u45 Jahre	23,1	28,1	11,6	
45 - 50 Jahre	(8,5)	(8,0)	(8,7)	
50 - u65 Jahre	26,7	26,6	41,5	
65 Jahre und älter	(0,9)	(0,9)	(1,2)	
N, absolut	340	314	246	

10.1 Tabellenteil

NLB nach schulischem Abschluss				
	2004	2006	2008	Entwicklung 2008 zu 2004
	in %	in %	in %	in Pp.
NLB insgesamt	100,0	100,0	100,0	
Hauptschule	42,3	44,2	31,1	-11,2
Realschule	27,4	41,3	42,8	15,4
Fachhochschulreife	(3,8)	(1,4)	(4,5)	(-0,7)
Abitur	10,2	6,3	8,2	-2,0
Anderer Abschluss	10,9	(4,7)	(11,7)	
Ohne Abschluss	(5,5)	(1,9)	(1,8)	
N, absolut	322	295	233	
NLB nach beruflichem Abschluss				
	2004	2006	2008	Entwicklung 2008 zu 2004
	in %	in %	in %	in Pp.
NLB insgesamt	100,0	100,0	100,0	
Beruflicher Bildungsabschluss (Lehre, Berufsfachschule, Fachschule, Meister, Beamtenausbildung)	48,8	63,2	60,6	11,8
Hochschulabschluss (FH, Uni, TH, Ingenieur-, Fachschule (Ost), Hochschule (Ost)	12,9	5,4	13,9	1
(noch) ohne Berufsabschluss	38,3	31,3	25,5	-12,8
N, absolut	333	310	233	

10.1 Tabellenteil

Durchschnittliche Anzahl von Jahren in Beschäftigung oder Arbeitslosigkeit von NLB im Vergleich zu allen Arbeitslosen, 2006 und 2008								
	Nichtleistungsbeziehende						Alle Arbeitslosen	
	Insgesamt		West		Ost			
	2006	2008	2006	2008	2006	2008	---	2008
Erwerbstätigkeit insgesamt	12,5	14,7	11,5	14,2	14,1	15,9	---	15,3
Vollzeit	9,4	11,30	7,5	10,5	12,5	13,2	---	12,9
Teilzeit	3,1	3,38	4,0	3,7	1,6	2,6	---	2,4
Arbeitslosigkeit		3,19 (***)	3,4	2,3	3,1	5,2	---	4,8
NLB nach Haushaltstyp								
		2004		2006		2008		
		in %		in %		in %		
NLB insgesamt		100,0		100,0		100,0		
Ein-Personen-Haushalt		15,2		13,0		(8,5)		
Alleinerziehend		16,1		8,9		14		
Ehe-Paar ohne Kinder		35,0		25,3		31,5		
Paar mit Kind/ern unter 16 Jahre		15,2		27,7		11,7		
Paar mit Kind/ern über 16 Jahre		9,9		15,7		25,6		
Paar mit Kindern unter und über 16 Jahre		6,4		(4,1)		(6,6)		
Mehr-Generationen-Haushalt		(1,6)		(1,3)		(1,1)		
Sonstige Kombinationen		(0,5)		(0,2)		(1,0)		
NLB nach Familienstand								
				2006		2008		
				in %		in %		
NLB insgesamt				100,0		100,0		
verheiratet zusammen lebend				42,9		48,4		
verheiratet getrennt lebend				(1,0)		(1,2)		
geschieden				(13,0)		(8,0)		
verwitwet				(2,0)		(4,0)		
ledig				41,2		38,4		

10.1 Tabellenteil

NLB nach Alter des jüngsten Kindes				
	2004	2006	Entwicklung 2006 zu 2004	
	in %	in %	in Pp.	
NLB insgesamt	100,0	100,0		
0-3 Jahre	21,9	(11,6)	(-10,3)	
4-6 Jahre	25,4	33,3	7,9	
7-10 Jahre	(16,0)	(12,1)	(-3,9)	
11-16 Jahre	36,7	43,0	6,3	
N, absolut	146	119		
Quartile an Einkommen der gesamten Stichprobe der NLB [Quartile an Einkommen von Haushalten mit mindestens einer arbeitslosen Person]				
	2004	2006	2008	
	in Euro	in Euro	In Euro	
Unteres Quartil	0 – 1.510,00 [- 979,00]	0 – 1.500,00 [- 850,00]	0 – 1.300,00 [- 790]	
Zweites Quartil in Euro	1510,01 – 2.277,00 [- 1.500,00]	1.500,01 – 2.300,00 [- 1.300,00]	1.300,01 – 1.832,00 [- 1.296]	
Drittes Quartil in Euro	2.277,01 – 3.176,00 [- 2.207,00]	2.300,01 – 3.250,00 [- 1.960,00]	1.832,01 – 2.500,00 [- 1.957]	
Oberes Quartil in Euro	3.176,01 – 30.000,00 [- 7.161,00]	3.250,01 - 30.000,00 [- 10.347,00]	2.500,01 – 11.720,00 [- 12.000]	
Zusammensetzung des Haushaltseinkommens in NLB-Haushalten				
	unteres Quartil		oberes Quartil	
	2004	2006	2004	2006
	in %	in %	in %	in %
Haushaltseinkommen insgesamt	100,0	100,0	100,0	100,0
davon aus:				
Erwerbstätigkeit	12,6	21,2	44,8	37,7
Kindergeld	20,3	30,0	(28,2)	(30,3)
Arbeitslosengeld	(1,7)	(2,2)	(0,4)	(0,0)
Überbrückungsgeld	(3,6)	(1,1)	(3,4)	(1,3)
Wohngeld	18,4	(1,7)	(0,0)	(0,0)

10.1 Tabellenteil

Sozialhilfe	20,4	(0,6)	(2,8)	(0,0)
Arbeitslosenhilfe	(3,2)	-	(2,5)	-
ALG II incl. Sozialgeld & Kinderzuschlag	-	(28,4)	-	(5,2)
Pflegeversicherung	(0,4)	(0,4)	(1,0)	(0,8)
Mutterschaft	(1,7)	(1,3)	(1,1)	(0,6)
Rente	(6,4)	(4,8)	(7,7)	(10,1)
BAföG/Militär	(5,1)	(3,2)	(2,3)	(11,8)
Unterhalt	(6,3)	(5,2)	(5,9)	(2,1)

Zufriedenheit von NLB

	2004	2006	2008	
	Skalenwert*	Skalenwert		
persönliches Einkommen	2,4	2,7	2,3	
Haushaltseinkommen	3,8	4,1	4,6	
Lebensstandard (in 2008 nicht erhoben)	5,5	5,9	--	
* mittlerer Wert auf einer Skala 1-10				

„Wann etwa wollen Sie Ihre Erwerbstätigkeit aufnehmen?"

	2006	2008
	in %	in %
NLB insgesamt	100,0	100,0
möglichst sofort	79,8	76,8
innerhalb des nächsten Jahres	(10,5)	(12,5)
in 2 bis 5 Jahren	(8,2)	(10,4)
erst später, in mehr als 5 Jahren	(1,5)	(0,3)

„Wären Sie an einer Vollzeit- oder einer Teilzeitbeschäftigung interessiert, oder wäre Ihnen beides recht?"

	2006	2008
	in %	in %
NLB insgesamt	100,0	100,0
Vollzeitbeschäftigung	34,0	40,0
Teilzeitbeschäftigung	25,5	25,0
beides recht	38,4	33,0
weiß noch nicht	(2,1)	(1,8)

10.1 Tabellenteil

„Wenn Sie jetzt eine Arbeit suchen würden: Ist oder wäre es für Sie leicht, schwierig oder praktisch unmöglich, eine geeignete Stelle zu finden?"				
		2006	2008	
		in %	in %	
NLB insgesamt		100,0	100,0	
leicht		(5,5)	(6,6)	
schwierig		65,7	71,4	
praktisch unmöglich		28,8	22,0	

Alle Angaben in Klammern beruhen auf Fallzahlen unter 30 und sind damit statistisch nicht abgesichert.

10.2 Manual for Gender Mainstreaming of Employment Policies

EUROPEAN COMMISSION
Employment, Social Affairs and Equal Opportunities DG
Equality between Men/Women, Action against discrimination, Civil Society
Equality between Men/Women

MANUAL FOR GENDER MAINSTREAMING OF EMPLOYMENT POLICIES

JULY 2007

– Auszug –

4. GENDER MAINSTREAMING OF EMPLOYMENT POLICIES
In order to provide concrete examples, the four-step method explained above has been applied to four types of employment policies: active labour market policies, pay and career policies, reconciliation policies and flexicurity policies. These four types of policies have been chosen in order to cover all employment policies though some specific policies might be covered in several of these fields. These fields are normally broad enough to be applied to the employment guidelines, whatever the extent of the possible changes in the future.

In the sections below, each of the policy fields is defined, its possible impact in terms of gender equality is discussed and a specific box contains a list of relevant questions to consider in the process of gender mainstreaming.

The boxes and analysis presented below have been developed in the abovementioned expert report on gender mainstreaming of employment policies14. This report also provides some concrete examples of gender mainstreaming in the four policy fields developed in the Member States or in EEA-EFTA countries. The reader is therefore invited to consult this report for a more extensive presentation on the interactions between each policy fields and gender equality. It has to be noted that some of the steps (especially the last one which highly depend on the results of the three first steps) are sometimes similar from one policy field to another.

4.1 Active labour market policies
As a result of the European Employment Strategy, Member States have intensified their efforts to improve the position of groups and individuals at the margins of the labour market. Active labour market policies are an important instrument in this respect. As defined in Employment in Europe 200615, labour market policies are pub-

10.2 Manual

lic interventions targeted towards *particular groups* in the labour market and, as such, may be distinguished from general employment policies such as measures that lower labour costs. Active labour market policies aim to increase the likelihood of employment or improve income prospects for the unemployed persons/groups who find it difficult to enter the labour market (ibid). Public employment services play an important role in this respect by facilitating the integration of the unemployed and other job seekers in the labour market (e.g. placement, counselling and advice). In addition, active measures include training, job rotation and job sharing, employment incentives, integration of specific groups, direct job creation and start-up incentives[16].

In order to promote gender equality, equal opportunities principles should be embedded within the operation of the public employment service (PES). An effective method in this respect is the appointment of a specific equal opportunities officer, who has the necessary expertise. Essential seems also that PES employees are informed on the issue of gender mainstreaming and receive training in how to incorporate this in their work. Another important aspect of gender mainstreaming of public employment services is that active labour market programmes are open to all inactive persons and not restricted only to benefit claimants and that men and women have equitable access to active labour market policies. This also implies that the specific needs of disadvantages groups need to be addressed. See box 2 for a checklist on gender mainstreaming of active labour market policies.

Box 2 Gender mainstreaming of active labour market policies

Step 1. Getting organized
- Are there any guidelines or targets set with regard to equal opportunities?
- Are all relevant stakeholders aware of the gender equality issues?
- Is there a clear structure of responsibilities?
- Are training facilities in gender equality issues available and/or is it possible to make use of external expertise?

Step 2. Learning about gender differences
- Are all relevant statistics differentiated by gender?
- What is the gender division of the target groups?
- What is the gender division of specific disadvantaged groups like school drop out, lone parents, persons on long term leave, long term unemployed, ethnic minorities?
- What are the relevant trends in this respect?

Step 3. Assessing the policy impact
- Do men and women have equitable access to active labour market policies, including training?
- Are measures available to the inactive as well as the unemployed?

10.2 Manual

- Are there measures addressing the needs of specific groups, like lone parents (by providing child care services), disabled (by providing social services and technical aid), or women returners after long term care (by offering training facilities)?
- Do active labour market policies promote the entry of women into high
- quality, non-traditional jobs?
- Do men and women benefit in equal terms from initiatives to start up businesses or any other services provided by Public employment services?

Step 4. Redesigning policy
- Given the results of step 1, 2 and 3 identify ways in which the policy could be redesigned to promote gender equality. Take into account that gender mainstreaming calls for a more joined up approach, which may involve more than one policy area or department.

14 "Gender mainstreaming of employment policies – A comparative review of thirty European countries" by the EU expert group on Gender, Social Inclusion and Employment (EGGSIE), Commissioned by the European Commission (DG EMPL – Unit
Equality between women and men), 2007, to be published
15 European Commission (2006)b, Employment in Europe – 2006, p.120
16 European Commission (2006)b, Employment in Europe – 2006, p.120

European Commission – A manual for gender mainstreaming of employment policies - July 2007

Sources

Council of Europe (1998), Gender mainstreaming: conceptual framework, methodology and presentation of

good practices. Strasbourg.

EMCO (2006). *Flexicurity*. EMCO Working Group on flexicurity. May 2006

European Commission (1996), Incorporating equal opportunities for women and men into all Community policies

and activities COM(1996) 67final

European Commission (1998) *A Guide to Gender Impact Assessment,* Office for Official Publications of the

European Communities, Luxembourg

European Commission (2003). Jobs, Jobs, Jobs. Creating more employment in Europe. Report of the

Employment Taskforce, headed by Wim Kok.

European Commission (2004). *EQUAL Guide on Gender Mainstreaming*. Brussels: European Commission.

Downloadable at:

10.2 Manual

http://ec.europa.eu/employment_social/equal/data/document/gendermain_en.pdf

European Commission (2006), A Roadmap for equality between women and men 2006-2010, COM(2006) 92 final

European Commission (2006)b, Employment in Europe – 2006

European Commission (2007), Towards Common Principles of Flexicurity: More and better jobs through

flexibility and security, SEC(2007) 861

European Pact for Gender equality - Presidency Conclusions of the Brussels European Council (23/24 March

2006), 7775/1/06/Rev 1

Jämstöd (2007). *Gender mainstreaming manual.* Swedish Government Official Reports SOU 2007:15. Stockholm:

Edita Sverige AB. Downloadable at: http://www.sweden.gov.se/content/1/c6/08/19/82/3532cd34.pdf

JER (2007). *Joint Employment Report 2006/2007.* Council of the European Union, Brussels

Plantenga, J. & C. Remery (2005) *Reconciliation of work and private life.* A comparative review of thirty

European countries. European Commission. Luxembourg: Office for Official Publications of the European

Communities.

Plantenga, J. & C. Remery (2006). The gender pay gap. Origins and policy responses. A comparative review of

thirty European countries. European Commission. Luxembourg: Office for Official Publications of the European

Communities.

Rees, T. (1998), Mainstreaming Equality in the European Union, Routledge, London

Rubery, J. & C. Fagan (2000). Gender impact assessment and European Employment Policy. Downloadable at:

http://www.mbs.ac.uk/research/europeanemployment/projects/gendersocial/documents/GIA_Report.pdf

Rubery, J. D. Grimshaw, M. Smith & R. Donnelly (2006). *The National Reform Programmes and the gender*

aspects of the European Employment Strategy. The coordinator synthesis report prepared for the Equality Unit,

European Commission. University of Manchester. Downloadable at:

http://ec.europa.eu/employment_social/gender_equality/docs/2007/gender_ees_2006_en.pdf

Stevens, I., & I. van Lamoen (2001). Manual on Gender Mainstreaming at Universities. Equal Opportunities at

Universities. Towards a Gender Mainstreaming Approach. Leuven/Apeldoorn: Garant-Uitgevers

Wilthagen, T & F. Tros (2004). The concept of flexicurity: a new approach to regulating employment and

labour market. In: Flexicurity: conceptual issues and political implementation in Europe. Transfer, European

Review of labour and research, 10(2).

10.3 Arbeitsentwurf für ein Gesetz zur Individualisierung der Leistungen der Grundsicherung für Arbeitsuchende

Arbeitsentwurf des djb-Projekts, ausgehend von den Handlungsempfehlungen des djb-Projekts „Individualisierung von Leistungen nach dem SGB II unter Berücksichtigung familialer Unterhaltsverpflichtungen"
1. *zur Ablösung der Bedarfsgemeinschaft durch die Einsatzgemeinschaft,*
2. *zur Ablösung der Horizontalberechnung durch die Vertikalberechnung und*
3. *zur Lösung der Stiefkinderproblematik.*

Arbeitsentwurf für ein Gesetz zur Individualisierung der Leistungen der Grundsicherung für Arbeitsuchende

A. Problem und Ziel

Für jeden Hilfebedürftigen ist im SGB II oder im SGB XII ein individueller Leistungsanspruch vorgesehen. Dieser kann im SGB II jedoch durch die akzessorische Erfassung im Rahmen der Bedarfsgemeinschaft nur anteilig geltend gemacht werden. Ziel dieser Änderung ist, im SGB II die akzessorische Leistungsgewährung zu beenden.

Es hat sich als eine Fehlentscheidung gegen die familiäre Solidarität erwiesen, im SGB II das sozialrechtlich neue Konstrukt der Bedarfsgemeinschaft einzuführen. Eine Fehlsteuerung für Alleinerziehende ist die durch das Fortentwicklungsgesetz eingeführte Stiefkinderregelung.

Die Möglichkeit der Grundsicherungsträger, das Ziel der Grundsicherung für Arbeitsuchende, nämlich familienspezifische Lebensverhältnisse zu berücksichtigen sowie die Gleichstellung von Frauen und Männern, als durchgängiges Prinzip zu verfolgen, ist mit der Individualisierung der Leistungen der Grundsicherung zu verstärken.

Außerdem werden Kinderzuschlag und Kindergeld in der Grundsicherung nicht stets als Einkommen des Kindes angesehen. Unnötig komplizierte Vorschriften führen zu Wertungswidersprüchen.

10.3 Arbeitsentwurf

B. Lösung

Die Reform der Grundsicherung ist von Anfang an von Wirkungsforschung begleitet worden. Indem die Bedarfsgemeinschaft durch die Einsatzgemeinschaft abgelöst wird sowie die Horizontalberechnung der Hilfebedürftigkeit durch die Vertikalberechnung und die Einstandpflichten für Partnerkinder aufgehoben wird, kann und soll auf Fehlsteuerungen im Leistungsrecht reagiert werden.

Die Zuordnungsregeln zum Kinderzuschlag und Kindergeld werden zielgerecht geändert

C. Alternativen

Wechsel der Berechnungsmethode unter Beibehaltung der Bedarfsgemeinschaft.

D. Finanzielle Auswirkungen

Der Übergang von der horizontalen zur vertikalen Einkommensanrechnung ist insgesamt einkommensneutral.

E. Sonstige Kosten

Keine.

F. Bürokratiekosten

Mit dem vorliegenden Entwurf entfällt für bisher fiktiv hilfebedürftige Erwerbstätige die bisherige Auskunftspflicht ihrer Arbeitgeber nach § 57 SGB II, da diese Erwerbstätigen mit der Neuregelung nicht mehr Leistungen nach dem SGB II beziehen.

Die Anwendung der Zuordnungsregelungen zum Kinderzuschlag und Kindergeld wird vereinfacht.

10.3 Arbeitsentwurf

Arbeitsentwurf für ein Gesetz zur Individualisierung der Leistungen der Grundsicherung für Arbeitsuchende

Vom ...

Der Bundestag hat mit Zustimmung des Bundesrates das folgende Gesetz beschlossen:

Änderung des Zweiten Buches Sozialgesetzbuch

Das Zweite Buch Sozialgesetzbuch – Grundsicherung für Arbeitsuchende - vom 24. Dezember 2003, BGBl. I S. 2954, 2955), zuletzt geändert durch Artikel ... des Gesetzes vom ... (BGBl. I S. ...), wird wie folgt geändert:

1. In § 1 Absatz 1 Satz 1 werden die Wörter „und Personen, die mit ihnen in einer Bedarfsgemeinschaft leben" gestrichen.

2. In § 2 Absatz 1 Satz 1 und in Absatz 2 Satz 1 wird jeweils das Wort „Bedarfsgemeinschaft" durch das Wort „Einsatzgemeinschaft" ersetzt.

3. In § 3 Absatz 3 Satz 1 wird das Wort „Bedarfsgemeinschaft" durch das Wort „Einsatzgemeinschaft" ersetzt.

4. In § 4 Absatz 1 Satz 1 Ziffer 2 wird das Wort „Bedarfsgemeinschaft" durch das Wort „Einsatzgemeinschaft" ersetzt.

5. § 7 wird wie folgt geändert:

    a) In § 7 Absatz 2 Satz 1 und Satz 2 SGB II wird jeweils das Wort „Bedarfsgemeinschaft" durch das Wort „Einsatzgemeinschaft" ersetzt.

    b) In § 7 Absatz 3 Satz 1 werden die Worte „Zur Bedarfsgemeinschaft gehören" durch die Worte „Zur Einsatzgemeinschaft, deren Mitglieder Leistungen nach diesem Buch erhalten, gehören" ersetzt.

    c) In § 7 Absatz 3 Nr.2 werden die Worte „und der im Haushalt lebende Partner dieses Elternteils" gestrichen.

    d) § 7 Absatz 3a Nr. 3 wird gestrichen.

    e) § 7 Absatz 3a Nr. 4 wird nach dem neu eingefügten Wort „oder" § 7 Absatz 3a Nr. 3.

269

10.3 Arbeitsentwurf

6. § 9 wird wie folgt geändert:

   a) In § 9 Absatz 1 wird das Komma hinter dem Wort „Lebensunterhalt" durch das Wort „und" ersetzt.

   b) In § 9 Absatz 1 werden die Wörter „und den Lebensunterhalt der mit ihm in einer Bedarfsgemeinschaft lebenden Personen" gestrichen.

   c) In § 9 Absatz 2 Satz 1 und Satz 2 wird das Wort „Bedarfsgemeinschaft" jeweils durch das Wort „Einsatzgemeinschaft" ersetzt.

   d) In § 9 Absatz 2 Satz 2 werden die Wörter „und dessen in Bedarfsgemeinschaft lebenden Partners" gestrichen."

   e) § 9 Absatz 2 Satz 3 wird gestrichen.

   f) § 9 Absatz 5 wird folgender zweiter Satz angefügt: „Ebenso wird vermutet, dass hilfebedürftige unverheiratete Kinder, die mit einem Elternteil in Einsatzgemeinschaft leben, von dem ebenfalls im Haushalt lebenden Partner des Elternteils Leistungen erhalten, soweit dies nach dessen Einkommen und Vermögen erwartet werden kann.

7. In § 11 Absatz 1
   a) wird in Satz 3 das Wort „Bedarfsgemeinschaft" durch das Wort „Einsatzgemeinschaft" ersetzt.
   b) werden in Satz 3 die Wörter „soweit es bei dem jeweiligen Kind zur Sicherung des Lebensunterhalts benötigt wird" gestrichen.
   c) werden folgende neue Sätze 5 und 6 eingefügt:
      „Dies gilt auch für das Kindergeld für zum Haushalt des Hilfebedürftigen gehörende Kinder. Das Kindergeld für Kinder, die nicht dem Haushalt des Hilfebedürftigen angehören, wird nicht als Einkommen des Hilfebedürftigen berücksichtigt, soweit es nicht nachweislich an das nicht im Haushalt des Hilfebedürftigen lebende Kind weitergeleitet wird".

8. In § 12 Absatz 2 Satz 1 Nr. 4 wird das Wort „Bedarfsgemeinschaft" durch das Wort „Einsatzgemeinschaft" ersetzt.

9. In § 14 Satz 2 wird das Wort „Bedarfsgemeinschaft" durch das Wort „Einsatzgemeinschaft" ersetzt.

10. In § 15 Absatz 2 Satz 1 wird das Wort „Bedarfsgemeinschaft" durch das Wort „Einsatzgemeinschaft" ersetzt.

11. In § 16b Absatz 2 Satz 2 wird das Wort „Bedarfsgemeinschaft" durch das Wort „Einsatzgemeinschaft" ersetzt.

12. In § 20 Absatz 2 Satz 2 und in Absatz 3 Satz 1 wird jeweils das Wort „Bedarfsgemeinschaft" durch das Wort „Einsatzgemeinschaft" ersetzt.

13. In § 22 Absatz 1 Satz 3 wird das Wort „Bedarfsgemeinschaft" jeweils durch das Wort „Einsatzgemeinschaft" ersetzt.

14. In § 23 Absatz 1 Satz 3 wird das Wort „Bedarfsgemeinschaft" durch das Wort „Einsatzgemeinschaft" ersetzt.

15. In § 24 Absatz 2 Nr. 2 wird das Wort „Bedarfsgemeinschaft" durch das Wort „Einsatzgemeinschaft" ersetzt.

16. In § 28 Absatz 1 Satz 1 wird das Wort „Bedarfsgemeinschaft" durch das Wort „Einsatzgemeinschaft" ersetzt.

17. In § 30 Satz 3 wird das Wort „Bedarfsgemeinschaft" durch das Wort „Einsatzgemeinschaft" ersetzt.

18. In § 31 Absatz 3 Satz 7 wird das Wort „Bedarfsgemeinschaft" durch das Wort „Einsatzgemeinschaft" ersetzt.

19. In § 33 Absatz 2 Nr. 1 wird das Wort „Bedarfsgemeinschaft" durch das Wort „Einsatzgemeinschaft" ersetzt.

20. In § 34 Absatz 1 Nr. 1 und 2 wird jeweils das Wort „Bedarfsgemeinschaft" durch das Wort „Einsatzgemeinschaft" ersetzt.

21. In § 38 Satz 2 wird das Wort „Bedarfsgemeinschaft" durch das Wort „Einsatzgemeinschaft" ersetzt.

22. In § 46 Abs. 8 Satz 2 und 3 wird das Wort „Bedarfsgemeinschaft" durch das Wort „Einsatzgemeinschaft" ersetzt.

23. In § 51a Satz 6 wird das Wort „Bedarfsgemeinschaft" durch das Wort „Einsatzgemeinschaft" ersetzt.

10.3 Arbeitsentwurf

24. In § 51b Abs. 1 Nr. 1 wird das Wort „Bedarfsgemeinschaft" durch das Wort „Einsatzgemeinschaft" ersetzt.

25. In § 65 Absatz 1 Satz 1 wird das Wort „Bedarfsgemeinschaft" durch das Wort „Einsatzgemeinschaft" ersetzt.

Begründung

A. Allgemeiner Teil

I. Gesetzgebungskompetenz des Bundes

Die Gesetzgebungskompetenz folgt aus Artikel 74 Absatz 1 Nummer 7 GG (öffentliche Fürsorge).

II. Notwendigkeit des Gesetzes

Das Ziel der Grundsicherung für Arbeitsuchende, familienspezifische Lebensverhältnisse zu berücksichtigen sowie die Gleichstellung von Frauen und Männern als durchgängiges Prinzip zu verfolgen, ist verstärkt umzusetzen. Die Gefahr der Entsolidarisierung der Gesellschaft wird durch eine Änderung im Leistungsrecht der Grundsicherungsleistungen für Arbeitsuchende verringert. Die Möglichkeit, Solidarität in familiären Lebensgemeinschaften zu verwirklichen, wird gefördert.

Es hat sich als eine Fehlentscheidung für die familiäre Solidarität erwiesen, im SGB II das sozialrechtlich neue Konstrukt der Bedarfsgemeinschaft einzuführen. Eine Fehlsteuerung für Alleinerziehende ist die durch das Fortentwicklungsgesetz eingeführte Stiefkinderregelung.

Die bisherigen Zuordnungsregeln zum Kinderzuschlag und zum Kindergeld sind kompliziert. Abweichend vom Grundsatz, dass für die Hilfebedürftigkeit der Einkommenszufluss entscheidend ist, ist der Kinderzuschlag als Einkommen des Kindes anzurechnen und das Kindergeld dem zur Bedarfsgemeinschaft gehörenden Kind, soweit es zur Sicherung des Lebensunterhalts benötigt wird und der Kindergeldberechtigte mit dem Kind in einer Bedarfsgemeinschaft lebt. Wiederum andere Regeln gelten zum Kindergeld für volljährige Kinder. Die Zuordnungsregeln führen zu Wertungswidersprüchen.

III. Ziel und Inhalt des Gesetzes

Eine mit den Zielen der Grundsicherung für Arbeitsuchende unvereinbare Inanspruchnahme der Lebensgemeinschaften ist zu verhindern. Vorhandenes Einkommen und Vermögen sind in der Grundsicherung für Arbeitsuchende - wie in der Sozialhilfe - für Einsatzgemeinschaften und nicht mehr im Rahmen von Bedarfsgemeinschaften anzurechnen. Vorhandene Erwerbsfähigkeit ist für Einsatzgemeinschaften und nicht im Rahmen von Bedarfsgemeinschaften einzusetzen.

Erwerbstätige sollen nicht hinsichtlich der Geldleistungen fiktiv als Hilfebedürftige im Sinne des SGB II bewertet werden, obwohl sie mit ihrem Erwerbseinkommen nicht auf Leistungen der Grundsicherung angewiesen sind. Aktivierende Leistungen sind für tatsächlich Geringverdienende und Langzeitarbeitslose einzusetzen und nicht für fiktiv als Hilfebedürftige definierte Erwerbstätige. Für diese soll auch nicht das Sanktionssystem des SGB II Anwendung finden. Mit dem Verzicht auf Leistungen an fiktiv hilfebedürftige Erwerbstätige wird die Fehleranfälligkeit der Leistungs- und Rückforderungsbescheide gemindert. Die Hilfebedürftigkeit nach dem SGB II vertikal zu bestimmen und nicht wie nach der Bedarfsanteilsmethode horizontal für die Bedarfsgemeinschaft, ist auch ein Beitrag zu Entlastung der Sozialgerichtsbarkeit.

Die Situation von Stief- bzw. Partnerkindern und damit auch die Stellung Alleinerziehender im SGB-II-Bezug sind zu verbessern. Stief- bzw. Partnerkinder auf Unterhaltsansprüche zu verweisen, auch wenn diese von dem Einstandspartner nicht geleistet werden, ist eine gesetzliche Änderung des SGB II gewesen, die sich als ungeeignet erwiesen hat und nicht auf verlässlichen und schlüssigen Bedarfsermittlungsverfahren beruht. Der wechselseitige Wille, füreinander Verantwortung zu tragen und füreinander einzustehen, und die Hilfebedürftigkeit von Stief- bzw. Partnerkindern sind nach dem tatsächlichen Erhalt von Leistungen an das Kind zu bestimmen.

Nach dem Urteil des Bundesverfassungsgerichts vom 9. Februar 2010 steht eine Entscheidung des Gesetzgebers über die Ermittlung der Kinder- und Erwachsenenregelsätze an. Unabhängig von der künftigen Ermittlung der Regelätze soll das Kindergeld als alleiniges Einkommen des Kindes zugeordnet werden und nicht als Einkommen der Eltern berücksichtigt werden, damit das Kindergeld dem Kind und dessen Versorgung zu Gute kommt.

B. Besonderer Teil

Zu Artikel 1 (Gesetz zur Individualisierung der Leistungen der Grundsicherung für Arbeitsuchende)

Zu Nummer 1 (§ 1 SGB II)
Die Dreiteilung von Arbeitslosengeld, Arbeitslosenhilfe und Sozialhilfe mit dem

10.3 Arbeitsentwurf

Vierten Gesetz für moderne Dienstleistungen am Arbeitsmarkt von der Arbeitsförderung und bei Bedürftigkeit der Grundsicherung für Erwerbsfähige sowie der Sozialhilfe abzulösen, hat sich als der grundsätzlich richtige Weg erwiesen, um auf Langzeitarbeitslosigkeit zu reagieren und für Geringverdienende den Lebensunterhalt zu sichern. Maßstab der Hilfebedürftigkeit ist seit 2005 aber nicht der individuelle Eingliederungsbedarf und der individuelle Bedarf an Hilfe zur Sicherung des Lebensunterhalts. Die Hilfebedürftigkeit stellt seit 2005 mit dem SGB II vielmehr darauf ab, ob der individuelle Bedarf **und** der Bedarf der mit dem oder der Hilfebedürftigen in einer Bedarfsgemeinschaft lebenden Personen zu sichern ist. Wenn der Lebensunterhalt auch nur eines Mitglieds der Bedarfsgemeinschaft nicht ausreichend gesichert ist, sind alle mit ihm oder ihr zusammenlebenden Personen im Leistungsbezug des SGB II und unterliegen dem Sanktionensystem des SGB II.

Die Bedarfsgemeinschaft des SGB II hat eine „familiensprengende" Wirkung, indem die Hilfebedürftigkeit und sozialrechtlichen Pflichten an das Zusammenleben anknüpfen. Die sozialrechtliche Inanspruchnahme kann Entscheidungen befördern, einen gemeinsamen Haushalt zu verlassen oder gar nicht erst zu begründen. Die finanziellen Folgen der Bedarfsgemeinschaft widersprechen außerdem dem Gleichstellungsziel des Gesetzes.

Erwerbstätige, die ihren individuellen Bedarf sichern können, werden beim Leben in einer Bedarfsgemeinschaft des geltenden SGB II *fiktiv hilfebedürftig*. Damit unterliegen sie auch dem strengen Sanktionssystem des SGB II. Diese Rechtsfolge trägt – zusätzlich zu der Einkommensanrechnung - dazu bei, dass auf die Begründung eines gemeinsamen Haushaltes verzichtet wird.

Umgekehrt sind sämtliche Mitglieder der Bedarfsgemeinschaft im Sinne des SGB II nicht hilfebedürftig, wenn das gesamte Einkommen und Vermögen der Bedarfsgemeinschaft ihren Gesamtbedarf übersteigt. Arbeitssuchende Frauen, die in einer Ehe oder Partnerschaft leben, werden aufgrund der gegenüber der früheren Arbeitslosenhilfe verschärften und erstmals horizontalen Bedürftigkeitsprüfung des SGB II zu Nichtleistungsbeziehenden der Grundsicherung für Arbeitssuchende. Wenn bei ihnen fiktiv Partnereinkommen angerechnet wird, dass Partner zur Sicherung des eigenen Lebensunterhalts benötigen, werden insbesondere arbeitsuchende Frauen *fiktiv nichthilfebedürftig*.

Die passiven Leistungen und Eingliederungsleistungen des SGB II sollen nicht auch bei Erwerbstätigen ansetzen, die den eigenen Lebensunterhalt aus Erwerbsarbeit sichern. Die Eigenverantwortung ist für diejenigen zu stärken, die tatsächlich und nicht nur fiktiv ihren Lebensunterhalt nicht selbst bestreiten können.

Zu den in § 1 SGB II definierten Aufgaben und Zielen der Grundsicherung für Arbeitsuchende ist aus diesen Gründen der Hinweis auf Personen, die mit erwerbsfähigen Hilfebedürftigen in einem Haushalt leben, zu streichen. Fehlsteuerungen, die sich aus dem akzessorischen Leistungsrecht ergeben haben, sind durch eine Individualisierung des Leistungsrechts zu vermeiden.

Zu Nummer 2 (§ 2 SGB II)
Zu dem in § 2 SGB II geregelten Grundsatz des Forderns wird das Wort „Bedarfsgemeinschaft" durch das Wort „Einsatzgemeinschaft" ersetzt, um dem Wechsel von der Horizontal- zur Vertikalberechnung Rechnung zu tragen. Es wird damit nicht einfach der Begriff der Bedarfsgemeinschaft durch den Begriff der Einsatzgemeinschaft ersetzt. Vielmehr wird mit dem Wechsel des Begriffs verdeutlicht, dass sich die Art der Anrechnung von Einkommen und Vermögen in Lebensgemeinschaften verändert.

Zu Nummer 3 (§ 3 SGB II)
Zu den in § 3 Absatz 3 SGB II für Leistungen zur Sicherung des Lebensunterhalts bestimmten Grundsätzen wird das Wort „Bedarfsgemeinschaft" durch das Wort „Einsatzgemeinschaft" ersetzt entsprechend dem Wechsel von der Horizontal- zur Vertikalberechnung.

Zu Nummer 4 (§ 4 SGB II)
Zu den in § 4 Abs. 1 SGB II genannten Leistungsarten und der in § 4 Abs. 2 SGB II benannten Beratung und Hilfe ist das Wort „Bedarfsgemeinschaft" jeweils durch das Wort „Einsatzgemeinschaft" zu ersetzen, um dem Wechsel von der Horizontal- zur Vertikalberechnung Rechnung zu tragen.

Zu Nummer 5 (§7 SGB II)
Die Evaluationsforschung hat ergeben, dass das Ziel des Gesetzes, die Gleichstellung von Männern und Frauen als durchgängiges Ziel zu verfolgen, mit der neu eingeführten Bedarfsgemeinschaft nicht zu realisieren ist. Hingegen wird die Eigenverantwortung von erwerbsfähigen Hilfebedürftigen gestärkt, wenn sie das Zusammenleben mit Angehörigen nicht dadurch behindert, dass sie fiktiv hilfebedürftig werden könnten. Mit dem Wechsel von der Bedarfs- zur Einsatzgemeinschaft wird die Hilfebedürftigkeit außerdem nicht mehr nach der Bedarfsanteilsmethode berechnet.

Um aber nicht in allen Konstellationen, in denen eine Anrechnung von Einkommen oder Vermögen stattfindet, Begriffe wie Partner, eheähnlich und lebenspartnerschaftsähnlichen Gemeinschaft zu definieren, bietet es sich an, wie in der geltenden Rechtslage zur Bedarfsgemeinschaft in § 7 Absatz 3 SGB II eine Definitionsregelung bestehen zu lassen. Auf § 7 Absatz 3 SGB II wird mit der Verwendung des Begriffs der Einsatzgemeinschaft an anderen Stellen des SGB II jeweils verwiesen.

Der Begriff Einsatzgemeinschaft beschreibt in der Praxis bzw. Rechtsprechung lediglich ein Verhältnis beschreibt, bei der das Einkommen und Vermögen einer Per-

10.3 Arbeitsentwurf

son bei einer anderen Person angerechnet wird. Dazu ist es vorab zweckmäßig, die Mitglieder der Einsatzgemeinschaft in § 7 Absatz 3 SGB II Nr. 1 bis 3 SGB II gesetzlich klarzustellen. Damit wird auch im Gesetzestext der gewünschte Wechsel von der Bedarfsgemeinschaft zur Einsatzgemeinschaft erkennbar.

Mit der Verwendung des Begriffs der Einsatzgemeinschaft wird außerdem die Begrifflichkeit im Hinblick auf das SGB XII vereinheitlicht. Die Definition der Einsatzgemeinschaft drückt weiterhin den Wechsel zur Vertikalberechnung aus.

§ 7 Absatz 1 SGB II bestimmt unverändert die Anspruchsvoraussetzungen für erwerbsfähige, hilfebedürftige Personen in Verbindung mit §§ 8, 9, 11 und 12 SGB II. Für deren erwerbsunfähigen Partner oder Partnerin und für Kinder sowie Eltern oder Elternteile, die mit der erwerbsfähigen und hilfebedürftigen Person zusammenleben, legt § 7 Absatz 3 SGB II die Anspruchsvoraussetzungen wie bisher zur Bedarfsgemeinschaft fest. Welche Dienst- und Sachleistungen erwerbsunfähige Partner, Kinder und Eltern erhalten können, ist unverändert in § 7 Absatz 2 SGB II bestimmt. Die Geldleistung des Sozialgeldes hat ihre Grundlage unverändert in § 28 SGB II.

Zu Buchstabe a)
In § 7 Absatz 2 SGB II, der die Voraussetzungen für Leistungen an nichterwerbsfähige Mitglieder einer Einsatzgemeinschaft regelt, wird der in § 7 Abs. 3 SGB II konkretisierte Begriff der Einsatzgemeinschaft statt der Bedarfsgemeinschaft verwendet.

Zu Buchstabe b)
Für die Einsatzgemeinschaft werden die auch nach bisherigem Recht bestehenden individuellen Ansprüche von erwerbsunfähigen Partnern und Kindern als solche mit der Änderung des Einleitungssatzes von § 7 Absatz 3 SGB II ausdrücklich im Gesetz benannt und die akzessorische Leistungsgewährung im Rahmen der Bedarfsgemeinschaft wird durch die Einsatzgemeinschaft abgelöst.

Zu Buchstabe c)
Bei den Leistungen nach § 7 Absatz 3 Nr. 2 SGB II für im Haushalt lebende Eltern oder Elternteile eines unverheiratetes erwerbsfähiges Kind unter 25 Jahre findet eine Einkommensanrechnung der Kinder gegenüber ihren Eltern nicht unwiderlegbar statt. Hingegen würde die Anrechnung im Rahmen des neuen § 9 Absatz 5 Satz 2 SGB II erfolgen.

Zu Buchstabe d)
Die Ergebnisse der Evaluationsforschung weisen auf die Notwendigkeit hin, die Situation Alleinerziehender zu verbessern. Dazu gehört, dass nicht beim Zusammenleben mit einem neuen Partner sofort die Beweislastumkehr des bishe-

rigen § 7 Absatz 3 a zur Anwendung kommt. Auch für diese soll das mindestens einjährige Zusammenleben möglich sein, ohne die Einsatzgemeinschaft typisiert anzunehmen.

Zu Buchstabe e)
Redaktionelle Änderung zu den unverändert in § 7 Absatz 3a SGB II bestimmten Anknüpfungstatsachen.

Zu Nummer 6 (§ 9 SGB II)
Die geltende horizontale Berechnungsmethode führt im Zusammenhang mit der finanziellen Zuordnung der Lasten für die Regelleistungen bzw. des Sozialgeldes zunächst zum Bund und der Kosten der Unterkunft alsdann zu den Kommunen zu Fehlanreizen führen. So ist beispielsweise ein Engagement der Kommunen bei kommunalen Eingliederungsleistungen zur beruflichen Eingliederung erst dann im Sinne einer eigenen Kostenminderung „rentabel", wenn durch eine Erwerbstätigkeit auch die Kosten der Unterkunft für die ganze Bedarfsgemeinschaft aus eigenen Mitteln gedeckt werden können.

Die Horizontalberechnung führt in Verbindung mit der vorgegebenen Reihenfolge der Anrechnung dazu, dass die Kommunen weit überproportional von dem steigenden Problem der sogenannten Aufstocker betroffen sind, also von Familien, die trotz oft voller Erwerbstätigkeit auf ergänzende staatliche Leistungen angewiesen sind. Damit werden den Kommunen jedoch zusätzliche finanzielle Mittel für die Infrastruktur entzogen, auf die vor allem Familien, ältere Menschen und Geringverdiener in besonderem Maße angewiesen sind.

Es spricht daher alles dafür, nach der Ermittlung der individuellen Bedarfe der Partner nur das überschießende Einkommen zu verteilen, wie dies vor 2005 praktiziert wurde, also die vertikale statt der horizontalen oder der Bedarfsanteilsmethode für die Berücksichtigung von Einkommen und Vermögen im SGB II zugrunde zulegen.

Zu Buchstabe a)
Folgeänderung zur Abschaffung der akzessorischen Leistungsgewährung mit der Streichung in § 1 SGB II.

Zu Buchstabe b)
Folgeänderung zur Abschaffung der akzessorischen Leistungsgewährung mit der Streichung in § 1 SGB II.

Zu Buchstabe c)
Folgeänderungen zum Wechsel von der Bedarfsgemeinschaft zur Einsatzgemeinschaft, die in Nummer 5 Buchstabe b) vorab allgemein definiert ist.

10.3 Arbeitsentwurf

Zu Buchstabe d)
Die (zwingende) Berücksichtigung des Einkommens des Partners eines Elternteils beim Bedarf der Kinder, für die keine familienrechtliche Unterhaltsverpflichtung besteht, also für Stief- bzw. Partnerkinder, sollte in eine Vermutung des Einkommenseinsatzes im Rahmen der Haushaltsgemeinschaft umgewandelt werden. Die zwingende Einkommensberücksichtigung in Patchworkfamilien führt immer dann zu Schwierigkeiten, wenn der Partner des Elternteils nicht bereit ist, zusätzliche Leistungen zur Sicherung des Lebensunterhalts für die Kinder aus seinem Einkommen zu erbringen.

Sofern Stief- bzw. Partnerkinder von den leiblichen Eltern keinen Unterhalt erhalten und kein Anspruch auf Unterhaltsvorschuss (mehr) besteht, ist ihre Existenzsicherung gefährdet. Sie erhalten unter Verweis auf das Stiefelternteil kein Alg II/Sozialgeld, ohne einen familienrechtlichen Unterhaltsanspruch gegen diesen zu besitzen. Aus der Praxis wird insbesondere über eine hindernde Wirkung für Alleinerziehende (und damit vor allem Frauen) berichtet, mit einem neuen Partner zusammenzuziehen. Die Einbeziehung des Stiefelternteils begegnet daher sowohl in Rechtsprechung als auch in der Literatur erheblichen verfassungsrechtlichen Bedenken. Sie bestehen auch nach dem Urteil des Bundessozialgerichts vom 13. November 2008 (B 14 AS 2/08 R) fort, zu dem eine Verfassungsbeschwerde (Az. 1 BvR 1083/09) anhängig ist.

Zu Buchstabe e)
Durch das geltende Gesetz ist mit § 9 Absatz 2 Satz 3 vorgegeben, dass innerhalb der Bedarfsgemeinschaft der individuelle Anspruch jedes Mitglieds der Bedarfsgemeinschaft nach dem Verhältnis seines Bedarfs zum Gesamtbedarf zu berechnen ist und damit das Einkommen nach komplizierten Quoten auf den Bedarf der anderen Mitglieder der Bedarfsgemeinschaft aufzuteilen ist (Bedarfsanteilsmethode oder horizontale Berechnungsmethode). Diese vor allem für Leistungsempfänger mit Kindern und Kindergeldanspruch nur schwer nachvollziehbare Berechnungsmethode wirft zahlreiche Probleme in der Praxis vor allem für Rückforderungsverfahren auf.

Die geltende Regelung führt außerdem dazu, dass - anders als im früheren Arbeitslosenhilfe- und Sozialhilferecht - auch diejenige erwerbstätige Person anteilig hilfebedürftig ist, die ihren eigenen Bedarf einschließlich der anteiligen Kosten der Unterkunft aus eigenem Einkommen vollständig decken kann. Gleichzeitig wird der echte Bedarf der Partnerin bzw. des Partners verschleiert, indem ein Einkommen fiktiv zugerechnet wird. Diese Regelung hat besonders für Frauen nachteilige Auswirkungen, deren echter Hilfebedarf aufgrund eigener Langzeitarbeitslosigkeit nicht sichtbar wird und für die die aktivierenden Leistungen nach dem SGB II nicht erbracht werden können.

Zu Buchstabe f)
Der nachvollziehbaren Intention des Gesetzgebers, nichteheliche Lebensgemeinschaften nicht besser zu stellen als Ehen, lässt sich durch eine Ausweitung der Vermutungsregel in § 9 Abs. 5 SGB II Rechnung tragen, die sich bereits für zusammenlebende Verwandte bewährt hat: Über eine Erweiterung von § 9 Abs. 5 um den zweiten Satz wird künftig (widerlegbar) vermutet, dass ein Stief- bzw. Partnerelternteil sein Einkommen im zumutbaren Rahmen für das nichtleibliche Kind einsetzt.

Zu Nummer 7 (§ 11SGB II)
Die Neuregelung des § 11 dient als Übergangslösung, bis zur erwartenden Änderung durch die Neuberechnung des spezifischen Kindesbedarfs.

Zu Buchstabe a)
Folgeänderung.

Zu Buchstabe b)
Das Kindergeld soll als alleiniges Einkommen des Kindes zugeordnet werden.

Zu Buchstabe c)
Kinderzuschlag und Kindergeld sollen als Einkommen des jeweiligen Kindes gelten, unabhängig davon, wie alt das Kind ist und ob es mit dem Leistungsberechtigten zusammenlebt. Eine Einkommensanrechnung bei anderen Mitgliedern der Haushalts- oder Bedarfsgemeinschaft findet nicht statt, selbst wenn und soweit der Bedarf des Kindes bereits gedeckt ist. Lebt ein Kind getrennt lebender Eltern abwechselnd und in etwa gleichem Umfang bei dem einen und dem anderen Elternteil „wandert" das Kindergeld mit ihm mit und ist in jeder dieser so genannte zeitweiligen Bedarfsgemeinschaften anteilig zu berücksichtigen.

Zu Nummer 8 (§ 12 SGB II)
Folgeänderung zum Wechsel von der Bedarfs- zur Einsatzgemeinschaft.

Zu Nummer 9 (§ 14 SGB II)
Zu dem in § 14 SGB II verankerten Grundsatz der Förderns wird der Begriff der Bedarfsgemeinschaft durch den Begriff der Einsatzgemeinschaft ersetzt, Es wird hierdurch die Möglichkeit eröffnet, die familiäre Situation auch in aktiver Hinsicht zu stärken. Zum Grundsatz des Förderns ist in § 14 SGB II Satz 2 die Benennung eines persönlichen Ansprechpartners geregelt.

Zu Nummer 10 (§ 15 SGB II)
Mit dem Wechsel zum Begriff der Einsatzgemeinschaft auch für Eingliederungsvereinbarungen, die nach § 15 Abs. 2 SGB II auch für die nichterwerbsfähigen Angehö-

10.3 Arbeitsentwurf

rigen möglich sind, wird die Möglichkeit unterstützt, die familiäre Situation auch in aktiver Hinsicht berücksichtigen zu können.

Zu Nummer 11 (§ 16b SGB II)
Folgeänderung zur Streichung in § 1 SGB II. § 16b SGB II ist die Grundlage für das Einstiegsgeld. Bei der Bemessung der Höhe des Einstiegsgeldes soll nicht nur die vorherige Dauer der Arbeitslosigkeit berücksichtigt werden, sondern auch die Größe der Einsatzgemeinschaft. Der Ersatz des Wortes „Bedarfsgemeinschaft" durch das Wort „Einsatzgemeinschaft" in § 16b Abs. 2 Satz 2 stellt dies sicher.

Zu Nummer 12 (§ 20 SGB II)
Folgeänderungen zur Streichung in § 1 SGB II. Derzeit wird in § 20 SGB II die Höhe der Regelleistung zur Sicherung des Lebensunterhalts bestimmt. Entsprechend der Ablösung der akzessorischen Leistungen für Erwachsene ist in § 20 Abs. 3 das Wort „Bedarfsgemeinschaft" durch das Wort „Einsatzgemeinschaft" zu ersetzen.

Zu Nummer 13 (§ 22 SGB II)
In § 22 SGB II sind die Leistungen für Unterkunft und Heizung derzeit geregelt. Bei der Beurteilung der Angemessenheit der Aufwendungen ist auch auf die Bedarfe der Mitglieder der Einsatzgemeinschaft abzustellen. Der Ersatz des Wortes „Bedarfsgemeinschaft" durch das Wort „Einsatzgemeinschaft" in § 22 Abs. 1 Satz 3 sichert dies jeweils.

Zu Nummer 14 (§ 23 SGB II)
In § 23 werden Möglichkeiten einer abweichenden Erbringung von Leistungen bestimmt. Für das Darlehen ist auf die an den erwerbsfähigen Hilfebedürftigen und die anderen Mitglieder der Einsatzgemeinschaft abzustellen. In § 23 Abs. 1 Satz 3 ist deshalb der Begriff „Bedarfsgemeinschaft" durch das Wort „Einsatzgemeinschaft" zu ersetzen.

Zu Nummer 15 (§24 SGB II)
§ 24 bestimmte den befristeten Zuschlag zum Bezug von Arbeitslosengeld II. Für die Höchstbeträge im ersten Jahr sowie im zweiten Jahr sind für den Zuschlagsberechtigten zusammenlebende Kinder zu berücksichtigen unter der Voraussetzung, dass sie in einer Einsatzgemeinschaft mit diesem zusammenleben. In § 24 Abs. 3 Nr. 3 sowie in Abs. 4 Nr. 3 ist das Wort „Bedarfsgemeinschaft" hierzu durch das Wort „Einsatzgemeinschaft" zu ersetzen.

Zu Nummer 16 (§ 28 SGB II)
Nicht erwerbsfähige Angehörige, die mit erwerbsfähigen Hilfebedürftigen in einer Einsatzgemeinschaft leben, sind nach § 7 leistungsberechtigt, erhalten im Rahmen von § 9 Abs. 2 Sach- und Dienstleistungen und beziehen Sozialgeld unter den Voraussetzungen des § 28 SGB II. Voraussetzung hierfür ist, dass sie mit dem erwerbs-

fähigen Hilfebedürftigen in einer Einsatzgemeinschaft leben. Übereinstimmend mit § 7 ist das Wort der Bedarfsgemeinschaft durch das Wort der Einsatzgemeinschaft zu ersetzen.

Zu Nummer 17 (§ 30 SGB II)
Zu den Freibeträgen bei Erwerbstätigkeit ist für erwerbsfähige Hilfebedürftige das Zusammenleben mit einem minderjährigen Kind in einer Einsatzgemeinschaft zu berücksichtigen. Das Wort der Bedarfsgemeinschaft ist entsprechend durch das Wort der Einsatzgemeinschaft zu ersetzen.

Zu Nummer 18 (§ 31 SGB II)
§ 31 SGB III regelt die Absenkung bis zum Wegfall der passiven Leistungen. Der Wechsel zur Einsatzgemeinschaft ist in § 31 Abs. 3 Satz 7 zu berücksichtigen.

Zu Nummer 19 (§ 33 SGB II)
Entsprechend dem Ersatz der akzessorischen Leistungen in § 7 wird für den Übergang von Ansprüchen nach § 33 Abs. 2 auf die Einsatzgemeinschaft statt auf die Bedarfsgemeinschaft abgestellt.

Zu Nummer 20 (§ 34 SGB II)
Für mögliche Ersatzansprüche nach § 34 SGB II wird auf die Leistungen zur Sicherung des Lebensunterhalts an erwerbsfähige Hilfebedürftige und mit diesen in einer Einsatzgemeinschaft lebende Personen abgestellt. Der Begriff der Bedarfsgemeinschaft ist deshalb durch den Begriff der Einsatzgemeinschaft zu ersetzen.

Zu Nummer 21 (§ 38 SGB II)
Für die Vertretung der Bedarfsgemeinschaft gemäß § 38 ist auf das Einstehen in einer Einsatzgemeinschaft abzustellen. § 38 Satz 2 ist entsprechend zu ändern.

Zu Nummer 22 (§ 46 SGB II)
§ 46 regelt derzeit die Finanzierung aus Bundesmitteln. Die entsprechende Änderung in § 7 Abs. 2 ist, den Begriff der Bedarfsgemeinschaft durch den der Einsatzgemeinschaft in § 46 Abs. 7 zu ersetzen.

Zu Nummer 23 (§ 51a SGB II)
Für die Erhebung von Sozialdaten nach § 51 ist künftig die Kundennummer nach § 51a für Einsatz- statt wie bisher für Bedarfsgemeinschaften zuzuteilen.

Zu Nummer 24 (§ 51b SGB II)
Für die Datenerhebung und -verarbeitung ist auf die Situation in der Einsatzgemeinschaft statt wie bisher in der Bedarfsgemeinschaft abzustellen. § 51b Abs. 1 Nr. 1 SGB II ist entsprechend dem Wechsel zur Einsatzgemeinschaft anzupassen.

10.3 Arbeitsentwurf

Zu Nummer 24 (§ 65 SGB II)
Mit dem Wechsel von der Horizontal- zur Vertikalberechnung ist es notwendig, auch in § 65 für die Sammlung der erforderlichen Angaben über die Erbringung von Leistungen zur Sicherung des Lebensunterhalts auf Einsatzgemeinschaften statt wie bisher auf Bedarfsgemeinschaften abzustellen.

Hingegen ist für die Übergangsvorschrift des § 72 SGB II, deren Zweck ist zu vermeiden, dass Arbeitslosengeld-II-Bezieher aufgrund der Nachzahlung des Differenzbetrages mit der Verlängerung der Arbeitslosengeld-Bezugsdauer für ältere Arbeitslose, die rückwirkend zum 01.01.2008 erfolgte, schlechter gestellt werden, eine Anpassung überflüssig.

C. Finanzielle Auswirkungen auf die öffentlichen Haushalte

Die Umstellung auf die Vertikalberechnungsmethode hat keine Auswirkungen für Single-Bedarfsgemeinschaften und damit für 50 % der Bedarfsgemeinschaften nach geltendem Recht. Die Umstellung hat auch keine Auswirkungen für Alleinerziehende-Bedarfsgemeinschaften und damit für ca. 18 % der Bedarfsgemeinschaften nach geltendem Recht. Der Wechsel wirkt sich aber für Paare in Bedarfsgemeinschaften von bisher 13 % und von Paarbedarfsgemeinschaften mit Kind(ern) von bisher 17 % aus.

Insgesamt ist zu erwarten, dass sich der Anteil der erwerbsfähigen Nichtleistungsbeziehenden und damit insbesondere von nichtleistungsbeziehenden Frauen verringern und diese zu Leistungsberechtigten des SGB II werden. Gleichzeitig wird die fiktive Hilfebedürftigkeit abgeschafft und verringert sich aus diesem Grund die Zahl der Leistungsbeziehenden und können die Mittel der Aktivierungsprogramme auf die wirklich Bedürftigen konzentriert werden.

D. Sonstige Kosten

Keine

E. Gleichstellungspolitische Gesetzesfolgenabschätzung

Die gleichstellungspolitischen Auswirkungen der Gesetzesänderungen wurden geprüft. Es ergeben sich Hinweise auf die unterschiedliche Betroffenheit von Frauen und Männern. Die Grundsicherungsträger können mit dem Wechsel von der Bedarfs- zur Einsatzgemeinschaft sowie von der Horizontal- zur Vertikalberechnung bei der Erbringung der Leistungen der Grundsicherung den Zielen der Gleichstellung von Frauen und Männern, des Abbaus geschlechtsspezifischer Nachteile, der besonderen Frauenförderung und der Berücksichtigung der familienspezifischen Lebensverhältnisse besser als bisher gerecht werden. Die Lebenssituation insbesondere von Alleinerziehenden kann sich mit dem Wegfall der unwiderlegbaren Vermutung von Zuwendungen des im Haushalt lebenden Partners für das Kind aus einer anderen Beziehung verbessern.

F. Bürokratiekosten

Mit dem vorliegenden Entwurf wird der tatsächliche Anwendungsbereich für die Auskunftspflicht von Arbeitgebern für ihre Beschäftigten eingegrenzt.

G. Vereinbarkeit mit EU-Recht

Der Gesetzentwurf ist mit den in Artikel 2 und Artikel 3 des Vertrags über die Europäische Union verankerten Prinzipien der Gleichheit sowie Gleichstellung von Frauen und Männern, der Solidarität zwischen den Generationen und des Schutzes der Rechte des Kindes vereinbar. Die Prinzipien sind auch in der Charta der Grundrechte der Europäischen Union verankert. Der Gesetzentwurf greift die Verpflichtung aus Art. 8 des Vertrags über die Arbeitsweise der Europäischen Union auf.